Günter C. Behrmann / Karl-Ernst Jeismann / Hans Süssmuth

Geschichte und Politik

Didaktische Grundlegung eines kooperativen Unterrichts

15100

Ferdinand Schöningh, Paderborn

ISBN 3-506-15100-2

Geschichte · Politik

Studien zur Didaktik

Herausgegeben von Günter C. Behrmann, Karl-Ernst Jeismann, Erich Kosthorst, Siegfried Quandt, Hans Süssmuth

---

Behrmann / Jeismann / Süssmuth

Geschichte und Politik
Didaktische Grundlegung eines kooperativen Unterrichts

Inhaltsverzeichnis*

---

* Namentlich gekennzeichnete Teile des Buches sind im Herausgeberkreis abgestimmte Vorlagen der Verfasser; nicht gekennzeichnete Teile werden vom Herausgeberkreis insgesamt verantwortet.

Vorwort

Es gibt unterschiedliche Versuche, den Geschichtsunterricht und den Politischen Unterricht durch didaktische Reflexion neu zu begründen und durch Erarbeitung neuen Unterrichtsmaterials seine Praxis zu ändern. Die Wirklichkeit der Schule folgt solchen Anstößen nur zögernd. Zu ungeklärt bleiben noch die Fronten der Konzeptionen, zu verwirrend ist das Angebot für die Praxis, zu groß die Kluft zwischen Anspruch der Didaktik und Möglichkeit des Unterrichts.
Der in diesem Band angezeigte und begründete Ansatz, in den Prozeß der Veränderung des historischen und politischen Unterrichts einzugreifen, hält sich durch zwei Grundentscheidungen für legitimiert:

— Er versteht sich nicht dogmatisch, will nicht ein einziges, für wahr und unabweislich gehaltenes Konzept durchsetzen. Auf der Basis eines breiten Begründungszusammenhanges und innerhalb eines weiten, aber deutlich abgesteckten Rahmens will er für verschiedene Ansätze des historischen und politischen Unterrichts Verständnis- und Beziehungsmöglichkeiten schaffen und ein variabel zu nutzendes Instrumentarium bereitstellen. Auf diese Weise sollen theoretisch und praktisch Geschichtsunterricht und Politischer Unterricht eng mit dem größeren Beziehungsrahmen verbunden werden, aus dem beide nicht zu lösen sind — aus den in Realität und Bewußtsein vorgegebenen historischen und politischen Gegebenheiten und dem Prozeß ihrer Veränderung in der Gesellschaft;
— er versucht auf pragmatische Weise, eine Verbindung zwischen historischem und politischem Unterricht zu ermöglichen, die jenseits von Globalkonzepten auf unterschiedlichen Wegen den Lebenszusammenhang einerseits, den Methoden- und Wissenschaftszusammenhang von Geschichte und Politik andererseits in Unterricht transponieren will und vom Nebeneinander bis zur Integration je nach Gegenstand und didaktischer Absicht reicht.

Die Gruppe der Herausgeber hat in jahrelangen Gesprächen mit Fachvertretern ein Konzept entwickelt, das innerhalb des in diesem Band dargelegten Rahmens eine Vielzahl von Unterrichtseinheiten vorsieht und der Mitarbeit vieler Kollegen bedarf. Die Unterrichtseinheiten geben jeweils einen theoretischen Begründungszusammenhang ihrer Ziele und Inhalte sowie praktische Hilfen für die Durchführung des Unterrichts in Form von Vorschlägen für die Hand des Lehrers; sie bringen für die Schüler sorgfältig zusammengestelltes Unterrichtsmaterial und Arbeitsvorschläge, die zugleich eine Lernkontrolle im Rahmen des Möglichen erlauben.
Die Unterrichtseinheiten werden zunächst für die Sekundarstufe I entwickelt; darüber hinaus wird aber auch für die Sekundarstufe II und für den akademischen Unterricht Arbeitsmaterial vorgelegt.
Die Herstellung weiterer Unterrichtseinheiten ist die nächste und vordringlichste Aufgabe. Die Herausgeber bitten die Kollegen an Hochschulen und Schulen, die sich bei aller

Kritik im einzelnen auf dem Boden des hier ausgeführten Ansatzes finden können, mit ihrer Kritik an dem hier vorgelegten Konzept und den Unterrichtseinheiten nicht zurückzuhalten und, wenn möglich, konkrete Verbesserungsvorschläge oder Erfahrungsberichte mitzuteilen. Darüber hinaus bitten sie alle interessierten Kollegen, sich zur Mitarbeit an bestimmten, in diesem Rahmen von ihnen selbst vorzuschlagenen Unterrichtseinheiten bereitzufinden.

Die Unterrichtseinheiten gehen ihre Gegenstände in exemplarischer Weise an. Ihnen soll ein orientierender, aber gleichwohl anregender, Fragen aufwerfender kurzer Begleittext beigegeben werden, der die exemplarischen Unterrichtseinheiten miteinander verbindet und es erlaubt, sie in einen größeren Zusammenhang zu stellen.

1. Einleitung

1.1 Zur Situation der Didaktik des historischen und politischen Unterrichts

Seit einigen Jahren kündigt sich der Beginn einer neuen Epoche in der Geschichte der deutschen Schule an. Das gilt sowohl für ihre Organisationsformen und ihre Einpassung in die sozialen Veränderungen, für den gesamten Lehrplan wie für den Fachunterricht; es gilt in besonderer Weise für den geschichtlichen und politischen Unterricht.

Den Vorzug, Geschichtsunterricht genießen zu dürfen und politische Aufklärung intentional zu erhalten, hatten in der Geschichte lange Zeit nur die unmittelbar oder mittelbar an der Herrschaft beteiligten Gruppen. Geschichtsunterricht war zunächst der Fürstenerziehung vorbehalten, wurde an den Ritterakademien eingeführt und drang schließlich am Ende des 18. Jahrhunderts in die gelehrten bürgerlichen Schulen ein. Erst spät, in der zweiten Hälfte des 19. Jahrhunderts, wurde der historisch-biblische Unterricht der Volksschulen nach und nach durch weltlichen Geschichtsunterricht ergänzt. Ein nicht nur historisch angeleiteter, die je bestehende politische Ordnung wie die Rechte und Pflichten der Bürger behandelnder politischer Unterricht wurde schließlich in den zwanziger Jahren des 20. Jahrhunderts in den Fächerkanon der Schulen aufgenommen. Zumal im deutschen Schulwesen hielt sich bis in unsere Tage — deutlicher noch im Geschichtsunterricht als im sozialkundlich-politischen Unterricht — eine Zweischichtung: dem „Gebildeten" wurde ein anderes Geschichtsbild in der Schule zuteil als dem „Volk". Der historische Unterricht in den Volksschulen orientierte sich in der Praxis an einem anderen Verständnis der Bürgerrolle als an den Gymnasien. Die Aufhebung dieses Unterschiedes, die der Ausweitung der politischen Grundrechte auf alle Bürger, nunmehr auch die jungen Bürger, nachfolgt, würde allein schon genügen, um die Didaktik des Geschichtsunterrichts, teilweise auch des politischen Unterrichts vor eine neue und notwendige Aufgabe zu stellen. Der politische Unterricht im eigentlichen Sinne beginnt überhaupt erst auf der Basis potentieller demokratischer Teilhabe aller an der politischen Willensbildung. Deshalb wird hier eine didaktische Grundlegung nicht für bestimmte Schularten, sondern für den Geschichts- und Politikunterricht aller Schulen versucht. In einem ersten Arbeitsvorhaben werden Unterrichtseinheiten für die Sekundarstufe I (einschließlich der Förderstufe) vorgelegt. Sie richten sich gleicherweise an alle Schüler — auch wenn in der Schulorganisation der Länder nach wie vor große äußerliche und innerliche Unterschiede zwischen den Schularten dieser Stufe bestehen. Sie überwinden zu helfen und damit eine breite Fundierung historisch-politischer Bildung aller Heranwachsender ohne schul- oder schichtenspezifische Differenzierung durch den Unterricht voranzutreiben — dies aber auf einem Anspruchsniveau zu versuchen, das der Bedeutung dieser Fundierung entspricht — ist das erste Anliegen dieses Vorhabens. Ein differenzierteres Angebot für die Sekundarstufe II (Leistungs- und Grundkurse) wird folgen. Für Leistungskurse der Sekundarstufe II und für den akademischen Unterricht ist eine Reihe dieses Werkes mit dem Untertitel „Quellen und Forschungen" vorgesehen[1].

[1] Zur Unterschiedlichkeit des vermittelten Geschichtsbildes vgl. die in ihren Deutungen und Wertungen der Motive zweifellos dogmatisch einseitige, in der Bestandsaufnahme aber nicht

Die Herausforderung der Didaktik der Geschichte wie einer von ihr nur um den Preis einer fachwidrigen Verengung der Problemstellung zu trennenden Didaktik der Politik wird verschärft durch die schon oft dargestellten und in ihrer Bedeutung für Wissenschaft und Unterricht gewürdigten besonderen Tatsachen der deutschen Geschichte einerseits, der weltpolitischen Verschiebungen andererseits. Darum muß hier nicht mehr ausgeführt werden, wie der Schock des Verlustes des nationalen Geschichtsbildes nach 1945, wie die schon über die Ereignisse von 1933 und 1918 zurückreichenden Erschütterungen des Vergangenheitsverständnisses dem geschichtlichen und politischen Unterricht in deutschen Schulen die selbstverständlich und unbefragt geltende Basis der geschichtlichen Identität entzogen; es muß nicht mehr dargelegt werden, wie die deutsche Teilung als Symptom einer universalen weltpolitischen Frontenbildung, wie das ständig sich neu Herausbilden unerwarteter und noch schwer faßbarer politisch-geschichtlicher Entwicklungen in einer immer mehr auf Verflechtung und Wechselwirkung entfernter Faktoren tendierenden Welt auch den alten, europäischen Rahmen des nationalen Geschichtsbildes sprengt. Schließlich muß nicht mehr nachgewiesen werden, daß sowohl mit der Entwicklung der Sozialwissenschaften und der Metamorphose der Geschichtswissenschaft in den letzten Jahren, wie auch mit der erst jüngst wieder erkannten und unmittelbaren Bedeutung historischer Analysen, jene Urteile und Wertungen, welche die politische Gegenwart und die Zukunft mitbetreffen, neu und kontrovers diskutiert werden. Die „Reideologisierung“ der politischen Auseinandersetzung macht nicht nur den politischen Unterricht, sondern in gleichem Maße auch den Geschichtsunterricht zu einer Stätte der Auseinandersetzung unterschiedlicher politischer Tendenzen[2].

Längst ist unter dem Eindruck dieser Vorgänge die Tatsache wieder anerkannt, daß didaktische Konzeptionen des historischen und politischen Unterrichts keine bloß pädagogischen, nur didaktischen Angelegenheiten sind, sondern politische Positionen bezeichnen. Das war auch in der Vergangenheit so, wenngleich eine durch die Erfahrungen nach 1933 nicht ohne Grund den politischen Zugriff abwehrende Didaktik diese enge Verbindung von Politik und Pädagogik leugnen mochte. Indessen ist die bloße Wiederholung der Feststellung des Zusammenhangs zwischen Unterricht und Politik in dieser Allgemeinheit doch schon wieder ein Zeichen der Unschärfe des Denkens geworden. Sie bleibt in ihrer Allgemeinheit entweder leer oder dient der Rechtfertigung unmittelbarer politischer Instrumentalisierung des Unterrichts. Sie kann soweit führen, daß die bloße Konstatierung des Zusammenhangs von Unterricht und Politik — eine Binsenwahrheit — die eigentliche Aufgabe der Didaktik verschleiert: Die Analyse der möglichen und die Begründung der jeweils für richtig und verantwortbar gehaltenen Arten dieses

---

zu übergehende Untersuchung von K. Fohrbeck, A. J. Wiesand, R. Zahar, Heile Welt und Dritte Welt, Medien und politischer Unterricht. Opladen 1971.

[2] Zur Diskussion dieser Problematik vgl.: Die Zukunft der Vergangenheit. Lebendige Geschichte — Klagende Historiker. Hrsg. von Gerd-Klaus Kaltenbrunner, München 1975; Geschichte heute. Positionen, Tendenzen, Probleme. Hrsg. v. Gerhard Schulz. Göttingen 1973; Probleme der Geschichtswissenschaft. Hrsg. von Géza Alföldy, Ferdinand Seibt und Albrecht Timm. Düsseldorf 1973; Jochen Huhn, Politische Geschichtsdidaktik. Untersuchungen über politische Implikationen der Geschichtsdidaktik in der Weimarer Republik und in der Bundesrepublik. Kronberg/Ts. 1975; Curriculum „Politik“. Von der Curriculumtheorie zur Unterrichtspraxis. Hrsg. von Rolf Schörken, Opladen 1974; Arnold Sywottek, Geschichtswissenschaft in der Legitimationskrise. Archiv für Sozialgeschichte, Beiheft 1, Bonn - Bad Godesberg 1974; Theorie der Geschichtswissenschaft und Praxis des Geschichtsunterrichts. Hrsg. von Werner Conze, Stuttgart 1972.

Zusammenhangs. Denn nicht der immer existierende Zusammenhang zwischen Pädagogik und Politik an sich, sondern nur die spezifische Art, in der er sich herstellt, ist für die Substanz und für das Profil einer didaktischen Konzeption relevant[3].

Das mit diesem Band eröffnete Unterrichtswerk versteht sich als ein Versuch, die Konzeption des Geschichtsunterrichts und des politischen Unterrichts auf eine bestimmte Art der Definition des Zusammenhangs zwischen der Didaktik der Fächer und der politischen Funktion des Unterrichts zu gründen; eine Art, das sei vorab bemerkt, die weder die Didaktik zum Instrument einer politischen Tendenz degradiert noch die Pädagogik als „Meisterin" der Politik oder als Ersatz für sie versteht. Bei Wahrung der Eigenständigkeit und relativen Besonderheit jeder der Bereiche von Politik und Pädagogik gilt es, beide — hier im Bereich des historisch-politischen Unterrichts — so zu vermitteln, daß der Unterricht auch im Blick auf die politische Reflexion und das politische Verhalten substantiell und relevant wird, daß zugleich die politische Sphäre pädagogisch unter der Frage erschlossen wird, ob und wie sie offen, also kritisierbar und human, also verantwortbar vor der heranwachsenden Generation erfahren und gehalten werden kann.

Das hier geplante und sukzessiv zu entwickelnde Unterrichtswerk folgt einem flexiblen Konzept, das sehr unterschiedliche didaktische Akzentuierungen und methodische Zugriffe nicht nur erlaubt, sondern für wünschenswert hält. In den einzelnen Unterrichtseinheiten werden die Herausgeber den spezifischen didaktischen Ansatz jeder Einheit genauer ausweisen. In diesem Band wird das Konzept des Werkes als ein Rahmenkonzept vorgestellt, das sowohl die Grenzen, innerhalb deren es sich bewegt, wie die Strukturen, die es in diesem Bewegungsraum für fundamental hält, deutlich erkennbar macht.

Es wird weder ein theoretischer noch ein praktischer Vollständigkeitsanspruch erhoben. Systematische Lücken sind angesichts der Situation der Unterrichtswissenschaften unvermeidbar; es war den Herausgebern sehr bewußt, daß darüberhinaus der gegenwärtige geschichtliche Prozeß selbst die Erarbeitung eines abgerundeten, vollständigen, in toto „gültigen" didaktischen Systems und eines daraus abgeleiteten erschöpfenden Unterrichtswerkes nicht nur fragwürdig, sondern auch unmöglich macht. Herausgeber und Verfasser behalten sich vor, aus der Erfahrung mit den Unterrichtsmodellen ihre didaktische Konzeption zu korrigieren wie umgekehrt aus weiterer theoretischer Bemühung die praktischen Ansätze der Unterrichtseinheiten zu verändern. Sie sind deshalb für Anregungen, Einsprüche, Kritik nicht nur dankbar, sondern darauf angewiesen.

---

[3] Vgl. dazu insbesondere die durch die Hessischen Rahmenrichtlinien für Gesellschaftslehre ausgelöste intensive Diskussion: Was sollen Schüler lernen? Die Kontroverse um die hessischen Rahmenrichtlinien für die Unterrichtsfächer Deutsch und Gesellschaftslehre. Dokumentation einer Tagung der Gewerkschaft Erziehung und Wissenschaft. Hrsg. v. Gerd Köhler / Ernst Reuter, Frankfurt 1973; Bernhard Vogel, Schule am Scheideweg. Die hessischen Rahmenrichtlinien der Diskussion. München 1974; Hilligen, Wolfgang, Dreimal Emanzipation. Ansätze für einen Vergleich der neuen Richtlinien für den politischen Unterricht in Hessen und Nordrhein-Westfalen sowie in Rheinland-Pfalz; Minssen, Friedrich, Legitimationsprobleme in der Gesellschaftslehre. — Zum Streit um die hessischen Rahmenrichtlinien. In: Aus Politik und Zeitgeschichte. Beilage zur Wochenzeitung „Das Parlament". B 41/73 (13. 10. 73).

1.2 Der fachdidaktische Ausgangspunkt

Versucht man, den generellen, fachunspezifischen Ansatz didaktischer Bemühungen nach den wichtigsten Sektoren zu unterscheiden, findet man, das komplexe Faktorenbündel sehr abstrakt zusammenfassend, drei Hauptbereiche:

— Die Lernsituation im weitesten Sinne, angefangen von der Besonderheit der Individuen über die sozialen Strukturen einer Schulklasse und einer Schulorganisation bis hin zu den gesamtgesellschaftlichen Verflechtungen, in denen der einzelne lebt und die mehr oder weniger seine Lernsituation mitbestimmen. Dies ist das empirisch zu erforschende Feld der Voraussetzungen, in dem jeder Unterricht steht, das ihm Möglichkeiten und Grenzen setzt, zu dessen Faktoren aber auch der Unterricht selbst gehört.
— Die Zielrichtung und Zwecksetzung des Unterrichts, also die Vorstellung davon, was durch den Lernprozeß als positiv gesehene Veränderung bewirkt werden soll: Steigerung des Wissens, Entwicklung des Könnens, Wandel oder Verbesserung des Verhaltens der einzelnen, dadurch aber — als Hoffnung — auch der sozialen Gruppe, in denen sie sich befinden. Dies ist eine letztlich normativ zu setzende Richtung des erzieherischen Handelns. Vielfältig gebrochen, in unterschiedlichem Bewußtseinsgrad beim Lehrenden ist diese Setzung nicht wegzudenken; sie bestimmt die Gesamtplanung und die einzelnen Schritte des Unterrichts.
— Die Mannigfaltigkeit der Mittel und Verfahren unmittelbaren unterrichtlichen Handelns, die Fülle der Aktionen und Reaktionen während der Durchführung und direkten Organisationen der Lernvorgänge. Dies ist die pragmatische Ebene des Unterrichts, das unmittelbare, mit seinen unverschiebbaren Forderungen sich aufdrängende, den Lehrer in Handlungszwang setzende tägliche Aktionsfeld. Hier kann nicht gewartet werden, bis über die empirischen Voraussetzungen und die normativen Entscheidungen „endgültige“ Klarheit herrscht; in einem immer vorläufigen Bewußtseinsgrad muß der Lehrer darum improvisieren, intuitiv aus dem Augenblick entscheiden. Hier liegt die notwendig bleibende Lücke und Grenze rationaler didaktischer Vorbereitung. Sie fordert von jedem Lehrer persönlich pädagogisches Einfühlungsvermögen, menschlichen Takt, methodische Phantasie, kurz: nicht vorher einplanbare Spontaneität. So bleibt dem Lehrer ein breiter und tiefer Entfaltungsraum, den keine Didaktik ausloten und durch Planung ersetzen kann, in dem gleichwohl die wichtigste und nachhaltigste Wirkung des Unterrichts gegründet ist. Das Vermögen des Lehrers, in spontaner Reaktion und intuitivem Einfall zweckentsprechend unterrichtlich und erzieherisch zu handeln, wächst erfahrungsgemäß in dem Maße, wie die Didaktik ihm den breiten Raum des empirisch, normativ und pragmatisch rational zu Erschließenden verdeutlicht und damit dem persönlichen erzieherischen und unterrichtlichen Handeln erst den klaren und bewußten Rahmen gibt, in dem es sich entfalten kann.

Die allgemeine Didaktik und Unterrichtsforschung hat die Erschließung dieses didaktischen Feldes von verschiedenen Seiten her versucht. Dabei hat sich gezeigt, daß die Wahl des Ansatzes das spezifische Profil des didaktischen Vorstellungsmodells bestimmte, so daß man — ohne Rücksicht auf das Fach, auf den spezifischen Gegenstand des Unterrichts — bestimmte Modelle und Typen von Didaktik beschreiben konnte[4].

[4] Herwig Blankertz, Theorien und Modelle der Didaktik. München, 10. Auflage 1975. Vgl. auch die instruktive Auseinandersetzung mit didaktischen Ansätzen unterschiedlicher Art bei

Sieht man die allgemeinen didaktischen Modelle bis hin zu den Konstruktionen der Curriculumtheorie genauer an, fällt auf, daß sie, obgleich je nach Ansatz dieser oder jener Art von Fachwissenschaft näher verbunden als der anderen, doch eigentümlich leer bleiben. Die Verallgemeinerung des Zugriffs auf Unterricht schlechthin läßt, ungeachtet der Versuche, hier und da das Modell zu exemplifizieren, den Gegenstand des Unterrichts selbst gleichsam durch die Löcher eines Siebes fallen. Da nun aber der Lerngegenstand, die Sache, um die es im Unterricht gehen soll, nicht auswechselbare und zufällige Zutat, sondern ein das gesamte Bedingungsfeld des Unterrichts mitbestimmendes und spezifisch einrichtendes Element ist, erweist es sich als unmöglich, der allgemeinen Didaktik nur ein fachspezifisches Additum anzufügen, um den didaktischen Zugriff zu komplettieren. Vielmehr strukturiert der Gegenstand des Unterrichts die drei oben skizzierten Sektoren didaktischer Bemühungen in je besonderer Weise. Die individuellen und sozialen Voraussetzungen des Unterrichts, seine Ziel- und Zwecksetzung ebenso wie seine pragmatische Durchführung lassen sich nicht untersuchen, planend oder handelnd angehen, ohne daß von vornherein der Inhalt des Unterrichts mitbedacht wird. Das gilt gerade auch im Hinblick auf die außerschulischen Bedingungen individueller und sozialer Art, die zu bestimmten Lerngegenständen nicht nur mehr oder weniger Affinitäten oder Aversionen, sondern auch ganz deutlich unterscheidbare von Fach zu Fach unterschiedlich zu gewichtende Voraussetzungen darstellen. Gerade für den historisch-politischen Unterricht hat die Art, in der sich in der Gesellschaft auf unterschiedliche Weise Geschichtsvorstellungen, politische Überzeugungen und Einschätzungen politischer Handlungsmöglichkeiten zu bilden pflegen, eine wesentliche Bedeutung.

So wird der Ruf nach der „Fachdidaktik" als Ergänzung der Curriculumentwicklung um so lauter, je mehr es darum geht, konkreten Unterricht zu planen, Lehrpläne inhaltlich zu begründen und praktisch umzusetzen. Die Entwicklung der Curriculumplanung hat die Forderung nach der Entwicklung der Fachdidaktik aus sich selbst hervorgetrieben[5].

An diesem Punkte setzt der Versuch dieses Unterrichtswerks an. Der Gegenstand des Lernens wird hier zum Ausgangspunkt der didaktischen Reflexion und Planung genommen. Indem er dem Gegenstand des Unterrichts wieder die Aufmerksamkeit zuwendet, die ihm — nicht zum Nutzen der didaktischen Forschung und Planung — in den letzten Jahren häufig entzogen wurde, wendet sich dieser Versuch jedoch nicht ab von den wichtigen und nicht mehr zu übergehenden Ergebnissen und Problemstellungen der Curriculumforschung. Was auf diesem Felde an Gespreiztheiten und Anmaßungen, an Irrtümern und bisweilen grotesken Einseitigkeiten ins Kraut geschossen ist, darf nicht zum Anlaß werden, die nicht zu leugnenden Einsichten und Bewußtseinsschärfungen mit über Bord zu werfen, welche die curriculare Forschung der letzten 10 Jahre gebracht hat. Deshalb sei gleich zu Anfang betont, daß der Ausgang vom Gegenstand des Unterrichts hier nicht einen Rückfall in didaktische Konzeptionen meint, die der frohen Hoffnung waren, daß die Beherrschung des Faches — was immer damit gemeint sei — die beste, ja die einzig

---

Wolfgang Hilligen, Zur Didaktik des politischen Unterrichts 1. Wissenschaftliche Voraussetzungen, Didaktische Konzeptionen, Praxisbezug. Ein Studienbuch. Opladen 1975; vgl. auch Joachim Rohlfes, Umrisse einer Didaktik der Geschichte, Göttingen 1971.

[5] Vgl. Herwig Blankertz, Fachdidaktische Curriculumforschung — Strukturansätze für Geschichte, Deutsch, Biologie, Bochum 1973. Darin ders., Die fachdidaktisch orientierte Curriculumforschung und die Entwicklung von Strukturgittern.

richtige Didaktik darstelle. Das *rem tene, verba sequuntur,* in dem ja ein Wahrheitskern steckt, führt sich, zur herrschenden didaktischen Maxime erklärt, selbst ad absurdum. Besteht man auf der Eigenständigkeit eines fachdidaktischen Ansatzes, will man dem Gegenstand des Lernens, und damit dem Lernen selbst eine Bedeutung und Dignität zurückgeben, zeigt sich allerdings sogleich, daß der Begriff des „Faches", mit dem der Gegenstand des Lernens in einen Lernplan transponiert wird, in einen sehr viel weiteren Horizont gestellt werden muß, als es der des Lehrplans, als es der der Schule überhaupt ist (s. dazu unten S. 55 ff.). Es zeigt sich, daß der Begriff „Fach" ein schulisch verkürzter Ausdruck für eine bestimmte Dimension persönlichen wie allgemeinen Daseins ist, daß eine Fachdidaktik also ihre Grundlage in dieser, die Schule weit übergreifenden gegenwärtigen Wirklichkeit zu suchen hat, wenn sie ihrem eigenen Anspruch gerecht werden will.

1.3 Zum Zusammenhang zwischen historischem und politischem Unterricht

1.3.1 Allgemeine didaktische Überschneidungen und Ergänzungen

Versucht man in Kürze, die Aufgaben des Geschichtsunterrichts von denen des Politikunterrichts abzugrenzen und zugleich die Berührungs- oder Überschneidungsflächen zu bezeichnen, läßt sich etwa folgendes sagen:

Das Sachgebiet des Politikunterrichts liegt in der Gegenwart im weitesten Sinne, in ihren staatlichen, regionalen, kommunalen Strukturen, sozialen, wirtschaftlichen Zuständen, theoretischen Deutungsmustern ihres Selbstverständnisses und praktischen Verhaltensweisen der Menschen — jenseits der „res privatae" — in ihren Umweltverhältnissen. Sein Ziel muß es sein, eine zugleich kritische und qualifizierte Befähigung zu vermitteln, diese Gegenwartsverhältnisse zu erkennen, anzuleiten zum Finden und Bestimmen eines eigenen Standortes, zu helfen bei der Entwicklung von Verhaltensweisen, die sowohl den Gegebenheiten wie den Herausforderungen der Gegenwart adäquat sind und soweit wie möglich auf verantwortbaren Entscheidungsprozessen beruhen. Da sowohl die Verhältnisse wie deren Interpretation, die Kategorien des Erkennens und die Muster des Verhaltens nicht statisch ein für allemal gegeben sind, sondern sich unter wechselnden Bedingungen im historischen Prozeß herausgebildet haben und sich in ihm weiter verändern, kann ein seinen eigenen Ansatz begreifender Politikunterricht nicht ohne historische Standortbestimmung der eigenen Möglichkeiten und des eigenen Wollens auskommen; er kann die gewünschten Qualifikationen nicht unter Verzicht auf die Erkenntnis ihrer Historizität vermitteln. Er ist keine normative „Ewigkeitskunde", sondern historische Gegenwartskunde. Deshalb ist die Geschichtlichkeit eine der unumgehbaren Kategorien des politischen Unterrichts — als eine Bedingung der Erkenntnis gegenwärtiger Verhältnisse und der Möglichkeit, sich in ihnen zu orientieren und selbst zu bestimmen, nicht aber um der historischen Erkenntnis vergangenen Lebens an sich gehört die geschichtliche Dimension zum politischen Unterricht[6].

[6] Vgl. Historische Gegenwartskunde, Hrsg. von Joachim Rohlfes und Hermann Körner, Göttingen 1970, S. 36 ff.; Hermann Gieseke, Didaktik der politischen Bildung, 7. Auflage, München 1972, S. 151 ff.; Bernhard Sutor, Didaktik des politischen Unterrichts, Paderborn, 2. Auflage 1973, S. 36 ff., 99—106, 331 f. Interessanterweise finden sich bei Wolfgang Hilligen, Zur Didaktik des politischen Unterrichts 1, Opladen 1975 und Rolf Schörken (Hrsg.) Curriculum „Politik", Opladen 1974 keine expliziten Ausführungen über die Frage des Zusammenhangs zwischen dem

Der Geschichtsunterricht hingegen hat eine sowohl durch die zeitliche Tiefe wie durch die umfassendere, nicht durch das Politische allein zu erschöpfende Thematik menschlichen Lebens eine potentiell sehr viel weitere Gegenständlichkeit. Eine Auswahl dessen als Kenntnis und sekundäre Erfahrung zu überliefern, was menschliches Leben im Laufe der Zeit individuell und kollektiv sein konnte und was es an Spuren hinterließ, die Möglichkeiten und Perspektiven in der Folge der Veränderung, in Vielfalt, Unterschiedlichkeit und Gegensätzlichkeit zur Anschauung zu bringen und in die Reflexion zu heben, ist eine Aufgabe, die dem Geschichtsunterricht kein anderes Fach ungeachtet der historischen Dimension, die im zugeordnet sein mag, abnehmen kann. Die Fähigkeit, Vergangenes als etwas anderes, an sich selbst Interessantes und durch Verwandtschaft oder Gegensätzlichkeit das eigene Dasein Bereicherndes anzuerkennen, ist nun schon im weitesten Sinne eine Qualifikation sowohl humaner wie auch politischer Bildung. Der Gefahr des Sich-Verlierens im Unendlichen des geschichtlichen Daseins und des Verlustes an Fähigkeit zur Gewichtung muß der Geschichtsunterricht innerhalb der begrenzten Zeit, die ihm zur Verfügung steht, dadurch begegnen, daß er neben der Vermittlung des Vielfältigen und Fremden im energischen Zugriff die Genese unserer eigenen Gegenwart und ihrer im weitesten Sinne politischen Verhältnisse aufzeigt, mit denen es der Politikunterricht unmittelbar zu tun hat. Im Ernstnehmen der „Vorgeschichte der Gegenwart" werden die Gegenwartsverhältnisse nicht nur besser verstanden; sie werden auch als ein in Kontroversen Gewordenes aufgefaßt und in ihrem gegenwärtigen Spannungszustand begriffen, so daß die Vorstellung nicht Raum greifen kann, es mit festen und unveränderlichen Gegebenheiten in der Gegenwart zu tun zu haben.

Daß die Zustände der Gegenwart Übergangszustände sind, daß sie sich nicht nur ändern, sondern daß sie auch veränderbar, d. h. menschlichem Planen und Handeln unterworfen sind, ist eine Einsicht, die politisches Grundverhalten beeinflussen kann. Aber die nicht minder wichtige Kehrseite dieser Erkenntnis ist die, daß die gewordenen Zustände eben nicht beliebig veränderbar sind, daß in Vergangenheit und Gegenwart gründende Bedingungen vielfältigster Art nicht nur das Handeln, auch schon das Planen und Denken eingrenzen, vor Hindernisse oder auch in Antinomien führen; daß geschichtliches Handeln immer im Prozeß — d. h. unter wechselnden und nicht sicher vorhersehbaren Bedingungen — vor sich geht und unter Umständen in seinen Ergebnissen weit von den Zielen und Motiven der Handelnden oder Fordernden abweicht; daß unkalkulierbare Nebenwirkungen sich in den Vordergrund drängen können.

Beides, die Möglichkeiten und die Bedingungen wie Grenzen des politischen Handelns, müssen und können im Geschichtsunterricht deshalb besonders einsichtig gemacht werden, weil uns die Geschichte abgelaufene Vorgänge und Handlungsstränge vor Augen stellt und es möglich macht, Motive und Begründungen für das Handeln, Bedingungen und Begrenzungen, Strategien und Wirkungen oder Ergebnisse politischen Handelns im Zusammenhang zu sehen. Insofern wäre ein auf diesen Blickpunkt hin angesetzter Geschichtsunterricht auch am entferntesten Beispiel eine politische Fallstudie.

Aber auch insofern, als der Geschichtsunterricht die nicht realisierten Alternativen, gescheitertes Denken und Handeln innerhalb der Vorgeschichte der Gegenwart aufzeigt,

historischen und politischen Unterricht. In den didaktischen Begründungsteilen dieses Bandes gehen die Verfasser detaillierter auf die gegenseitigen politischen bzw. historischen Implikationen des Geschichts- und Politikunterrichts ein, wie sie in der Konzeption dieses Ansatzes erscheinen.

kann er die Möglichkeit und Bedingtheit politischen Handelns verdeutlichen, zu Vergleich und Urteil anregen und so dem politischen Verständnis eine tiefere und differenziertere Perspektive geben, als es ohne die historische Dimension einem rein präsentistischen Politikunterricht möglich wäre. In dieser Weise können sich gerade durch die Verbindung mit dem geschichtlichen Unterricht die Möglichkeiten, Befürchtungen und Hoffnungen der Gegenwart im Horizont der vergangenen wie der „kommenden Geschichte" (Wittram) begreifen.

Jenseits der unpolitischen Verhaltensweisen des Aktionismus oder der frustrierten Abstinenz kann in der Verbindung von politischem und historischem Unterricht besonnenes, auf Kenntnis, Urteil, Entscheidung gegründetes, illusionsloses politisches Verhalten vorbereitet werden.

Zu bestimmten, in konkreten Situationen zu realisierenden, inhaltlich umschriebenen Verhaltensweisen oder gar Handlungen kann der Geschichtsunterricht weder generelle noch spezielle Anleitungen geben, wenn er nicht das preisgeben will, was er in die politische Bildung mit gedecktem Wechsel einbringen kann: er kann für politische Verhaltensweisen und Entscheidungen einen Horizont von Kenntnis und historischer Perspektive bereitstellen, breitere Grundlagen und besseres Verständnis der unterschiedlichen oder gegensätzlichen Entscheidungen und Verhaltensweisen in der Gegenwart liefern, er soll „konditionieren" zum Begreifen der spannungsreichen politischen Positionen der eigenen Zeit, ihres relativen Rechts, ihrer jeweiligen historischen und gesellschaftlichen Bedingtheiten. Indem er die Möglichkeit, selbstbewußt und begründet Positionen zu beziehen mit dem Vermögen vermittelt, andere Positionen zu begreifen, wird er selbst unmittelbar zum politischen Unterricht. Er kann diese Funktion aber nur wahrnehmen, wenn ihm die erkennende Distanz, die Besonnenheit als didaktische Grundkategorie gewahrt bleibt, die es erlaubt, unmittelbare Gegenwart in den historischen Zusammenhang zu rücken. Das Engagement des Geschichtsunterrichts ist eben diese Besonnenheit, und nichts wäre falscher und würde die politische Bildung mehr reduzieren, als wenn diese Besonnenheit als Mangel an Engagement verketzert oder aufgegeben würde.

So bedarf der politische Unterricht in seinem direkteren Zugriff der Ergänzung durch den Geschichtsunterricht — der Geschichtsunterricht seinerseits des zielgerichteten, schärferen Zugriffs des politischen Unterrichts auf die Gegenwart. Indem sich beide ergänzen, halten sie auch ihre möglichen Fehlentwicklungen in Schranken.

Diese Skizze des Gegenstandes und der Berührungspunkte von Geschichtsunterricht und politischem Unterricht entbehrt zweifellos der Trennschärfe. Es scheint so zu sein, daß der Zusammenhang zwischen historischem und politischem Unterricht im allgemeinen unbestritten ist, daß aber Versuche, aus dieser allgemeinen Ansicht eindeutige curriculare Konsequenzen zu ziehen, theoretisch willkürlich und unbefriedigend geblieben sind. War es in der Vergangenheit über lange Strecken so, daß vornehmlich dem Geschichtsunterricht zugleich die politische Bildung zugewiesen wurde, so gibt es in der Gegenwart Versuche, den Geschichtsunterricht einem didaktisch strukturell gegitterten Feld der Gesellschaftslehre einzugliedern. Die scharfe Kontroverse um diese Umkehrung des Verhältnisses zwischen geschichtlichem und politischem Unterricht hat zweifellos die Diskussionen beflügelt und die Positionen klarer hervortreten lassen. Sie hat aber auch gezeigt, daß ein ohne theoretische Vorentscheidungen und ohne Willkür aufzustellendes systematisches Schema einer Integration von Geschichts- und Politikunterricht nicht in

Sicht ist[7]. Der unbewußt schon resignative Versuch andererseits, unter der Ausblendung von Geschichte zunächst einmal einen Politikunterricht für sich zu begründen und zu exemplifizieren, zeigt immer mehr die Schwächen, die im historischen Defizit dieses Ansatzes begründet sind.

Es ist wiederholt dargelegt worden, daß die Beziehungen zwischen Gegenstand und Methoden der Politikwissenschaft einerseits, der Geschichtswissenschaft andererseits so komplex, zugleich so gegenstands-, aspekt- und methodenabhängig sind, daß die Zeit für eine theoretisch haltbare Fundierung wissenschaftlicher und didaktischer Integrationsvorhaben zwischen historischem und politischem wissenschaftlichen Zugriff keineswegs erreicht ist. Die alte, vorübergehend anerkannte Scheidung zwischen „idiographischem", individuellen Prozeß beschreibendem und systematischem, generelle Formationen analysierendem Verfahren, das erste der Geschichtswissenschaft, das zweite der politischen und Sozialwissenschaft zugeordnet, ist längst aufgegeben. Auch der chronologische Ort ist kein verläßlicher Gradmesser dafür, ob wir es mit einem politischen oder historischen Gegenstand zu tun haben. Der Zeitgeschichte ist Gegenwärtiges zugewiesen; die Geschichte älterer Epochen bezieht sich virtuell in Frageanlaß und Problematisierung auf den Horizont unserer Zeit; selbst die Zukunft — als zweifellos „historische Dimension" — ist zwar nicht als Erforschbares gegeben, aber als Gewolltes und Eingeschätztes ein Regulativ der Historie. Auf der anderen Seite kennt die Politikwissenschaft längst nicht mehr die Begrenzung auf ein punktuell Gegenwärtiges, sie greift zum Vergleich wie zur Genese auf Vergangenes zurück und hat, nach vorübergehender Ausblendung historischer Kategorien, die Geschichte wieder als Politik im Prozeß entdeckt. Wie Geschichte sich in einer zweifellos nicht allgemein gültigen, aber wichtigen Auffassung als „historische Sozialwissenschaft" verstehen kann, so kann auch die Politikwissenschaft je nach Gegenstand, Methode und Erkenntniswillen — und nicht nur im Hinblick auf die Zeitgeschichte — zu einer politischen Geschichtswissenschaft werden.

1.3.2 Variable Kombination als pragmatischer Weg der Verbindung von historischem und politischem Unterricht

Aus dieser multiperspektivischen und flexiblen Verbindung zwischen Politikwissenschaft und Geschichtswissenschaft, deren Zusammenhang sich je nach Gegenstand und Methode immer neu konstituiert, müssen für den Zusammenhang zwischen Geschichtsunterricht und politischem Unterricht Konsequenzen gezogen werden. Ohne eine theoretisch umfassende Basis der curricularen Verbindung ein einheitliches Konzept der Integration zu liefern und sich der Gefahr auszusetzen, gewaltsam wissenschaftstheoretische und didaktische Dekrete zu erlassen, schlägt das vorliegende Werk einen pragmatischen, gegenstands- und methodenbezogenen Weg ein: Die Akzentuierung des Unterrichts erfolgt im Hinblick auf Thema und Fragestellung so, daß entweder im Sinne eines Politikunterrichts gegenwärtig Politisches unmittelbar aufgegriffen oder im historischen Ansatz die Vergegenwärtigung des Vergangenen in Zustand und Prozeß zum Schwerpunkt wird; im ersten Fall wird die historische Dimension, im zweiten Fall die aufs gegenwärtig Politische zielende Bedeutung des Themas mit erarbeitet. In jedem Fall aber sind die methodischen Denkansätze oder die den Transfer ermöglichenden kategorialen Denkformen

[7] Vgl. Eva Maek-Gérard u. a., Zur Rolle der Geschichte in der Gesellschaftslehre: Das Beispiel der hessischen Rahmenrichtlinien. Stuttgart 1974.

in den Unterrichtsbeispielen angelegt und entwickelt, die es erlauben, Geschichte und Gegenwart, Politisches und Historisches unterscheidend und urteilend miteinander in Beziehung zu setzen.
Es ist in diesem Band versucht worden, sowohl für den Geschichtsunterricht wie für den politischen Unterricht einen selbständig ansetzenden, aber jeweils auf den anderen verweisenden didaktischen Begründungs- und Handlungsrahmen zu entwickeln; innerhalb dieses didaktischen Rahmens werden die Themen aufeinander bezogen oder miteinander verbunden. Diese Beziehung ergibt sich je nach dem Gegenstand in unterschiedlicher Weise:

— Historische und politische Unterrichtsbeispiele stehen in relativer Selbständigkeit nebeneinander. Eine direkte Verbindung wird nicht intendiert — lediglich über die Entwicklung von Denkformen und methodischen Zugriffen stellt sich eine mittelbare Beziehung her. Diese Selbständigkeit ist als Möglichkeit deshalb notwendig, weil der Zwang, bei jedem Thema im Unterricht die zwar latent vorhandene, aber nicht immer im Mittelpunkt des Zielrahmens stehende und oft sehr vermittelte Verbindung zwischen Politik und Geschichte herzustellen, zur Verkrampfung führen muß. (Beispiel: Völkerwanderungen, Entdeckungen, Kolonisationen — Probleme der Entwicklungsländer).
— Historische und politische Themen sind vom Gegenstand her eng aufeinander bezogen: Eine geschichtliche Unterrichtsreihe bietet die Gelegenheit, ein politisches Phänomen in der Gegenwart genauer zu analysieren oder umgekehrt. Diese Verbindung ist die eines curricularen Nacheinanders, in dem ein Fach den Gegenstand des anderen aufgreift und auf seine Weise vertieft. (Beispiel: „Industrielle Revolution" — „Kapitalismus")
— Historischer und politischer Zugriff sind in einem Thema verbunden. Die „Integration" erfolgt durch das Zusammentreffen der gleichermaßen politisch gegenwärtigen wie historischen Bedeutung und Auffassung des Themas; das Erkennen gegenwärtiger Verhältnisse und das Begreifen historischer Prozesse sind unlösbar miteinander verbunden. Eine solche Unterrichtsreihe geht genetisch von der Vergangenheit auf die Gegenwart zu („Kinderarbeit und Kinderschutz in Deutschland seit dem 18. Jahrhundert"), setzt regressiv an einer gegenwärtigen Erscheinung an und sucht ihre historischen Bedingungen auf („Marxistische Revolutionen in der dritten Welt") oder versucht komparativ am historischen Anderen das gegenwärtig Eigene begreiflich zu machen und umgekehrt. („Grenzen in der Geschichte")

Auf diese Weise erscheint es am ehesten möglich, ohne Zwang, bei breitester Mitentscheidung über Thema und Methode durch den Lehrer wie durch die Lerngruppe im Unterricht den Zusammenhang zwischen Geschichte und Politik herzustellen, den beide in der Realität haben. Kein „Fach" braucht sich hier dem anderen zu unterwerfen, keins sich vom anderen zu isolieren. Auch das unterrichtstechnisch schwierige Problem der Stundenzumessung läßt sich durch dieses Konzept der relativ variablen Unterrichtsreihen, die unterschiedliche Formen der Kooperation herstellen, am ehesten lösen. Diese Aufbereitung der Gegenstände des politischen und historischen Unterrichts und die Verschränkung der Ziele läßt abwechselnd getrennten Fachunterricht ebenso zu wie Epochenunterricht oder einen kombinierten und konzentrierten Gesamtunterricht im gesellschaftswissenschaftlichen Unterrichtsfeld.

Der Explikation des didaktischen Ansatzes folgt in diesem Band eine Zusammenstellung der Themen des politischen und historischen Unterrichts. (4) Dabei werden in Rückbeziehung auf die Begründungen sowohl die Inhalte, die unterschiedlichen methodischen Zugangsformen und die Verbindungsmöglichkeiten der Themen kenntlich gemacht — im Rahmen des Versuchs, durch eine den Jahrgängen — wenngleich nicht streng — zugeordnete Folge von Unterrichtseinheiten ein Curriculum des geschichtlichen und politischen Unterrichts zu erstellen.

Erfolgt die Zusammenstellung eines Curriculums des historischen und politischen Unterrichts in pragmatischer Weise nach unterschiedlich eng dem Geschichtsunterricht bzw. dem politischen Unterricht zuzuordnenden Themen, so darf diese praktisch notwendige Form der Anordnung doch nicht ein vordergründiges Bild vom Zusammenhang zwischen geschichtlicher und politischer Bildung erzeugen: es sind letzlich nicht die Themen selbst, die diesen Zusammenhang konstituieren — oder sie sind es doch nicht vornehmlich. Ob im Geschichtsunterricht politische Bildung mitgeprägt wird, ist nicht so sehr eine Frage des behandelten Gegenstandes — etwa seiner Zeitnähe — sondern eine Frage des geistigen Zugriffs, der didaktischen Grundkategorien. Das gleiche gilt umgekehrt. Darum wird in diesem Werk der tiefere, über die Kenntnis- und Wissensvermittlung in die Sphäre der Denk- und Urteilsfähigkeiten wie der Wertsetzungen reichende Zusammenhang zwischen historischer und politischer Bildung nicht zuerst im Thematischen gesehen und gesucht; vielmehr findet er sich jenseits der Zuordnung von Themen im spezifischen, dem Gegenstand des historischen und politischen Unterrichts angemessenen Grundgefüge didaktischer Kategorien. Ist es — wie unten näher ausgeführt wird — der enge Zusammenhang zwischen Vergangenheitsbewußtsein, Gegenwartsverständnis und Zukunftsperspektive, welcher sowohl das reflektierte historische wie das aus bloßer Reaktion erlöste politische Denken und Urteilen bezeichnet, so ist darin der — unterrichtlich zu explizierende — Zusammenhang von Wissen und Erkennen, Beurteilen, Bewerten und Sich-Verhalten mit gesetzt. In der Einübung dieses Denk- und Orientierungsverhaltens an Themen, welche durch die Fragenotwendigkeiten unserer Zeit ebenso wie durch die historisch auf uns gekommenen staunenswerten und weiterwirkenden Phänomene vergangenen Daseins „pro-voziert“ werden, liegt ungeachtet unterschiedlicher Akzentsetzungen und wissenschaftsystematischer Zugriffe die eigentliche Verbindung zwischen historischem und politischem Unterricht[8]. Sie realisiert sich durch didaktische Strukturierung und Methode in einem permanenten, grundlegenden und nicht nach Stunden oder Unterrichtseinheiten abzuzirkelnden Prozeß. Die thematische Zuordnung ist nur das curricular beschreibbare, organisatorisch aufweisbare Mittel, diese Verbindung in unterschiedlicher Inhaltsbezogenheit zu konkretisieren. (vgl. unter 4.1.5)

[8] Immer noch unübertroffen ist der Aufsatz von Friedrich J. Lucas, Der Beitrag des Geschichtsunterrichts zur politischen Bildung. In „Gesellschaft, Staat, Erziehung“, Jg. 5, 1966, S. 381—395. Wieder abgedruckt in: Anmerkungen und Argumente zur historischen und politischen Bildung, Hrsg. H. Süssmuth, 1.2, S. 147—170, Stuttgart 1972. Das folgende didaktische Konzept des Geschichtsunterrichts verdankt diesem Aufsatz Anregungen und wichtige Hinweise.

2. Geschichte

2.1 Geschichtsdidaktische Alternativen (Hans Süssmuth)

2.1.1 Aufgabenstellungen der Geschichtsdidaktik

Ist von geschichtsdidaktischen Alternativen die Rede, so wird von der Hypothese ausgegangen, daß in diesem Bereich ebenso wie in anderen Fachwissenschaften und Fachdidaktiken weitreichende Veränderungen angebahnt oder bereits vollzogen sind.

Die insbesondere seit der zweiten Hälfte der 60er Jahre aufweisbare Neuorientierung in der Geschichtsdidaktik beruht sowohl auf Veränderungen im wissenschaftlichen als auch im außerwissenschaftlichen Feld. Neuansätze in der Geschichtsdidaktik sind auf fachwissenschaftliche, wissenschaftstheoretische und methodische Entwicklungen, auf die Kritik der sozialwissenschaftlichen Disziplinen und veränderte Erwartungen verschiedener gesellschaftlicher Gruppen an die historische Vermittlung zurückzuführen. Kritik im Sinne des Zweifels an der Effizienz und dem Sinn historischen Lernens überschnitt sich mit den Forderungen nach Intensivierung und Neuorientierung des historischen Bewußtseins unter veränderten Prämissen. Die Bemühungen um Korrektur und Revision des Bisherigen lassen sich nicht auf vereinfachende Kontrastbegriffe wie konservativ-progressiv, unpolitisch-politisch, unkritisch-kritisch, faktenorientiert-problemorientiert etc. bringen. Wird von Alternativen gesprochen, so geht es in erster Linie um neue Akzentensetzungen, modifizierte Verknüpfungen vorgegebener und weiterführender didaktischer Prinzipien und Konzeptionen.

Verwissenschaftlichung der Lebensbereiche und die parallel zu diesem Prozeß erhobene Forderung nach erhöhter Praxisnähe und verstärktem Handlungsbezug in den einzelnen Schulfächern fordern auch die Geschichtsdidaktik heraus, Ziele, Inhalte und Verfahren, sowie deren theoretische und praktische Begründung zu überprüfen.

Die Gründe für eine Neuorientierung können an dieser Stelle nicht systematisch zur Sprache kommen, vorrangig sollen die mit dieser Entwicklung einhergehenden Probleme der Geschichtsdidaktik skizziert werden.

Die gegenwärtig zentralen Aufgaben der Geschichtsdidaktik lassen sich aus folgenden Problembereichen ableiten und ausdifferenzieren.

— Notwendig ist die Verhältnisbestimmung von Geschichtstheorie, Geschichtswissenschaft, Geschichtsdidaktik, wobei Theorie hier die Selbstreflexion der Geschichtswissenschaft (Fragestellungen, Interessen, Bedingungen, Methoden) ebenso wie die Hypothesen über generalisierbare Aussagen historischen Geschehens (Modernisierungstheorien, Theorien sozialen Wandels)[1] meint.

---

[1] Vgl. E. Kosthorst (Hrsg.), Geschichtswissenschaft. Didaktik — Forschung — Theorie, VR 1430, Göttingen, 1977; Reinhard Rürup, Historische Sozialwissenschaft. Beiträge zur Einführung in die Forschungspraxis, VR 1431, Göttingen 1977; Reinhart Koselleck / Wolfgang J. Mommsen / Jörn Rüsen (Hrsg.), Objektivität und Parteilichkeit in der Geschichtswissenschaft, Beiträge zur Historik Bd. I, dtv WR 4281, München 1977; W. Oehlmüller (Hrsg.), Wozu noch Geschichte?, München 1976; Jörn Rüsen, Für eine erneuerte Historik. Studien zur Theorie der Geschichtswissenschaft, Kultur und Gesellschaft 1, Stuttgart-Bad Cannstatt 1976. Hans-Ulrich Wehler, Modernisierungstheorie und Geschichte, VR 1407, Göttingen 1975; Wolfgang Zopf (Hrsg.), Theorien des sozialen

— Aufzugreifen ist das Legitimationsproblem, die Begründung des historischen Lernens im Rahmen eines institutionalisierten Unterrichtsfaches. In diesem Zusammenhang ist die Frage nach den Implikationen zu stellen, die den Funktionsbestimmungen zugrundeliegen.
— Differenzierter zu diskutieren ist die Frage der Inhalte des Geschichtsunterrichts.
— Die Auseinandersetzung mit den Zielen der historischen Vermittlung konfrontiert mit dem Problem der Inhaltsauswahl, wobei kein direkt ableitbarer Zusammenhang zwischen Zielen und Inhalten gegeben ist. Zur Erreichung eines bestimmten Zieles wie z. B. Förderung der historisch-politischen Urteilsfähigkeit kann die Vermittlung unterschiedlicher Inhalte geeignet sein. Eine stringente Ableitung der Inhalte aus den Zielen ist also nicht anzusetzen.
— Außer der Ziel- und Inhaltsproblematik steht die Frage nach den geeigneten Zugängen und Vermittlungsansätzen geschichtlicher Prozesse zur Beantwortung an. Hat beispielsweise das Prinzip der räumlichen und zeitlichen Nähe aus motivations- und lerntheoretischen Gründen Vorrang vor dem Prinzip der Distanzierung? Wie sind Schüler an die Eigenart und den Sinn geschichtlicher Prozesse heranzuführen?
Wie können die zentralen Kategorien der Zeit, des Prozesses, der Kontinuität und Diskontinuität, der Dauer und des Wandels vermittelt werden?
— Zu intensivieren ist die Evaluation von historischen Curricula und Geschichtsunterricht. Definiert wird Evaluation übereinstimmend als „Sammlung, Verarbeitung und Interpretation von Informationen, mit der Absicht, bestimmte Fragen über Innovation zu beantworten. Dabei geht es in der Regel darum, Innovationen zu verbessern, zu legitimieren und über sie zu entscheiden“[2]. Evaluation beschränkt sich nicht ausschließlich oder primär auf das individuelle Schülerverhalten, sondern es geht um die Beschreibung und Bewertung von Curricula und Unterricht und deren Verbesserung. Die vorliegenden Versuche empirischer Arbeit und die Entwicklung von Instrumenten kann noch nicht befriedigen[3].
— Erneut ist nach dem Selbstverständnis der Disziplin Geschichtswissenschaft und ihrer Affinität zu den systematischen Sozialwissenschaften zu fragen. Anlaß zu immer wieder neu aufbrechenden Kontroversen ist die Auseinandersetzung um das Verhältnis von historischem und politischem Lernen. Der Versuch der 50er und frühen 60er Jahre, historische und politische Bildung als Einheit zu verstehen, wurde in den späten 70er Jahren durch neuere Ansätze für ein Schulfach Politik oder Sozialwissenschaften und eine damit parallel verlaufende Trennung zwischen politischem und sozialem Lernen auf der einen Seite und historischem Lernen auf der anderen Seite modifiziert.

Wandels, NWB 31, Köln, Berlin 1971; Vgl. auch Jürgen Kocka, Theorien in der Sozial- und Gesellschaftsgeschichte, in: Geschichte und Gesellschaft, 1/1975/H. 1, S. 9—42. Jürgen Kocka (Hrsg.), Theorien in der Praxis des Historikers, Geschichte und Gesellschaft, Sonderheft 3, Göttingen 1977.

[2] Christoph Wulff, Planung und Durchführung der Evaluation von Curricula und Unterricht, in: Karl Frey, Curriculum Handbuch Bd. II, München/Zürich 1975, S. 567. Vgl. ibid. S. 567 bis 822, Beiträge verschiedener Verf. zu: Grundfragen der Evaluation; Evaluation von Curricula. Zentrale Probleme, dargestellt an Beispielen; Evaluation von Schulversuchen mit curricularen Schwerpunkten. Fallstudien; Methoden, Instrumente und Verfahren empirisch-analytischer Evaluation. Vgl. Ders., (Hrsg.), Evaluation. Beschreibung und Bewertung von Unterricht, Curricula und Schulversuchen. Texte, München 1972; Ders., Evaluation — ein kritischer Überblick, in: Neue Sammlung 12/1972, S. 259—284.

[3] Vgl. den Tagungsbericht von Joachim Radkau, Empirische Forschung im Bereich der Geschichtsdidaktik, in: GWU 16/1976, S. 134—143.

Die Isolierung des Geschichtsunterrichts von dem Unterrichtsfach Sozialwissenschaft mag positiv bewertet werden, wenn man davon ausgeht, daß auf diese Weise der Gefahr begegnet wird, die Geschichte nur noch als Steinbruch zu benutzen und sie je nach politischem und gesellschaftlichem Interesse in der einen oder anderen Richtung affirmativ in Anspruch zu nehmen. Ein eigenständiger Geschichtsunterricht sichert zwar die Vermittlung der fachspezifischen Systematik, könnte aber andererseits in das schulcurriculare Abseits führen.

— Zu überprüfen ist die von Vertretern der politischen Pädagogik und Soziologie wiederholt vorgebrachte Kritik[4], der Geschichtsunterricht vermittle ein personalisierendes Geschichtsbild, stereotype soziale Ordnungsschemata, sei in bezug auf die politische Bildung unwirksam und fördere primär die Anpassung an das Bestehende sowohl im Hinblick auf die Prämissen als auch im Hinblick auf die inhaltlichen Aussagen.

Der Behauptung, daß die geschichtsdidaktischen Ansätze vorwiegend statisch seien und den Prozeßcharakter der Geschichte unberücksichtigt ließen, liegt primär die Auffassung zugrunde, daß die bisherige geschichtsdidaktische Reflexion keine Ansätze zur Überwindung eines statisch anthropologischen, eines statisch normativen, eines personalisierenden und eines pragmatischen Konzeptes enthalte[5]. Gefordert wird von diesen Kritikern ein geschichtsdidaktischer Ansatz auf der Grundlage der kritischen Theorie, ohne daß allerdings die Probleme einer Rezeption der kritischen Theorie für die Geschichtsdidaktik reflektiert würde. Indem sie gegen einen „affirmativ" instrumentalisierten Geschichtsunterricht polemisieren, betonen sie zugleich die Notwendigkeit eines neuen „Rückgriffs" auf die Geschichte als einziger Möglichkeit einer politischen Bildung, „die sich nicht affirmativ, sondern als dem System disfunktionale Strategie der Veränderung begreift" (S. 217).

Diese Position der Verbindung eines emanzipatorischen Geschichtsunterrichts mit einer systemverändernden politischen Bildung stützt sich auf Prämissen der kritischen Theorie.

Die Relevanz der Geschichte liegt in der Möglichkeit, aus ihrem Verlauf nicht nur „irgendwie geartete Veränderungsbewegungen" der Gesellschaft abzulesen, sondern sie „als Prozeß mit Tendenzcharakter" (S. 216) zu interpretieren, aus dem die Ziele der politischen Bildung ableitbar sind. Insofern ist für die politische Bildung der Rückgriff auf die Geschichte notwendig. In dieser Sicht eines determinierten Geschichtsverlaufes, stellt sich das Problem eines teleologisch definierten Zusammenhangs zwischen historischer und politischer Bildung. So ergibt sich — bei Umkehrung der Ziele — formal die gleiche Gefahr, mit der schon der sogenannte unkritische Geschichtsunterricht historische und politische Bildung gleicherweise für sich beanspruchte.

---

[4] Vgl. L. von Friedeburg / P. Hübner. Das Geschichtsbild der Jugend, Überblick zur wissenschaftlichen Jugendkunde, Bd. 7, München 1964; V. Nitzschke, Zur Wirksamkeit politischer Bildung. Teil II. Schulbuchanalyse, Frankfurt 1966; E. Becker / S. Herkommer / J. Bergmann, Erziehung zur Anpassung? Schwalbach 1967; M. Teschner, Politik und Gesellschaft im Unterricht, Frankfurt 1968; R. Schmiederer, Zwischen Affirmation und Reformismus. Politische Bildung in Westdeutschland seit 1945, Frankfurt 1972.

[5] Vgl. Kl. Bergmann / V. Preisler / D. Wischniowski, Geschichtsunterricht — Relikt oder Notwendigkeit, in: Das Argument 70. Kritik der bürgerlichen Geschichtswissenschaft I, Berlin 1972, S. 195—217.

Die unterrichtsorganisatorische Konsequenz dieser Position ist ein Integrationsbereich Gesellschaftslehre, in dem die geschichtliche Dimension eine fundamentale Bedeutung gewinnt. Die Gegner dieser curricularen Entwicklung, die an der Selbständigkeit des Faches Geschichte als hergebrachter Größe festhalten, sind sich nicht immer klar darüber, daß sie entweder zugleich den Anspruch erheben müßten, durch den Geschichtsunterricht auch die politische Bildung zu vertreten, oder aber diese einem neuen Fach Politikunterricht gänzlich abzutreten hätten.

Die Problematik der letzteren Alternative zeigt sich dort, wo Konzepte eines von der Geschichte klar getrennten Politikunterrichts entwickelt wurden. Die Frage ist noch offen, wie diese Konzeption der Kritik entgehen will, den Geschichtsunterricht durch die Auslagerung seiner politischen Kompetenz steril, den Politikunterricht aber durch das Ausblenden der historischen Dimension und des Prozeßcharakters aller politischen Strukturen sowohl für die Vergangenheit wie für die Zukunft blind zu machen.

Die Antwort auf die Frage, ob der Geschichtsunterricht und der Politikunterricht selbständige Fächer bleiben oder ob sie in einen Lernbereich Gesellschaftslehre integriert werden, berührt die Stellung der Fächer im Lehrplan fundamental. In dieser Entscheidung verflochten, aber auch unabhängig von ihr, intensivierte sich seit den frühen 70er Jahren die Auseinandersetzung um Ziele, Inhalte und Verfahrensweisen des Geschichtsunterrichts.

— Eine Leerstelle, die gefüllt werden muß, bilden die Bereiche Geschichte der Geschichtsdidaktik und Geschichtsdidaktik des Auslandes.

Die Ansätze von E. Weymar und H. Schallenberger zur Geschichte des Geschichtsunterrichts sind nicht systematisch weiterverfolgt worden[6]. Über die Situation des Geschichtsunterrichts im Ausland haben wir nur punktuelle und sporadische Kenntnisse[7].

2.1.2 Konkurrierende geschichtsdidaktische Positionen

Zwischen dem geschichtsdidaktischen Diskussionsstand und der historischen Vermittlung in der Schulpraxis besteht in der Regel eine Diskrepanz. Die Praxis des Geschichtsunterrichts vermag die jeweils jüngsten Erkenntnisse der Theoriediskussion nicht ohne Zeitverlust im Vermittlungsprozeß zu realisieren.

Die wichtigsten gegenwärtig vertretenen geschichtsdidaktischen Ansätze sollen kurz skizziert, dann gewertet werden. Eine systematische Analyse der zugrundeliegenden wissenschafts- und erkenntnistheoretischen Positionen oder der politischen Implikationen wird dadurch erschwert, daß von den Autoren durchgängig darauf verzichtet ist, die Voraussetzungen exakt auszuwerfen und zu bestimmen[8].

---

[6] Vgl. Ernst Weymar, Das Selbstverständnis der Deutschen. Ein Bericht über den Geist des Geschichtsunterrichts der höheren Schulen im 19. Jahrhundert, Stuttgart 1961; Horst Schallenberger, Untersuchungen zum Geschichtsbild der Wilhelminischen Ära und der Weimarer Zeit. Eine vergleichende Schulbuchanalyse aus der Zeit von 1888 bis 1933, Ratingen 1964; vgl. zu dem Problemkreis: Erich Reichert, Der Geschichtsunterricht in der Reform. Ein Beitrag zur Didaktik der historischen Unterweisung, Kastellaun 1976, S. 19—45.

[7] Vgl. Walter Fürnrohr (Hrsg.), Geschichtsdidaktik und Curriculumentwicklung. Beiträge zur Neugestaltung von Unterricht und Studium, Bd. 1, Fachdidaktische Studien 11, München 1974, S. 301—327, „Zur Situation des Geschichtsunterrichts und des Geschichtsstudiums im Ausland".

[8] Vgl. Karl-Hermann Beeck, Geschichtsunterricht, in: Gerhard Wehle (Hrsg.), Pädagogik aktuell, Bd. 3, München 1974, S. 160—163; Hans-Jochen Markmann, Geschichtsbild und Geschichtsunterricht, in: Walter Fürnrohr (Hrsg.), Geschichtsdidaktik und Curriculumentwicklung, Beiträge zur

2.1.2.1 Der chronologisch ereignisgeschichtliche systematische Ansatz

Es handelt sich um den chronologischen Durchgang durch die Geschichte, der in älteren Didaktiken und in Stoffplänen auffindbar ist[9]. Die Epocheneinteilung bildet das zeitliche Ordnungsraster. Den Themen aus der Ur- und Frühgeschichte folgen Inhalte aus der Antike, dem Mittelalter, der Neueren und Neuesten Geschichte. „Progressiver Gang durch die Geschichte

1. Von uralten Völkern und Kulturen
2. Römer und Germanen
3. Das Reich der Franken
4. Das Christentum — Der Islam
5. Von Königen und Kaisern des Mittelalters
6. So lebten die Menschen im Mittelalter
7. Deutsche Ostbewegung und Hanse
8. Vom Mittelalter zur Neuzeit
9. Das Zeitalter der Reformation
10. Das Zeitalter der Glaubenskämpfe
11. Das Zeitalter der Fürstenherrschaft
12. Revolutionen in Amerika und Frankreich
13. Napoleon — Der Freiherr vom Stein
14. Das Streben nach Einheit und Freiheit
15. Die Technische Revolution und ihre sozialen Folgen
16. Das Zeitalter Bismarcks
17. Imperialismus und Erster Weltkrieg
18. Revolutionen und Friedensverträge
19. Nach dem Ersten Weltkrieg
20. Die Weimarer Republik
21. Hitlers Gewaltherrschaft
22. Der Zweite Weltkrieg
23. Verfolgung und Widerstand
24. Das geteilte Deutschland
25. Weltmächte unserer Zeit
26. Überstaatliche Organisationen
27. Völker im Aufbruch

28.—30. Weitere Themen nach eigenem Ermessen“[10]

Angestrebt wird in erster Linie, Überblickswissen zu vermitteln.

Neugestaltung von Unterricht und Studium, München 1974, S. 168—184; Annette Kuhn, Neuere Ansätze in der Didaktik der Geschichte, in: Neue Sammlung 16/1976, H. 2, S. 134—143; Peter Meyers, Neue Strömungen in der Geschichtsdidaktik GWU 27/1976, S. 490—501; Hans Süssmuth (Hrsg.), Geschichtsunterricht ohne Zukunft? Zum Diskussionsstand der Geschichtsdidaktik in der Bundesrepublik Deutschland, Anmerkungen und Argumente, Bd. 1.1 und 1.2, Stuttgart 1972.

[9] Vgl. Wilhelm Münter, Zeitgemäßer Geschichtsunterricht. Grundsätze, Ziele und Lehrpläne für die Hauptschule, München 1967, S. 198—203; in dieser Arbeit sind auch die Stoffverteilungspläne für den Geschichtsunterricht in Volksschulen (1946—1966) vergleichend nebeneinandergestellt. Vgl. Hans Döhn, Der Geschichtsunterricht in Volks- und Realschulen, Didaktisch-methodische Grundfragen, Auswahl Reihe B 3/4, Hannover 1967, S. 89; Erhard Schmidt, Grundriß des Geschichtsunterrichts, Bochum (o. J.), S. 59.

[10] Wilhelm Münter, Zeitgemäßer Geschichtsunterricht, S. 198—203.

2.1.2.2 Der entstehungsgeschichtlich-chronologisch-konfrontierende Ansatz[11]

Ausgehend von der Überlegung der Einmaligkeit historischer Phänomene und der Erfahrung falscher Analogieschlüsse durch den Gegenwartsbezug versucht Beeck über den individualisierenden Vergleich als angemessener Methode des Historikers Vergangenheit und Gegenwart in Beziehung zu setzen. Das Mittel der Konfrontation wird als didaktisches Prinzip eingesetzt. Vermittelt werden soll in chronologischem Zugriff der weltgeschichtliche Entstehungszusammenhang der Gegenwart.

Durchgängig werden die Phänomene der Vergangenheit mit vergleichbaren der Gegenwart konfrontiert. Es geht um einen konzentrischen Ansatz in dem von der Entwicklung des modernen Europa, das sich in ganz charakteristischen Zügen in den letzten Jahrhunderten zunehmend über die Erde ausbreitete, ausgegangen wird. Das Prinzip der permanenten Konfrontation mit der eigenen Zeit wird als eine adäquate Methode des Gegenwartsbezugs gesehen. Der von den Schülern zu leistende kontrastierende Vergleich ist als didaktisches Regulativ angesetzt und soll zugleich die Voraussetzungen einer historisch begründeten Ideologiekritik schaffen.

2.1.2.3 Der präsentistische Ansatz

H. Giesecke erörtert Möglichkeiten eines geschichtsdidaktischen Ansatzes als Teilgebiet des Sozialkundeunterrichts[12]. Er integriert Geschichte in den Sozialkundeunterricht. Historisches Bewußtsein ist Fundament eines „auf die Zukunft bezogenen politisch-kritischen Bewußtseins". Geschichtsunterricht im Rahmen des Sozialkundeunterrichts kann als Unterrichtsprinzip für die Erarbeitung der historischen Perspektive aktueller Konflikte, aber auch als selbständiges Teilziel des Sozialkundeunterrichts konzipiert werden.

Für den zweiten Aspekt hebt Giesecke zwei Gesichtspunkte hervor. Unter dem Leitthema Demokratisierung in der Neuzeit soll Ereignisgeschichte von der Französischen Revolution bis zur Gegenwart chronologisch unterrichtet werden. Als notwendige Ergänzung fordert er eine „strukturgeschichtliche Orientierung". In dem Beitrag „Thesen zum Geschichtsunterricht" (1974)[13] wird dieser Ansatz begrifflich weiterentwickelt und inhaltlich ausdifferenziert. Geschichtsunterricht hat Kritik und Aufklärung zu leisten. Anknüpfungspunkte sind das Vorverständnis der Lernenden und die Genese der gegenwärtigen Staats- und Gesellschaftsverfassung. Die Möglichkeiten des Geschichtsunterrichts liegen in der Differenz zwischen den Voreinstellungen des Schülers und den Ergebnissen der Wissenschaftlichen Forschung. Historischer Unterricht wird auf der Grundlage folgender vier miteinander verbundenen didaktischen Aspekte konzipiert:

— wissenschaftlich formaler Aspekt,
— ereignisgeschichtlich-analytischer Aspekt,
— strukturgeschichtlich-synthetischer Aspekt,
— aktuell-genetischer Aspekt.

---

[11] Vgl. K.-H. Beeck, Das Prinzip der Konfrontation im Geschichtsunterricht, in: J. de Marées (Hrsg.), Geschichte und Geschichtsunterricht, München 1972, S. 36—49.

[12] Vgl. H. Giesecke, Unterrichtsziele im Sozialkundeunterricht in der differenzierten Gesamtschule, in: Deutscher Bildungsrat (Hrsg.), Lernziele der Gesamtschule, Gutachten und Studien der Bildungskommission, Bd. 12, Stuttgart 1969, S. 55—59; vgl. G. Schneider, Über Präsentismus und Gegenwartsbezug im Geschichtsunterricht, in: W. Fürnrohr (Hrsg.), Geschichtsdidaktik und Curriculumentwicklung, Bd. 1, München 1974, S. 264—275.

[13] H. Giesecke, Thesen zum Geschichtsunterricht, in: Neue Sammlung 1974, S. 53—67.

Mit dem ersten Aspekt sind die Methoden und Verfahren der Disziplin gemeint. Unter ereignisgeschichtlich-analytischem Gesichtspunkt sollen zentrale Ereignisse der Entstehungsgeschichte der Demokratie aufgearbeitet werden wie beispielsweise Französische Revolution, das Jahr 1848, die Deutsche Revolution 1918/19. Ereignisse müssen im großen Zusammenhang von gesamtgesellschaftlichen Vorstellungen gesehen werden, da erst durch den Wechsel und die Kombination von Ereignis- und Strukturgeschichte ein sachadäquater Vorstellungszusammenhang erworben wird. Die Aufarbeitung der historischen Dimension gegenwärtiger politischer Konflikte deckt der aktuell-genetische Aspekt ab. Der Ansatz beansprucht für sich keine unbestreitbare theoretische Fundierung, wohl aber kann er sich auf einen hohen Grad an Plausibilität abstützen.

2.1.2.4 Der sozialwissenschaftlich-integrative Ansatz

Im Rahmen der Auseinandersetzung um neue sozialwissenschaftliche Curricula der Schule wurde insbesondere in Hessen und NRW die Frage der Einbeziehung oder Ausklammerung der Geschichte diskutiert. Unabhängig von der Beibehaltung oder Aufhebung eines selbständigen Geschichtsunterrichts handelt es sich bei der Gesellschaftslehre mit den Lernbereichen Sozialisation, Wirtschaft, öffentliche Aufgaben, intergesellschaftliche Konflikte und den fachspezifischen Arbeitsschwerpunkten Sozialkunde, Geschichte, Geographie in Hessen wie bei dem Fach Politik in NRW jeweils um ein Integrationsfach[14]. In den HRRG wird die Geschichte unter dem Aspekt der Selbst- und Mitbestimmung als oberster Zielsetzung einbezogen. Auswahlkriterium bilden die Kategorien Gegenwartsbezug und Veränderung.

Als Ziele werden hervorgehoben Ideologiekritik, Korrektur eines personalisierenden Geschichtsbildes, politische Bildung und Methodenkenntnis. „Historische Situationen" werden „zunächst aspekthaft vermittelt". Die Schüler sollen soziale, wirtschaftliche, politische Zusammenhänge erfragen, nachdem im Laufe einer oder mehrerer Schuljahre in allen Lernfeldern Aspekte zu einer Thematik (z. B. römische Antike) vorgekommen sind.

In NRW werden Politischer Unterricht und Geschichtsunterricht als getrennte Schulfächer vertreten. Der wechselseitige Bezug ergibt sich aus dem Bedingungsverhältnis von politischem und historischem Lernen. „Politisches Lernen ist ohne historisches Verständnis der politisch-gesellschaftlichen Probleme nicht denkbar. Die historische Perspektive verhindert, das Bestehende als natürlich und unabänderlich anzusehen" (RP. S. 6).

Politisches Lernen ist in wichtigen Teilzielen abhängig von historischem Lernen, dessen spezifische Aufgabe darin gesehen wird, „Konsequenzen und Tragweite von Entscheidungen (zu) analysieren, die in der Vergangenheit vollzogen wurden". Vom Schüler erfahrbare Gegenwartsprobleme gesellschaftlichen Lebens bestimmen die Aufgaben und Inhalte politischen Lernens, historisches Lernen hingegen vollzieht sich durch die geschichtlich bedingten Erscheinungsformen und Veränderungen gesellschaftlichen Lebens. Das Besondere des historischen Lernens besteht demnach in der Einsicht in Bedingungen und Zustandekommen sozialen, politischen, ökonomischen und kulturellen Wandels.

Die RP leiten aus dem Argument der Gegenwarts- und Vergangenheitsorientierung die Aufgabenteilung zwischen politischem Unterricht und Geschichtsunterricht ab. Betont

14 Vgl. Der Hessische Kultusminister (Hrsg.), Rahmenrichtlinien. Sekundarstufe I. Gesellschaftslehre, Frankfurt 1972; Der Kultusminister des Landes NRW (Hrsg.), Richtlinien für den politischen Unterricht, Stuttgart/Düsseldorf 1973.

werden das komplementäre Verhältnis und die Notwendigkeit der Kooperation. „Jedoch ist politischer Unterricht nicht mit dem Geschichtsunterricht oder der Zeitgeschichte gleichzusetzen; er kann ihn auch nicht ersetzen."

2.1.2.5 Der adaptiv-historisch-materialistische Ansatz

Das Unbehagen an der bis vor wenigen Jahren deutlichen Stagnation der geschichtsdidaktischen Diskussion und an dem Theoriedefizit der Geschichtswissenschaft in der Bundesrepublik Deutschland haben dazu geführt, daß einzelne Kritiker den historisch-materialistischen Ansatz zu übernehmen versuchen. Eine Tendenz in dieser Richtung zeichnet sich in der Arbeit H. Hoffacker / Kl. Hildebrand, Bestandsaufnahme Geschichtsunterricht ab[15]. Gefordert wird ein eigenständiger chronologisch-genetischer Geschichtsunterricht auf historisch materialistischer Grundlage von der 5. Klasse an. Die didaktische Begründung für einen eigenständigen Geschichtsunterricht lautet, er soll erweisen, daß „alle Verhältnisse durch bestimmte Ursachen und Umstände gesetzmäßig geworden und veränderbar" sind.

Das chronologisch-genetische Verfahren soll mit dem thematisch-strukturellen kombiniert werden. Zentraler Zeitraum ist die Französische Revolution. Auf 6 Schuljahre verteilt lautet der Vorschlag:

Kl. 5: Antike bis 500 n. u. Z.
Kl. 6: 500—1650
Kl. 7: 1650—1848
Kl. 8: 1848—1916
Kl. 9: 1917—1945
Kl. 10: 1945 bis Gegenwart.

Schwerpunktmäßig sind jene Elemente aufzuarbeiten, die die jeweilige Gesellschaftsformation ausmachen.

Neben den chronologischen Durchgang durch die Geschichte treten Längsschnitthemen:

Kl. 5: Entstehung und Geschichte der Familie
Kl. 6: Entwicklung der Produktivkräfte und der Technik seit dem späten Mittelalter
Kl. 7: Bürgerliche Demokratie und Parlamentarismus
Kl. 8: Politische Ökonomie des Kapitalismus
Kl. 9: Faschismus und Neofaschismus
Kl. 10: Sozialismus

Dieses Konzept soll den Geschichtsunterricht in der Bundesrepublik Deutschland aus dem „Fahrwasser undemokratischer, reaktionärer, obsoleter Zielsetzungen, Inhalte und Methoden" befreien.

2.1.2.6 Der lernzielorientierte Ansatz

Joachim Rohlfes Umrisse einer Didaktik[16] der Geschichte müssen als Wende in der geschichtsdidaktischen Auseinandersetzung verstanden werden. Ziel seiner Analysen ist es, den Anschluß der Geschichtsdidaktik an die Erkenntnisse der Fachwissenschaft wie an die Lern- und Unterrichtsforschung zu ermöglichen. Bezugsebenen einer Geschichtsdidaktik sind die Bildungstheorie, die Lerntheorie und die Geschichtswissenschaft.

[15] Vgl. H. Hoffacker / Kl. Hildebrandt, Bestandsaufnahme Geschichtsunterricht. Programmatik, Materialien, Perspektiven, Stuttgart 1973.

[16] Joachim Rohlfes, Umrisse einer Didaktik der Geschichte, VR 1338, Göttingen 1974, (3. Aufl.). Ders., Kategorien des Geschichtsunterrichts, in: GWU 1971, S. 474—494.

Zugang zu den Charakteristika der Geschichte werden über Vertrautheit mit fachwissenschaftlichen und geschichtstheoretischen Fragestellungen und Methoden gewonnen.
Rohlfes will unterschiedliche Ansätze aufzeigen. Er versucht eher eine Synthese als eine Festlegung auf einen bestimmten Typus historischen Lernens. Eine Prämisse scheint jedoch unverzichtbar, die unaufhebbare Verknüpfung zwischen Struktur der Geschichte und Struktur des Erkennens.
Lernziele und Lernformen können nicht einseitig aus der Fachwissenschaft abgeleitet werden, eine gleichgewichtige Rolle kommt dem Schüler im Lernprozeß zu. Bildungstheorie und Lernpsychologie haben die Funktion, zwischen Erkenntnisinteressen der Geschichtswissenschaft und des Geschichtsunterrichts zu vermitteln. Bildungstheorie und Lernpsychologie sollten gleichwertige und gleichgewichtige theoretische Dimensionen der Geschichtsdidaktik sein.
Geschichtswissenschaft und Geschichtsdidaktik wie auch Geschichtsunterricht haben eine eingeschränkte politische Handlungsrelevanz.
Rohlfes läßt offen, in welcher Beziehung Geschichtswissenschaft und Geschichtsdidaktik zueinander stehen. Es ist zu fragen, ob nicht doch ein Primat der Fachwissenschaft als Referenzrahmen für eine Geschichtsdidaktik angesetzt wird. Wenn Bildungstheorie und Lernpsychologie mehr zu leisten haben als Umsetzung fachwissenschaftlicher Erkenntnisse in didaktische und unterrichtspraktische Erkenntnisse und Aufgaben, dann müßten die Funktionen der Bezugsdisziplinen, die Reichweite ihrer spezifischen Fragestellungen stärker gegeneinander abgegrenzt und die aufweisbaren Spannungen möglicherweise auch die Brücke zwischen diesen Bezugsdisziplinen gezielter herausgearbeitet werden.

2.1.2.7 Der soziohistorische Ansatz

Der von A. Mannzmann vorgelegte Entwurf einer Neudimensionierung von Historie ist als Beitrag zur Grundlegung einer Geschichtsdidaktik zu interpretieren, die unter Einbeziehung unterrichtspraktischer Forderungen zu konstituieren wäre[17]. Die kritische Auseinandersetzung mit der Geschichtswissenschaft unter dem Aspekt erziehungswissenschaftlich-gesellschaftspolitischer Relevanz stößt zu neuen Fragestellungen vor. Die Problematisierung der chronologischen Dimension führt zur Übernahme des Begriffs der „sozialen Zeit". Die Einführung der Kategorie „soziale Zeit" wird als Möglichkeit gesehen, Geschichte neu zu strukturieren. Das Strukturierungsprinzip Gesellschaftsformation schließt insoweit an die marxistische Theoriebildung an, als die Sozialstrukturen zentralen Stellenwert haben. Geschichtliche Bewegung wird als Entwicklung gesellschaftlicher Formation und Transformation gesehen. Indem jedoch das mechanistische Phasenverlaufsdenken aufgegeben und gegen ein monokausales Verständnis historischer Prozesse erhebliche Einwände geltend gemacht werden, wird versucht, die marxistische Theorie als Spezifikum in einen übergreifenden allgemeineren gesellschaftsformativ-sozialstrukturellen Ansatz einzubeziehen. Historische Zeit wird klassifiziert als Zeit der vorindustriellen Gesellschaften und der Industriegesellschaften, wobei eine nachindustrielle Gesellschaftsformation mitprojektiert wird, um die relative Offenheit der Entwicklung anzuzeigen. Diese Zeiteinteilung läßt jedoch den spezifischen Bezug der sozialen Zeit noch nicht erkennen.

---

[17] Anneliese Mannzmann, Vorüberlegungen zu einer Didaktik der Soziohistorie — Dimensionierung des Faches Geschichte, in: H. Blankertz (Hrsg.), Fachdidaktische Curriculumforschung-Strukturansätze für Geschichte, Deutsch, Biologie, neue pädagogische bemühungen 57, Essen 1973, S. 28—99.

Als weitere Ebenen werden der theoretisch-kritische Fragehorizont und die Zukunftsperspektive von Geschichte beschrieben. Damit sind die kommunikative Dimension des Geschichtsunterrichts und seine futurologische antizipatorische Dimension angesprochen. Der sozialgeschichtliche Ansatz wird als eine Bedingung der Kommunikation der Lerngruppen im Unterricht gesehen.

Der Ansatz sucht die geschichtsdidaktische Diskussion im Grundlagenbereich weiterzuführen. Die Kategorie „soziale Zeit" bedürfte stärkerer Ausdifferenzierung, sollte aber weiter verfolgt werden, die der Gesellschaftsformation wird inhaltlich nur in einer Dimension ausgefüllt.

Die sich aus dem Ansatz für die Erstellung eines interdisziplinären historisch-sozialwissenschaftlichen Schulcurriculum ergebenden Konsequenzen werden im Aufsatz nur angesprochen und blieben bisher praktisch unberücksichtigt.

2.1.2.8 Der kritisch-kommunikative Ansatz

In Abgrenzung zu den bisher vorgestellten Konzeptionen ist der an der kritischen Theorie orientierte kritisch-kommunikative Ansatz zu sehen.

Annette Kuhn geht von der Auffassung aus, daß der bisherige Geschichtsunterricht mit seinen unkritischen Einstellungen gegenüber der Vergangenheit durch einen ideologiekritischen Ansatz aufgebrochen werden müsse[18]. Fachdidaktik habe den allzulange vernachlässigten Bezug zur Wissenschaftstheorie aufzunehmen. Grundlage ihrer fachdidaktischen Überlegungen wie auch der Aufarbeitung geschichtsdidaktischer Entscheidungsfelder bildet die kritische Theorie. Bisher sei der Rekurs auf die kritische Theorie, auf die Verknüpfung von Erkenntnis und Interesse, „das sozialphilosophische Programm einer kritischen Auflösung von Scheinobjektivationen" in der Geschichtsdidaktik kaum vertreten. Sie sieht daher eine vorrangige Aufgabe darin, historische Forschung und Lehre auf ihre Interessen hin zu überprüfen.

Fragestellungen und Aussagen der Geschichtsdidaktik erfolgen in dem hierarchisierten Beziehungsgefüge Gesellschaftstheorie, Schülerinteresse und Geschichtswissenschaft. Eindeutige Priorität kommt der Gesellschaftstheorie zu, denn historische Vermittlung ist Vermittlung zwischen Geschichtswissenschaft und Lebenspraxis. Das emanzipatorische Erkenntnisinteresse ermöglicht eine Überwindung disparater Entwicklungen in Wissenschaft und Gesellschaft. Emanzipation des einzelnen und der Gesellschaft muß auch das Ziel historischer Forschung und Lehre sein. Emanzipation ist der zentrale didaktische Leitbegriff für einen kritisch-historischen Lernprozeß. Erst durch den realutopischen Vorgriff auf gesellschaftliche und individuelle Möglichkeiten der Emanzipation ist der historische Rückgriff, der Weg in die Vorgeschichte gegenwärtiger Unterdrückung bzw. gegenwärtiger Möglichkeiten emanzipatorischer Veränderungen möglich. Das Schülerinteresse ist ein entscheidender Bezugspunkt des geschichtlichen Lernens. Der Schüler habe ein Interesse an Mündigkeit und darüber hinaus an der individuellen und gesamtgesellschaftlichen Emanzipation. Mündigkeit zeige sich in Kritikfähigkeit. Es genüge nicht, sich die Vergangenheit rational anzueignen, erforderlich sei ein kritisches Interesse an der Geschichte. Der Schüler müsse lernen, dieses bei seinem Umgang mit der Vergangenheit in Kommunikation mit anderen zu reflektieren.

„Wir nannten das Interesse des Schülers an Geschichte emanzipatorisch, weil der einzelne Schüler, um seiner eigenen Emanzipation willen, sich auch ohne Zwang mit der Geschichte

[18] Annette Kuhn, Einführung in die Didaktik der Geschichte, München 1973.

beschäftigt. Seine Emanzipation ist nicht nur ein individueller, sondern ein historisch vermittelter gesamtgesellschaftlicher Vorgang."

Der Schüler müsse erfahren, daß er als Subjekt an dieser Geschichte beteiligt ist und die Bedingungen wie auch die Möglichkeiten von Veränderungen aufzuarbeiten hat. Geschichte im Interesse der Schüler sei vor allem eine Geschichte der gelungenen und mißlungenen Partizipationsbestrebungen. Im Mittelpunkt des historischen Lernens sollen daher nicht die kontinuierlichen Prozesse, sondern die Brücke, die abgerissenen Möglichkeiten wie die Veränderungschancen stehen.

Lernpsychologisch stützt sie sich zwar auch bei Bruner ab, aber analog zu ihrem erkenntnistheoretischen Interesse orientiert sie sich vornehmlich an Ansätzen der kritischen politischen Psychologie (Horn, Damer, Schwanenberg). Erfahrung des Leidens und der Not (subjektiver Leidensdruck und objektivierbare gesellschaftliche Defizite) sowie das Interesse an der „Aufhebung des belastenden Zustands" bilden die motivationale Grundlage geschichtlichen Lernens. Aus den bereits genannten Prämissen resultieren die der Geschichte und dem Geschichtsunterricht zugeschriebenen Funktionen:

- die politische Funktion
- die Funktion der Veränderung
- die ideologiekritische Funktion
- die Legitimations- und Identifikationsfunktion
- die Funktion der Parteinahme
- die kritische und emanzipatorische Funktion

Der Auseinandersetzung mit der Geschichte kommt weniger eine kritisch-rationale, als vielmehr eine sozialkritische Funktion zu. Identität, Parteinahme, Legitimation, Veränderung von Lebensverhältnissen unter dem Leitziel der Emanzipation haben unbedingten Vorrang. Historisches Wissen, Einsicht in Struktur und Eigenart historischer Prozesse haben lediglich instrumentellen Stellenwert für die weiterreichenden gesellschaftlichen und politisch relevanten Funktionen.

Die Aussagen über Geschichte stehen im Kontext der erkenntnisleitenden Interessen. Geschichte wird als kritische Sozialwissenschaft verstanden. Historische Forschung und Vermittlung erfüllen ideologiekritische Aufgaben.

Der Ansatz ist konsequent in der Anwendung einer Metatheorie — der kritischen Theorie — auf die Geschichtsdidaktik. Undiskutiert bleibt, wieweit dieser Schritt theoretisch abgesichert ist. Das Ergebnis ist ein bewußt auf „die historische Dialektik fundamentaler Abhängigkeiten und ihrer Überwindung" eingeschränktes Konzept. Diese Verkürzung des geschichtsdidaktischen Zugriffs bedürfte der Problematisierung.

Im Mittelpunkt der ideologiekritischen Arbeit „Geschichte und Zukunft" von Bergmann/Pandel zur Geschichtsdidaktik steht die Auseinandersetzung mit dem „veröffentlichten Geschichtsbewußtsein"[19]. Am Beispiel der kontroversen Diskussion zum Arbeitsschwerpunkt Geschichte in den HRRG wird die Frage nach Legitimation und Funktion der geschichtlichen Vermittlung gestellt. In Problemstellungen und Analyse folgen sie der kritischen Theorie. Ihr geschichtsdidaktischer Ansatz versteht sich als kritisch-kommunikativ. Geschichtsdidaktik wird in einem weiten Sinne definiert: „(Sie) ist Theorie der Rezeption jeder Form von Geschichte — real ablaufender Geschichte, referierter Geschichte und historischen Wissens — im Bewußtsein von Individuen und Kollektiven, in

[19] Klaus Bergmann / Hans-Jürgen Pandel, Geschichte und Zukunft. Didaktische Reflexion über veröffentlichtes Geschichtsbewußtsein, Fischer Athenäum Taschenbücher 3018, Frankfurt 1975.

die Individuen durch ihre Lebensgeschichte eingebunden sind." Das veröffentlichte Geschichtsbewußtsein sei nicht auf Diskurs, Rationalität und Aufklärung, sondern auf Erhaltung des Status quo gerichtet, indem es über soziale Kontrolle soziale Gewalt ausübe, um eine einheitliche Deutung der Geschichte abzusichern und abweichende Interpretationen zu verhindern. Da Geschichte auf diskript-positivistisch beschreibbare Vorgeschichte der Gegenwart reduziert worden sei, ohne daß historische Alternativen aufgezeigt würden, bleibe der Geschichtsunterricht ohne „Nähe zur Lebenspraxis". Nachdem der Geschichtswissenschaft durch die systematischen Sozialwissenschaften auch als ideologischer Legitimationswissenschaft der Rang abgelaufen sei, würde sie überflüssig.

Demgegenüber werden auf dem Hintergrund der kritischen Theorie Ansätze einer Geschichtsdidaktik entworfen, indem nach Gegenwarts- und Zukunftsbezogenheit der Geschichte, nach Ideologiekritik und Identifikation, nach Lernzielen und Inhalten des Geschichtsunterrichts gefragt wird. Das erkenntnistheoretische Interesse historischen Arbeitens bezieht sich auf Gegenwarts- und Zukunftsgestaltung. Dadurch erhält Geschichte einen lebenspraktischen Bezug. Der geschichtstheoretische Ausgangspunkt der didaktischen Reflexionen wird aus dem Beziehungsgefüge von Gegenwartsbezug und Historie gewonnen. Unterschieden wird zwischen den Ebenen der Realgeschichte, der referierten Geschichte, der Historie oder Geschichte als Wissenschaft. Diese drei Ebenen stehen in einem Verhältnis der Ungleichzeitigkeit zueinander. Während Realgeschichte gleichzeitig mit der referierten Geschichte liegt oder unmittelbar folgt, besteht zur Historie ein zeitlicher Abstand. Historiker fragen aus der Retrospektive „in prospektiv-praktischer" Absicht. Gegenwartsbezogenheit und Zukunftsbezogenheit sind danach „der Historie logisch immanente Kategorien". Die Ungleichzeitigkeit bedingt das narrative Element historischer Aussagen. Historie sucht „eine narrative, aus gegenwärtiger Kommunikation entspringende, vergangene Ereignisse zu einem Sinnzusammenhang organisierende Konstruktion in praktischer Absicht". Mit dem Gegenwartsbezug ist unlösbar der Zukunftsbezug verbunden. Zukunft ist definiert als „echte Zukunft", d. h. als Antizipation konkreter Utopie. Damit wird die Kategorie emanzipatorisches Interesse eingeführt. Es geht nicht um die Fortschreibung der gegenwärtigen Verhältnisse in die Zukunft, sondern um die Schaffung der Voraussetzungen eines Identifikationsprozesses, der den Interessen des Individuums Rechnung trägt. Nicht eine Geschichte soll als Identifikationsangebot vorgegeben werden, sondern eine Pluralität von Geschichten, weil sie „als zeitliche, soziale und räumliche Geschichten auf die Lebenswirklichkeit ihrer Referenten und der von ihnen repräsentierten Sozialverbände bezogen (sind)". Wenn die personale und soziale Identität der Schüler im Geschichtsunterricht berücksichtigt wird, eröffnet er „wieder Perspektiven durch Identifikationsmöglichkeiten".

2.1.2.9 Der strukturierende Ansatz[20]

Der strukturgeschichtliche Ansatz hat die traditionelle Geschichtswissenschaft durch eine Ausweitung des Gegenstandes, der Fragestellung und der Methode zu einer Neuorientie-

[20] Vgl. Hans Süssmuth. Lernziele und Curriculumelemente eines Geschichtsunterrichts nach strukturierendem Verfahren, in: Bundeszentrale für politische Bildung (Dieter Schmidt-Sinns, Hrsg.), Lernziele und Stoffauswahl im politischen Unterricht, H. 93 der Schriftenreihe der BpB, Bonn 1972, S. 37—83. Dieser Ansatz wird ausführlich referiert, da er Grundlage insbesondere für den Unterrichtstyp 2 ist, vgl. S. 89 und S. 100.

rung geführt. Strukturieren geschichtlicher Inhalte meint, die Fülle historischer (einschließlich zeithistorischer) Phänomene als Glieder oder Gliedketten politischer, ökonomischer, sozialer, kultureller, geographischer Gefüge zu bestimmen und das Allgemeine wie das Besondere sowohl in seiner Dauer als auch in seinem Wandel sichtbar werden zu lassen.

Zusammenfassend läßt sich der Ansatz auf folgende Kurzform bringen:

— Geschichtswissenschaft wird als Sozialwissenschaft verstanden. Das bestimmt ihr Beziehungsgefüge zu Soziologie und Politikwissenschaft. Sie ist nicht nur deskriptiv, sondern zugleich kritisch.
— Die zwischen dem politischen, wirtschaftlichen, sozialen, ideologischen Bereich bestehende Interdependenz muß ebenso berücksichtigt werden wie der Zusammenhang mit geographischen, psychologischen, anthropologischen Gegebenheiten.
— Zur Erschließung der Gegenwart genügt es nicht, die zeitgeschichtlichen Ereignisse und Prozesse aufzuarbeiten, sondern entscheidend ist, daß die historische Dimension einbezogen und möglichst tief ausgelotet wird.
— Geschichte (zeitgeschichtliche) Ereignisse und Prozesse können mit Hilfe der Modellbildung auf einer mittleren Abstraktionsebene in ihren Strukturen erschlossen werden[21].

Es geht nicht um die bloße Betrachtung der Vergangenheit, sondern um die Auseinandersetzung mit der geschichtlich gewordnen Gegenwart, um „die vom Interesse an vernünftigen Zuständen durchherrschte kritische Theorie der bestehenden Gesellschaft“[22]. Die verbreitete Abgrenzung zwischen den res gestae als dem Bereich der Geschichtswissenschaft und den res gerendae als dem der Politikwissenschaft ist neu zu überdenken und zu korrigieren. Die Perspektive ist zugleich retrospektiv und prospektiv. Geschichte hat nicht nur eine Vergangenheits-, sondern auch eine Gegenwartsdimension und eine Zukunftsperspektive. Ein Ziel geschichtswissenschaftlicher Forschung ist, die Bedingungen möglicher Veränderung für Gegenwart und Zukunft aufzuarbeiten und diese Veränderungen im geschichtlichen Prozeß aufzuzeigen. Sie kann sich nicht mit der Frage, wie es in der Vergangenheit gewesen sei, begnügen. Es geht um das Bemühen „einer gründlichen, vom Interesse an der Zukunft geleiteten Analyse des geschichtlichen Verlaufs“[23]. Beschäftigung mit der Geschichte ist nicht Selbstzweck, ist nicht Wert an sich, sondern aus dem Interesse an Gegenwart und Zukunft, an Gegenwartsverstehen sowie Gegenwarts- und Zukunftsgestaltung begründet und motiviert. Damit ist die Verklammerung von Theorie und Praxis angedeutet. Die Auseinandersetzung mit der Vergangenheit ist nicht nur durch wissenschaftsimmanente Antriebe, sondern zugleich durch politische Implikationen bestimmt, die über Zielsetzungen und Auswahl der Inhalte wesentlich entscheiden. Diese lassen sich durch Habermas' Formel vom „emanzipato-

---

[21] Vgl. z. B. F. Braudel, Écrits sur L'histoire, Science de l'historie, Paris 1969, ders. Histoire et sciences sociales: La longue durée, in: Annales. Economies Societes, Civilisations 13/1958, S. 725—753; ders., Histoire et sociologie, in: G. Gurwitch (Hrsg.), Traité de Sociologie Bd. I, Paris 1962, S. 83—98; O. Brunner, Neue Wege der Sozialgeschichte. Vorträge und Aufsätze, Göttingen 1956; W. Conze, Die Strukturgeschichte des technisch-industriellen Zeitalters als Aufgabe für Forschung und Unterricht, Köln/ Opladen 1967.

[22] M. Horkheimer, Traditionelle und kritische Theorie, in: Ders., Kritische Theorie, Bd. II, Frankfurt 1968, S. 147.

[23] Ders., ebd., S. 174.

rischen Erkenntnisinteresse"[24] näher verdeutlichen. Die gesellschaftspolitische Bedeutung geschichtswissenschaftlicher Arbeit läßt sich besonders deutlich aufzeigen an ihrer ideologiekritischen Aufgabe. Durch den Aufweis des historischen Hintergrundes, durch den Vergleich mit ähnlichen und andersartigen Phänomenen, auf die wir möglicherweise unter gleichem Erscheinungsbild stoßen, werden die Voraussetzungen zu einem Perspektivenwechsel geschaffen, der zur Distanzierung zu den Wertsetzungen und Ideologien der eigenen Zeit zu führen vermag. Dieser Prozeß kann zu Entideologisierung und zum Abbau von Vorurteilen beitragen.

Historische Forschung ist zu keiner Zeit ohne ein bestimmtes Maß an Abstraktion, ohne die methodische Hilfe der Typen- und Modellbildung ausgekommen. Es gilt, jeweils das Individuelle und das Generelle des Einzelfalles aufzuarbeiten und herauszustellen. Die Abgrenzung der Geschichtswissenschaft als einer ausschließlich individualisierenden gegenüber den typisierenden Wissenschaftsdisziplinen ist nicht haltbar und bedarf der Differenzierung.

Hypothetisch wird davon ausgegangen, daß aus historischen Prozessen und Verlaufsstrukturen Regelwissen ableitbar ist, aufgrund dessen aus der Geschichte Lehren für die Zukunft zu gewinnen sind.

Weiterhin wird mit der Hypothese gearbeitet, daß die Wissenschaftsdisziplinen Politik und Zeitgeschichte weitgehend denselben Gegenstand behandeln, weitgehend identische Ziele verfolgen und auch methodisch stärker übereinstimmen als divergieren. Diese Hypothese wird vertreten, solange die anstehende Frage nach der Abgrenzung undiskutiert und ungelöst ist. Es wird davon ausgegangen, daß kein einfaches Ableitungsverhältnis zwischen Fachwissenschaft und Fachdidaktik besteht, aber in der Einbeziehung der fachwissenschaftlichen Diskussion wird eine unverzichtbare und unaufhebbare Komponente der Fachdidaktik hinsichtlich der Lernmethoden und der Inhaltsauswahl gesehen.

Der strukturierende Ansatz ist auf die didaktische Ebene übertragbar. Bezugsrahmen und Ausgangspunkt des hier vertretenen Konzeptes ist die Gegenwart. Auseinandersetzung mit der Vergangenheit hat keinen Selbstzweck, sondern das Ziel, Gegenwart zu erschließen, Zukunft zu öffnen. Der Zugang zur Vergangenheit wird aus Frage- und Problemstellungen der Gegenwart gewonnen und regressiv eröffnet. Damit ist der chronologisch-systematische um einen regressiv-diachronischen Ansatz erweitert. Das regressiv-diachronische Verfahren bildet den Ausgangspunkt geschichtlicher Lernprozesse.

Folgende Stufen sind zu durchschreiten:

A. Stufen des strukturerschließenden Verfahrens

Zeitgeschichtliches Ereignis I
(im weiteren Sinn: Gegenwartsphänomene; Probleme, Konflikte)

1. Motivationsanalyse
2. Distanzierung, kritische Klärung vorhandener Identifikationen
3. Problempräzisierung
   a) Sammeln des Vorwissens
   b) Hypothesenbildung aufgrund des Vorwissens

[24] Vgl. J. Habermas, Erkenntnis und Interesse, Frankfurt 1971; Ders., Zur Logik der Sozialwissenschaften. Materialien, edition suhrkamp 481, Frankfurt 1971; Ders., Technik und Wissenschaft als Ideologie, edition suhrkamp 287, Frankfurt 1970.

c) Bestimmung der zu beschaffenden Informationen
d) Materialbeschaffung

4. a) Strukturanalyse des zeitgeschichtlichen Hintergrundes unter Einbeziehung der Motivations- und Intentionsanalyse behandelnder Personen oder Gruppen
   aa) Verifizieren der Hypothesen
   aaa) Modifizieren der Hypothesen
   b) Strukturanalyse des geschichtlichen Hintergrundes unter Einbeziehung der Motivations- und Intentionsanalyse handelnder Personen oder Gruppen
   bb) Verifizieren der Hypothesen
   bbb) Modifizieren der Hypothesen
5. Identifikation und Wertung
6. Lösungsstrategien

B. Stufen des strukturvergleichenden Verfahrens

Thematisch vergleichbare zeitgeschichtliche Ereignisse II., III. etc.

1. Wiederaufnahme der Stufen A, 1—6
2. Vergleich der aufgefundenen Strukturelemente
3. Nachweis der übereinstimmenden, abweichenden, bedingt übereinstimmenden Strukturelemente
4. Generalisieren
5. Transfer

C. Epochal- und kulturübergreifende Strukturanalyse

In Erweiterung der beiden genannten Stufen (A.; B.) des strukturierenden Verfahrens kann das behandelte Problem auf anderen zeitlichen (epochalen) Ebenen verfolgt oder kulturvergleichend aufgearbeitet werden. Dazu sind die Stufen des strukturerschließenden Verfahrens (A. 1—6) und des strukturvergleichenden Verfahrens (B. 2—5) jeweils zu durchlaufen.

Ist für einen Themenkreis ein besonderer historischer Exkurs notwendig, so kann dieser nach dem strukturierenden Verfahren auch chronologisch systematisch erarbeitet werden. So ist eine Verbindung zwischen systematisch-genetischem und strukturierendem Ansatz hergestellt. Dieses Konzept bietet die Möglichkeit, an politischen, ökonomischen, sozialen, kulturellen Phänomenen der Gegenwart, die unter gleichem Erscheinungsbild oder gleicher Thematik begegnen, nach der Erarbeitung der jeweiligen Struktur das Vergleichbare und das Unvergleichbare, das Ähnliche und das Unähnliche in seinen Abstufungen herauszuarbeiten, um danach im Prozeß des Generalisierens eine Grobstruktur herauszukristallisieren, die das Besondere des Einzelfalles mit aufnimmt. Zur Erschließung politischer, gesellschaftlicher, ökonomischer und kultureller Phänomene, Probleme, Konflikte der Gegenwart kann auf der Grundlage des strukturierenden Verfahrens in die verschiedenen geschichtlichen Epochen und unterschiedlichen Kulturkreise vorgestoßen werden, sei es zur Erarbeitung vergleichbarer oder divergierender Konzepte und Lösungsstrategien, sei es, um den historischen Ursprung eines Begriffs und die damit verbundenen Vorstellungen, bestimmte gesellschaftliche Organisationsformen, politische Konzepte etc. aufzusuchen.

Die hier skizzierten geschichtsdidaktischen Ansätze gehen von unterschiedlichen Intentionen und Voraussetzungen aus.

Der Versuch des ereignisgeschichtlich orientierten chronologisch-systematischen Ansatzes die Breite historischer Daten in ein zeitliches Ordnungsraster zu bringen und dabei der von der Geschichtswissenschaft vorgegebenen Epocheneinteilung zu folgen, spart sowohl das Legitimations- als auch das Relevanzproblem aus. Durch die chronologische Anordnung der Ereignisse wird zwar einerseits der Eindruck relativer Vollständigkeit vermittelt, ohne daß jedoch gleichzeitig verdeutlicht würde, welche Kriterien der Auswahl des Überblickwissens zugrundeliegen und ohne Aspekte wie den der Schwerpunktbildung oder den der didaktischen Fragestellung zu problematisieren. Die Ausrichtung an der Chronologie läßt nur implizit die Folgerung zu, daß die Aufgabe historischen Lernens in einer möglichst breiten Informationsvermittlung besteht. Dieser Ansatz entscheidet sich nicht für eine explizite Strukturierung der Daten, will keine Antwort geben auf die Frage nach den Bedingungen und Zielen des Geschichtsunterrichts. Der Lernende gewinnt die Vorstellung eines zeitlichen Kontinuums, ohne mit der Frage nach dem Sinn historischen Lernens, nach dem Warum und Wozu konfrontiert zu werden. Er erfährt auch nicht, wie die Informationen zustande kommen, auf welchen Quellen und welcher Quellenauswahl das historische Wissen beruht.
Im Vergleich zum chronologisch faktenorientierten Ansatz lassen sich die übrigen Konzepte eher als problemorientiert klassifizieren. Auswahl und Anordnung der zu vermittelnden Inhalte gehen von bestimmten Fragestellungen und Annahmen aus. Ausgewählt wird nach Problemfragen der Gegenwart oder der Vergangenheit, die Analyse konzentriert sich auf Phänomene und Prozesse, die zum Nachdenken anregen, die den Lernenden auf Gegensätzliches und Vergleichbares, auf die Entstehung und Ausweitung von Problemen aufmerksam machen, ihn hinlenken auf Alternativen in der Betrachtungsweise, ihn befähigen, sich selbst, sein Urteilen, Werten, Handeln an Vergangenheit und Gegenwart für die Zukunft zu orientieren.
Gegenüber dem die Geschichte konstitutiv integrierenden präsentistischen Konzept ist zu sagen, daß die chronologische Behandlung der Neuzeit von der Französischen Revolution an trotz des genannten Kriteriums der Demokratisierung zu wenig begründet erscheint, da die Bedingungen und Ziele der Demokratisierung an geschichtliche Voraussetzungen gebunden sind, die aus der Geschichte der Französischen Revolution nur bedingt erschließbar sind. Darüber hinaus würde der Gesichtspunkt der Demokratisierung allein zu einer Verengung führen und andere wichtige Bereiche aus dem Blick verlieren lassen.
Der problemorientierte Ansatz führt dort nicht zu vertretbarer Reduktion, wo eine einseitige Festlegung auf eine bestimmte zeitliche, räumliche oder inhaltliche Dimension erfolgt, wenn z. B. die Frage der demographischen Entwicklung oder der Industrialisierung ausschließlich von politischen oder ausschließlich von ökonomischen Gesichtspunkten angegangen wird. Die systematische Betrachtungsweise darf nicht zur Verkürzung oder Eliminierung der genetischen Betrachtung führen. Der Schüler muß ein bestimmtes Problem wie z. B. das der Demokratisierung, der Arbeitsteilung, der Bürokratie auf die historische Ursprungssituation zurückzuführen lernen.

Was die unterschiedlichen problemorientierten Ansätze vergleichbar macht, sind die übergreifenden Fragestellungen des Geschichtsunterrichts. Dadurch schaffen sie zu einem Teil Möglichkeiten der Verknüpfung:
— des chronologischen und diachronischen Ansatzes,
— unterschiedlicher räumlicher Dimensionen, der lokalen, regionalen und universalen Ebene,

— von Ereignis- und Strukturgeschichte,
— unterschiedlicher Betrachtungsebenen, der politischen, der sozialen, der wirtschaftlichen und kulturellen,
— von struktureller und genetischer Betrachtung,
— eines funktionalen und eines teleologischen Ansatzes,
— fachspezifischer, fachwissenschaftlicher und fachdidaktischer Gesichtspunkte unter besonderer Berücksichtigung entwicklungs- und lerntheoretischer Aspekte.

2.1.3 Konsens und Dissens in der gegenwärtigen geschichtsdidaktischen Diskussion

In einer Reihe von Problemkreisen besteht weitgehender Konsensus unter den Geschichtsdidaktikern, in anderen divergieren die vertretenen Positionen[25]. Die wichtigsten dieser Problemfelder sollen hier angesprochen werden.
— Geschichtsunterricht und Wissenschaftstheorie
— Lernzielorientierter Geschichtsunterricht
— Geschichtsunterricht und Inhaltsauswahl
— Verfahrensweisen des Geschichtsunterrichts
— Geschichtsunterricht, politische Bildung und politische Sozialisation
— Evaluation und Geschichtsunterricht
— Geschichtsunterricht und sozialwissenschaftliches Curriculum

2.1.3.1 Problemfeld Geschichtsunterricht und Wissenschaftstheorie

Die geschichtsdidaktische Auseinandersetzung ist in den letzten Jahren stark durch die allgemeine Curriculumdiskussion, Fragestellungen der Lerntheorie, gesellschaftspolitische Entscheidungen über neue Schulcurricula und die Herausforderung der systematischen Sozialwissenschaften stimuliert worden.

Demgegenüber wird die jüngste wissenschaftsinterne Theoriediskussion[26] erst allmählich aufgegriffen. Hier liegt gegenwärtig das größte Defizit. Es auszugleichen ist deshalb dringend notwendig, weil geschichtswissenschaftliche Theorie eine der Grundlagen jeder Geschichtsdidaktik ist. Die Reflexion der Ergebnisse der Geschichtswissenschaft bildet eine Voraussetzung, über didaktische Qualität zu entscheiden, die Frage nach der didaktischen Aufgabe mit zu beantworten. Geschichtstheorie ist also Voraussetzung der Geschichtsdidaktik. Sie ist innerhalb des Interdependenzgefüges allgemeine Wissenschaftstheorie, erziehungswissenschaftliche Theorie, gesellschaftspolitische Konzeption, als eines der Elemente einzuordnen, die die spezifische Didaktik fundieren. Dabei ist in das aufgezeigte Interdependenzgefüge zugleich ein zweites zu projizieren, nämlich das Beziehungsverhältnis Schüler, Lehrer, Gesellschaft.

---

[25] Vgl. J. Rohlfes / K. E. Jeismann (Hrsg.), Geschichtsunterricht — Inhalte und Ziele. Arbeitsergebnisse zweier Kommissionen, Beiheft zur Zeitschrift GWU, Stuttgart 1974; E. Schwalm, Bericht über den 30. Historikertag in GWU 26/1975, H. 2, S. 86—99; Vgl. dazu: W. W. Witwer, Die Curriculumdiskussion auf dem 30. Historikertag in Braunschweig 1974, in: GWU 26, 1975, 1, S. 39—45.

[26] Vgl. J. Huhn, Politische Geschichtsdidaktik, Skripten 3 Pädagogik, Kronberg 1975; Jörn Rüsen, Didaktische Bezüge heutiger Geschichtstheorie, in: Uwe Gerber / Michael Bosch (Hrsg.), Geschichte als Überlieferung und Konstruktion. Loccumer Kolloquium 4, Loccum 1976, S. 143 bis 156; Ders., Für eine erneuerte Historik. Vorüberlegungen zur Theorie der Geschichtswissenschaft, in: Friedrich Engel / Janos Grete Klingenstein / Heinrich Lutz (Hrsg.), Denken über Geschichte, Wien 1974, S. 227—252; Ders., Für eine erneuerte Historik. Studien zur Theorie der Geschichtswissenschaft, Kultur und Gesellschaft, Stuttgart-Bad Cannstatt 1976.

Unbestreitbar besteht auch nach dem jüngsten Diskussionsstand ein Defizit in der wissenschaftstheoretischen Fundierung des Geschichtsunterrichts. Das verdeutlichen noch einmal die Arbeitsergebnisse der Kommission der Deutschen Geschichtslehrer und des Deutschen Historikerverbandes (1974). Zwar beinhalten die jeweils vorgelegten Konzepte eines zeitgemäßen Geschichtsunterrichts im sozialwissenschaftlichen Bereich immanent Ansätze von Theorie. Berechtigt ist gleichwohl die Forderung der Kritiker, sie zu verdeutlichen, um auf diese Weise die Voraussetzung intersubjektiver Nachprüfbarkeit und wissenschaftlicher Auseinandersetzung zu schaffen.
Die Beschäftigung mit Geschichte ist nicht nur durch wissenschaftsimmanente Antriebe bestimmt, sondern zugleich durch politische Implikationen, die über Zielsetzungen und Auswahl der Inhalte wesentlich entscheiden. Wenn es nicht um die bloße Betrachtung der Vergangenheit gehen soll, sondern um die Auseinandersetzung mit der geschichtlich gewordenen Gegenwart, die in der Gegenwarts- und Zukunftsgestaltung begründet und motiviert ist, so ist es um so notwendiger, die wissenschaftlichen und außerwissenschaftlichen Implikationen offenzulegen, das Verständnis von Gesellschaft in der Gegenwart und in der Zukunft zu artikulieren. Diese Orientierung an der Gegenwart darf nicht dazu führen, daß Vergangenheit auf wenige Problemkreise reduziert wird. Die wissenschaftstheoretische Fundierung, d. h. die Rückkoppelung zur Fachdisziplin, wirkt sich hier als Korrektiv aus.

2.1.3.2 Problemfeld lernzielorientierter Geschichtsunterricht

Im Zusammenhang mit der allgemeinen Curriculumdiskussion hat sich auch der Geschichtsunterricht der Legitimationsfrage gestellt.
Dabei geht es um die Reflexion der Fragen: wie läßt sich der Geschichtsunterricht im Fächerkanon der Schule rechtfertigen? Welche Ziele sollen durch Geschichtsunterricht erreicht werden?
Zur Legitimation des Geschichtsunterrichts lassen sich drei Ebenen der Argumentation anführen:

- die gesellschaftliche Ebene: Geschichtsunterricht hat eine Funktion im Rahmen der politischen Bildung z. B. bei der Erziehung zum verantwortlichen Bürger, bei der Gewinnung nationaler Identifikation.
- die anthropologische Ebene: Geschichtsunterricht vermittelt historisches Wissen, das dem Heranwachsenden eine Orientierungshilfe bietet, um die geschichtlichen Bedingungen, aber auch die Spielräume menschlichen Handelns erkennen zu können.
- die kulturelle Ebene: als dritter Legitimationsansatz ist die humanwissenschaftliche bzw. kulturelle Begründung anzuführen. Dieser Ansatz geht davon aus, daß historisches Lernen eine unverzichtbare Voraussetzung kultureller Orientierung und Teilhabe ist, da die Kultur nur als eine geschichtlich bedingte zu verstehen ist.

Während die früheren Lehrpläne stärker stofforientiert ausgerichtet waren, dem Lehrer allgemeine Zielformeln vorgaben und eher zusammenhanglos Inhalte auflisteten, die er zu vermitteln hatte, lassen sich die neuen Rahmenrichtlinien als lernzielorientiert charakterisieren. Lernziele bezeichnen die Leistungen, die der Schüler durch den Lernvorgang anstrebt und nach Abschluß des Lernvorgangs erreicht haben soll.
Damit wird der Anspruch erhoben, nicht nur Wissen und methodische Fertigkeiten, sondern darüber hinaus überprüfbare Einstellungen und Verhaltensdispositionen (Qualifikationen) zu vermitteln.

Hier kann nur kritisch angemerkt werden, daß es fraglich erscheint, ob der Geschichtsunterricht unmittelbaren Einfluß auf das Verhalten nehmen kann oder ob es eher um die Vermittlung von Problembewußtsein und dadurch um Einflußnahme auf Einstellungen geht.
In der geschichtsdidaktischen Diskussion sind die in der allgemeinen Curriculumentwicklung vertretenen konkurrierenden Ansätze zur Aufstellung von Lernzielen übernommen worden.

Für die Lernzielermittlung wurden folgende Verfahrenstypen entwickelt[27]:

— Ermittlung von Lebenssituationen, die der Schüler gegenwärtig und in Zukunft zu bewältigen hat. Aufgrund der Analyse dieser Lebenssituation werden die Qualifikationen bestimmt, die nötig sind, um den jeweiligen Anforderungen der Situation gewachsen zu sein. Daraus werden die Lernziele abgeleitet[28].
— Reduktion der Lernziele aus obersten Normen (z. B. Emanzipation). Die Analyse der von den verschiedenen gesellschaftlichen Gruppen getragenen Normen und Verhaltenserwartungen kann als Ableitungsbasis gewählt werden[29].
— Konstruktion eines Strukturgitters, in das die fachspezifische, die didaktische, die politische Ebene aufeinander bezogen werden und das die Ableitung der Lernziele ermöglicht (Disziplinorientierter Ansatz)[30]

Nach einer Phase der Lernzieleuphorie, die durch die Erwartung auf Effizienzsteigerung und verstärkte Verobjektivierung mitbedingt war, sind die Grenzen der Lernzielorientierung erkannt worden. Unabhängig von der Wahl des Verfahrenstyps zur Ermittlung der Lernziele ist festzustellen, daß es sich jeweils um Setzungen handelt.
Wichtig ist daher die Offenlegung der gewählten Methode und der zugrundeliegenden politischen und wissenschaftstheoretischen Implikationen.
Zwischen den allgemeinen und den fachspezifischen Lernzielen wird kein bloßes Ableitungsverhältnis, sondern ein komplementärer Zusammenhang gesehen. Es wird jeweils vorausgesetzt, daß die fachspezifischen mit den allgemeinen Lernzielen korrespondieren.
Damit ist die Abhängigkeit zwischen allgemeinen Lernzielen, fachspezifischen Lernzielen, Fachwissenschafts- und Gesellschaftstheorie angedeutet.

---

[27] Ausgewählte Literatur zu dem umfangreichen Themenkomplex: H. Blankertz (Hrsg.), Fachdidaktische Curriculumforschung — Strukturansätze für Geschichte, Deutsch, Biologie, neue pädagogische Bemühungen 57, Essen 1973; B. von Borries, Lernziele und Testaufgaben für den Geschichtsunterricht. Anmerkungen und Argumente, Bd. 8, Stuttgart 1973; S. George, Einführung in die Curriculumplanung des politischen Unterrichts, Ratingen 1972; J. Rohlfes / K. E. Jeismann (Hrsg.), Geschichtsunterricht, Inhalte und Ziele, Beiheft GWU 1974, Stuttgart 1974; R. Schörken (Hrsg.), Curriculum „Politik". Von der Curriculumtheorie zur Unterrichtspraxis, Opladen 1974; H. Süssmuth, Lernziele und Curriculumelemente eines Geschichtsunterrichts nach strukturierendem Verfahren, in: Lernziele und Stoffauswahl im politischen Unterricht, Schriftenreihe der BpB 93, Bonn 1972, S. 37—83; vgl. auch: W. Geiger, Lernziele und politischer Unterricht. Über die Grenzen der Lernzielorientierung, in: Gegenwartskunde / GSE 23/1974, H. 1, S. 17—34, hier S. 32; vgl. K. Fina, An den Grenzen der Lernzieltheorie, in: Historischer Unterricht im Lernfeld Politik, Schriftenreihe der BpB 96, Bonn 1973, S. 103—110.

[28] Vgl. S. B. Robinsohn, Bildungsreform als Revision des Curriculum und ein Strukturkonzept für Curriculumentwicklung, Neuwied 3/1971.

[29] Vgl. W. Klafki / K. Ch. Lingelbach / H. W. Nicklas (Hrsg.), Probleme der Curriculumentwicklung. Entwürfe und Reflexionen, Frankfurt 1972, S. 23—37.

[30] Vgl. H. Blankertz (Hrsg.), Fachdidaktische Curriculumforschung — Strukturansätze für Geschichte, Deutsch, Biologie, Essen 1973; Ders., (Hrsg.), Curriculumforschung-Strategien, Strukturierung, Konstruktion, neue pädagogische bemühungen 46, Essen 1971.

In diesem Zusammenhang ist die Diskussion um das offene Curriculum einzubringen[31]. Zielsetzung eines historisch-politischen Unterrichts kann es nicht sein, Lehrer und Schüler durch Lernzielsetzungen (in Richtlinien und Materialien) festzulegen. Je detaillierter und ausdifferenzierter Lernziele vorgegeben, je feiner sie operationalisiert sind, desto größer wird die Gefahr der Außensteuerung. Dabei muß bei der Konzipierung von Curricula ein solches Maß an Offenheit bleiben, daß unterschiedliche politische und wissenschaftstheoretische Positionen in den Unterricht eingebracht werden können.

2.1.3.3 Problemfeld Geschichtsunterricht und Inhaltsauswahl

Im engen Zusammenhang mit der Auseinandersetzung um die Ziele des Geschichtsunterrichts steht die Frage der Inhaltsauswahl.
Nach welchen Kriterien werden die Themen des Geschichtsunterrichts zusammengestellt? S. B. Robinsohn nennt folgende drei Kriterien für die Auswahl der Inhalte:

1. Die Bedeutung eines Gegenstandes im Gefüge der Wissenschaft;
2. Die Leistung eines Gegenstandes für Weltverstehen, d. h. für die Orientierung innerhalb einer Kultur und für die Interpretation ihrer Phänomene;
3. Die Funktion eines Gegenstandes in spezifischen Verwendungssituationen des privaten und öffentlichen Lebens[32].

Durchgängig wird das Kriterium gesellschaftliche Relevanz in der Curriculumdiskussion diskutiert. Für die Geschichtswissenschaft hat Thomas Nipperdey die Kategorie gesellschaftliche Relevanz problematisiert und auf mögliche Gefahren hingewiesen, die sich aus ihrer Verabsolutierung für die Auswahl von Inhalten in der geschichtswissenschaftlichen Forschung ergeben können[33]. Er unterscheidet drei inhaltliche Ausprägungen:

— „Relevant ist, was in unmittelbarem Zusammenhang zur Gegenwart steht, unmittelbar zu ihrem Begreifen beiträgt ... Sie ist bedeutsam als Vorgeschichte der Gegenwart, und die Beschäftigung mit ihr dient dazu, eine theoretische Orientierung in der Gegenwart zu ermöglichen ... Wir können diesen Relevanzbegriff auch als den Begriff der präsentistischen Geschichtsbetrachtung bezeichnen."

— „In einem zweiten Sinne wird Relevanz der Geschichte auf das Handeln in der Gegenwart und zwar auf Ziele und Normen des Handelns bezogen ... Geschichte ist relevant, soweit sie im Dienste politischer Pädagogik steht."

— „Der Bezug zur Geschichte auf die Ziele und Normen des Handelns, auf die moralisch-politische Pädagogik kann nun — und die Übergänge sind hier fließend — so verschärft werden, daß die Geschichte nicht so sehr auf die Gegenwart, sondern explizit auf die Zukunft bezogen wird ... Geschichtswissenschaft dient daher einem eindeutig bestimmten (Zukunfts-)Programm, z. B. der Emanzipation, der Ablösung von Herrschaftsstrukturen, der Befreiung von Unterdrückten, dem Sieg der Arbeiterklasse etc."[34]

---

[31] Vgl. Deutscher Bildungsrat (Hrsg.), Zur Förderung praxisnaher Curriculumentwicklung, Empfehlungen der Bildungskommission, Stuttgart 1974; Garlichs/Heipcke/Messner/Rumpf, Didaktik offener Curricula, Weinheim und Basel 1974; Günter Brinkmann (Hrsg.), Offenes Curriculum — Lösung für die Praxis, Sciptor Taschenbücher, Kronberg/Ts. 1975.
[32] S. B. Robinsohn, Bildungsreform als Revision des Curriculum und ein Strukturkonzept für Curriculumentwicklung, S. 47.
[33] Thomas Nipperdey, Über Relevanz, in: GWU 23/1972, H. 10, S. 577—596.
[34] Ibid, S. 583—585.

Demgegenüber fordert Nipperdey, anstelle der Verkürzung der Geschichte unter dem Aspekt der gesellschaftlichen Relevanz, das Ganze der Vergangenheit in Betracht zu ziehen.
Prinzipiell ist dem zuzustimmen, aber diese Forderung führt zu praktischen Schwierigkeiten. Abgesehen von der Tatsache, daß Historiker die ganze Komplexität historischer Wirklichkeit nur annäherungsweise zu ermitteln vermögen, ist mit dieser Aussage das Problem der Auswahl der Inhalte nicht gelöst.
Konsensus besteht nun bei den meisten Geschichtsdidaktikern darin, daß als ein Kriterium die Kategorie gesellschaftliche Relevanz im Sinne der sozialen Funktionen bei der Festsetzung der Auswahlkriterien berücksichtigt wird[35]. Inhalte lassen sich nicht aus obersten Lernzielen deduzieren. Wohl steht die Auswahl der Inhalte in einem Beziehungsgefüge zu den Qualifikationen, und wird von diesen mit legitimiert. Es geht bei der Auswahl der Inhalte durchgängig um die Überprüfung folgender Fragen:

— welche Bedeutung hat ein Gegenstand für das Verständnis, die Auseinandersetzung und Bewältigung gegenwärtiger Fragestellungen?
— welche Bedeutung hat ein Gegenstand für den Sozialisationsprozeß, die Orientierung im kulturellen, sozialen, politischen, wirtschaftlichen System, in dem der einzelne lebt?
— welche Bedeutung hat ein Gegenstand in der Systematik der wissenschaftlichen Disziplin?
— welche Bedeutung hat ein Gegenstand bezüglich der fachwissenschaftlichen Methode?

2.1.3.4 Problemfeld Verfahrensweisen des Geschichtsunterrichts

Die jüngste Diskussion macht deutlich, daß sehr unterschiedliche Verfahrensweisen den Zugang zur Geschichte eröffnen können. H. D. Schmid versteht unter Verfahrensweisen „leitende Gesichtspunkte für die Auswahl, Strukturierung und Anordnung geschichtlicher Erscheinungen . . ., die bestimmten Inhalten besondere Relevanz verleihen, gleichzeitig aber auch durch die Wahl des Zugriffs bereits Vorentscheidungen über den allgemeinen Gang einer Unterrichtseinheit einschließen"[36]. Seine Bestandsaufnahme und Beschreibung der wichtigsten Verfahren macht deutlich, daß im Vermittlungsprozeß der Schule ein großes Maß an Flexibilität für den thematischen Zugriff möglich ist. Über die Anwendungsmöglichkeiten folgender Verfahren besteht Einigkeit:

— das genetisch-chronologische Verfahren;
— der Längsschnitt oder der thematische Längsschnitt;
— epochenspezifischer Querschnitt;
— das strukturierende Verfahren; historische Analyse eines aktuellen Problems;
— die Fallanalyse;
— das vergleichende Verfahren;
— das sozialbiographische Verfahren;
— das perspektivisch ideologiekritische Verfahren.

---

35 Vgl. Jürgen Kocka, Zu einigen sozialen Funktionen der Geschichtswissenschaft, in: Peter Böhnig (Hrsg.), Geschichte und Sozialwissenschaften, 6. Sonderheft der Neuen Sammlung, Göttingen 1972, S. 12—17.
36 Vgl. H. D. Schmid, Verfahrensweisen im Geschichtsunterricht, in: Beiheft GWU 1974, S. 53 bis 64; Arbeitsgruppe des Historikerverbandes, ibid. S. 123—130; H. Süssmuth, Geschichte in der Schule, in: WpB 26/1974, H. 4, S. 186—188.

Damit ist das Argument der Kritiker widerlegt, der Geschichtsunterricht arbeite durchgängig genetisch-chronologisch. Die aufgeführten Verfahrensweisen machen deutlich, daß diachronische Zugänge ebenso selbstverständlich geworden sind wie die Übernahme sozialwissenschaftlicher Methoden bei der Erarbeitung von Fallanalysen und Vergleichen.

2.1.3.5 Geschichtsunterricht, politische Bildung und politische Sozialisation

Durchgängig besteht Konsensus unter den Geschichtsdidaktikern darüber, daß politische Bildung ein Prinzip des Geschichtsunterrichts ist[37]. Ziel politischer Bildung ist die Vermittlung der Qualifikationen, die zu Reflexion, kritischer Urteilsbildung, verantwortungsbewußtem politischen Handeln befähigen. Das bedeutet für die Zielsetzung historisch-politischer Bildung, die Erfassung geschichtlicher (einschließlich zeitgeschichtlicher) Strukturen und Prozesse in ihrer politischen, ökonomischen, soziologischen, kulturellen, geographischen Interdependenz, mit der Intention, die inhaltlichen und methodischen Fertigkeiten zu erwerben, die zur Mitgestaltung und Reform des Status quo notwendig sind, um ein größeres Maß an Entscheidungsraum, Selbstbestimmung, Mitbestimmung, Beteiligung, Mitverantwortung zu erreichen. Trotz weitgehender Übereinstimmung in der Zielsetzung besteht eine deutliche Distanz zwischen den Didaktikern der Geschichte und denen der politischen Bildung. Das gilt für die zentralen Themen der Auseinandersetzung und reicht bis hin zu den Publikationsorganen (GWU und Geschichtsdidaktik; Gegenwartskunde).

Die insbesondere in Hessen und NRW ausgetragene Diskussion über die Einführung neuer Rahmenrichtlinien für den politischen Unterricht bzw. die Gesellschaftslehre hatte eine Intensivierung der Theoriediskussion in der politischen Bildung zur Folge und vertiefte andererseits die Trennungslinie zur Didaktik der Geschichte. Von den diskutierten Problembereichen sind insbesondere hervorzuheben die Frage des Demokratieverhältnisses, der Legitimation, der gesellschaftspolitischen Position, der wissenschaftstheoretischen Ausgangsbasis, des politischen Konsens und Dissens, der Interpretation des Auftrages des GG's, der politischen Identifikation[38].

---

[37] Vgl. Welchen Beitrag kann der Geschichtsunterricht zur politischen Bildung leisten? Aus Politik und Zeitgeschichte B 30/72 (22. 7. 1972); Geschichte und Sozialwissenschaft. Ihr Verhältnis im Lehrangebot der Universität und der Schule, 6. Sonderheft der Neuen Sammlung, Hrsg. v. P. Böhning, Göttingen 1972; Paul Ackermann (Hrsg.), Politische Sozialisation, Studienbücher Sozialwissenschaft 157, Opladen 1974; Hans Süssmuth, Politische Sozialisation als Determinante der Unterrichtsplanung, in: Ders. (Hrsg.), Historisch-politischer Unterricht. Planung und Organisation, Anmerkungen und Argumente, Bd. 7.1, S. 73—93, Kenneth Prewitt, Kritische Bemerkungen zur politischen Sozialisationsforschung, in: Z. f. Päd. 23/1977, S. 71—82.

[38] Vgl. Bundeszentrale für politische Bildung, D. Schmidt-Sinns (Hrsg.), Curriculum — Entwicklung zum Lernfeld Politik, H. 100 der Schriftenreihe der BpB. Bonn 1974; Walter Braun u. a. (Hrsg.), Politische Bildung. Grundlagen und Zielprojektionen für den politischen Unterricht an Schulen, Stuttgart 1976; K. G. Fischer, Consensus omnium zwischen Minimum und Staatsgesinnung, in: aus politik und zeitgeschichte B 29/1972, S. 28—38; Walter Galgel / Rolf Schörken (Hrsg.), Zwischen Politik und Wissenschaft, Politikunterricht in der öffentlichen Diskussion, Opladen 1975; Wolfgang Hillingen, Ziele des politischen Unterrichts — noch konsensfähig?, in: aus politik und zeitgeschichte B 15/1975; Friedrich Minssen, Legitimationsprobleme in der Gesellschaftslehre — Zum Streit um die hessischen „Rahmenrichtlinien“, in: K. G. Fischer (Hrsg.), Zum aktuellen Stand der Theorie und der Didaktik der politischen Bildung, Stuttgart 1975; Wolfgang Hillingen, Zur Didaktik des politischen Unterrichts I. Wissenschaftliche Voraussetzungen. Didaktische Konzeptionen. Praxisbezug, Opladen 1975; Ulrich von Alemann, Demokratisierung der Gesellschaft, in: aus politik und zeitgeschichte B 7/1975; Hans-Hermann Hartwich, Demokratieverständnis und Curriculumrevision, in: Gegenwartskunde 22/1973, S. 141—154; E. A. Roloff, Grundgesetze und Geschichtlichkeit. Über das Legitimationsproblem in der politischen Bildung, in: aus politik und zeitgeschichte B 22/1974.

Diese Theoriediskussion ist nicht durchgängig mit der notwendigen Intensität und Auslotung der Problemtiefen geführt worden. Für die Praxis des politischen Unterrichts wirkt sich richtungweisend aus, daß die führende Gruppe der Didaktiker der politischen Bildung von der klassischen Demokratietheorie ausgehen, die die Wirklichkeit gegenwärtiger demokratischer Staats- und Gesellschaftsstruktur nicht mehr zu erfassen vermag. Insofern müßten die Ausgangspositionen neu reflektiert werden[39].

An dieser Theoriediskussion haben sich die Didaktiker der Geschichte nur im Einzelfall beteiligt[40]. Das Theoriedefizit wird jedoch inzwischen fundiert aufgeholt[41]. Die Diskrepanz zwischen der Didaktik der politischen Bildung und der Didaktik der Geschichte wurde dadurch vergrößert, daß sich parallel zur Ausdifferenzierung auf der Theorieebene die Verselbständigung des Faches Politik oder Gesellschaftslehre im Schulcurriculum entwickelte, ohne daß es bisher gelungen wäre, wenigstens durch Ansätze von kooperativen Unterrichtsmodellen eine Annäherung der Fächer zu erreichen. Es läßt sich eher aufweisen, daß ein Teil der Didaktiker der politischen Bildung bisher einen ahistorischen Ansatz vertreten (K. G. Fischer, A. Holtmann).

Eine weitere Differenz liegt in der stärker handlungsorientierten Ausrichtung der politischen Didaktik, und der zum großen Teil eher Handlungsdisposition intendierenden Didaktik der Geschichte. Auch in dieser Frage sollte die Diskussion neu einsetzen.

2.1.3.6 Geschichtsunterricht und Evaluation

In der amerikanischen Curriculumentwicklung ist Evaluation ein zentraler Begriff. R. E. Stake definiert: „Curriculumevaluation zielt auf die Sammlung, Verarbeitung und Interpretation von Daten mit dem Ziel, Entscheidungen über ein Curriculum zu fällen. Das impliziert: (1) objektive Beschreibung von Zielen, Umwelt, Personal, Methoden und Inhalt und Ergebnissen; und (2) persönliche Urteile über die Qualität und Angemessenheit dieser Ziele, der Umwelt usw."[42]. In der Evaluationsmethodologie wird unterschieden zwischen formativer und summativer, innerer und äußerer Evaluation. Formativ ist Evaluation, wenn sie während des Entstehungsprozesses des Curriculum,

---

39 Vgl. den Beitrag von Günter C. Behrmann in diesem Band S. 109 ff.

40 Beispiele sind: Karl-Ernst Jeismann / Erich Kosthorst, Geschichte und Gesellschaftslehre. Die Stellung der Geschichte in den Rahmenrichtlinien für die Gesamtschulen in NRW. Eine Kritik in: GWU 24/1973, S. 261—288; Hans Süssmuth, Politische Implikationen bei der Begründung von Lernzielen, in: ders. (Hrsg.), Historisch-politischer Unterricht. Planung und Organisation; Anmerkungen und Argumente, Bd. 7.1, S. 28—47.

41 Vgl. Werner Conze (Hrsg.), Theorie der Geschichtswissenschaft und Praxis des Geschichtsunterrichts. Stuttgart 1972; Bernd Faulenbach (Hrsg.), Geschichtswissenschaft in Deutschland. München 1974; Eberhard Jäckel und Ernst Weymar (Hrsg.), Die Funktion der Geschichte in unserer Zeit. Stuttgart 1975 (= Festschrift für Karl Dietrich Erdmann); Jürgen Kocka, Theorien in der Sozial- und Gesellschaftsgeschichte. Vorschläge zur historischen Schichtungsanalyse, in: Geschichte und Gesellschaft 1, 1975, S. 9 ff.; Reinhart Kosseleck / Wolf-Dieter Stumpel (Hrsg.), Geschichte, Ereignis und Erzählung, München 1973; Peter Christian Ludz (Hrsg.), Soziologie und Sozialgeschichte (= Kölner Zeitschrift für Soziologie und Sozialpsychologie, Sonderheft 16) Opladen 1973; Wolfgang J. Mommsen, Die Geschichtswissenschaft jenseits des Historismus. Düsseldorf 1971; Jörn Rüsen (Hrsg.), Historische Objektivität. Aufsätze zur Geschichtstheorie. Göttingen 1975; Ders., Über einige Beziehungen zwischen Ästhetik, Historik und Didaktik, in: Vierteljahresheft für Literatur und Geisteswissenschaft 1975, S. 189 ff; Hans-Ulrich Wehler (Hrsg.), Geschichte und Soziologie, Köln 1972; Arnold Sywottek, Geschichtswissenschaft in der Legitimationskrise. Archiv für Sozialgeschichte, Beiheft 1, Bonn-Bad Godesberg 1974 (Überblick über den Zeitraum 1969—1973).

42 R. E. Stake, Toward a technology for the evaluation of educational programs (1967); zitiert nach Christoph Wulf (Hrsg.), Evaluation 1972, S. 16.

summativ, wenn sie nach Abschluß der Curriculumentwicklung entsteht[43]. Während formative Evaluation als Teil der Konzipierung eines Curriculum in der Regel von einem an der Entwicklung Beteiligten durchgeführt wird, kann die summative Evaluation auch von jemandem geleistet werden, der mit der Curriculumentwicklung nichts zu tun hat. Je nach dem Grad der Beteiligung des Evaluators an der Curriculumkonstruktion wird von innerer oder äußerer Evaluation gesprochen. Intrinsische Evaluation bezieht sich nach Michael Scriven auf Inhalte, Lernziele, Zensierungsverfahren des zu evaluierenden Gegenstandes, ohne daß die Wirkung auf den Schüler einbezogen würden, Ergebnisevaluation sucht die Wirkung des Instruments auf den Schüler zu erfassen[44]. Ob vergleichend oder nicht vergleichend evaluiert werden soll, wird kontrovers diskutiert. Dabei geht es um die Beurteilung der Frage, ob die Daten einer klar beschriebenen Lerngruppe hinsichtlich der wichtigsten Ziele am Ende eines bestimmten Unterrichts exakter sind, als die mehrerer Lerngruppen, die jeweils unterschiedlich unterrichtet werden und von ungleichen Ausgangssituationen ausgehen[45].

Ein allgemein verwendbares Fragenraster für Evaluation haben C. M. Lindvall und R. C. Cox entworfen:

1. Welche Ziele soll das Programm erreichen?
   a) Sind die formulierten Ziele wirklich Lernziele?
   b) Sind die formulierten Lernziele die wirklichen Ziele des Programms?
   c) Sind die Ziele wertvoll?
   d) Sind die Ziele erreichbar?
2. Wie ist der Plan, diese Lernziele zu erreichen?
   a) Verspricht der Plan, zur Erreichung der Lernziele beizutragen?
   b) Ist der Plan genügend detailliert entwickelt?
   c) Können Plan und Verfahren ohne Schwierigkeiten von den Leuten verstanden werden, die sie verwirklichen sollen?
   d) Ist es wahrscheinlich, daß der Plan verwirklicht werden kann?
3. Stellt das funktionierende Programm eine richtige Einführung des Plans dar?
   a) Welches sind die spezifischen Punkte, die in einer Analyse der Funktion zu beobachten sind?
   b) Werden die Aktivitäten wirklich entsprechend dem Plan ausgetragen?
   c) Wie kann erreicht werden, daß Plan und Verwirklichung korrespondieren?
   d) Führt die Untersuchung der wirklichen Funktion zu irgendwelchen Veränderungsvorschlägen?
4. Erreicht das Programm, wenn es entwickelt und verwirklicht ist, sein erwünschtes Ziel?
   a) Sehen die Pläne die Evaluation aller Programmziele vor?
   b) Sind die Evaluationsverfahren reliabel?
   c) Ist der gesamte Evaluationsprozeß umfassend genug, um das benötigte Gesamtbild der Programmergebnisse zu liefern?

[43] Vgl. Scarvia B. Anderson / Samuel Ball / Richard T. Murphi (Ed.), Encyclopedia of Educational Evaluation. Concepts and Techniques for Evaluating Education and Training programs, San Francisco / Washington / London 1975; für formative und summative Evaluation vgl. S. 175—178 und 406—408; für innere und äußere Evaluation vgl. S. 147—151 „Evaluator Role".
[44] Vgl. Michael Scriven, Die Methodologie der Evaluation, in: Chr. Wulf (Hrsg.), S. 60—91.
[45] Vgl. Michael Scriven, Die Methodologie der Evaluation, in: Chr. Wulf (Hrsg.), Evaluation, S. 60—91 und Lee J. Cronbach, Evaluation zur Verbesserung von Curricula, ibid. S. 41—59.

d) Welches sind die Folgerungen aus den Ergebnissen für die Modifikation des Programms?[46]

Verdeutlicht wird durch diese Fragen das in der Evaluation liegende Wertungsproblem. In diesem Zusammenhang sind auch die in den USA entwickelten Modelle der Curriculumevaluation zu berücksichtigen[47].

Der amerikanische Diskussionsstand ist in der Bundesrepublik Deutschland weitgehend adaptiert, aber für die einzelne Unterrichtsdisziplin noch nicht in die Praxis umgesetzt worden[48]. Evaluation in der Geschichtsdidaktik hat zwei Ziele,

— die Definition von Datenbereichen und die Erfassung von Daten, deren Bewertung als relevant angesehen werden.
— die interpretierende Bewertung der Daten.

Die Daten können aus dem Bereich der Unterrichtsplanung oder der Unterrichtsdurchführung genommen werden: Voraussetzungen, Ziele, Inhalte, Methoden, Medien.

Die bisher in der Bundesrepublik Deutschland vorgelegten Arbeiten von v. Borries und Fürnrohr/Kirchhoff[49] bilden einen Anfang.

2.1.3.7 Problemfeld Geschichtsunterricht und sozialwissenschaftliches Curriculum

Die Einführung des neuen Schulfaches Sozialwissenschaft bzw. Gesellschaftslehre erfolgte in der Bundesrepublik Deutschland bisher ohne befriedigende theoretische Absicherung[50]. Entweder handelt es sich lediglich um einen lockeren Verbund der sozialwissenschaftlichen Disziplinen Politik, Soziologie, Wirtschaft, oder um eine lernzielorientierte Verknüpfung von fachübergreifenden thematischen Schwerpunkten, in denen fachspezifische Lernprozesse weitgehend zurücktreten.

Die schulpolitische Entscheidung NRW's, ein selbständiges Unterrichtsfach Geschichte neben dem neu eingeführten Fach Politik bzw. Sozialwissenschaften beizubehalten, läßt darauf schließen, daß die politischen Entscheidungsinstanzen die Öffnung der Sozialwissenschaften gegenüber der Geschichte wie auch die der Geschichte gegenüber den Sozialwissenschaften nicht genügend berücksichtigt haben. Die traditionelle Orientierung der Schulfächer an den einzelnen fachwissenschaftlichen Disziplinen richtet die Ausbildung auf systematische und methodische Kenntnisse der Fachdisziplin aus. Ein einseitiges fachwissenschaftliches Studium bietet jedoch keine Gewähr für die Verknüpfung von

[46] Zitiert nach Chr. Wulf (Hrsg.), Evaluation, S. 21.

[47] Vgl. Gene V. Glass, Die Entwicklung einer Methodologie der Evaluation, in: Chr. Wulf (Hrsg.), Evaluation, S. 166—206.

[48] Vgl. Christoph Wulf (Hrsg.), Evaluation, München 1972. Vgl. Kapitel: Planung und Durchführung der Evaluation von Curricula und Unterricht (Kapitelkonzeption), in: Karl Frey (Hrsg.), Curriculum Handbuch Bd. II, München/Zürich 1975, S. 567—822. Vgl. Thema Curriculum, Heft 5: Evaluation — Handlungsforschung, Tübingen 1975, hrsg. vom Arbeitskreis Curriculum.

[49] Fürnrohr, Walter Kirchhoff, Hans Georg (Hrsg.), Ansätze empirischer Forschung im Bereich der Geschichtsdidaktik, Anmerkungen und Argumente 15, Stuttgart 1976; von Borries, Bodo, Lernziele und Testaufgaben im Geschichtsunterricht, Anmerkungen und Argumente 8, Stuttgart 1953.

[50] Vgl. Siegfried Quandt / Wolfgang Hug, Fachspezifische und fächerübergreifende Curricula und Curriculumprojekte: Geschichte, in: Curriculumhandbuch, Bd. III, Hrsg. Karl Frey, München 1975, S. 420—430; Johann Diekmann / Dietmar Bolscho, Gesellschaftswissenschaftlicher Unterricht, Bad Heilbronn 1974; Christoph Wulf, Das politisch-sozialwissenschaftliche Curriculum, München 1973; Sozialkundliche Curricula, Thema Curriculum 3, (Hrsg.), Arbeitskreis Curriculum, Bebenhausen 1973; Antonius Holtmann (Hrsg.), Das sozialwissenschaftliche Curriculum in der Schule. Opladen 1972; Geschichte und Sozialwissenschaft. Ihr Verhältnis im Lehrangebot der Universität und der Schule, 6. Sonderheft der Neuen Sammlung, Hrsg. v. P. Böhning, Göttingen 1972.

fachspezifischen und fachübergreifenden Elementen. Im Rahmen einer didaktischen Begründung des Geschichtsunterrichts kann auf das Beziehungsverhältnis zwischen Geschichte und Sozialwissenschaften nicht verzichtet werden. Ein unverbundenes Nebeneinander von Geschichte und Sozialwissenschaften im Curriculum der Schule läßt sich weder vom fachwissenschaftlichen noch vom fachdidaktischen Diskussionsstand dieser Probleme rechtfertigen.

Demgegenüber tritt die für unterschiedliche Vermittlungsprozesse in der Schule notwendige Interdisziplinarität im Regelfall in den Hintergrund. Die bisher entwickelten Ansätze (Sozial-, Wirtschaftsgeschichte, Technikgeschichte) zu einer Differenzierung des Geschichtsstudiums ermöglichen eine gezieltere Auseinandersetzung mit soziologischen und ökonomischen Fragestellungen, eröffnen den Zugang zu Begrifflichkeit und Denkformen der systematischen Sozialwissenschaften. Interdisziplinarität im Studium ist die Voraussetzung für einen Geschichtsunterricht, der die Schüler an die unterschiedlichen Felder der Historie heranführt, Zusammenhänge zwischen Politik, Wirtschaft, Recht, Gesellschaft und Kultur im historischen Prozeß aufweist. Die fachspezifische Betrachtungsweise wird nicht ignoriert, sondern problem- bzw. themenzentriert eingebracht. Sie wird nicht isoliert, sondern in Beziehung zu den anderen Betrachtungsweisen gesetzt. Die Einbringung auch der fachspezifischen Sichtweise ist notwendig, um nicht hinter den Erkenntnisstand der einzelnen Disziplin zurückzufallen. Der in den Sozialwissenschaften eingeführte Begriff der Multidisziplinarität betont die Vielfalt der Sichtweisen, die im Lernprozeß miteinander zur Geltung kommen sollen. Unterrichtet wird nicht in einer Fachdisziplin, sondern vermittelt werden Fragestellungen, Begriffsbildung, Erkenntnisbedingungen und Erkenntnismethoden. Die im Thema vorgegebene Komplexität wird durch Aufgliederung in Teilaspekte reduziert und in der Verknüpfung der Teilaspekte wieder hergestellt.

Das setzt voraus, daß den Lernenden die Struktur einer Disziplin vermittelt wird, indem sie lernen, deren Elemente zu entdecken. Entdeckendes Lernen kann jedoch nicht ohne stoffliches und formales Wissen vollzogen werden.

Die sich abzeichnende Tendenz im Kanon der Schulfächer Sozialwissenschaften mit historischer Dimension und Geschichtsunterricht mit Bezügen zu den Sozialwissenschaften in lockerem Verbund anzusetzen, kann Ausdruck einer behutsamen Entscheidung für eine stufenweise Annäherung, aber auch Zeichen einer konzeptionellen Verlegenheit sein. Zieht man für die Beurteilung die vorliegenden Lehrpläne und Unterrichtsmaterialien heran, so zeigt sich, daß der historischen Dimension in den Sozialwissenschaften nicht befriedigend Rechnung getragen wird. Kategorien wie Entstehung, Veränderung, alternatives Denken und Handeln im historischen Prozeß sind eher als peripheres Beiwerk eingefügt. Wenn es eine Aufgabe des Geschichtsunterrichts ist, dem Schüler die Komplexität seiner Lebenswelt transparent zu machen, sich in ihr orientieren und verhalten zu können, so setzt das Zugang zu den unterschiedlichen Lebensbereichen voraus. Daraus folgt für den Geschichtsunterricht, daß die Funktionen der verschiedenen Lebensbereiche, deren historische Entwicklung und Veränderung, wie die Beziehungen zu anderen Sektoren sozialer Wirklichkeit aufgearbeitet werden müssen. Das ist nur möglich, wenn der Unterrichtende fachliche Kenntnisse hat, die über die Grenzen der Einzeldisziplin hinausreichen.

2.1.4 Einordnung des nachfolgenden Versuches der „Didaktischen Grundlegung eines kooperativen Unterrichts“

Die Auflistung und Beschreibung der Problemfelder der geschichtsdidaktischen Diskussion ermöglicht eine Einordnung und Aufgabenbestimmung des im nächsten Teil entwickelten Begründungszusammenhanges für den Geschichtsunterricht.

Es wird versucht, durch einen neuen Ansatz die Lernzielfrage anders als bisher zu beantworten. Das Gewicht liegt auf dem Bemühen, lernzielbildende Kriterien des Geschichtsunterrichts zu begründen und zu definieren und einen Weg zu zeigen, von diesen Kriterien aus unter Aufnahme des historischen Gegenstandes zu konkreten Lernzielen zu gelangen. Die Begründung greift zurück auf die Funktion von Geschichtsbewußtsein in der Gesellschaft und auf die Bestimmung der Aufgaben von Geschichtswissenschaft und Geschichtsunterricht in dem ständigen Prozeß der gesellschaftlichen Rezeption von Vergangenheit. (Problemfeld 2)

Dabei wird sowohl auf die Wissenschaftstheorie der Geschichte zurückgegriffen wie auf noch offene Aufgaben einer Didaktik der Geschichte verwiesen, die der Bearbeitung bedürften, ehe eine Handlungs- und Zielanweisung für den Geschichtsunterricht wissenschaftlich nach mehreren Dimensionen hin begründet werden kann. Die Verarbeitung der Wissenschaftstheorie und das Bemühen, die Didaktik der Geschichte auch aus den Grundfunktionen aller Historie und somit als einen Zweig der Geschichtswissenschaft zu begreifen, wird nicht im einzelnen ausgeführt, steht aber im Hintergrund der Aussagen. Damit ist die Fragestellung Geschichtsunterricht und Wissenschaftstheorie (Problemfeld 1) in einer Weise aufgegriffen, die sich deutlich absetzt von den Ansätzen der Geschichtsdidaktik, die eine umfassende Gesellschaftstheorie zur Begründung von Geschichtsunterricht für erforderlich halten, ebenso aber von jenen Ansätzen, die auf die Reflexion der gesellschaftlichen Funktion von Geschichtsbewußtsein verzichten. Dahinter steht die Auffassung, daß eine vorweg als gegeben angenommene Gesellschaftstheorie in der Gefahr steht, Ziele normativ zu setzen, Inhalte unter den Aspekten der Interpretation gegenwärtiger Gesellschaft und bestimmter Tendenzen künftiger Entwicklung für diese Gesellschaftstheorie legitimierend auszuwählen.

Auf der anderen Seite ist eine Ziel- und Aufgabenbestimmung der Didaktik der Geschichte ohne eine Reflexion der gesellschaftlichen Funktion von Historie nicht genügend zu fundieren; sie steht in Gefahr, keinen Mittelpunkt ihrer einzelnen Aussagen, Ableitungen oder Setzungen zu finden. Der Rückgriff auf die Funktion von Historie in der Gesellschaft und die Bestimmung von der Aufgabe des Geschichtsunterrichts innerhalb dieser Funktion ermöglicht, unterschiedlichen Gesellschaftstheorien innerhalb dieses Ansatzes Raum zu geben. Die Grenze wird allerdings dort gezogen, wo eine Gesellschaftstheorie keine Widersprüche duldet und ihre Prämissen der Überprüfung entzieht. Innerhalb eines pluralistischen Rahmens des Konsenses, daß gesellschaftlicher Dissens notwendig ist und in rationalen Formen immer neu ausgetragen werden muß, haben ebenso konservative wie emanzipatorische oder kritisch-rationale Gesellschaftstheorien eine Möglichkeit, sich innerhalb dieses Begründungszusammenhanges so zu artikulieren, daß die Voraussetzungen ihrer Einzelentscheidungen deutlich werden.

Aus der Begründung der Lernzielkriterien und einer Bestimmung des Verhältnisses von Lernzielen und Inhalten gewinnt im folgenden das Problem der Inhaltsauswahl (Problemfeld 3) eine doppelte Bedeutung. Die Auswahl der großen Themen geschieht relativ

pragmatisch aus einem Vorverständnis von der Bedeutung historischer Ereignisse und Epochen sowie dem Maß der objektiven Betroffenheit der Menschen unserer Gesellschaft, also auch der Schüler. Dabei wird das unmittelbare Verständnis unserer Gegenwart durch die genauere Aufarbeitung ihrer unmittelbaren Vorgeschichte zur verbindlichen Achse des Unterrichts, während eine Auswahl bedeutender Themen, sei es aus der Alten oder Mittelalterlichen Geschichte, sei es aus der Geschichte anderer Kontinente als Europa, in einer variablen Form zur Auswahl je nach Interesse angeboten wird.
Die zweite Ebene von Inhaltsbestimmung liegt in der Verwandlung von Inhalten zu konkretem Lernpotential durch die Begegnung von Lernzielkriterien mit dem geschichtlichen Stoff. Diese konkrete Ebene von Inhaltsbestimmung innerhalb unumstritten bedeutender Themen bedarf einer sehr viel stärkeren Aufmerksamkeit als bisher. In diesem Problemfeld verknüpfen sich die Fragen nach der Lernzielbestimmung mit denen der Inhaltsauswahl.
Auch die Verfahrensweisen des Geschichtsunterrichts (Problemfeld 4) sind nicht zu trennen von den Kriterien der Lernzielfindung und den Gestaltungskriterien für die Inhalte. Auf diese Verbindung wird im folgenden sehr deutlich hingewiesen, ohne daß jedoch die Verfahrensweisen ausführlicher oder detaillierter dargestellt werden. Sie sind abhängig von der Form des spezifischen Zugriffs auf ein Thema, vom Thementyp, aber ebenso sehr von der als Grundaufgabe bezeichneten, Lernzielkriterien hervortreibenden Bestimmung, daß Geschichtsunterricht ein begründbares und rational aufzubauendes Geschichtsbewußtsein anzustreben habe. Die konkreten Verfahrensweisen werden in den einzelnen Unterrichtsbeispielen deutlicher werden als in dem theoretischen Hinweis auf ihre unterschiedliche Funktion.
Die Problemfelder Geschichtsunterricht und Inhaltsauswahl (Problemfeld 3) wie Geschichtsunterricht und Sozialwissenschaftliches Curriculum (Problemfeld 7) hängen eng zusammen. Die Lernzielkriterien und die Auswahl wie die Zubereitung der Inhalte lassen die eigenständige politische Aufgabe des Geschichtsunterrichtes vor allem darin sehen, daß die Fähigkeit, Geschichtsvorstellungen in ihrer Funktion wie in ihrer jeweiligen Akzentuierung zu begreifen, eine wesentliche Komponente politischen Denkens und Entscheidens in der Gegenwart ist. Darüber hinaus ist der gesamte Ansatz dieses Werkes dadurch charakterisiert, daß Geschichtsunterricht und sozialwissenschaftliches Curriculum, ohne ihre eigenen Ansprüche und eigene Möglichkeiten preiszugeben, undogmatisch aufeinander zugeführt werden sollen. Das verlangt den Verzicht auf vorgängige und die gesamten Möglichkeiten des Unterrichts einteilende Hauptaspekte oder Lernfelder. Es verlangt eine variable, nach Inhalten wie Lernzielen unterschiedlich zugreifende aufeinander bezogene Erschließung der historisch-politischen Wirklichkeit in den bescheidenen Ansätzen, die im Unterricht möglich, aber auch notwendig sind.

2.2 Didaktik der Geschichte: Das spezifische Bedingungsfeld des Geschichtsunterrichts (Karl-Ernst Jeismann)

2.2.1 Der Gegenstand des Geschichtsunterrichts: Die „Geschichte"

In der Einleitung wurde der Anspruch aufgestellt, die Fachdidaktik des Geschichtsunterrichts von ihrem Gegenstand her zu begründen. (s. o. S. 14 ff.) Gegenstand dieses Unterrichts ist, allgemein und vorläufig gesprochen, die „Geschichte". Der Gegenstand der

Didaktik des Geschichtsunterrichts ist die Summe der Vorgänge, durch die beabsichtigt, planmäßig und im regelmäßigen Gang des Geschichtsunterrichts Vorstellungen von und Einstellungen zur Geschichte vermittelt werden.

Was aber ist die Geschichte? Wie können geschichtliche Vorstellungen im Bewußtsein aufgebaut, wie können historische Erkenntnisse gewonnen werden?

Diese Fragen führen die Fachdidaktik sogleich in den Bezirk geschichtstheoretischer Probleme[1]. Immer mehr wird in letzter Zeit die enge Verbindung und die Kooperationsbedürftigkeit zwischen der Theorie und der Didaktik der Geschichte erkannt. Relativ unbestritten sind folgende, sehr allgemeine Aussagen angeführt worden:

Was „die Geschichte" objektiv, als universales und reales Geschehen wirklich „ist", wissen wir nicht. Die Ursprünge dieses unüberschaubaren Prozesses der Entwicklung des Menschen liegen im dunkeln; sein Ende oder gar sein Ziel ist unserm Erkenntniszugriff entzogen. Zwar gibt es eine Vielzahl einander ähnlicher oder widersprechender Deutungsversuche geschichtsphilosophischer Art; selbst die umfassendsten sind nicht mehr als Versuche der Selbstvergewisserung, der Beschreibung eines eigenen Standpunktes in der Gegenwart zwischen Vergangenheit und Zukunft. Aber auch der unserer unmittelbaren oder vermittelten Erinnerung zugängliche Raum der Geschichte ist nicht als fest und sicher, so und nicht anders beschreibbarer Gegenstand verfügbar. Selbst die Spezialforschung gibt uns nicht Ausschnitte der Geschichte, „wie sie eigentlich gewesen" ist. Steckt doch schon in diesem oft mißverstandenen Wort Leopold Rankes der Bezug der Geschichtsdeutung auf die eigene Gegenwart, der Bezug zum Subjekt des Forschers oder Betrachters in dem häufig übersehenen „eigentlich"; nicht allein, weil uns die Rekonstruktion der Vergangenheit ebenso sehr durch das Fehlen wie durch die Vielzahl der Zeugnisse als eine unbestreitbare nicht mehr möglich ist, vielmehr auch, weil über das zu befinden, was das „Eigentliche", was das „Wesentliche" ist, jede Gegenwart und jeder Betrachter ein immer neues und eigenes Recht haben[2].

So ist die anschauliche Definition von Carr, Geschichte sei ein fortwährender Prozeß der Wechselwirkung zwischen dem Historiker und seinen Fakten, ein unendlicher Dialog zwischen Gegenwart und Vergangenheit[3] die komprimierte Formulierung für einen höchst komplexen Vorgang: Geschichte ist uns zugänglich, indem an Zeugnissen des vergangenen Lebens eine Vorstellung von Ausschnitten der Vergangenheit wahrgenommen wird, die ebenso sehr von den eine Erkenntnis ermöglichenden Quellen der Vergangenheit wie von den nach Erkenntnis verlangenden Interessen, Fragestellungen und methodischen Zugriffen der Gegenwart her bedingt ist.

Der Doppelsinn des Wortes Geschichte — Geschehen und Bericht vom Geschehen, res gestae und historia rerum gestarum — verweist auf diesen Tatbestand und läßt in einem ersten, allgemeinsten Sinne die Aussage zu, daß der Geschichtsunterricht, will er wirklich von seinem „Gegenstand" her sich begründen, sich mit gleichem Ernst den Zeugnissen

---

[1] Vgl. Jörn Rüsen, Zum Verhältnis von Theorie und Didaktik der Geschichte. In: GWU, 26, S. 427—441 (1975); dort Hinweise auf weitere wichtige Literatur. Theodor Schieder, Geschichte als Wissenschaft, München 1965, Kap. I; Rudolf Vierhaus, Was ist Geschichte? In: Alföldy, Seibt, Timm, Probleme der Geschichtswissenschaft, Düsseldorf 1973, Karl-Georg Faber, Theorie der Geschichtswissenschaft, München 1971 (Kap. 2); Arnold Sywottek, Geschichtswissenschaft in der Legitimationskrise. Archiv für Sozialgeschichte, Beiheft 1, Bonn - Bad Godesberg 1974.

[2] Leopold von Ranke, Sämtliche Werke, Bd. 33/34, VII (Zur Kritik neuerer Geschichtsschreiber, Beilage zu „Geschichten der romanischen und germanischen Völker" von 1494—1514") dazu R. Vierhaus, a. a. O. (Anm. 1), S. 10 ff.

[3] E. H. Carr, Was ist Geschichte? Stuttgart 1963 ff., S. 30, deutsch (Urban Bücher Nr. 67).

und den methodischen Möglichkeiten, sie zu erschließen, verpflichtet wissen muß wie den Fragestellungen und Interessen der Gegenwart, von denen aus auf diese Zeugnisse zurückgegriffen wird. Abgekürzt ausgedrückt: Die Didaktik des Geschichtsunterrichts muß sich gleicherweise der Geschichtsforschung als der methodischen Erschließung und Deutung der Quellen wie der Geschichtstheorie als der Analyse der Möglichkeiten und Bedingungen historischen Erkennens versichern[4].

Eine weitere grundlegende Bemerkung ist einzufügen. Als Schulfach, als intentionaler und permanenter Unterricht tritt die Überlieferung oder Neubildung historischer Vorstellungen erst spät in entwickelteren Gesellschaften auf. In dieser Form haben wir eine zwar wichtige, aber keineswegs die einzige und vielleicht nicht einmal die mächtigste Art des Prozesses vor uns, in dem sich einzelne wie Gruppen und die Gesellschaft insgesamt immer wieder ihrer Vergangenheit vergewissern. Die Folge der Geschichtlichkeit individuellen und gesellschaftlichen Daseins ist ein breiter und gar nicht in Unterricht einzufangender Prozeß ständig neuer Selbstvergewisserung durch Vergangenheitsauslegung. Deshalb kann sich eine Fachdidaktik der Geschichte nicht aus dem spezifischen Sonderfall der Vermittlung von Geschichtsvorstellungen in der Schule begründen. Umgekehrt ist jede Didaktik des Geschichtsunterrichts und also auch dieser selbst nur zu entwickeln auf der Basis und im Zusammenhang des umgreifenden und andauernden Prozesses der gesellschaftlichen Aufarbeitung von Geschichte[5].

Die Didaktik des Geschichtsunterrichts ist also ein Teil der „Didaktik der Geschichte". Diese hat es zu tun mit dem komplexen Prozeß der Rezeption von Geschichte in der Gesellschaft. Mit dieser Aufgabe steht die Didaktik der Geschichte als ein Teil der Geschichtswissenschaft neben der Geschichtsforschung und der Geschichtstheorie. Damit ist sie als Wissenschaft eine notwendige Ergänzung sowohl der Geschichtsforschung, die sich unmittelbar den Zeugnissen zuwendet, wie der Geschichtstheorie, die über Erkenntnismöglichkeiten und deren Bedingungen reflektiert. Sie stellt in den Mittelpunkt ihres Interesses die Erforschung der Formen und Inhalte des Geschichtsbewußtseins, der Bedingungen und Faktoren seines Aufbaus und seiner Veränderung, die Bedeutung und Funktion dieses Geschichtsbewußtseins im Selbstverständnis der Gegenwart[6].

---

[4] Zu den Bedeutungen des Wortes Geschichte vgl. Ernst Wilmanns, Geschichtsunterricht. Grundlegung seiner Methodik, Stuttgart 1949, I. Diese heute fast vergessene „Methodik" ist ein immer noch beachtenswerter Versuch, die Didaktik des Geschichtsunterrichts von seinem Gegenstand her zu begründen — wenn auch auf einem heute nicht mehr zu haltenden Konzept von Geschichtswissenschaft, Geschichtstheorie und historischem Verstehen aufgebaut. — In der jüngeren Diskussion zeigt sich, als Gegenschlag gegen eine sterile Faktengläubigkeit des Geschichtsunterrichts, die Neigung, die Funktion des „Interesses" für die Erkenntnis zu überziehen und aus dem Drang nach Entdeckung der Zukunft und eingreifender Veränderung der Gegenwart die Beschäftigung mit der Geschichte zu rechtfertigen. Vgl. K. Bergmann, H. J. Pandel, Geschichte und Zukunft, Didaktische Reflexionen über veröffentlichtes Geschichtsbewußtsein, Frankfurt 1975, Vorwort, S. 64 ff. Annette Kuhn, Einführung in die Didaktik der Geschichte, München 1974, S 20 ff., wo die Gesellschaftstheorie als „primäres didaktisches Entscheidungsfeld" genannt wird.

[5] Deshalb greift der „systematische Versuch" Glöckels, „Begriff und Aufgabe der Fachdidaktik" zu bestimmen, zu kurz, wenn er beides definitorisch auf den Unterricht einengt. In: Geschichte in Wissenschaft und Unterricht, 27 (1976, S. 146 ff.).

[6] Zu den schwierig zu erschließenden Zusammenhängen zwischen Geschichtswissenschaft und historischer Tradition oder „Erinnerung" vgl. Alfred Heuss, Verlust der Geschichte, Göttingen 1959. In den Schlußpassagen dieses Buches fordert Heuss implizit zur Überwindung der Spaltung zwischen Geschichtswissenschaft und geschichtlicher Vorstellung eine Didaktik der Geschichte — indem er der sog. „Pädagogik" Vermögen und Zuständigkeit dafür abspricht. Es ist schade, daß Heuss, der hier implizit die Schwierigkeiten und die Notwendigkeit einer Fundamentalbegründung der Didaktik der Geschichte entwickelt hat, später aus einer Abwehrhaltung gegen über-

— Didaktik der Geschichte hat empirisch zu untersuchen, wie das „Geschichtsbewußtsein" innerhalb der Gesellschaft beschaffen ist. Das „lebensweltliche Fundament der Geschichtswissenschaft"[7], also die unterschiedlichen populären Vorstellungen von Geschichte, ist ebenso aufzunehmen wie die wissenschaftlichen Formen geschichtlichen Bewußtseins. Welche Denk-, Urteils- und Vorurteilsstrukturen, welche individual- wie sozialpsychologisch zu erklärenden Bedürfnisbefriedigungen im Geschichtsbewußtsein vorfindbar sind, welche Identifikations- und Feindmuster jeweils herrschen, in welchen unterschiedlichen Gruppen oder Schichten diese oder jene Formen von Geschichtsbewußtsein dominieren, wie es sich also verknüpft mit der Lage der Interessen, den sozialen Aufgabenfeldern und Chancen, den Wünschen und den Rechtfertigungszwängen, das sind grundlegende Fragen einer Didaktik der Geschichte. Wir brauchen eine *Morphologie* des Geschichtsbewußtseins, die sich nicht auf die Höhenlage des wissenschaftlich reflektierten Geschichtsverständnisses begrenzt[8].

— Mit der Morphologie muß zugleich auf empirische Weise versucht werden, die *Genese* der unterschiedlichsten Vorstellungen von Geschichte zu erarbeiten. Wie sich Geschichtsbilder durch Überlieferung fortpflanzen, durch Kritik oder durch historische Erfahrung sich verändern oder umstürzen, durch Agitation zu Dominanten des politischen Denkens werden können, durch Forschung sich differenzieren, auflösen oder auch bestätigen lassen; welche Kräfte mit der Arbeit des Auf- und Umbaus von Geschichtsbewußtsein beschäftigt sind, welche Mittel sie einsetzen und welche Interessen sie vertreten, welche Methoden sie anwenden: Hier ist eine Forschungsstrategie zu entwickeln, die das gesamte Untersuchungsfeld erst noch in seiner Bedeutung, in seinen Einzelaspekten und in seinen Zugänglichkeiten oder Unzugänglichkeiten erschließen muß[9].

---

zogene und naive fachdidaktische Vorstellungen nur noch Reservate des Nicht-Lernbaren beschwor und didaktischem Irrationalismus ungewollt Vorschub leistete. A. Heuss, Gedanken zur Didaktik der Geschichte. In: GWU, 22, S. 529—535 (1971). Vgl. ferner ders., Zur Theorie der Weltgeschichte, Berlin 1968, S. 52 ff. Vgl. ferner in diesem Zusammenhang R. Schörken, Geschichtsdidaktik und Geschichtsbewußtsein. In: GWU, 23, S. 81—89 (1972), der einen frühen Anstoß für die Beachtung der Verbindung von Geschichtsunterricht und allgemeinem Geschichtsbewußtsein gab. Ferner: Geschichtswissenschaft: Didaktik — Forschung — Theorie. Hrsg. v. E. Kosthorst. Göttingen 1977 (Kleine Vandenhoeck Reihe 1430).

[7] Rüsen, a. a. O. (Anm. 1), S. 435, vgl. den Hinweis bei R. Wittram, Das Interesse an der Geschichte, 2. Auflage, Göttingen 1963, S. 119.

[8] Vgl. die Definition von „Geschichtsbewußtsein" bei Bergmann/Pandel, a. a. O., S. 21 f., die trotz der preziösen sprachlichen Verhüllung, und wenn man von der eigentümlichen Gegenüberstellung der Begriffe „konservativ" und „kritisch" absieht, dem hier mit diesem Begriff Gemeinten nahekommt. Allerdings vermittelt Geschichtsbewußtsein nicht unmittelbar die Fähigkeit zur Orientierung von „gesellschaftlicher Praxis", sondern zunächst nur Möglichkeit, das persönliche und gesellschaftliche Selbstverständnis und Weltverständnis zu fundieren, zu kritisieren, zu bestätigen oder zu verändern. Vgl. auch die Besprechung von J. Rohlfes in HZ, 227 (1976) S. 390 ff.

[9] Für den Geschichtsunterricht des 19. und frühen 20. Jahrhunderts ist ein Ansatz dazu geleistet in den Untersuchungen von Ernst Weymar, Das Selbstverständnis der Deutschen. Ein Bericht über den Geist des Geschichtsunterrichts der höheren Schulen im 19. Jahrhundert. Stuttgart 1961, und Horst Schallenberger, Untersuchungen zum Geschichtsbild der Wilhelminischen Ära und der Weimarer Zeit. Eine vergleichende Schulbuchanalyse deutscher Schulgeschichtsbücher aus der Zeit von 1888—1933. Ratingen 1964. Vgl. jetzt auch Jochen Huhn, Politische Geschichtsdidaktik. Untersuchungen über politische Implikationen der Geschichtsdidaktik in der Weimarer Republik und in der Bundesrepublik Deutschland, Kronberg/Ts. 1975. Diese Untersuchungen erfassen jedoch nur einen Faktor der historischen Bewußtseinsbildung; es wäre ein Fehler, ihn bereits mit der Wirklichkeit geschichtlichen Bewußtseins zu verwechseln.

— Didaktik der Geschichte muß analysieren, wie sich im Geschichtsbewußtsein Vergangenheitsdeutung mit gegenwärtigem Selbstverständnis und mit der Zukunftserwartung verbindet. Dieser Aspekt, der quer durch die beiden zuerst genannten Aufgaben der Erarbeitung der Morphologie sowie der Genese von Geschichtsbewußtsein hindurchgeht, zielt auf die Grundfigur, die sich bei aller Variabilität und historischer Wandelbarkeit des Geschichtsbewußtseins als konsistent erweist: auf den engen Zusammenhang von Vergangenheitsdeutung, Selbstverständnis und Zukunftserwartung jeder Gegenwart. Diese, abgekürzt gesprochen, *Relevanz* historischer Vorstellungen für das gegenwärtige Selbstverständnis ist der Punkt, an dem insbesondere alle interessierten Kräfte — Instanzen, Gruppen, Personen — ansetzen, wenn sie Regeln oder Normen für die Überlieferung von Geschichte aufstellen und durchzusetzen versuchen. Hier ist der Punkt, von dem aus sich die Zielsetzung des staatlich oder von gesellschaftlichen Organisationen veranstalteten Geschichtsunterrichtes begreifen läßt[10].
— Diese Analyse deckt Normen und Wertungen auf; zugleich aber muß Didaktik der Geschichte die theoretisch-normativen, politischen und wissenschaftlichen *Wertsetzungen* begründen, in deren Rahmen bewußt und methodisch Geschichte „gelehrt", Geschichtsbewußtsein aufgebaut und verändert werden soll.

Vor diesem Hintergrund kann erst eine Didaktik des Geschichtsunterrichts entwickelt werden.

Während aber die Didaktik der Geschichte als Wissenschaft sich erst selbst zu begreifen beginnt, muß man im Geschichtsunterricht handeln; die Didaktik des Geschichtsunterrichts muß Begründungszusammenhänge für Zielrichtungen dieses Handelns, für Auswahlkriterien, für Gewichtungen und Wertungen, für Methoden und Zugriffsweisen entwickeln, ohne die umfassenden Zusammenhänge, in denen sich der Unterricht bewegt, auch nur mit annähernder Gewißheit zu kennen.

Wenig Einsicht besteht in die Geschichtsvorstellungen der unterschiedlichen Gruppen der

---

[10] Über den Zusammenhang von Vergangenheitsdeutung, gegenwärtigem Selbstverständnis und Zukunftsperspektive als einer Grundfigur historischen Erkennens s. Rüsen (Anm. 1), a. a. O., 428 f. und dort die Hinweise auf entsprechende „klassische" Aussagen. Ferner E. Schulin, Die Frage nach der Zukunft. In: Geschichte heute. Positionen, Tendenzen, Probleme. Hrsg. von G. Schulz, Göttingen 1973, S. 109—145. Wesentlich für die Begründung einer Didaktik der Geschichte und die Beschreibung ihres Zusammenhangs mit der Forderung ist Rüsens Feststellung: „Ursprünglich liegen die Prinzipien didaktischer Vermittlung historischer Erkenntnis in der Logik der Forschung selbst. Die Wissenschaft ist von sich aus auf didaktische Prozesse hin angelegt; sie begreift sich als notwendige Bedingung politischer Praxis." (S. 429).
Über die Art der „Relevanz" historischer Vorstellungen gehen die Ansichten erheblich auseinander: sie reichen von unmittelbarer Instrumentalisierung geschichtlicher Gegenstände für politisches Handeln (Annette Kuhn, a. a. O.; Bergmann/Pandel, a. a. O.) — die dieses ebenso für sich („eine bestimmte Geschichte", S. 19) in Anspruch nehmen, wie sie es bei ihren „konservativen" Gegnern feststellen — bis zu einer distanzierten, politische Orientierung nur mittelbar tangierenden Auffassung von der Möglichkeit historischer Bildung, der „Erweckung eines kritischen Problembewußtseins" (J. Rohlfes, Umrisse einer Didaktik der Geschichte, Göttingen 1971, S. 103). Vgl. im übrigen Th. Nipperdey, Über Relevanz. In: GWU, 23, S. 577—596 (1972) und allgemein dazu Arnold Sywottek, Geschichtswissenschaft in der Legitimationskrise. Archiv für Sozialgeschichte, Beiheft 1, Bad Godesberg 1974, S. 114 ff. Ferner die Auseinandersetzung zwischen A. Kuhn und S. Skalweit über die didaktische Aufbereitung der englischen Revolution in GWU, 26 (H. 10/11/12) (1975). Zur gesellschaftlichen „Funktion" von Geschichtswissenschaft und Geschichtsunterricht s. J. Kockas Beitrag in „Theorie der Geschichtswissenschaft und Praxis des Geschichtsunterrichts", hrsg. v. Werner Conze, S. 69—72 und in „Geschichtsunterricht". Inhalte und Ziele. Hrsg. v. J. Rohlfes und K. E. Jeismann. Beiheft GWU 1974, S. 113—122.

Gesellschaft, in die Abhängigkeit dieser Vorstellungen von der sozialen, regional oder individuellen Herkunft und Überlieferung, von den Verhältnissen und Überlieferungen, welche den einzelnen oder ganze Gruppen erreichen. Wenig Genaues weiß man von den nur sozialpsychologisch zu erhellenden Vorbedingungen der Rezeption von Geschichte; ins Wanken gekommen sind individualpsychologische Einsichten über das Verhältnis von Kind und Geschichte. Wenig wissen wir über die Zusammenhänge zwischen Geschichtsvorstellung und politischer Einstellung selbst bei den wichtigsten Führungsgruppen der Gesellschaft. Keine befriedigende Untersuchung gibt es über die Genese von Geschichtsvorstellungen, über die Instanzen, Medien und Zentren der historischen Bewußtseinsbildung. Solange hier nicht auf breiterer Front wissenschaftlich gearbeitet werden kann, bleibt der Geschichtsunterricht immer in gewisser Weise blind.

Deshalb ist es wichtig, sich dieser Probleme bewußt zu sein. Der lange Zeit herrschende verkürzte Didaktikbegriff hat die Unterrichtslehre aus dem größeren Zusammenhang, in dem sie steht, gelöst. Sie wieder in diesen Rahmen hineinzustellen, auch wenn er noch nicht auszufüllen ist, eröffnet bereits die Möglichkeit, den didaktischen Zugriff des Geschichtsunterrichts breiter und besser zu begründen.

2.2.2 Der Hintergrund des Geschichtsunterrichts: Das Bewußtsein von Geschichte in der Gesellschaft

Die abgekürzte Rede vom „Geschichtsbewußtsein“ oder von der „Geschichtsvorstellung“ in der Gesellschaft könnte die Tatsache verdecken, daß es gewiß vorherrschende Tendenzen der Erklärung und Wertung von Vergangenheit gibt, daß aber neben oder unter diesen sich ablösenden Tendenzen, die meist nur wenige, allerdings für das Selbstverständnis wichtige Züge der Geschichte in ihrer Weise deuten, eine Fülle unterschiedlicher, häufig kontroverser, unvollständiger, punktueller und rudimentärer Formen von Geschichtsbewußtsein vorhanden sind, Bewußtseinsfetzen, ein Flickenteppich gleichsam mit vielen Löchern. Dies alles wechselt nach Zeiten und Systemen.

Man weiß, in welcher Weise herrschende Tendenzen des Geschichtsverständnisses komprimiert, verallgemeinert und benutzt werden können, politisches Handeln und Denken, wenn nicht zu bestimmen, so doch zu legitimieren. Aber selbst in Zeiten und Gesellschaften mit weitgehender Meinungslenkung durch offizielle Geschichtsdeutung, durch gesteuerten Unterricht, gesteuerte Kunst und Literatur kann eine Einheitlichkeit und Geschlossenheit der Geschichtsvorstellung allenfalls an der Oberfläche und für kurze Zeit erreicht werden. Es scheint vielmehr so, daß, je schärfer der Versuch der Vereinheitlichung der Geschichtsvorstellung wird, um so extremer die Gegenbilder ausfallen: das Erscheinen des Buches von Solschenizyn „August 1914“ ist eins unter vielen Beispielen. Der Zustand des Geschichtsbewußtseins in der Gesellschaft ist in höchstem Maße bezeichnend für die soziale, politische und geistige Verfassung, in der sich diese Gesellschaft befindet. Für die Didaktik des Geschichtsunterrichts ist dieser Hintergrund des gesellschaftlichen Geschichtsbewußtseins deshalb wichtig, weil aus ihm heraus, bewußt oder unbewußt, die Entscheidungen über Inhalte und Ziele des Unterrichts tagtäglich fallen.

2.2.2.1 Der Zusammenhang von Vergangenheitsdeutung, Zukunftserwartung und Gegenwartsverständnis

Für die Begründung einer Didaktik des Geschichtsunterrichts ist von Bedeutung, in welcher Weise sich im Geschichtsbewußtsein der Gesellschaft und also auch im eigenen

Ansatz der Didaktik des Unterrichts die Deutung von Geschichte verbindet mit gegenwärtigem Selbstverständnis und mit Zukunftserwartungen und -projektionen. Gegen die Behauptung dieses Zusammenhanges gibt es zwar unter den Historikern heftigen Widerstand. Geschichte, so heißt es, habe es zu tun mit der Vergangenheit und lediglich mit ihr. Diese Ansicht beruht indessen auf einer Einäugigkeit. Ihre partielle Richtigkeit liegt darin, daß sich die Aussagen der Geschichtswissenschaft und des Geschichtsunterrichts stützen müssen auf die methodische Aufarbeitung der Zeugnisse der Vergangenheit. Sobald in diese methodische Arbeit Parteilichkeit oder auch nur vorgefaßte Meinung unkontrolliert oder gar manipulierend hineinwirken, sobald Wünsche, Hoffnungen, Absichten, die außerhalb des Interesses der Wahrheitsfindung liegen, den Prozeß der Suche nach Erkenntnissen unkontrolliert oder gar, als „erkenntnisleitende Interessen" bewußt eingesetzt, bestimmen, das Ergebnis vorprogrammieren, beginnt nicht mehr ein wissenschaftlicher Prozeß, sondern ein Prozeß der Täuschung — sowohl der Selbsttäuschung wie der Täuschung anderer.

Gegenüber didaktischen Konzepten, die ihrerseits einäugig auf handelnde Eingriffe in Gegenwart und Zukunft abstellen, ist diese Abgrenzung notwendig; das ändert aber nichts daran, daß die Aufarbeitung der Vergangenheit in aller methodischen Rationalität dennoch immer verpflichtet bleibt der Frage nach dem Selbstverständnis jeder Gegenwart und den Möglichkeiten, die sie für die kommende Geschichte birgt.

Man darf sich nicht täuschen lassen von einem hoch entwickelten Forschungsbetrieb, der auf den ersten Blick den Eindruck erwecken könnte, daß er lediglich nach seinem eigenen System der Wahrheitssuche Fragestellungen provoziere und Antworten erarbeite. Die Geschichte der Geschichtswissenschaft zeigt, daß die großen Impulse der Forschung bisweilen sehr unmittelbar, häufig aber vermittelt aus Erkenntnisinteressen der jeweiligen Gegenwart kamen. Bis heute kennzeichnen die großen Auseinandersetzungen in der Geschichtswissenschaft zugleich auch unterschiedliche Positionen der Selbstvergewisserung, der Standortbestimmung der Gegenwart. Um so bedeutsamer, wichtiger und erhellender ist dieser Zusammenhang von Geschichtswissenschaft und Gegenwartsproblematik gerade dann, wenn er nicht in einer kurzschlüssigen Aktualisierung, sondern durch die methodische Disziplin der Forschung hergestellt wird, die im Rahmen „relevanter" Fragestellungen ihrer eigenen „Logik" folgt[11].

Sehr viel deutlicher und greller ist der Gegenwartsbezug historischer Aussagen im vor- oder außerwissenschaftlichen Bereich. Hier ist das Grundmuster des Zusammenhangs von Vergangenheitsdeutung, Selbstverständnis der Gegenwart und Zukunftserwartung am deutlichsten zu fassen, in uralten Geschichtsmythen und -visionen ebenso wie in zeitgenössischen Berufungen auf die Geschichte. Geschichte wird aktualisiert, wo es gilt, politische Entscheidungen zu begründen oder zu bekämpfen, Zukunft zu gestalten. Dichtung, politische Literatur, politische Rhetorik sind voll von diesen Bezügen. Herodots Geschichtsschreibung, das Alte Testament, Vergils Aeneis, die großen Weltchroniken des Mittelalters, Geschichtslegenden wie die vom Kaiser Friedrich im späten Mittelalter — säkularisierte Eschatologien — sind ältere Beispiele, die den Zusammenhang von Vergan-

[11] Th. Nipperdey, (Anm. 10) a. a. O., S. 589, „Die Soziologie der Wissenschaft und der Forschung ersetzt nicht deren Logik". Vgl. als jüngste wissenschaftliche Kontroversen dieser Art die Diskussion um H. U. Wehler, Das deutsche Kaiserreich 1871—1918, Göttingen, 2. Auflage 1975 in „Geschichte und Gesellschaft. Jahresschrift für Historische Sozialwissenschaft". 1 (1975) S. 539 ff. und 2 (1976) S. 125 ff. sowie E. Nolte, Deutschland und der kalte Krieg, München 1974 in HZ 221 (1975) S. 377 ff. und 222 (1976) S. 375 ff.

genheit, Gegenwart und Zukunft als konstitutiv für umfassende Geschichtsvorstellungen zeigen. Er herrscht auch in engeren, pragmatischen Bereichen. Die berühmte „Konstantinische Schenkung" — die Geschichte der Urkundenfälschungen überhaupt — gehört hierher, die „Entdeckung" des deutschen Mittelalters im 19. Jahrhundert im Zeichen des gewünschten neuen Reiches nicht minder. Ist man erst einmal auf diesen Zusammenhang aufmerksam geworden, entdeckt man ihn fast überall im Umgang mit der Geschichte[12].

Wie die Vergangenheit ist die Zukunft uns nur als Horizont der Vorstellung zugänglich, allerdings ohne die Möglichkeit der methodischen Kontrolle — als Wunsch oder Furcht, als Erwartung, Berechnung, Planung, Voraussage. Die Vorstellung davon, was jetzt oder in Zukunft sein wird oder sein solle, bestimmt häufig das Bild der Vergangenheit; das eigene Gegenwartsverständnis schafft sich seinen historischen Wertungshorizont als Begründung für Entscheidungen und Handlungen. Das läßt sich nicht nur an politisch so bedeutsamen Beispielen zeigen wie der Weiterentwicklung der Marxschen Lehre durch Lenin in eine Richtung, die seinem politischen Wollen innerhalb der Gegebenheiten entsprach, in einem industriell schwach entwickelten Land ohne bedeutendes Industrieproletariat eine Revolution in Gang zu setzen: der These, daß die Kette des Imperialismus an ihrem schwächsten Glied reißen müsse; das gilt auch für weitab von unmittelbarer Politik liegende, scheinbar mit der Gegenwart nicht zusammenhängende historische Erinnerung. Man braucht nur die modernen historischen Ausstellungen zu betrachten; gegenwärtiges Verständnis von politischen und sozialen Strukturen zeigt sich überall in der Akzentsetzung solcher Darbietungen. Hier läßt sich unmittelbar der Prozeß fassen, der jede Didaktik der Geschichte aufs höchste interessieren muß: Vergewisserung über die Vergangenheit erfolgt im Horizont des Interesses an der Gegenwart und im Hinblick auf die Zukunft.

Aber die Wirkungsrichtung verläuft auch umgekehrt. Geschichtliche Vorstellungen beeinflussen politisches Entscheiden oder soziales Verhalten. Es gibt Vorstellungsmuster, die sich unterhalb des bewußten Reflexionsprozesses „vererben", sich durch sozialpsychologische Mechanismen aufladen und virulent werden, wenn die Verhältnisse es ermöglichen. Als historisches wie sozialpsychologisches Syndrom ist der Judenhaß in der europäischen Geschichte ein deutliches Beispiel; alle „Erbfeindthesen" zeigen formal die gleiche Figur. Es gibt aber auch die durch bewußte Reflexion und Deutung gehenden Auseinandersetzungen mit der Geschichte, welche rationale politische Entscheidungen begründen. So galt für den Diplomaten des 19. Jahrhunderts es als selbstverständlich, die politische Geschichte seit dem Westfälischen Frieden in ihrem diplomatischen Aspekt genau zu kennen; das Vorstellungsmuster des europäischen Gleichgewichts als des historisch überlieferten und bewährten Systems prägte weithin ihre Interessenkombinationen.

Ein letztes Beispiel sei erwähnt, das zeigt, wie scheinbar längst vergangene und die heutige Welt nicht mehr bestimmende Ereignisse aus politischem Gegenwartsinteresse plötzlich wieder wichtig werden. Augsteins Buch über Friedrich II. stellt die geschichtliche Betrachtung bewußt in den Dienst der gegenwärtigen Selbstverständigung: „Ist die Zukunft machbar, solange die Vergangenheit nicht denkbar wird?" Er will einer zäh sich haltenden Legende, einem Bewußtseinsstand in der Gegenwart entgegenwirken.

---

[12] Vgl. dazu die noch unübertroffenen Reflexionen R. Wittrams, Das Interesse an der Geschichte, Göttingen (1958) 2. Auflage 1963, S. 6 ff.; s. S. 119 den Hinweis auf S. A. Kaehler, der 1955 auf den „optativischen" Grundzug des vorwissenschaftlichen Geschichtsinteresses aufmerksam gemacht hat. S. auch ders., Zukunft in der Geschichte, Göttingen 1966.

„Daß der Erste Weltkrieg von Thomas Mann mit Friedrich-Glocken eingeläutet, der Zweite von Josef Goebbels mit Friedrich-Parallelen abgeklopft wurde, ist das wohl Zufall?“ Augstein weiß um den Unterschied zwischen der Wirklichkeit und der Legende („was die Deutschen aus Friedrich gemacht haben, war sicherlich schlimmer als alles, was Friedrich aus den Deutschen gemacht hat“) und will Legenden zerstören, deren Wirkung in der Gegenwart er hoch einschätzt: „gern hätte er das Buch ein Jahr später erscheinen lassen — aber das tolle Jahr 1968 hat ihn verleitet, das Mitbringsel seines Abstiegs zu den Vätern auf beiden Seiten der nur physisch weggeräumten Barrikaden bekanntzumachen“[13].

In diesem Zusammenhang stehen auch, solange es einen staatlich geförderten, gelenkten und beaufsichtigten Geschichtsunterricht gibt, die unterschiedlichen Inhalte und Zielsetzungen dieses Unterrichts. Dieser Grundzusammenhang ist das häufig unerkannte Muster, in dem die verschiedensten Formen der Rezeption der Vergangenheit stehen und in dem didaktische Grundentscheidungen fallen.

Aufgabe einer Didaktik der Geschichte ist es, diesen Zusammenhang, hier vorerst hypothetisch als Grundfigur aller Bemühungen um Geschichtsverständnis behauptet, genauer zu untersuchen — auf den verschiedensten Ebenen, in seinen verschiedenen Inhalten und Argumentationsfiguren.

2.2.2.2 Wertung — Sachurteil — Analyse: Dimensionen des Verhältnisses zur Geschichte

Auf dem Hintergrund des skizzierten Zusammenhanges von Gegenwartsverständnis, Zukunftserwartung und Vergangenheitsdeutung lassen sich drei Dimensionen des Verhältnisses zur Geschichte ausmachen, die für jede Didaktik der Geschichte und für den Geschichtsunterricht selbst fundamentale Bedeutung haben. Sie werden hier zunächst vorgestellt — für die Bestimmung von Lernzielkriterien im zweiten Teil dieses Kapitels gewinnen sie die Funktion grundlegender Orientierung. (s. u. S. 81 ff.)

Der Zusammenhang von Vergangenheitsdeutung, gegenwärtigem Selbstverständnis und Zukunftsprojektion zeigt sich in einer dreifachen Akzentuierung der Beziehung zum historischen Faktum:

1. der Dimension der Wertung, des Sich-Verhaltens in Zustimmung, Abwehr oder auch Indifferenz;
2. der Dimension des Sachurteils, der Abwägung und Beurteilung der historischen Bedeutung einer geschichtlichen Tatsache in ihrer Zeit und für die Folgezeit;
3. der Dimension der Analyse, der genauen, methodisch geführten Untersuchung eines historischen Faktums und der Beschreibung und Strukturierung der in ihm zusammentreffenden Bedingungen, Tendenzen, Ereignisse usw.

Es handelt sich hier nicht um aufeinanderfolgende Stufen des Geschichtsverständnisses, derart, daß am Anfang die Analyse (3.) stünde, die ein Sachurteil (2.) ermögliche, das dann wiederum eine wertende Stellungnahme (1.) zuließe. So könnte allenfalls verfahren werden mit der Geschichte einer uns ganz fernen und fremden Kultur, zu der wir keinerlei Verbindung mehr hätten und die allein ein Reservat der Spezialforschung bliebe. Aber selbst an solche Kulturen tritt jede Gegenwart mit spezifischen Wertfragen heran: so können uns rezente Formen frühzeitlicher Gesellschaftsverhältnisse interessant werden

[13] R. Augstein, Preußens Friedrich und die Deutschen, Frankfurt 1971 (Fischer Taschenbuch 1212), S. 7 ff.

z. B. unter der Frage der Arbeitsteilung oder, wie jüngst in den Forschungen zur Kultur der Hopi-Indianer, unter der Frage nach der Rolle der Geschlechter[14]. Das Problem der Emanzipation der Frau läßt diese historische Erscheinung argumentativ verwendbar werden für gegenwärige Präferenzen und für die Abwägung künftiger Möglichkeiten. Ob ein solcher, von gegenwärtigem Interesse angestoßener Zugriff auf Geschichte freilich bloß instrumental im Sinne eines auf die Zukunft gerichteten Wollens bleibt, oder ob er wirklich verwendbares Argumentationsmaterial bringt, hängt ab von dem Urteil über den historischen Zustand oder das Ereignis hinsichtlich seiner Bedeutung im Kontext seiner Zeit: so müßte das Lob der Hopi-Gesellschaft, gespendet aus Sympathie für die Äquifunktionalität der Geschlechter als Bedingung einer Emanzipation der Frau, sich in Frage stellen lassen, wenn das Sachurteil hieße, daß eben wegen der geringen Arbeitsteilung und Spezialisierung diese Gesellschaftsform anderen unterlegen war, nicht nur im politischen Konkurrenzkampf, sondern auch in der Hervorbringung menschlicher Kulturleistungen. Dieses Urteil aber bedarf methodischer Analyse des Phänomens selbst[15].

Diese Überlegungen lassen eher eine umgekehrte Stufung vermuten: In der allgemeinen Geschichtsvorstellung herrscht primär eine — möglicherweise sehr diffuse — positiv oder negativ aufgeladene Wertung, eine bestimmte Stellungnahme vor, die mit gegenwärtigen Einstellungen oder Zukunftsperspektiven korrespondiert; im Prozeß der Rationalisierung solcher Wertungen muß das historische Faktum dann auf seine Bedeutung hin befragt und darum methodisch untersucht werden. Eine solche Stufung käme der Wirklichkeit des Aufbaus von Geschichtsbewußtsein schon näher — Beispiele gibt es die Fülle: man denke nur an die Kriegsschulddiskussion in den 20er Jahren. Aber auch sie trifft den Prozeß der Rezeption von Geschichte nicht genau. Vielmehr gehen in das Sachurteil und selbst in die Analyse gegenwärtige Präferenzen, Wertungen, Wünsche, Interessen ein, die Urteil und Analyse mitbestimmen können — schon in den Fragestellungen; aber andererseits sind auch die Stellungnahmen und Wertungen durch Analyse und Urteil revidierbar. Die drei Aspekte des Verhaltens zum historischen Faktum sind also in Wahrheit nicht getrennte, etwa aufeinander folgende Stufen, sondern miteinander und aufeinander wirkende Dimensionen des Geschichtsbewußtseins. Was hier methodisch auseinandergelegt wird, ist in der Wirklichkeit der Vorstellungen, Urteile und Meinungen eng verflochten.

Wo in wissenschaftlicher Weise Geschichte erforscht wird, werden diese Dimensionen überprüfbar, werden sie selbst in ihrem Miteinander zum Gegenstand wissenschaftstheoretischer und methodischer Forschung und Auseinandersetzung. Seit Max Webers häufig mißverstandener Forderung nach der Wertfreiheit der Wissenschaft gehört das Wissen um das Verflochtensein dieser Dimensionen und der Streit um die Möglichkeit oder Wünschbarkeit ihrer methodischen Trennung zu bewußter Forschung. Das ist

---

14 Vgl. Margaret Mead, Jugend und Sexualität in primitiven Gesellschaften, München 1970 (dtv, Wiss. Reihe Bd. 4032—4034); dies. Mann und Weib, Reinbek 1972 (rde Bd. 69, 8. Auflage). Ein klassisches Beispiel ist Friedrich Engels, Der Ursprung der Familie, des Privateigentums und des Staates. Im Anschluß an Lewis H. Morgans Forschungen (1. Auflage 1884).

15 Wie das Überspringen der geschichtlichen Dimension dieses Problems die Erkenntnis der Möglichkeiten des Verhaltens und also ein rationales Verhalten überhaupt erschwert, zeigt das Unterrichtsbeispiel „Nur ein Mädchen. Verhaltenserwartungen gegenüber der Frau in der heutigen Gesellschaft“. Hrsg. vom Kultusminister des Landes Nordrhein-Westfalen. Planungsmaterial für den Politischen Unterricht II, Düsseldorf, Stuttgart 1973.

überhaupt die Voraussetzung, daß Historiker der verschiedensten politischen Lager miteinander fruchtbare wissenschaftliche Diskussionen führen können[16]. Dennoch — auch in die Forschung gehen in Analyse und Beurteilung offen genannte oder versteckte Wertnormen ein; wieviel mehr das im breiten, populären Bewußtsein von Geschichte der Fall sein muß, läßt sich bislang nur vermuten.

Die gegenseitige Durchdringung der drei Dimensionen ist nun nicht allein ein Wechselverhältnis auf kognitiver Ebene; es gehen affektive Besetzungen, emotional geprägte Zu- und Abneigungen darin ein, es wird mitbestimmt durch konkrete Interessenlagen oder durch deren Interpretation. Sehr massive, häufig unerkannte, selbst geschichtlich gewordene Verhältnisse wirken als Faktoren auf den Prozeß der bewußten Rezeption von Geschichte ein. Die sozialen und politischen Situationen, in denen man sich befindet, die unterschiedlichen Gruppen, denen man sich zugehörig fühlt, die Denk- und Lebenstraditionen, die Sprechweise und die eingeschliffenen Verhaltensmuster, die programmatisch formulierten Interessen ebenso wie ein unartikulierter Sozialinstinkt bestimmen sowohl das gegenwärtige Selbstverständnis wie dessen Fundierung im Rückgriff auf die Geschichte. Wenn schon in der Geschichtswissenschaft dieser prägende Einstrom aus nicht- oder vorkognitiven Bereichen spürbar ist — man denke an die Geschichtsschreibung zur Reformation, zum „Kulturkampf", an die verschiedenen national geprägten Geschichtsdeutungen von der Völkerwanderung an bis zum Ersten Weltkrieg, sei es in der deutschen,

---

[16] Die Thematisierung dieser drei „Dimensionen" des Verhältnisses von Subjekten zur Vergangenheit führt unmittelbar in die erkenntnistheoretische Auseinandersetzung in den Sozial- und Geschichtswissenschaften hinein: Es stellt sich die Frage, ob sich Sachurteile von Werturteilen trennen lassen, ob Analyse überhaupt „wertfrei" vorgenommen werden könne.
Hier wird diese Frage nicht entschieden: alle folgenden Überlegungen bleiben in dem Vorfeld solcher Entscheidung, wenn sie lediglich die Existenz der unterscheidbaren drei Dimensionen feststellen und konstatieren, daß sie im Geschichtsverständnis zusammentreten. Zweifellos bleibt, daß sie in enger Wechselwirkung und gegenseitiger Beeinflussung zueinander stehen. Die Art dieses Wechselverhältnisses wird hier nicht dogmatisch zugunsten der „Wertfreiheit" oder der „Interessengebundenheit" definiert.
Zwar hält es der Verfasser für richtig und möglich zu sagen, wie K. G. Faber: „Je wertneutraler, je sachgemäßer ein historisches Urteil ist, um so größer ist sein Wert als Entscheidungshilfe für die lebenspraktische Bewertung des Sachverhalts oder des Wertsystems, über das geurteilt wurde." (Theorie der Geschichtswissenschaft, S. 180) Andererseits gibt es eine Reihe von „Sachurteilen" — z. B. alle nach der „Bedeutung" von historischen Ereignissen fragenden Urteile — die unter Ausschluß der Wertpräferenz nur auf einer technischen Ebene beantwortet werden können. Zwar kann man sagen, solche Fragen ertrügen keine wissenschaftlichen Urteile mehr, sondern provozieren eben Wertungen — aber eben solche Art der Urteile sind für das Geschichtsbewußtsein und seine lebenspraktische Funktion dominierend.
Wenn man entschieden von der erkenntnisleitenden Funktion des Interesses ausgeht und der „Kritischen Theorie" folgt — was dieser Ansatz nicht tut — muß man erst recht den Zusammenhang von Wertung und Urteil reflektieren und bewußt machen.
Für die Didaktik ist es die zentrale Frage, auf welche Weise sich jeweils die drei Dimensionen verbinden, mit welchen theoretischen Ansprüchen Verbindung oder Trennung postuliert werden und wie in konkreter Forschung die Konsequenz der einen oder anderen Annahme sich auswirkt. Einerlei, auf welcher erkenntnistheoretischen Prämisse man steht: der Geschichtsunterricht muß den Bereich der Wertungen in jedem Fall in seine Arbeit einbeziehen; er darf weder Wertungen überhaupt ausweichen noch kann es ihm erlaubt sein, bestimmte Wertungen unbefragt als Voraussetzungen „richtiger" Erkenntnis zu dogmatisieren und bereits als Sachurteile auszugeben.
Vgl. dazu A. Sywottek, Geschichtswissenschaft in der Legitimationskrise, a. a. O., S. 26 ff. und die dort rezensierte Literatur. Ferner E. Weymar, Werturteile im Geschichtsunterricht, in: Geschichte in Wissenschaft und Unterricht (21), 1970, S. 198—215; F. Fischer, Aufgaben und Methode der Geschichtswissenschaft. In: Geschichtsschreibung. Epochen, Methoden, Gestalten. Hrsg. v. J. Scheschkewitz. Düsseldorf 1968, S. 7—28 passim, insbesondere S. 21—24.
Siehe im übrigen die Beiträge in Th. W. Adorno u. a., Der Positivismusstreit in der deutschen Soziologie, Neuwied/Berlin 1969.

sei es in der französischen Geschichtsschreibung, an die vom Klassenstandpunkt so unterschiedlich geprägten Darstellungen und Deutungen der Geschichte der Arbeiterbewegung, des Sozialismus — so ist nicht verwunderlich, daß im populären Geschichtsverständnis unterschiedlichster Ebenen gegenwärtige Wertung und politisches Wollen sich aufs engste verbinden mit der Beurteilung und der Selektion historischer Phänomene im Bewußtsein. Das Verhalten der Konfessionen zueinander z. B. — deutlich etwa an der unterschiedlichen Bewertung gemeinsamer Feiertage, wie des Karfreitags — beruht auf affektiv besetzter unterschiedlicher Gewichtung der dogmatischen Tradition und der Kirchengeschichte.

Angesichts dieser Vorbesetzungen des historischen Bewußtseins und ihrer permanenten Wirkung hat es jeder Geschichtsunterricht schwer, der nicht die jeweils herrschenden Vorstellungsmuster weitergeben und bestätigen will, sondern seine Aufgabe darin sieht, über sie nachdenken zu lehren. Will er überhaupt mit Aussicht auf Erfolg ansetzen, muß er diese Vorprägungen in seine Ziel- und Methodenplanung einbeziehen.

Eine Aufarbeitung der Geschichte des Geschichtsunterrichts und mehr noch der Geschichte des Geschichtsverständnisses gehört unmittelbar in diesen Bereich als ein Gegenstand ebensosehr historischer wie didaktischer Forschung. Sie müßte folgende Hauptkomplexe der politischen Funktion von Geschichtsverständnis oder Geschichtsauslegung in ihren Verästelungen nachzeichnen:

— historische Bewußtseinsbildung als Weg zur Identitätsfindung von einzelnen wie von Gruppen. In relativ stabilen Zeiten als Tradition weitergegeben, wird in Zeiten historischer Veränderungen die Umdefinition von Identitäten zugleich eine Umschreibung der Geschichtsvorstellungen, eine Veränderung nicht nur des Interesses, das sich vorher unbeachteten historischen Tatbeständen zuwendet, sondern auch und vor allem der Urteile und der Wertungen. Dieser Aufbau und Umbau von Identität — meistens von unterschiedlichen Identitäten, in denen sich der Mensch gleichzeitig befindet — ist wahrscheinlich der tiefgreifendste Vorgang, in dem sich Geschichtsbewußtsein und gegenwärtiges Selbstverständnis miteinander verbinden[17].

  Neben die Findung und Begründung eigener Identität — der Vermittlung zwischen individueller und kollektiver Selbstbestimmung —, durch die der einzelne seinen sozialen Standort findet, tritt als Aufgabe die Befähigung zur Identifizierung mit anderen, zum „role taking", zur „Empathie". Die Fähigkeit, über die Grenzen der eigenen Identität hinaus zu denken und zu empfinden, „Rollenwechsel" vorzunehmen, ist eine gerade durch die Begegnung mit fremdem, vergangenem Leben auszubildende Anlage. Sie kann durch überstark wirkende Mechanismen der Selbst- und Gruppenidentifikation verkümmern und zu den bekannten Erscheinungen führen, daß Menschen gefühls- und teilnahmslos gegenüber dem Schicksal anderer werden. Ob der Geschichtsunterricht eine Balance findet oder auch nur sucht zwischen einer notwendigen Identitätsbildung und der sie vor Inhumanität bewahrenden Fähigkeit zur Empathie, ist für seine Wirkungen von großer Bedeutung. Das historische „Verstehen", das ja immer mehr ist als nur ein rationaler Akt der Analyse, setzt diese Fähigkeit und Bereitschaft zur Empathie bis zur „Selbstauslöschung" voraus: man wird auch das bedenken müssen, ehe man den Historismus seiner Urteilsschwäche wegen abtut.

[17] Vgl. dazu A. Gehlen, Die Seele im technischen Zeitalter. Sozialpsychologische Probleme in der industriellen Gesellschaft. Hamburg 1957, S. 47 ff.

Er darf dabei nicht einem vielleicht naheliegenden, aber doch oberflächlichen Irrtum erliegen, als ob vorwissenschaftliches Geschichtsbewußtsein in seinen Stereotypen und Verkürzungen, Vorurteilen und rational nicht zu begründenden Wertungen lediglich ein Zeichen von Dummheit oder gar Bosheit sei. Diese „Meinungen" erfüllen offenbar einen sozial unersetzbaren Zweck: überhaupt eine Art Orientierung und Handlungssicherheit zu geben inmitten einer unübersehbar vielfältig gewordenen Wirklichkeit, in der die eigene Erfahrungsmöglichkeit begrenzt ist. „Stereotype" werden sich niemals ganz aus der Welt schaffen lassen — historische Bewußtseinsstereotype gehören zu den unersetzbaren Denkmustern der Orientierung und Selbstbestimmung, auf die jeder einzelne im geschichtlichen Prozeß seines Lebens angewiesen ist.

Es kann also gar nicht darum gehen, jede geschichtliche Vereinfachung durch Unterricht auszuschalten; es liegt auch gar nicht in der Möglichkeit von Unterricht, die vermittelten „Erfahrungen zweiter Hand" soweit durch Studium zu konkretisieren und zu differenzieren, daß alle Vereinfachungen verschwänden[18]. Die Frage ist allein, ob der Geschichtsunterricht solche Vereinfachungen selbst aufbaut oder bestätigt, „rationalisiert", oder ob er dazu führt, an Beispielen sie als Vereinfachungen zu erkennen und ihre Funktion in der Lebenswelt verstehen zu lehren. Nur auf die letztere Weise ist er in der hier gewünschten Weise verantwortbar; nur so wird er dazu beitragen — nicht, in Zukunft allen affektiven wie kognitiven Vorbesetzungen und Vereinfachungen des Geschichtsbewußtseins einen Riegel vorzuschieben, sondern die eigenen, immer neu sich bildenden Meinungen grundsätzlich reflektieren zu lehren und die begrenzte Reichweite, die bedingte Tragfähigkeit zu erkennen. Dazu gehört die Ausbildung eines Frage- und Denkinstrumentariums, die der Geschichtsunterricht allerdings prinzipiell leisten können muß, wenn die ihm hier zugeschriebene rationalisierende und humanisierende Funktion nicht eine Illusion sein soll.

— Deutung von Geschichte als Legitimationsargument für gegenwärtige, in die Zukunft greifende Maßnahmen und Verhaltensweisen — seien es Einzelakte, seien es grundsätzliche Optionen. Das Vorzeigen eines Dokumentes als Besitztitel oder Anspruchslegitimation gehört ebenso dazu wie die Fundierung des Selbstgefühls bestimmter Gesellschaftsordnungen, ihres „guten Gewissens". Aber ebenso begründen sich revolutionäre Bewegungen, die bestehenden historischen Legitimationen in Frage stellend, aus einer gegenläufigen Legitimationsschicht. Der Streit darum, wer politisch jeweils „Recht" hat, wird sogleich zum Streit um die „richtige" Geschichte[19].

---

[18] K. G. Faber, Theorie der Geschichtswissenschaft, S. 165 ff. Vgl. E. Kosthorst, Zeitgeschichte und Zeitperspektive. Versuch einer didaktischen Ortsbestimmung. In: Aus Politik und Zeitgeschichte. Beilage zur Wochenzeitung Das Parlament. B 22/75, 31. Mai 1975. Zur Bedeutung der Identität als Kategorie historischer Bewußtseinsbildung; ferner K. Bergmann, Geschichtsunterricht und Identität. ebd. B. 39/75, 27. Sept. 1975 — in Verkennung des Kosthorstschen Ansatzes, aber in interessanter Ausführung über Geschichtsunterricht und Identitätsbildung — unter deutlicher Zurückweisung der These F. Streiffelers, der dem Geschichtsunterricht die Herstellung einer Unterschichtenidentität für alle Schüler vorschreibt. F. Streiffeler, Zur lerntheoretischen Grundlegung der Geschichtsdidaktik. In: Geschichtsunterricht ohne Zukunft? Hrsg. v. H. Süssmuth, Stuttgart 1972. Anmerkungen und Argumente zur historischen und politischen Bildung, Band 1.1). Zu Bergmanns Aufsatz siehe wiederum K. Teppe, Das deutsche Identitätsproblem. Eine historisch-politische Provokation. In: Aus Politik und Zeitgeschichte. B 20—21/22/76. 22. Mai 1976. Vgl. allgemein L. Krappmann, Soziologische Dimensionen der Identität. Strukturelle Bedingungen für die Teilnahme an Interaktionsprozessen. Stuttgart, 4. Auflage 1975.

[19] Vgl. K. G. Faber, Zum Einsatz historischer Aussagen als politisches Argument. In: Hist. Zeitschrift, 221, S. 265—303 (1975). Die Untersuchung historischer Inhalte und Argumentationsfiguren in politischen Auseinandersetzungen um die Ostverträge untersucht in einem ersten

— die „Orientierungsfunktion" des Geschichtsverständnisses i. w. S. Unter diesem Begriff lassen sich verschiedene Ebenen und Anwendungen historischer Kenntnisse und Einsichten zusammenfassen. Zunächst bringt geschichtliche Orientierung als Verfügungs- und Herrschaftswissen durch Aufhellung des Handlungshorizontes, seiner Vorbedingungen und Möglichkeiten eine Erweiterung der pragmatischen Dimension des Lebens: das gilt im privaten Bereich ebenso wie im öffentlich rechtlichen — Aktenstudium als Voraussetzung von Prozeßführung z. B. — wie in mittelbarer Weise für das politische Handeln. Schon auf dieser Ebene kann die Orientierungsfunktion „blinde" Identifikations- und Legitimierungswirkungen verengten oder manipulierten Geschichtsbewußtseins in Frage stellen, Selbsttäuschungen und Wunschbilder abbauen, also den Prozeß des Handelns rationalisieren. Wird diese Orientierungsfunktion geschwächt oder verdrängt — man vgl. etwa Hitlers England- und Rußlandbild, das propagandistisch zu Fehlvorstellungen eines Volkes werden konnte — so verliert das Handeln an Rationalität und Besonnenheit. In einem weiteren Sinne ist die Orientierungsfunktion des Geschichtsbewußtseins — mit dem alten Begriff „historische Bildung" bezeichnet — für den einzelnen, aber auch für gesellschaftliche Gruppen die einzige Möglichkeit, ihr Selbstverständnis von der entweder naiven oder manipulierten Enge persönlicher oder kollektiver Ich-Fixierung zu durchbrechen: Identifikationsansprüche partieller Gruppen können so in ihrer Berechtigung wie in ihrer Grenze erkannt werden, Legitimationsfiguren werden durchschaut und kritisch geprüft, wenn die Kenntnis und das Begreifen anderer historischer Verhältnisse, Ereignisse, Argumentationsweisen möglich werden.

Zwar ist richtig, daß auch die Orientierungsfunktion in den Dienst der viel ursprünglicher, elementarer wirkenden Identifikations- und Legitimationskräfte von Geschichtsbewußtsein gestellt werden kann: Wissenschaft und Unterricht als die vornehmlich dieser Orientierungsfunktion verpflichteten Instanzen können ihr kritisches Potential verlieren und eine sublime, wissenschaftlich getarnte Identifikations- und Legitimationsstrategie betreiben; auch das dürfte eine Geschichte des Geschichtsunterrichts, — wie der Geschichtswissenschaft — nicht vernachlässigen. Aber es ist unbestreitbar, daß in der Orientierungsfunktion das einzige und notwendige Gegengewicht gegen Deformationen der Identifikations- und Legitimationswirkungen von Geschichtsbewußtsein liegt. Nur durch „historische Bildung" ist die engagierte Besonnenheit zu gewinnen, durch welche die eigene — sei es persönliche, sei es kollektive — Position im Verhältnis zu anderen Begriffen, das eigene Recht und seine Grenzen, die eigene Besonderheit im Verhältnis zu anderen erkannt werden können.

Dies kann schließlich über den politischen Bezug i. e. S. hinaus weisen. Orientierung über die eigene wie über fremde Kulturen und deren Schicksale, ihre Weltdeutungen und Lebensformen stellt die soziale und politische Komponente in den umfassenderen, generell „humanen" Horizont der Geschichte. Die mögliche existenzverändernde oder -bestimmende Bedeutung einer so verstandenen historischen „Orientierung" wird freilich dem Unterricht nicht zugemutet werden können. Hier bedarf es einer so intensi-

---

Ansatz G. Liening in einer (ungedruckten) Diplomarbeit: Historische Argumentation im Deutschen Bundestag in den politischen Debatten um die Ostverträge 1972/73 — Eine didaktische Untersuchung zur Funktion von Geschichtsvorstellungen bei politischen Entscheidungen. (PH Westfalen-Lippe, Abt. Münster, 1975). Vgl. ferner E. Lemberg, Zur gesellschaftlichen Funktion der historischen Bildung. In: GWU 25, S. 321—335 (1974).

ven Begegnung mit den Quellen und Zeugnissen, einer so ausgebildeten Fähigkeit und Sensibilität des Sich-in-Bezug-Setzens, einer weiteren Strecke bewußter und aufgearbeiteter Lebenserfahrung, als Schüler sie haben können, daß diese Ebene der Orientierungsfunktion immer eine Sache des späteren Lebens des einzelnen bleiben wird, nicht zu „veranstalten", höchst individuell, bei aller Bereicherung auch nicht problemlos. Aber der Unterricht kann die Beschäftigung mit der Geschichte auf ein Fundament stellen, das tragfähig ist für weiteren Ausbau; er sollte zumindestens anregen und interessieren, dürfte auf gar keinen Fall Geschichte als lästiges Schulfach erscheinen lassen, so daß der Schüler mit dem Schulfach auch die Geschichte „absolviert" zu haben glaubt.

Die Orientierungsfunktion des Geschichtsbewußtseins ist heute in besonderer Weise wichtig. Nach mehr als einem Jahrzehnt „ahistorischer", gegenwartsbezogener, mehr system- als prozeßbewußter Denk- und Verhaltensweisen dringen mit der sich verschärfenden politischen Grundauseinandersetzung zwischen Nationen und innerhalb der Gesellschaften um die Prioritäten und Werte des „guten Lebens" die Identifikations- und Legitimationsansprüche wieder stärker auf die Menschen ein und verlangen Parteinahme; sie reaktivieren den Rückgriff auf die Geschichte, bauen Geschichtsbewußtsein auf als Mittel im politischen Kampf. Unsere Bildungspolitik hat diese Wendung noch nicht erkannt, läuft noch auf der alten Schiene vorwiegend gegenwartsfixierter, geschichtsverlegener Curriculumrevision. Unschwer läßt sich voraussagen, daß die neuen Ansprüche an und die neuen Zugriffe auf das Geschichtsbewußtsein zu gefährlichen Formen und Inhalten des Selbstverständnisses der Gegenwart führen werden, wenn nicht eine neue, intensive Orientierungsfähigkeit entwickelt wird. Der „Verlust der Geschichte", von dem soviel geredet wurde, zeigte wohl nur eine Phase der Unsicherheit und der Zerrüttung von Zukunftsperspektive und Vergangenheitsdeutung an, deren Gründe oft beschrieben wurden. Neue, formulierte Zukunftsperspektiven, neue Vergangenheitsdeutungen drängen jetzt heran, die Zeit wird wieder „ideologischer", damit auch wieder interessiert an der „Beschlagnahme" von Geschichte; die Identifikations- und Legitimierungsfunktionen beginnen wieder zu wirken — die Orientierungsfunktion kann als notwendiges „antidot" nur durch öffentlichen Unterricht wirksam ins Spiel gebracht werden[20].

Wie stellen sich nun Identifikation, Legitimation und Orientierung als Wirkungen des Geschichtsbewußtseins in der Gesellschaft her? Diese Frage ist noch nicht aufgrund empirischer Erhebungen zu beantworten; wir sind auf begründete Vermutungen angewiesen. Die unreflektiert, einfach durch die Summe der Umweltfaktoren wirkenden Kräfte, welche Geschichtsvorstellungen beim einzelnen wie einen soziokulturellen Wachstumsvorgang sich entwickeln lassen, sind in modernen Gesellschaften schwer zu fassen; sie müssen sich, wenn sie sich artikulieren, immer der Prüfung durch wissenschaftlich rekonstruierte Geschichtsdeutung unterwerfen: Richtigkeits- und Wahrheitsanspruch sind heute nur durch Bezug auf Forschung zu erheben — ungeachtet aller Relativität solchen Anspruchs. Diese Feststellung besagt aber nicht, daß die ursprünglichen, unmittelbar

[20] Vgl. dazu W. J. Mommsen, Geschichtswissenschaft in der Industriegesellschaft. In: Geschichtswissenschaft in Deutschland. Hrsg. von B. Faulenbach, München 1974, S. 147—168; Wozu noch Geschichte? Hrsg. v. W. Oelmüller, München 1977; darin insbesondere J. Rüsen, Probleme und Funktionen der Historik, S. 119—134 und J. Kocka, Gesellschaftliche Funktionen der Geschichtswissenschaft, S. 11—33; dort zur „Identität", S. 30.

wirkenden Funktionen des Geschichtsbewußtseins durch Wissenschaft aufgehoben worden und durch Didaktik dem bewußten Lehrprozeß unterworfen werden könnten. Es ist vielmehr eine offene Frage, in welchem Verhältnis sich in Wissenschaft und Unterricht selbst die Funktionen, die oben skizziert wurden, bestimmen. Man könnte nach unterschiedlichen Gewichtungen unterschiedliche Typen von Didaktik unterscheiden — sie korrespondieren unterschiedlichen politischen Systemen.

2.2.2.3 *Vermittlungsinstanzen des Geschichtsverständnisses*

Das vielfältig schillernde und differenzierte Geschichtsverständnis baut sich nicht von selbst auf und um. Die Frage, wie es zustande kommt und sich verändert, ist auch die Frage nach den Zentren und Wegen der Bewußtseinsbildung. Wir sind weit davon entfernt, auf diese Frage hinreichend umfassende Antworten geben zu können[21]. In vereinfachter und schematisierter Form werden alle Vermittlungsinstanzen hier in drei Hauptgruppen zusammengefaßt. Sie stellen zwischen der Vergangenheit und der Gegenwart durch Rekonstruktion geschichtlicher Wirklichkeit ein Bewußtseinsverhältnis her. Sie stehen untereinander in Wechselwirkung, sind aber nach ihrer Funktions- und Wirkungsweise erheblich verschieden.

2.2.2.3.1 Latente Faktoren

Dies sind nicht „Instanzen" im eigentlichen Sinne, sondern vielfältige Einflüsse, die auf die Bildung von Geschichtsbewußtsein einwirken. Sie sind schwierig zu fassen und zu beschreiben. Sie wirken als Tradition und umgebende Verhältnisse einfach durch ihr Dasein. Einer der wichtigsten Faktoren ist die Sprache selbst, in die wir hineinwachsen. Sie enthält schon in der Art ihrer grammatischen Formen ganz bestimmte Denk- und Urteilskategorien allgemeinster Art; im Bereich der Semantik werden vorgeprägte Urteilsmuster übernommen; der angelernte Begriffs- und Namensschatz enthält eine Fülle von historischen Deutungen emotionaler aber auch rationaler Art. Nicht nur so einfache Bezeichnungen wie „Karl der Große", „Friedrich der Große", die an Personen eine bestimmte Deutung festmachen, sondern auch differenzierte sprachliche Wertungen positiver wie negativer Art beeinflussen je nach dem Gebrauch unser Gesichtsfeld. Für die politische Sprache liegen Untersuchungen darüber vor, die sehr aufschlußreich auch für den Bereich der historischen Sprache sind. Wenn man bedenkt, daß Geschichtsvorstellungen und Geschichtsbewußtsein in rationaler Form nur verbal ausdrückbar sind, wird deutlich, in welch hohem Maße jegliche Geschichtsvermittlung angewiesen ist auf die Verständnis- und Sprechfähigkeit. Wir müßten sehr viel genauer unterrichtet sein über

[21] Es ist zu kurzschlüssig, bestimmte vorgefundene Vorstellungskomplexe oder gar Einstellungen der Jugend zu politischen oder geschichtlichen Fragen vornehmlich auf die Arbeit des Geschichtsunterrichts oder der Schule überhaupt zurückzuführen. Vgl. W. Jaide (u. Mitarbeiter) Jugend und Demokratie. Politische Einstellungen westdeutscher Jugend. 2. Auflage München 1971; Friedeburg, L. v., Hübner, P., Das Geschichtsbild der Jugend. 2. Auflage München 1970. Exaktere Methoden der Einstellungsforschung wendet die Sozialpsychologie an. Vgl. B. Schäfer, Sozialpsychologische Aspekte der deutsch-polnischen Beziehungen. In: Forschung für den Frieden. Fünf Jahre Deutsche Gesellschaft für Friedens- und Konfliktforschung. Eine Zwischenbilanz. Boppard a. Rhein 1975. — Das deutsch-polnische Konfliktverhältnis seit dem Zweiten Weltkrieg. Multidisziplinäre Studien über konfliktfördernde und konfliktverhindernde Faktoren in den internationalen Beziehungen. Hrsg. v. C. C. Schweitzer u. H. Feger, Boppard 1975.

die bewußtseinsprägende Wirkung sprachlicher Muster, um dieses zentrale didaktische Problem des Geschichtsunterrichts besser als bisher beschreiben und lösen zu können[22].
Die Sprache ist nur einer der latent, „funktional“ prägenden Faktoren. Die Sozial-, Rechts- und Verfassungsverhältnisse in den engen Lebensbereichen von Familie und Gemeinde, Beruf und Betrieb, wie in den größeren Bezügen von Verbänden, Parteien, Land und Staat, die größere und geringere Mobilität im Verhalten und in den Ansprüchen, die Art und Reichweite des Erfahrungs- und Verantwortungsbereiches, der unterschiedliche Grad und die verschiedene Art von unmittelbarer historischer und politischer Erlebnis- und Reflexionsmöglichkeit in der Umgebung, die jeweils vorherrschenden Meinungen in der Lebensgruppe, alles das wirkt schwer faßbar, weithin unbeabsichtigt und doch mit großer Macht nicht allein auf die Bildung der politischen und historischen Vorstellungen selbst, sondern auch mittelbar auf die Disposition für solche Bewußtseinsbildung. Beispiele dafür lassen sich aus Literatur und Erfahrung vielfältig anführen. Man lese, wie sich der altpreußische jüdische Arzt verhält, der, durch Generationen im preußischen Staatsverständnis verwurzelt, nicht begreifen will, daß der Staat auch Unrecht tun kann, und der dessen Anordnungen pünktlich bis zur Abreise nach Theresienstadt befolgt[23]. Kurios wirkt die mündliche Überlieferung, daß noch bis zu unserer Großvätergeneration die Bauern im Westmünsterland die Kinder auszuspucken lehrten, wenn der Name Karls des Großen fiel. Weniger kurios und kollektiv wirksamer sind die kursierenden historisch-politischen Meinungen und Wertungen vom hochabstrakten Typus: „die“ Juden, „die“ Scheiche, „die“ Bosse. Sehr wirksam sind die volkstümlichen abstrakten Analogieschlüsse, wenn etwa das Verhalten „der Franzosen“ zwischen 1871 bis 1918 hinsichtlich der Frage Elsaß-Lothringens mit dem Verhalten „der Deutschen“ nach 1945 hinsichtlich der Frage der Ostgebiete verglichen wird.

2.2.2.3.2 Manifeste Einwirkungen

Intentionale Beeinflussung und Belehrung, Aufklärung und Agitation wirken vielfältig, unmittelbar über die Medien, mittelbar durch die Weitergabe der Meinungen, die durch die Medien aufgebaut werden. Auf dieser Ebene wird die Beeinflussung des Geschichtsbewußtseins faßbarer, weil sie deutlicher nachprüfbar und genauer ausgesagt ist. Zwar fehlt es auch hier an weiterführenden Untersuchungen. Welches Geschichtsbild die illustrierten Massenblätter nach dem Zweiten Weltkrieg verbreiten, wie Geschichte in den verschiedensten Medien der täglichen Journalistik vom Fernsehen bis zur Zeitung erscheint; welche Veröffentlichungen der historischen Belletristik oder des historischen Sachbuches in welcher Auflagenzahl auf den Markt kommen und welche Leserschichten sie erreichen; wie historische Gedenkstätten aufgebaut sind und besucht werden; welche

[22] Vgl. Sprache und Politik, Schriftenreihe der Bundeszentrale für politische Bildung, Heft 91, Bonn 1971; W. Dieckmann, Sprache in der Politik. Einführung in die Pragmatik und Semantik der politischen Propaganda. In: GWU 19, S. 218—229 (1968); ferner das Kapitel „Zur Sprache der Historie“ in K. G. Faber, Theorie der Geschichtswissenschaft, S. 147 ff. R. Wittram, Die Begriffssprache der modernen Historie. In: Das Interesse an der Geschichte, Göttingen, 2. Auflage 1963. Auf die gerade auch für den Lehrer und den Unterricht unschätzbare Bedeutung des neuen Werks „Geschichtliche Grundbegriffe. Historisches Lexikon zur politisch-sozialen Sprache in Deutschland“, hrsg. von O. Brunner, W. Conze, R. Koselleck, Stuttgart, 1972 ff., sei hier ausdrücklich verwiesen.

[23] H. J. Schoeps, Die letzten dreißig Jahre. Stuttgart 1956, S. 16 ff. Auf Heinrich Mann, Der Untertan, braucht nur als eine literarisch-satirisch zugespitzte Stilisierung dieses Phänomens hingewiesen zu werden.

Veranstaltungen mit historischem Charakter, seien es Vorträge, seien es Gedenkfeiern, veranstaltet werden und welchen Hörerkreis sie finden; wie historische Ausstellungen besucht werden: alles das würde als Gegenstand einer Didaktik der Geschichte aufzuarbeiten sein, wenn man über das Umfeld, in dem Geschichtsunterricht steht, Klarheit gewinnen möchte.

Auf dieser Ebene wären auch deutliche Zentren des bewußten „Machens" von politischer und historischer Meinung zu verfolgen. Die Verlagsprogramme, zumal in den Taschenbüchern, sind hier wohl das deutlichste Beispiel. Man untersuche nur einmal die „sammlung insel": welche Intentionen waren hier am Werke, um einen Nachholbedarf an historisch-politischer Aufklärung zu leisten? Welche Leserkreise erreichten die Bändchen? Wie verhielt sich die dort dargebotene historische Lektüre zu den politischen Intentionen der Gegenwart? Warum schließlich ist diese Reihe wieder eingegangen? Solche Untersuchungen würden nicht nur die inhaltliche Seite historischer Bewußtseinsvermittlung aufarbeiten, sondern auch immer wieder die Hypothese von der Grundfigur alles historischen Bewußtseins zu befragen haben, die oben in dem Zusammenhang von Vergangenheitsdeutung, Gegenwartsverständnis und Zukunftserwartung gesehen wurde[24].

2.2.2.3.3 Institutionell-intentionale Vermittlung

Vergangenes in die Zukunft hinüberzutragen, es zu „bewahren" und weiterzugeben — nicht allein als Kenntnis, sondern mehr noch als Brauch und als Verhalten, als Einstellung und Wertung — das ist erklärtermaßen oder als Nebenabsicht Intention und Funktion einer Vielzahl von Zusammenschlüssen „bürgerlicher Geselligkeit": Vereinigungen und Vereine, Bünde und Gruppen unterschiedlichster Art bis hin zu Parteiorganisationen und -unterorganisationen oder zu den Kirchen wirken, indem sie ihre spezifische Vergangenheit pflegen und vermitteln, zugleich als Träger historischer Kontinuität, als geschichtsbildprägende Kräfte — auch dann, wenn sie nicht wie die vielen Geschichtsvereine sich diese Aufgabe als erstes Ziel gesetzt haben. Der Einfluß auf die Geschichtsvorstellungen, die von dem Geflecht dieser Vereinigungen ausgeht, ist so gut wie nicht untersucht — dürfte aber erheblich sein: ein wenig artikulierter, aber für den einzelnen bedeutsamer Untergrund geschichtlich bestimmter Orientierung in seiner Lebenswelt.

Sehr viel deutlicher erkennbar und planmäßig wirksam sind dagegen die Institutionen, denen die Erarbeitung und die Vermittlung von Geschichtsvorstellungen von Amts wegen aufgetragen ist: Geschichtswissenschaft und Geschichtsunterricht. Seit im Zuge der Entstehung des modernen Staates und der bürgerlichen Gesellschaft Wissenschaft und Unterricht aus den engen ständisch-territorialen Bindungen einerseits, aus der Universalität des kirchlichen Rahmens andererseits gelöst und im staatlich-nationalen Sinn- und Zweckzusammenhang neu organisiert wurden, wuchs ihnen ein bis dahin ungekanntes Maß an Effizienz zu; und zwar in doppelter Weise: materiell, weil in einem an früheren Beträgen gemessen unvorstellbaren Ausmaß Mittel flüssig wurden und eine rationale Verwaltung den entstehenden Unterrichts- und Wissenschaftsbetrieb mit Sachkunde leitete; ideell, weil der nationale Staat als Bezugswert und als ein politischer Raum der

[24] Ansätze solcher Untersuchungsrichtungen bei H. Bodensieck, Massenmedien-Demokratie in der Bundesrepublik Deutschland. GWU 18, S. 94—110 (1968); E. Schröter, Außerschulische „Geschichtsquellen" von Mittelstufenschülern. Eine Studie über die Zusammenhänge von Jugendpsychologie und Geschichte. GWU 19, S. 733—750 (1969); Dieter Riesenberger, Geschichte in Comics. GWU 25, S. 162—173 (1974).

Geltung und Verbreitung geschichtlichen Bewußtseins ungleich kräftiger die Vorstellungen weitete und integrierte. Jetzt erst wurden die Staatsgrenzen zu den wichtigsten Linien auch der historischen Bewußtseinsbildung. Wissenschaft und Unterricht, Universität und Schule erscheinen als Organe innerer Staatsräson; eine ihrer permanenten Aufgaben ist die Bildung von Geschichtsvorstellung als Teil der Herstellung und Bewahrung der politischen Identität.

Hier ist eine Vielzahl von Institutionen tätig: Forschungsinstitute, wie z. B. das Institut für Geschichtswissenschaft der Max-Planck-Gesellschaft, Akademien, Archive, Museen, vor allem aber die geschichtswissenschaftlichen Seminare oder Abteilungen der Hochschulen und der Geschichtsunterricht in den Schulformen aller Art. Hier wird das Wissen über die Vergangenheit systematisch aufgearbeitet und zugleich wieder der Überprüfung unterworfen, werden Fragen thematisiert und Probleme aufgeworfen, die im spontanen, unwissenschaftlichen Geschichtsbewußtsein ungesehen und unbeantwortet bleiben, wird, unabhängig von der Aktualität der Tagesfragen und doch unweigerlich den großen Fragen der Gegenwart verpflichtet, ein Arsenal an Vergangenheitskenntnis und Geschichtsdeutung erhalten und vermehrt, das die Chance bietet, die möglichen, nicht nur die aktuellen Fragen der Gegenwart an ihre Geschichte schärfer zu stellen und genauer zu beantworten. Hier ist gleichzeitig auch das Feld, in dem die großen, politisch-motivierten Kontroversen der Vergangenheitsdeutung wissenschaftlich ausgetragen und aufgearbeitet werden; eine Diskussion, die wiederum in die politischen Entscheidungsräume und in die Zentren der Bewußtseinsbildung von Geschichte zurückwirkt.

Die wissenschaftliche Arbeit ist nun keineswegs frei von bestimmten politischen Wertungen, Präferenzen, Parteinahmen — im Gegenteil, die großen Bewegungen der Zeit gingen immer auch durch Wissenschaft und Schule, beeinflußten beide und wurden von ihnen beeinflußt; Wissenschaft und Schule rationalisierten oft genug Vorurteil und Emotion. Die Geschichte der Geschichtswissenschaft und des Geschichtsunterrichts ist eine Kette von Beispielen für diesen Zusammenhang.

Zugleich aber ist sie eine Kette von Beispielen dafür, daß dieser Zusammenhang ins Bewußtsein gehoben wurde und dabei seine „Unschuld“ verlor; daß sich Kontroversen wissenschaftlicher Art als Kontroversen politischer Natur enthüllen ließen und damit der Schritt geleistet wurde zur Möglichkeit der Unterscheidung zwischen Erkenntnis und Interesse. Dieser Vorgang führte — negativ — zur politisch veranstalteten Agitation mit Hilfe von Unterricht und zur gezielten Indienstnahme von Wissenschaft oder, schlimmer, zum freiwilligen Aufgebot der Wissenschaft als „kämpfender“ Wissenschaft im Dienst von politischen Programmen; er hatte aber auch — positiv — jenes spannungsvolle Verhältnis von Staat und Wissenschaft, Politik und Pädagogik zur Folge, das mit dem Postulat der „Freiheit der Wissenschaft“ getroffen, wenn auch nur unzulänglich benannt wird. Wissenschaft und Lehre als nicht subordinierte Instanzen der Wahrheitsfindung und der Kritik nicht legitimierbarer Positionen: so sind sie seit dem späten 18. Jahrhundert als notwendige Korrektive von Herrschaft, als freie, aber eben darum liberaler und demokratischer politischer Ordnung korrespondierende Faktoren begriffen worden.

Überflüssig, darauf hinzuweisen, daß diese Position immer sehr prekär und bedroht ist: von der konservativen Seite ebensosehr wie von einer sog. fortschrittlichen, bedroht von allen, die in Wissenschaft und Unterricht primär Instrumente der Durchsetzung oder Erhaltung bestimmter, einheitlich gültiger, mit Wahrheitsanspruch auftretender Konzeptionen sehen. Die Bedrohung dieser Position im Bereich der Rezeption von Vergangenheit geht von allen selbstgewissen Deutungen der Geschichte als eines so und nicht anders zu verstehenden Gesamtzusammenhanges aus, die mit der Forderung nach Herrschaft über andere Vorstellungen auftreten. Dazu gehört ein Geschichtsunterricht, der den Heranwachsenden statt der vielen möglichen, unterschiedlich gewichteten, die einzig „wahren" Identitäten ihrer ins Kollektiv eingebundene Person aufreden möchte — mit Vorstellungszwängen zugleich Wertungs- und Handlungsmaximen vermittelnd.

Gegen diese Position wird hier die Aufgabe von Geschichtswissenschaft und Geschichtsunterricht, die übergreifende Gemeinsamkeit beider herausstellend, so beschrieben: beide dienen auf ihre Weise der methodischen Erarbeitung des Wissens und des Verständnisses von Geschichte in der Gesellschaft in einer Form, die dem Anspruch auf Verläßlichkeit, Überprüfbarkeit und Offenheit für Korrekturen — also dem, was als begrenzte Wahrheit der historischen Aussage zu bezeichnen ist — standhält; sie haben dies zum Zweck eben dieser Richtigkeit und Wahrheit zu tun, aber nicht im abstrakten Sinne, sondern weil diese Richtigkeit und „Wahrheit" des Wissens von der Vergangenheit das wesentliche Element jedes Selbstverständnisses der Gegenwart ist. Sowohl das subjektive Selbstverständnis des einzelnen, sein „Horizont", wie das gesellschaftliche, kollektive Selbstverständnis sind nur auf dem Boden geschichtlicher Bewußtseinsdimension vorstellbar. Innerhalb der vielen Faktoren, welche das in sich höchst komplexe und spannungsreiche, kontroverse Geschichtsbewußtsein einer Gesellschaft bilden, haben Geschichtswissenschaft und Geschichtsunterricht die Aufgabe, wissenschaftlich verantwortbar und also rational diskutierbar die Gesellschaft über ihre Vergangenheit aufzuklären, über die Möglichkeiten des Menschlichen überhaupt in der Geschichte immer wieder neu zu unterrichten und damit gegenwärtiges Selbstverständnis und Zukunftsperspektive klären zu helfen, vor Verengung zu bewahren, frei für Orientierungsvarianten zu halten. Das ist zugleich eine Forderung wissenschaftlicher, diskursiver Wahrheitsfindung wie politischer Bildung in einer pluralistischen, liberalen und auf Konfliktregelung angelegten Demokratie, in der unterschiedliche Positionen und Interessen sich miteinander auf diskursive Weise vermitteln müssen.

Diese im weitesten Sinne politisch-didaktische Funktion historischer Forschung und Lehre, wie sie hier skizziert ist und dem gesamten Unterrichtsentwurf dieses Werkes zugrundeliegt, beruht auf einer normativen Option, die gleichermaßen die politische wie die wissenschaftliche Ortsbestimmung dieses didaktischen Entwurfs bezeichnet. Sie kann hier nicht gerechtfertigt werden, weil das hieße, ihre Geschichte zu schreiben. Aber sie muß im folgenden Abschnitt noch verdeutlicht werden.

2.2.3 Die normative Option

Es gibt nicht mehr die Möglichkeit einer naiven Didaktik, die sich als Kunstlehre der Vermittlung vorgegebener historischer Erkenntnis, sei es überlieferter Tradition, sei es als „objektiv" wahr und richtig verstandener Kenntnisse und Deutungen versteht. Diese Position bedürfte keiner Didaktik im eigentlichen Sinne, sondern lediglich einer Methodik.

Es sind heute — bei aller unterschiedlichen inhaltlichen Bezogenheit — grundsätzlich nur zwei didaktische Positionen im Bereich normativer Option denkbar:

— die bewußte Verpflichtung auf die Erhaltung oder Durchsetzung konkret definierter politischer Ordnungsvorstellungen durch die Erzeugung eines auf diese Vorstellungen hin identitätsstiftenden, diese Vorstellungen legitimierenden und entsprechende Orientierungen auswählenden Vermittlungsprozesses zwischen Gesellschaft und Geschichte;

— die Bemühung, durch die Befähigung zum kritischen — d. h. der Unterscheidung mächtigen — Umgang mit der Deutung von Vergangenheit die Menschen in den Stand zu setzen, die angebotenen und wirkenden Identitätsmuster zu erkennen und sich bewußt zu ihnen zustimmend oder ablehnend zu verhalten, die Legitimationsansprüche abzuwägen und die Orientierungen in der Gegenwart auf der Grundlage der Deutung ihrer Vergangenheit in einem diskursiven, argumentierenden Vorgang immer neu zu versuchen, aber so, daß die Möglichkeiten offener Entscheidungen und kontroverser Optionen theoretisch und praktisch-institutionell gesichert bleiben.

Nun liegt die Sache nicht so einfach, als daß beide Positionen säuberlich geschieden nebeneinander oder gegeneinander stünden. Nur in sehr extremen Fällen — wie während der Hitler-Ära in Deutschland, der Stalin-Ära in Rußland — sind Geschichtswissenschaft und Geschichtsunterricht unmittelbar zum Instrument der Politik geworden, ohne die Chance eigener Begründung. Die Nationalstaaten des 19. Jahrhunderts — und ihre Nachfolger im 20. — neigen stark dazu, den Geschichtsunterricht im Sinne der ersten Möglichkeit einzurichten — unabhängig von ihrer Verfassung. Auch in den Geschichtsunterricht dezidiert pluralistischer, demokratischer Staaten spielen Elemente hinein, die offen oder informell den Charakter von Identitätsstiftung oder Legitimationslieferung hatten, ohne den Umweg über die Befähigung zur Kritik zu nehmen. Man wird in der Regel mit Mischformen rechnen müssen: wesentlich ist, wo der Akzent liegt. Immer dort, wo unmittelbar affektive und emotionale Ziele erreicht werden sollen, wo nicht vornehmlich über die kognitive Verarbeitung, sondern durch Wirkung auf das Gefühl das Verhältnis zur Geschichte bestimmt wird — durch Feier, Fahne, Lied — wo die Orientierung dogmatisch geschieht und keinen prinzipiellen Widerspruch duldet, wo sich Analyse und Appell unmittelbar verzahnen; wo eindimensional historische und gegenwärtige Feind- und Freundbilder aufgebaut, wo der Bereich der Erkenntnis — ja, schon der Kenntnisse — manipulativ selektiert wird — überall dort hat man es mit einer Spielform der ersten Art von Didaktik zu tun, mag sie sich im übrigen noch so sehr argumentativ zu legitimieren versuchen.

Eine solche Didaktik gehört als politisches und geschichtliches Phänomen Gesellschaftsordnungen zu, die sich „monolithisch" begreifen, auf Geschlossenheit und Harmonie, nicht auf Konflikt und Pluralität verpflichtet sind. Wenn solche Gesellschaftsformen sich nicht mehr traditional als gegeben betrachten können sondern als letztlich revolutionär geschaffen verstehen, müssen sie sich auf ihre Weise rational legitimieren — durch den Überbau umgreifender Ideologiesysteme, in dem nicht nur die Didaktik der Geschichte, sondern auch die Wissenschaft prinzipiell den gleichen Vorentscheidungen verpflichtet ist.

Auch der zweiten vereinfacht skizzierten Position liegt eine bewußt gesetzte politische Normentscheidung zugrunde, die ebenfalls posttraditional revolutionären Ursprungs ist; wenn sie in größerer Distanz und Eigenständigkeit sich die Freiheit vor unmittelbarer politischer Instrumentalisierung bewahrt, so ist sie doch keineswegs unpolitisch. Sie ist vielmehr in ihrer Existenz angewiesen auf liberale und demokratische Verfassungsnorm und Verfassungswirklichkeit, die im politischen Bereich den Prinzipien kritischer Wissenschaft entspricht. Wenn sie es ablehnt, ebensosehr sich selbst instrumentalisieren zu lassen wie ihrerseits den Schüler und die Gesellschaft durch ein vorgeprägtes Vergangenheitsbild in ihrem Selbstverständis zu manipulieren, nimmt sie Partei für die Norm der offenen, freien, diskursiven Selbstbestimmung, für die Tolerierung nicht nur, sondern geradezu für die Notwendigkeit unterschiedlicher Standpunkte, für den in rationalen Formen ausgetragenen Konflikt als einen Motor des Fortschritts in Vernunft[25].

Wie sie im Bereich der Forschung für eine freie, politisch nicht regierte Wissenschaft eintritt, muß sie im Bereich historischer Vermittlung und geschichtlichen Unterrichts die Kontroversen in Deutung und Wertung nicht nur dulden, sondern geradezu aufgreifen und begreiflich machen. Weil sie sich nicht im Besitz der Wahrheit schlechthin glaubt, sondern in der Annahme prinzipieller Ungewißheit definiert[26], kann diese didaktische Position weder Identifikationsveranstaltung noch Instrument der Legitimation mit Hilfe fixer Geschichtsdeutungen sein wollen. Sie muß vielmehr versuchen, die einzelnen fähig

---

[25] Seit den Erziehungsplänen der Französischen Revolution legt sich das Verhältnis von Wissenschaft und Unterricht einerseits, Politik andererseits in diese beiden (mannigfach vermischten) Positionen auseinander. Vgl. zum Geschichtsunterricht in der DDR H. G. Wolf, Die Entwicklung des Geschichtsunterrichts in der DDR von 1955/56—1974/75, paed. Diss., Münster 1978, vgl. ferner K. G. Faber, Die Funktion historischen Wissens und historischer Erkenntnis in der Gegenwart. Thesen und Perspektiven und J. Kocka in der Podiumsdiskussion. Beides GWU 24, S. 393—400 (1973). Das hier angesprochene Problemfeld normativer Implikation in der historischen Erkenntnis hat eine Fülle kaum überschaubarer Literatur hervorgebracht. Für die Didaktik der Geschichte stellt sich das Problem im gleichen Rahmen, aber, sofern sie öffentlichen Unterricht begründet und organisiert, mit der unterscheidenden zusätzlichen Bindung an politische Grundentscheidungen; sie zu beschreiben ist um so notwendiger, je offener, „pluraler“ und konfliktfördernder sie sind. K. Schmitz (Geschichtslogik und Geschichtsdidaktik, GWU 25 [1974] S. 515 bis 527) hat versucht, zwei grundsätzlich unterscheidbare Positionen philosophischer Reflexion über Geschichte als Begründungsrahmen für didaktische Entscheidungen hinsichtlich von Lernzielen und Lernverfahren zu beschreiben, die in sich noch einmal einen doppelten Ansatz aufweisen: die „positivistisch-objektive (Historische Schule einerseits, kritischer Rationalismus andererseits) und die „transzendental-existentielle“ Richtung (Gadamer einerseits, Habermas andererseits). Dieser interessante Versuch leidet an einer zu starken Simplifizierung, die insbesondere den Positionen innerhalb des sog. Historismus nicht gerecht wird. Hier wird — unter Anerkennung der Fruchtbarkeit des Zugriffs von Schmitz — die Eigenständigkeit einer historischen Theorie („Historik“) als Beziehungsgröße der Didaktik gefordert, die nicht in den von Schmitz beschriebenen Positionen aufgeht.

[26] Vgl. zur näheren, präzisen Beschreibung dieser Position R. Dahrendorf, Ungewißheit, Wissenschaft und Demokratie. In: Konflikt und Freiheit. Auf dem Weg zur Dienstklassengesellschaft, München 1972, S. 292—315. — Auf dieser Position der Absage an Manipulation und Indoktrination halten sich auch Konzepte von Geschichtsunterricht und politischer Bildung, zu denen die hier entwickelten Begründungen und die Modelle sonst in mancherlei Widerspruch stehen: so z. B. die Hessischen Rahmenrichtlinien für Geschichtslehre, Arbeitsschwerpunkt Geschichte und die von Bergmann (Anm. 4, 9. a. a. O.) vorgelegten Thesen. Vgl. auch die Grundposition von H. Alfes und P. Goosmann, Deutsche Geschichte E Ballast für die politische Bildung? Plädoyer für ein emanzipatorisches Geschichtsbewußtsein. Weinheim 1973. Die zurückgezogenen Rahmenlehrpläne für die Gesamtschulen in Nordrhein-Westfalen überschritten allerdings in Vereinfachung der Hessischen Rahmenrichtlinien diese Grenze; das gilt insbesondere für die von der Verfassergruppe herausgegebenen Unterrichtseinheiten. Vgl. K. E. Jeismann, E. Kosthorst, Geschichte und Gesellschaftslehre. In: GWU 24, S. 261—288 (1973) und dies. „Was sollen Schüler lernen?“ GWU 25, S. 103 (1974). Der Ansatz von Streiffeler (s. o. Anm. 17) verläßt dagegen bewußt diese didaktisch-normative Position; Annette Kuhn, Einführung in die Didaktik der Geschichte (s. o. Anm. 4) nimmt sie zwar für sich in Anspruch mittels der „Idee der Mündigkeit“ und ihrer Verwirklichung in einer „emanzipierten Gesellschaft“ (21), ist aber in Gefahr, sie zu verlassen, sobald sie ihre sehr allgemeinen Begriffe (gelungenes Leben, herrschaftsfreie Diskussion) in konkrete Deutung gegenwärtiger und vergangener Realität überführen muß: die explizite Feststellung „gegenwärtiger Defizite“ führt zur Selektion der Vergangenheit nach sich selbst nicht mehr in Frage stellenden indoktrinierenden didaktischen Prämissen. Dazu s. J. Huhn (s. o. Anm. 9), S. 368.

zu machen, gängige Geschichtsvorstellungen auf ihre Sachangemessenheit ebenso wie auf ihre Funktion hin zu befragen, sie in den Stand zu setzen, den Aufbau des Geschichtsbewußtseins als einen gesellschaftlichen wie individuellen Prozeß der Selbstvergewisserung zu begreifen — nicht um jeglicher Identität zu entfliehen oder keine Legitimation mehr anzunehmen, sondern um die notwendige Identitätsfindung oder -bindung begreifbar, bewußt und damit verantwortbar zu machen. Allein die Arbeit an diesem Ziel würde im Bereich des Geschichtsunterrichts das Verfassungsgebot, die Würde des Menschen als unantastbaren Wert zu betrachten und zu behandeln, ernst nehmen. Diese didaktische Position zieht die Grenze, jenseits derer sie nicht mehr diskutieren kann, genau dort, wo dieser politische Wert durch einen vorwiegend auf Indoktrination und affektive Identifikation gerichteten Unterricht verletzt wird.

Es sei nur beiläufig bemerkt, daß diese didaktische Grundposition das Geschäft des Unterrichts in der Schule komplizierter und schwieriger macht, weil sie sich selbst dazu verpflichtet, immer an die erkennende, prüfende, kritische Vernunft zu appellieren und ihre Lernziele und Lehrverfahren primär im kognitiven Bereich zu suchen, wohl wissend, daß politisches Verständnis und Geschichtsbewußtsein in emotionalen Schichten verankert sind. Der Massivität einer Überzeugungsdidaktik stellt sie die differenzierte Rationalität einer Erkenntnisdidaktik gegenüber. Indem sie die Fähigkeit von Wissenschaft und Unterricht zur absoluten Wahrheitsfindung geringer ansetzt als jene, schätzt sie die Vernunftfähigkeit des Individuums höher ein.

So allgemein und grundsätzlich formuliert könnte es scheinen, als stecke sich diese Didaktik ein zu hohes Ziel. Es mag sein, daß der Unterricht es nicht erreicht — dennoch gibt es kein anderes, wenn wir die Grundnormen unserer Verfassung ernst nehmen und der Realisierung in unserem Bereich näher bringen wollen. Aus der hier gewählten Position ergibt sich allerdings die Forderung, die allgemeinen Postulate sichtbar bis in den konkreten Unterricht durchzuhalten und dort auch im kleinsten Schritt auszuweisen.

2.2.4 Das Verhältnis der „Didaktik der Geschichte" zur „Didaktik des Geschichtsunterrichts"

Eine grobe und notwendig stark vereinfachende Strukturskizze soll noch einmal verdeutlichen, in welchem Zusammenhang hier die Didaktik des Geschichtsunterrichts als ein Sonderfall der Didaktik der Geschichte verstanden wird. Damit wird zugleich das Eingebundensein der Didaktik der Geschichte wie des Geschichtsunterrichts in ein wissenschaftliches Beziehungsfeld verdeutlicht — ohne daß es schon möglich wäre, eine Didaktik des Geschichtsunterrichts in allen diesen Beziehungen zu entwickeln.

Didaktik der Geschichte ist als ein eigener, auf die Art und Wirkung von Geschichtsvorstellung in der Gesellschaft gewendeter Aspekt der Geschichtswissenschaft aufs engste verbunden mit der historischen Forschung einerseits und der Theorie der historischen Erkenntnis andererseits. Methodische Zuverlässigkeit, „Richtigkeit" — im Sinne einer immer nur bedingten Richtigkeit — ist nur im Rückgriff auf die Arbeit der Forschung zu gewinnen; im Rückgriff auf die Theorie historischen Erkennens sind die Formen, Zerrformen, Bedingungen und Implikationen dieser Erkenntnis zu fassen: beide aber sind Voraussetzungen für die Erfüllung der dreifachen Aufgabe der Didaktik der Geschichte:

— empirisch Zustand und Zustandekommen der Vorstellungen von Geschichte in der Gesellschaft zu untersuchen. Bei dieser Arbeit ist sie angewiesen auf Methoden und Ergebnisse der empirischen Sozialwissenschaften;

— theoretisch die Wertorientierungen zu kritisieren und zu begründen, die den verschiedenen Formen und Inhalten des Geschichtsbewußtseins, das sich in der Gesellschaft findet, innewohnen — ihre eigene Position nicht ausgenommen: Sie ist dabei auf die Zusammenarbeit mit den theoretischen und philosophischen Sozialwissenschaften angewiesen;

— pragmatisch Modelle — Ziele, Inhalte, Methoden, Medien — zu entwickeln, mit deren Hilfe das Geschichtsbewußtsein in der Gesellschaft so verändert oder entwickelt werden kann, daß es den aufgestellten Forderungen nach Rationalisierung und Verantwortbarkeit geschichtlicher Vorstellungen näher kommt. Diese Aufgabe ist auf den unterschiedlichsten Lehrfeldern, durch Einwirkungen auf die verschiedensten, oben angedeuteten Lehrinstanzen auf je eigene Weise zu leisten.

Eines dieser Lehrfelder — und zwar das breiteste und an Funktion bedeutendste — ist die Schule. Bezogen auf dieses Lehrfeld ist die Didaktik des Geschichtsunterrichts der besondere Anwendungsfall der Didaktik der Geschichte im institutionalisierten, planmäßigen, öffentlichen Unterricht.

Das Beziehungsgefüge der Didaktik des Geschichtsunterrichts läßt sich deshalb genau auf das der Didaktik der Geschichte projizieren. Aber es konkretisiert sich nun durch die besonderen Bedingungen der pragmatischen Aufgaben, des empirischen Feldes und der theoretischen Wert- und Normbezüge. So spezialisiert sich die allgemeine Theorie der Gesellschaft für die Didaktik des Geschichtsunterrichts als Hintergrundwissenschaft auf die Theorie der Bildung, der Schule und des Unterrichts; die empirischen Sozialwissenschaften sind für die Didaktik des Geschichtsunterrichts in ihren besonderen Ausformungen, zum Beispiel als pädagogische Anthropologie, pädagogische Psychologie, pädagogische Soziologie, empirische Erziehungswissenschaft und Unterrichtslehre, Sozialisationsforschung wichtig. Geben diese Wissenschaftsbezüge die Bedingungen und Vorgegebenheiten des Geschichtsunterrichts in seinem besonderen Lernfeld an, so bleibt die Didaktik des Geschichtsunterrichts im engeren Bezirk ihres eigentlichen Gegenstandes — wie die Didaktik der Geschichte — gebunden an die Forschung und die Theorie der Geschichtswissenschaft: Richtigkeit und Möglichkeit des Ansatzes historischer Lehre sind nur in diesem Beziehungsgefüge zu diskutieren.

Andererseits stellen sich aus den besonderen Bedürfnissen und Erfahrungen der Didaktik der Geschichte Rückfragen an Forschung und Theorie, die über das Abfragen nach Richtigkeit und Möglichkeit historischer Vorstellung hinausgehen: der Forschungs- und Erkenntnisprozeß in seiner empirischen wie theoretischen Seite wird zwar nicht in seiner Logik und Methodik, wohl aber in seiner Genese und in seiner Aufmerksamkeitsrichtung wesentlich mitbestimmt von dem Versuch der Selbstvergewisserung in der Gegenwart; so ist es die Didaktik der Geschichte, welche die Fragerichtungen, die Defizite an Antworten auf Fragen der Gegenwart an die Geschichte ins Bewußtsein und in klare Formulierungen zu bringen hat. Sie rationalisiert und verwissenschaftlicht damit einen Vorgang, der spontan und selektiv immer wieder zwischen gesellschaftlichem Fragebedürfnis und

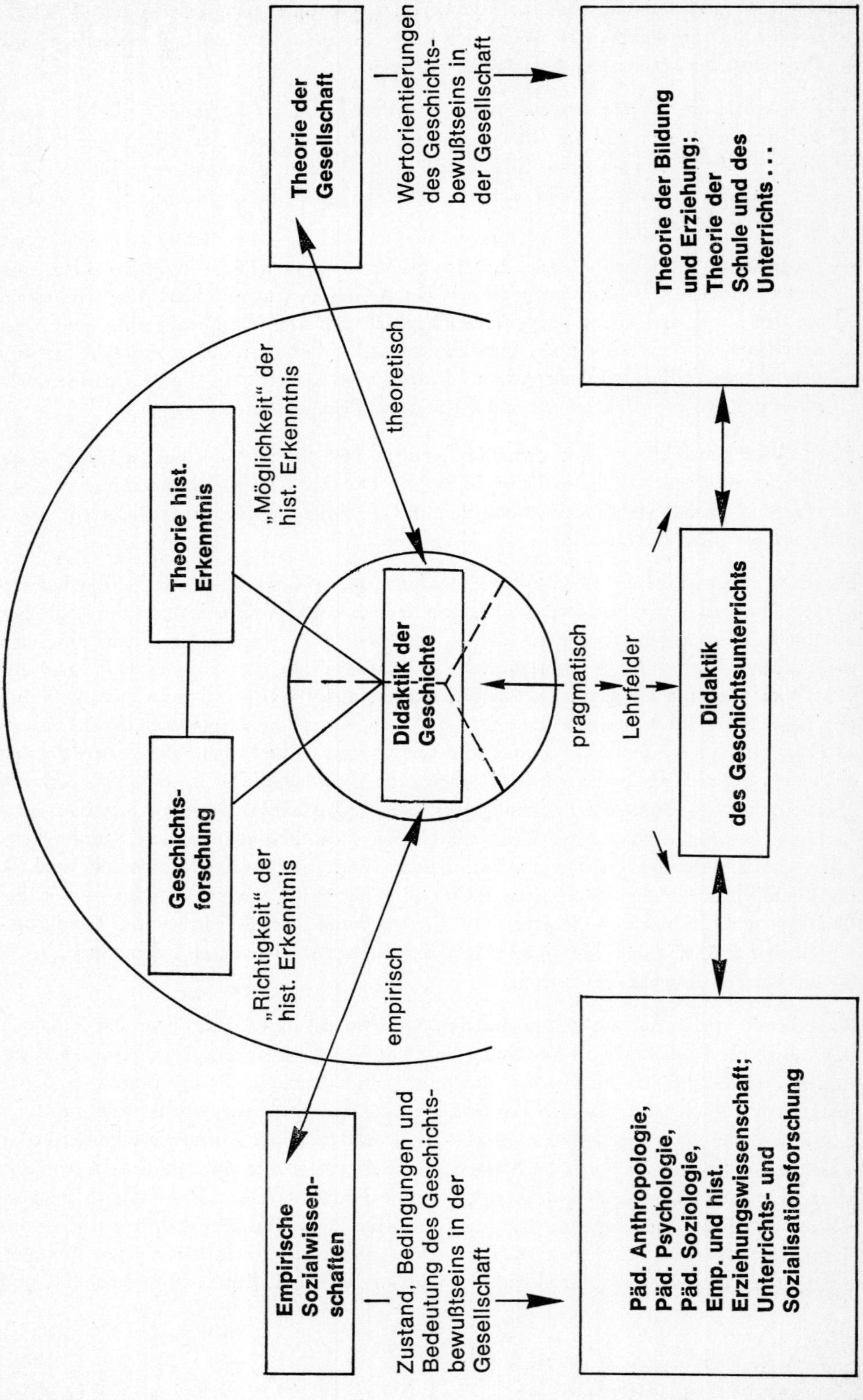
Empirische Sozialwissen-schaften
Zustand, Bedingungen und Bedeutung des Geschichts-bewußtseins in der Gesellschaft
Päd. Anthropologie, Päd. Psychologie, Päd. Soziologie, Emp. und hist. Erziehungswissenschaft; Unterrichts- und Sozialisationsforschung
empirisch
„Richtigkeit" der hist. Erkenntnis
Geschichts-forschung
Theorie hist. Erkenntnis
Didaktik der Geschichte
pragmatisch
Lehrfelder
Didaktik des Geschichtsunterrichts
„Möglichkeit" der hist. Erkenntnis
theoretisch
Theorie der Gesellschaft
Wertorientierungen des Geschichts-bewußtseins in der Gesellschaft
Theorie der Bildung und Erziehung; Theorie der Schule und des Unterrichts ...

Forschung vor sich geht, sei es einem besonders wachen Interesse des einzelnen Forschers, sei es einem allgemeinen geistigen Trend, einer Mode, einem politischen Auftrag oder ähnlichen Quellen entspringend. Als Wissenschaft im freien und nur durch die eigene Konkurrenz und Kontroverse beaufsichtigten Feld der didaktischen Forschung hat eine Didaktik der Geschichte die Chance, die Bewegung der vorherrschenden und einander abwechselnden Interessenrichtungen und Schwerpunktsetzungen der Forschung und die theoretischen Fragestellungen aus dem Bereich des Diffusen und Apokryphen herauszuführen, sie zu beschreiben und damit bewußt zu machen. Nicht nur, daß damit manche Zufälligkeit und Einseitigkeit, ins Kraut schießende Mode oder auch Stagnation allein durch die Beschreibung und Darstellung zu korrigieren wäre: auch politischer Lenkung der Fragestellungen der Wissenschaft, sei es indirekt, sei es durch gezielte und selektive Forschungsförderung, ist damit ein Korrektiv an die Seite gegeben.

So ergibt sich im System eine wechselseitige Beziehung und ein Aufeinanderangewiesensein innerhalb des engeren Kreises von Forschung, Theorie und Didaktik der Geschichte. Keineswegs wird mit diesen letzten Überlegungen — wie hier und da im Bereich der Forschung geargwöhnt wird — die Didaktik der Geschichte eine Instanz, die über das, was zu erforschen wäre, zu befinden hätte: dies nicht nur deshalb nicht, weil im hier entwickelten System die als eng gedachte und nur aus methodischen Gründen auseinandergenommene Beziehung zwischen Forschung, Theorie und Didaktik keine Isolierung dieser Forschungsrichtungen voneinander duldet, sondern auch deshalb, weil sich eine solche Didaktik nicht verstehen kann als Auftraggeberin, sondern allein als Vermittlerin zwischen Gesellschaft und Wissenschaft von der Geschichte. In dieser Funktion hat sie nicht nur die unmittelbaren Fragen der Gegenwart an die Vergangenheit aufzunehmen, sondern auch die Fragen der Vergangenheit selbst im Bewußtsein zu halten — weil sich aus diesem Potential auch die Fragen der Zukunft stellen könnten. Und weniger politischen Entscheidungsinstanzen als vielmehr einem wissenschaftlich begründeten didaktischen Forschungsprozeß ist zuzutrauen, daß in der Gesellschaft Verständnis dafür wächst, wie wichtig gerade die „unzeitgemäßen“ Fragestellungen und Forschungen der Wissenschaft geworden sind und werden könnten. Keine Wissenschaft, zumal aber nicht die der Geschichte, sollte sich die Entwicklung eines solchen Instrumentariums versagen.

Die Überlegungen des letzten Abschnittes schließen als ein weitgesteckter und als ein weithin unausgefüllter Rahmen die Betrachtungen des ersten Teils ab, deren Ziel es war, den Ort der Didaktik der Geschichte und des Geschichtsunterrichts vorab zu bestimmen. Dies war in aller Vorläufigkeit und Begrenztheit deshalb nötig, weil die Didaktik der Geschichte — die eigene Herkunft nicht mehr vor Augen — ihre enge Verflochtenheit mit dem gegenwärigen Selbstbewußtsein der Gesellschaft vergaß, in enger Begrenzung auf ihren schulischen Informationszweck ein verkümmertes Aufgabenverständnis entwickelte und deshalb der Herausforderung, sei es durch die Curriculumtheorie, sei es durch die — noch unerprobten — Ansprüche eines politischen Unterrichts zunächst sprachlos ausgeliefert war. Diese Periode der Erstarrung, der klagenden Resignation ist vorüber: Geschichtswissenschaft und Geschichtsdidaktik entwickeln mit einem neuen, begründeten Anspruch auf „Relevanz“ besonderer und unersetzlicher Art, ein neues Selbstbewußtsein; daß es sich in Kontroversen entfaltet, spricht für seine Verbindung mit gegenwärtigen Streitfragen und also für seine Lebendigkeit; wieweit die neuen Ansätze in Forschung, Lehre und Unterricht wissenschaftliche, theoretische und praktische Solidität und Bedeutung haben, ob sie das Fundament einer neuen Epoche historischer — politischer Bildung legen können, wird die Zukunft zeigen. Dabei hängt es vor allem vom Willen der Studenten und der Lehrer der Geschichte ab, ihre Aufgabe und ihre Möglichkeiten neu zu begreifen, ob die Antwort positiv ausfällt oder nicht[27].

2.3 Grundfragen des Geschichtsunterrichts (Karl-Ernst Jeismann)

Ausgehend von den oben (2.2.) entwickelten Entscheidungen und Begründungen lassen sich nun für die Didaktik des Geschichtsunterrichts wesentliche Aussagen machen. Sie bieten zusammengenommen keine vollständige Theorie des Geschichtsunterrichts, geben aber hinreichend ihren Kernbezirk wieder, wenn sie es ermöglichen, Lernziele, Themen, Inhalte und Lernpotential sowie Verfahrensweisen des Geschichtsunterrichts begründet zu bestimmen. Als Teil einer „Theorie" des Geschichtsunterrichts haben sie deshalb zu gelten, weil sie einerseits vielfältiger Variation und unterschiedlicher Exemplifizierung durch die Praxis angesichts konkreter Unterrichtssituationen fähig und bedürftig sind, andererseits aber Rahmen und Basis für solche Konkretisierung abstecken. Zu diesen, eine Konkretisierung und Variation bedingenden Faktoren gehört vor allem die jeweilige Lerngruppe. Zwar wäre es denkbar, daß auch die Beziehung von Lernzielen, Themen, Inhalten und Lernverfahren auf bestimmte, sich nach Alter, Geschlecht, sozialem Hintergrund und konkreten Umweltereignissen unterscheidenden Lerngruppen in einem zweiten Ansatz theoretisch aufgearbeitet würde. Ein solcher Ansatz, der erst aus der Beobachtung empirischer Anwendung der Konzeption zu gewinnen wäre, kann noch nicht vorgelegt werden. Die hier entwickelten Vorstellungen erlauben es jedoch, diesen zweiten Ansatz der Theoriebildung anhand empirischer Kontrollen überhaupt erst begründet vorzunehmen[28].

2.3.1 Die Aufgabe des Geschichtsunterrichts

Dem Geschichtsunterricht, wie jedem anderen Fach in der Schule, kann eine Vielzahl von Aufgaben zugesprochen werden, welche nicht fachspezifisch sind und denen dennoch kein Fachunterricht ausweichen darf. Von ihnen ist hier nicht die Rede. Ebensowenig ist die Rede von erwünschten und genuinen Wirkungen des Geschichtsunterrichts, die auch als Aufgaben angesprochen werden könnten: generell der Erweiterung des Horizontes von Verständnis zu dienen, vergangene menschliche Erfahrung zu vermitteln, Freude an der Anschauung des Vielfältigen, anderen und Fremden zu wecken, Staunen und Nachdenken zu erregen, betroffen zu machen durch die Begegnung mit fremdem Schicksal und

[27] Zum Abschluß dieses Teils sei noch einmal auf den Aufsatz von E. Lemberg verwiesen (s. o. Anm. 18), der aus dem Streit um fragwürdige Lehrplanentwürfe in Hessen und Nordrhein-Westfalen die m. E. notwendige und richtige Konsequenz zieht. Sein Wunsch im Schlußabschnitt dieses Aufsatzes ist zwar noch weit von der Verwirklichung entfernt, aber es läßt sich schon jetzt sagen, daß sich eine neue Etappe des Geschichtsunterrichts herausbildet. S. u. a. auch — leicht überholt und nicht vollständig — A. Sywottek, Geschichtswissenschaft in der Legitimationskrise. Ein Überblick über die Diskussion um Theorie und Didaktik der Geschichte in der Bundesrepublik Deutschland. Archiv für Sozialgeschichte, Beiheft 1, Bonn - Bad Godesberg 1974, 26. Vgl. H. Glaser, Lohnt es sich, immer mit der Zeit zu gehen? Neuer Trend zur Neuen Mitte. „DIE ZEIT", Nr. 2 1976, S. 16. Vgl. oben Kap. 2.1.

[28] Dazu siehe unten den Hinweis in Anm. 37.

eigener Bedingtheit — alles in allem, die subjektive Lebenstiefe und -weite durch sekundäre Erfahrung auszudehnen. Ohne diese Wirkungen, ohne die Erregung von Interesse, Neugier und Betroffenheit können auch die im folgenden beschriebenen und im engeren Sinne eigentlichen Aufgaben des Geschichtsunterrichts kaum erreicht werden. Ob das gelingt, hängt von vielen Imponderabilien ab: von der Disponiertheit der Lerngruppe, von der Fähigkeit des Lehrers, Interesse zu wecken, zu erhalten, zu vertiefen, nicht zuletzt davon, wie gut die fachliche und pädagogische Ausbildung des Lehrers ist, wie sehr er in und hinter seinem Gegenstande steht, welche Ausstrahlungskraft sein persönlicher Unterricht besitzt. Es kann die triviale Erfahrung der Praxis einem theoretischen Versuch nicht deutlich genug vorangestellt werden: ein guter, die Schüler interessierender Lehrer ist mit der schlechtesten Methode besser als ein langweiliger Lehrer mit der besten. Einer Theorie des Geschichtsunterrichts aber muß es darum gehen, den potentiell guten Lehrer zu befähigen, sein Können auf einer sicheren Basis bewußt einzusetzen, zu begründen und zu kontrollieren. Deshalb ist im folgenden von den Aufgaben, Zielen, Gegenständen und Methoden des Unterrichts die Rede, die in der Hoffnung, daß die oben genannten allgemeineren Wirkungen als Nebenwirkungen des Unterrichts sich einstellen, die spezifischen Belange des Geschichtsunterrichts definieren.
Diese spezifische und nur durch Geschichtsunterricht zu leistende Aufgabe läßt sich, fußend auf den vorangegangenen Ausführungen, wie folgt kurz formulieren:
Der Geschichtsunterricht hat dazu beizutragen, die gegenwärtige Gesellschaft in ein aufgeklärtes Verhältnis zur Vergangenheit zu setzen und so das eigene Selbstverständnis klären zu helfen in der Absicht, die komplexen Beziehungen innerhalb der Gesellschaft und zwischen unterschiedlichen Nationen stärker auf Vernunft, Rationalität und Besonnenheit zu gründen und damit humaner zu machen, als es ohne eine solche Arbeit möglich wäre. Angesichts dieser Aufgabe läßt sich ein ihr entsprechender Unterricht zunächst gegen zwei Fehlformen abgrenzen:

— die „blinde" Stoffvermittlung, das beziehungslose, problemferne Lernen von historischen Tatbeständen gleichsam auf Vorrat oder als Selbstwert — ein Verfahren, das nur scheinbar Objektivität für sich beanspruchen darf, in Wahrheit immer innerhalb eines Grundrasters häufig vergessener politischer Vorgaben und Entscheidungen steht;
— eine indoktrinierende und manipulierende, unter Ausschaltung kritischer Instanzen unmittelbar auf Verstärkung politischer Vorgaben abzielende Form des Unterrichts: Legitimationsveranstaltung zur Erzeugung nicht mehr befragter Identifikationen.

Eine weitere, eng mit diesen beiden genannten zusammenhängende ausschließende Bestimmung ist die, daß ein Geschichtsunterricht, der der oben formulierten Aufgaben gerecht werden will, nicht in der Illusion gegeben und aufgenommen werden darf, als sei Geschichte zu fassen wie ein feststehendes Bild vergangener Zustände und Abläufe über die bereits das letzte, deutende Wort der richtigen Erkenntnis gesprochen sei. Er wird vielmehr, gründend in der wissenschaftlichen Diskussion der Theorie historischer Erkenntnis, seine Ziele, Themen und Verfahren auf die in scharfer Abkürzung so zu formulierende Basis stellen müssen:

— daß die Vergangenheit eine eigene Wirklichkeit ist, deren Nachwirkungen unsere Verhältnisse und Möglichkeiten in unterschiedlicher Weise bedingt;

— daß sie uns nicht mehr unmittelbar als diese Wirklichkeit zugänglich, sondern nur als ein Wissen, als ein Bewußtsein von dieser Wirklichkeit gegeben ist;
— daß dieses Bewußtsein durch das Auffinden und die methodische Verarbeitung der Zeugnisse der vergangenen Wirklichkeit nachprüfbar, korrigierbar und bis zu einem gewissen Grad in seiner „Richtigkeit" bestimmbar ist;
— daß aber zugleich in diesem Vorgang der Bildung eines geschichtlichen Bewußtseins notwendig Erkenntnisbedingungen und -interessen eingehen, von denen sich niemand lösen kann, wenn er sich in ein Verhältnis zur Vergangenheit setzt;
— daß diese Bedingungen Chancen wie Grenzen der Erkenntnis sind und als solche mitbedacht und kontrolliert werden müssen;
— daß wegen dieses notwendigen Einfließens von Erkenntnisbedingungen Aussagen über Vergangenheit immer partieller Natur sind und „fragwürdig" bleiben;
— daß aber eben in dieser Fragwürdigkeit zugleich die Möglichkeit beschlossen liegt, die es jeder Zeit und Gegenwart gestattet, durch erneute, eigene Rückfragen an die Geschichte sich selbst besser zu begreifen, ihr Verständnis, ihre Entscheidungen und ihr Handeln begründbar und verantwortbar zu halten.

Ein Geschichtsunterricht, der nicht von diesen Prämissen ausgeht, wird die Schüler in dem eingangs beschriebenen Prozeß des ständigen Aufbaus von Geschichtsbewußtsein in der Gesellschaft hilflos lassen; gefährlicher noch, er kann sie fixieren auf gläubig hingenommene Deutungen von Geschichte, die das künftige Selbstverständnis des Heranwachsenden in seiner Gegenwart auf irrationale Fundamente stellen. Auch wenn das in weniger extremer Form geschieht, als man es z. B. in Hitlers „Mein Kampf" berichtet findet, wo es heißt, daß er durch sein Lieblingsfach „Geschichte ihrem Sinne nach verstehen und begreifen" lernte, ist eine solche Wirkung des Geschichtsunterrichts fatal. Sie ist um so fataler in einer Zeit, die sich nicht mehr in ruhigen, nur langsam sich verändernden Strukturen bewegt, sondern die bei beschleunigten gesamtgesellschaftlichen Veränderungsprozessen ein weit höheres Maß an kritischem, d. h. stets überprüfbarem geschichtlichen Bewußtsein verlangt und nicht mehr mit wenigen großen historischen Denkmustern auskommt. Die Gefahr eines solchen fixierenden Unterrichts erhöht sich in politischen Verhältnissen mit demokratischer Willensbildung außerordentlich. Selbst wenn der Geschichtsunterricht nicht die faszinierende Wirkung hätte, weit in die Zukunft Vorstellungen zu fixieren, wenn er, wie es wohl häufig der Fall ist, steril bleibt, versäumt er doch durch die bloße Aufzählung historischer Abfolgen die Entwicklung der Fähigkeit, sich selbständig zu geschichtlichen Aussagen und Wertungen, die sich im öffentlichen Bewußtsein finden und immer umbilden, ins Verhältnis zu setzen und das kritische Wissen zu entwickeln, daß solche Aussagen der genauen Abklopfung auf die eingegangenen Interessen und der Überprüfung auf die historische Richtigkeit bedürfen.

In der Entwicklung dieser Qualifikationen liegt, zunächst noch ganz unabhängig von seinem Inhalt, der ständige Gegenwartsbezug des Geschichtsunterrichts. Sowohl der faktengenügsame und politisch timide Geschichtsunterricht wie der agitatorisch-indoktrinierende, ein herrschendes System oder ein nach Herrschaft drängendes Antisystem legitimierende Geschichtsunterricht liefern den Menschen blind aus an die das Geschichtsbewußtsein und das Selbstverständnis suggestiv und trendhaft prägenden Faktoren.

Ein Geschichtsunterricht, der es sich zum Ziel setzt, den Schüler zu befähigen, sich einmal selbständig, d. h. unter Beherrschung eines gewissen Grundbestandes an kritischem Instrumentarium, zu den Deutungen der Vergangenheit zu verhalten, die ihm in der Gesellschaft angeboten werden, steckt sich allerdings ein sehr hohes Ziel. Ein Skeptiker mag fragen, ob ein solches Ziel überhaupt erreichbar ist. Solche Skepsis muß sich die Gegenfrage gefallen lassen, wie denn sonst, wenn nicht in naiver Selbsttäuschung und Verkürzung, die Aufgabe des Geschichtsunterrichts in einer pluralistischen, demokratischen Gesellschaft politisch mündiger Bürger zu definieren sei.

Die Formulierung genereller und löblicher Oberbegriffe als Ziele des Geschichtsunterrichts — „Emanzipation", „Demokratiegebot des Grundgesetzes" u. a. — bleibt entweder leer und bedarf der konkreten Ausfüllung, die es erlaubt, solche Leitbegriffe als eminent historische Begriffe selbst in ihrer Auseinanderfaltung, Differenzierung und Widersprüchlichkeit kritisierbar zu machen, oder sie bleibt folgenlos, phrasenhaft und kann für die unterschiedlichsten oder gegensätzlichsten Ziele als eine nach außen hin gekehrte Scheinlegitimation benutzt werden[29].

Demgegenüber muß eine Theorie des Geschichtsunterrichtes, welche die oben genannte Grundaufgabe — im Kontext der im ersten Teil beschriebenen normativen Option — leistbar machen will, genauere Kriterien der Lernzielfindung entwickeln, Inhalte und Unterrichtsverfahren im Rahmen ihrer Voraussetzungen begründen. Für die Praktizierung eines solchen Unterrichts bedarf es allerdings des fachwissenschaftlich und didaktisch intensiv ausgebildeten Lehrers; es bedarf nicht minder des Hintergrundes einer politisch wachen und die Auseinandersetzungen um die Geschichte in der Gegenwart ernstzunehmenden Öffentlichkeit.

Die Denkprozesse, die der Geschichtsunterricht in Gang setzen, intensivieren und bis zum selbständigen Gebrauch durch die Schüler ausbilden muß, verlangen eine deutliche Anstrengung zur Durchbrechung von Vorurteilen, Denkklischee, Neigung zum kritiklosen Übernehmen vorgesetzter Meinungen. Die Praxis dieses Unterrichts kann daran anknüpfen, daß diese Denkprozesse, die in komplizierter wissenschaftstheoretischer Sprache beschrieben und im Bereich der historischen Wissenschaft sehr sublimiert werden können, sich als einfache Grundfiguren in den täglichen, biographisch-historischen Aussagen, in der sog. „Lebenswelt" wiederfinden. Daß im persönlichen Bereich gegenwärtige Interessen die Deutung von zurückliegenden Vorkommnissen und Ereignissen weithin mitbestimmen können und also auch auf die Beschreibung und Analyse solcher Vorgänge zurückwirken, ist eine dem Schüler leicht bewußt zu machende eigene Erfahrung. Umgekehrt ist ebenfalls an Beispielen der persönlichen, täglichen Sphäre klarzumachen, daß eine genaue Bestandsaufnahme der Ereignisse, in die er verwickelt war, seine interessengebundene Deutung dieser Ereignisse möglicherweise korrigiert; es ist auch im persönlichen, privaten Dasein erfahrbar, wie solche Deutungen unterschiedlicher Art aus unterschiedlichen Interessen angesetzt werden und durch eine Analyse bis zu einem gewissen Grade eine Modifikation erfahren können. In vereinfachter Form weist solch eine private, biographische Erkenntnis prinzipiell ähnliche Bewußtseinsvorgänge auf wie die Auseinandersetzung mit der kollektiven Erinnerung, der Geschichte als Historie. Der Grundzusammenhang von Vergangenheitsdeutung, Gegenwartsverständnis und Zukunftsperspektive

---

[29] Zur Ableitungsproblematik von Lernzielen s. u. a. F. Achtenhagen, H. L. Meyer (Hrsg.) Curriculumrevision. Möglichkeiten und Grenzen, München 1971, S. 19 f.; H. Blankertz, Theorien und Modelle der Didaktik, 10. Auflage München 1975, zur „normativen Didaktik" sowie der Absatz „Möglichkeiten und Grenzen der Taxonomie". L. Meyer, Einführung in die Curriculum-Methodologie, München 1972.

ist auf der persönlichen, biographischen Ebene am vergangenen und geplanten Lebensweg dem einzelnen Schüler einsichtig zu machen. Die Entwicklung schwieriger historischer Bewußtseinsformen aus dem mitgebrachten Vorverständnis ist nicht nur inhaltlich, sondern auch in den Denkansätzen eine grundlegende didaktische Forderung und unterrichtspraktische Chance.

2.3.2 Das Problem der „Lernziele" im Geschichtsunterricht[30]

Während es ein fragwürdiges und von der curricularen Forschung als untauglich erwiesenes Vorgehen ist, materiell einzelne Lernziele abzuleiten aus einem inhaltlich vorbestimmten Generalziel, ist es bei der Planung von Unterricht, in den Überlegungen darüber, wie er anzulegen und zu steuern ist, notwendig, grundlegende Überlegungen und Konkretisierungen im Einzelfall aufeinander zu beziehen. Dieser Denkvorgang muß aber streng im spezifisch didaktischen Bereich vonstatten gehen und darf nicht vermischt werden mit dem Versuch, aus materiellen gegenwärtigen Postulaten inhaltliche „historische Erkenntnisse" zu deduzieren.
Lernziele sind nicht aus einem vorgegebenen Sinn des Geschichtsprozesses materialiter abzuleiten; sie sind zu gewinnen, indem man sie auf die spezifische, oben umrissene Aufgabe des Geschichtsunterrichts bezieht[31].
Da jedoch konkrete Lernziele nie unabhängig vom historischen Phänomen zu formulieren sind, ist die Zahl solcher Lernziele im Geschichtsunterricht prinzipiell unbegrenzt.
Die Frage ist nun, wie die Vielzahl realer Lernziele auf die Grundfunktion des Geschichtsunterrichts hin zu ordnen ist. Wenn es einer allgemeinen, theoretischen Didaktik des Geschichtsunterrichts nicht möglich ist, die Lernziele aufzulisten — weil ihre Zahl unerschöpflich ist —, wenn sie andererseits die Forderung aufstellt, daß zwischen der allgemeinen Aufgabe des Geschichtsunterrichts und allen Lernzielen eine Adäquanz herrschen muß, so ist es notwendig, ein Instrumentarium zu entwickeln, welches zwischen der unendlichen Fülle inhaltsspezifischer Lernziele und der Grundaufgabe des Geschichtsunterrichtes zu vermitteln erlaubt.
Daraus folgt, daß eine Didaktik des Geschichtsunterrichts Kriterien für die Entwicklung von Lernzielen aufstellen muß; die konkrete Formulierung der jeweiligen Lernziele muß anhand solcher Kriterien unter Berücksichtigung der spezifischen Situation der Klasse oder Lerngruppe sowie des Gegenstandes des Unterrichts vorgenommen werden. Kriterien für die Gewinnung von Lernzielen müssen es ermöglichen, jeden konkreten Unterricht auf die Grundaufgabe des Geschichtsunterrichts zu beziehen, aber dabei zugleich eine Flexibilität gewähren, die den unterschiedlichen individuellen Voraussetzungen bei Lehrer und Klasse, die auch unterschiedlicher Vorstellung vom historischen Gegenstand Raum läßt.

---

[30] Zur Problematik des Begriffs und der Sache s. W. Geiger, Lernziele und politischer Unterricht. Über die Grenzen der Lernzielorientierung. In: Gegenwartskunde (GSE) 23, (1974), S. 17 bis 34.

[31] S. o. S. 35 ff.; vgl. S. Quandt, Zur Lernzielproblematik im Fach Geschichte. Auszug: Thesen zur fachgerechten Lernzieltheorie. Ungedrucktes Manuskript, Freiburg 1974.
Für den Geschichtsunterricht kann eine deduzierende, vom Abstrakten zum Konkreten hinabsteigende Lernzielskala („Richtziele, Grobziele, Feinziele") als Widerspiegelung eines Erkenntnisprozesses nicht sinnvoll sein; man muß vielmehr versuchen, sie nach ihrer spezifischen Form zu gliedern in „Leitideen". Vgl. K. H. Flechsig u. a., Probleme der Entscheidung über Lernziele. In: F. Achtenhagen, H. C. Meyer (Hrsg.) Curriculumrevision. Möglichkeiten und Grenzen (Anm. 27) S. 265.

2.3.3 Lernzielkriterien des Geschichtsunterrichts

2.3.3.1 Analyse — Sachurteil — Wertung als Dimensionen der Lernzielkriterien

Im Folgenden wird der Versuch unternommen, ein Gefüge von Lernzielkriterien aufzustellen. Es versteht sich als ein Instrument zur Auffindung und Begründung konkreter Lernziele an bestimmten Unterrichtsthemen, zugleich aber als ein Mittel, historische Themen zu geschichtlichem Lernpotential zu strukturieren. Dieses Kriteriengefüge bietet das bislang fehlende Mittelglied, welches die Forderung nach Adäquanz zwischen der Aufgabe des Geschichtsunterrichts und der konkreten Unterrichtssituation einlösbar macht.

Zur Begründung dieses Kriteriengefüges greifen wir zurück auf die oben (2.2.2) dargelegten Zusammenhänge. Dort wurde ausgeführt, daß der Grundzusammenhang allen historischen Verständnisses, nämlich das Wechselverhältnis zwischen Vergangenheitsdeutung, gegenwärtigem Selbstverständnis und Zukunftsperspektive sich in dreifach unterschiedlicher Akzentuierung darstellt. Wir führen es hier noch einmal in umgekehrter Reihenfolge auf:

— Geschichtsverständnis bedarf der methodisch erarbeiteten Vorstellung vom vergangenen geschichtlichen Ereignis oder Zustand — der forschungsbezogenen Analyse;

— Geschichtsverständnis enthält eine Vorstellung von der Wirkung und Bedeutung eines geschichtlichen Phänomens in seinem historischen Kontext — ein Sachurteil;

— Geschichtsverständnis enthält, deutlich oder untergründig, die Komponente der Wertung oder Stellungnahme, welche das historische Ereignis in eine Beziehung zum Selbstverständnis in der Gegenwart oder zur Zukunftserwartung setzt.

Um Mißverständnissen vorzubeugen sei wiederholt:

Diese methodische Auseinanderfaltung eines komplexen Verständnisses meint nicht, daß im Geschichtsverständnis diese drei Dimensionen jederzeit bewußt seien, daß sie in der Regel auseinandergehalten und kritisch aufeinander bezogen würden. Es wird auch nicht behauptet, daß die drei Dimensionen nicht in vielfältiger Weise aufeinander einwirkten oder gar daß eine in jedem Falle stichhaltige Trennung zwischen ihnen vorzunehmen wäre. Die komplizierte Beziehung zwischen diesen Dimensionen ist das Forschungsfeld wissenschaftlicher Erkenntnistheorie und Wissenssoziologie. Im populären, vorwissenschaftlichen Geschichtsverständnis scheint die dritte Dimension, die Wertung, prävalent zu sein und sowohl die Sachurteile wie die selektierten Kenntnisse über historische Phänomene weithin zu präformieren; das läßt sich leicht an so herausragenden Bestandteilen historischer Selbstvergewisserung wie an Feiertagen oder an Denkmälern zeigen. Aber auch in die wissenschaftliche Diskussion bedeutender Fragen fließt die Wertung als ein organisierendes Prinzip des Sachurteils mit ein und schlägt bis auf die Analyse durch. Der Geschichtsunterricht muß sich selbst dieses Problem der spannungsreichen Beziehung zwischen Wertung, Sachurteil und Analyse sehr ernsthaft stellen.

Wenn er der oben skizzierten Grundaufgabe gerecht werden will, muß er versuchen, die Schüler wenigstens in elementarer Form gegenüber den in der Gesellschaft vorzufindenden Elementen historischen Bewußtseins und innerhalb des Prozesses des ständigen Tradierens und Veränderns geschichtlicher Vorstellungen zur Selbständigkeit zu verhelfen. Sie „kritisch" zu machen verlangt aber, sie unterscheiden zu lehren zwischen diesen drei Dimensionen, in denen sich Geschichtsvorstellungen aufbauen. Das heißt, es sind

für jede Dimension Kategorien des Denkens zu finden und im Unterricht sichtbar und handhabbar zu machen, mittels derer diese Selbständigkeit prinzipiell zu gewinnen ist.
Der Schüler muß an jedem Gegenstand im dreifachen Ansatz lernen, historische Sachverhalte zu analysieren, sich ein Sachurteil, ein Urteil über ihre historische Wirkung zu bilden und sich mit der das gegenwärtige Selbstverständnis mitbestimmenden und zugleich enthüllenden Wertung dieses Ereignisses oder Zustandes auseinanderzusetzen. Da weder Analyse, Sachurteil noch Wertung eindeutig und unumstritten sind, muß er lernen, unterschiedliche Vorstellungen zur Kenntnis zu nehmen, zu vergleichen und die Gründe der Abweichung zu begreifen — auch sich selbst für die eine oder andere Wertung, das eine oder andere Sachurteil zu entscheiden — aufgrund der Analyse des historischen Phänomens wie der zu formulierenden erkenntnisbestimmenden Prämissen. Diese Forderung schließt ein, daß die Zusammenhänge zwischen Analyse, Sachurteil und Wertung in ihren Grundzügen im Unterricht immer wieder bewußt gemacht, ihre Spuren überall aufgezeigt werden — nicht im Sinne einer vordergründigen „Ideologiekritik", die alles, nur nicht sich selbst in Frage stellt, sondern unter gleichgewichtiger Berücksichtigung der strengen Anforderungen methodischer Erkenntnismöglichkeit einerseits, der Anerkennung und Aufdeckung einfließender Gebundenheiten der Erkenntnis andererseits. Dies hört sich schwierig an: es ist aber nichts anderes — wie oben gesagt — als die Entfaltung und Objektivierung einer häufig unbewußt geübten Denkfigur anläßlich täglicher, die Schüler betreffender Ereignisse und Vorgänge im privaten Bereich. Der Geschichtsunterricht muß sich, in Reduzierung methodischer und theoretischer Denkweisen auf Grundelemente einerseits, in Aufnahme der täglichen Denkgewohnheiten andererseits zur Aufgabe setzen, die Schüler innerhalb der drei Dimensionen gleichsam „bewegungsfähig" zu machen — es wurde oben schon ausgeführt, daß dies sowohl eine kognitive, wie aber auch eine affektive „Beweglichkeit" sein wird. Dazu gehört auch, daß an jedem großen Thema die drei Dimensionen neu und gegenstandsbezogen als variabeles Erkenntnisgefüge anzulegen sind.
Im Folgenden wird der Versuch gemacht, in elementarisierten Stichworten jede der drei Dimensionen kategorial zu entfalten. Die Stichworte nehmen Begriffe auf, die in der Methodologie der Geschichtswissenschaft und in der Erkenntnistheorie gang und gäbe und vielfältig beschrieben sind. Sie im einzelnen zu verdeutlichen und an Beispielen zu erläutern hieße, eine konkrete Didaktik des Geschichtsunterrichts zu schreiben. Das soll an anderer Stelle geschehen. Hier werden sie einfach genannt — in den Unterrichtsbeispielen finden sie ihre Konkretion.
Diese Entfaltung der drei Dimensionen des Geschichtsbewußtseins ergibt eine keineswegs vollständige, aber im grundlegenden hinreichende Skala der lernzielbestimmenden Kriterien des Geschichtsunterrichts. Hat der traditionelle Geschichtsunterricht, soweit er sich didaktisch kommentierte, vorwiegend seine Ziele aus der ersten Dimension begründet (und damit schon vor dem Ersten Weltkrieg gegenüber der politischen Instrumentalisierung partiell Widerstand geleistet[32]), so nimmt der politisch instrumentalisierte Ge-

[32] So vor allem Oskar Jäger, Didaktik und Methodik des Geschichtsunterrichts, 2. Auflage 1905. Vgl. auch die Diskussion auf den Reichsschulkonferenzen von 1890 und 1900. S. „Verhandlungen über Fragen des höheren Unterrichts. Berlin 4.—17. Dez. 1890; Berlin 1891, Verhandlungen über Fragen des höheren Unterrichts. Berlin 6.—8. Juni 1900, Berlin 1902; vor allem im letzteren S. 355 ff. — eine deutliche Linie, die H. J. Heydorn in seinem Essay „Zur Bildungsgeschichte des deutschen Imperialismus. Die Schulkonferenzen von 1890, 1900 und 1920". (In: H. J. Heydorn, G. Koneffke, Studien zur Sozialgeschichte der Philosophie und der Bildung. II Aspekte des 19. Jahrhunderts in Deutschland, München 1973) gar nicht bemerkt hat.

schichtsunterricht — deutlichstes Beispiel bleibt der Geschichtsunterricht in der NS-Ära — seine Zielkriterien aus Setzungen in der dritten Dimension[33]. Einige der neueren didaktischen Ansätze des Geschichtsunterrichts in der Bundesrepublik Deutschland haben wiederum — allerdings in der Bemühung, Urteile und Wertungen zu rationalisieren — starkes Gewicht auf die Bedeutung von Lernzielen der dritten Dimension gelegt[34].

Hier wird die Forderung aufgestellt, daß ein Geschichtsunterricht, der der oben formulierten Aufgabe gerecht werden will, die Kriterien aller drei Spalten gleicherweise ernst nehmen und miteinander verbinden muß. Nur wenn der Schüler lernt, geschichtliche Überlieferung, die an ihn herangetragen wird, in allen drei Dimensionen zu betrachten, kann er sich bewußt zu historischen Aussagen verhalten und ist der historischen Dimension des gegenwärtigen Selbst- und Weltverständnisses nicht blind ausgeliefert. Daraus folgt als konkrete Anweisung, daß Geschichtsunterricht im gesamten Curriculum wie auch in den einzelnen Unterrichtseinheiten seine Lernziele aus allen drei Dimensionen wählen und sie aufeinander beziehen muß. In der Verbindung von Denkoperationen aus diesen drei Bereichen liegt nach dem hier entwickelten Konzept die erste und grundlegende Aufgabe der Planung und der Durchführung des Unterrichts. Keine in sich abgeschlossene Unterrichtseinheit — unabhängig von der Klassenstufe — kann als hinreichend geplant und durchgeführt gelten, die nicht am konkreten historischen Gegenstand, Analyse, Sachurteil und Wertung miteinander verbinden lehrt.

So streng diese Grundforderung aufgestellt wird, so variabel und vielfältig muß ihre Konkretisierung sein. Keineswegs ist gemeint, daß in jeder Unterrichtseinheit alle Stichworte, die den drei Dimensionen zugeordnet sind, thematisiert werden sollten; ebensowenig ist gemeint, daß in jedem Unterrichtsbeispiel alle drei Dimensionen quantitativ gleichmäßig vertreten sein müßten: Gegenstand und Zielgruppe des Unterrichts, aber auch die unterschiedliche Interessenlage, vielleicht auch die jeweilige konkrete politische Situation verlangen es, die Akzente unterschiedlich zu setzen; die Skala der Lernzielkriterien ermöglicht diese Variabilität und didaktische Freiheit zugleich, indem sie das prinzipielle Gefüge konkreter Lernziele, den Ort und den Zusammenhang des einzelnen Ziels, immer transparent hält.

---

[33] Adolf Hitler, Mein Kampf, I 480: „Denn man lernt eben nicht Geschichte, um nur zu wissen, was gewesen ist, sondern man lernt Geschichte, um in ihr eine Lehrmeisterin für die Zukunft und für den Fortbestand des eigenen Volkstums zu erhalten. Das ist der *Zweck* und der geschichtliche Unterricht ist nur ein *Mittel* zu ihm." Hier zitiert nach Hans Jochen Gamm, Führung und Verführung. Pädagogik des Nationalismus. München 1964, S. 56. S. auch dort S. 64 das Zitat aus Alfred Rosenberg, Der Mythus des 20. Jahrhunderts: „(Der Geschichtsunterricht) ist mehr als alle anderen *Wertung*, nicht Aufreihung von Tatsächlichkeiten." Vgl. auch S. 76. — Es ist richtig, daß die Normen dieser Wertung der rationalen Überprüfung und Diskussion entzogen wurden und sich selbst nicht in wissenschaftlicher Auseinandersetzung zu legitimieren hatten. Dennoch ist erstaunlich, wie wenig die bösen Erfahrungen mit einer Geschichtssicht, die ganz auf Zukunft, auf Vermittlung von für sie unmittelbar „relevant" gehaltenen Qualifikationen hingerichtet wurde, zu zurückhaltenderer und abgesicherterer Reflexion veranlassen konnten, wenn abermals, und gewiß auf anderer Denkebene und mit anderer Intention, über die Zukunftsperspektive aller geschichtlicher Unterweisung nachgedacht und didaktische Theorien unter Einschluß des Zukunftsbezugs entwickelt wurden.

[34] S. A. Kuhn, a. a. O. (s. o. Anm. 4); Bergmann/Pandel, a. a. O. (s. o. Anm. 4) — Differenzierter und zurückhaltender in der Verbindung von Erkenntnis und Interesse Dieter Groh, Kritische Geschichtswissenschaft in emanzipatorischer Absicht. Überlegungen zur Geschichtswissenschaft als Sozialwissenschaft. Stuttgart 1973 (Urban-Taschenbücher, Reihe 80, Nr. 846) vgl. S. 29 ff.

Analyse	Sachurteil	Wertung und Stellungnahme
Zeitvorstellung (physikalische-historische Zeit, erlebte-gedeutete Zeit ...)	Vorteil — Nachteil (Cui bono? „Räson")	Persönliche Prämissen der Wertung (Kenntnisstand: Meinung, Vermutung, Behauptung, Einsicht, Begründung ...; voluntative, emotionale, rationale Elemente der Wertung; Identifikationsmechanismen; Distanzierungsfähigkeit)
Strukturen und Verhältnisse (individuell, sozial, kulturell, ökonomisch, institutionell, rechtlich, theoretisch-ideologisch, mental und ihre Interdependenz)	Relation von Zweck und Mittel (Übereinstimmung; Heterogenität) Interesse und „Ideologie"	Gesellschaftlich-politische Prämissen der Wertung (Gruppenbindung, pol. soz. Position und Geschichtsdeutung; gesellschaftlich-politische Funktion von Geschichtsdeutungen: Legitimation, Integration — Destruktion, Emanzipation; „erkenntnisleitende Interessen")
Prozesse (als Strukturen in Bewegung: Konflikte, Lösungen, Kontinuitäten, Brüche, Ungleichzeitigkeiten; Verlaufstypen, Bewegungsursachen, Irreversibilität)	Freiheit / Bedingtheit des Handelns (Verhältnis von Absicht und Möglichkeit, Ziel und Verwirklichung)	Erkenntnistheoretische Prämissen der Wertung (Bedingungen und Grenzen historischer Aussagen; Disparität von Wertsystemen; Subjektivität — Objektivität; „Parteilichkeit" — „Wertfreiheit"; „Gewißheit" — „Ungewißheit" von Erkenntnissen)
Besonderes — Allgemeines (Individualität — Typus — Gesetz/Tendenz/Trend)	Analogie als Mittel des Sachurteils	Normative Prämissen der Wertung (Variabilität des Ranges und Antinomien im Wertgefüge; z. B.: Freiheit — Gleichheit — Sicherheit — Ordnung — Gerechtigkeit, Recht; Friede — Fortschritt; Glück — Würde — Solidarität ...)
Wirklichkeit — Möglichkeit (Realität als Option für eine Möglichkeit; die Alternativen als Defizite)	Folgen als Maßstab der Bedeutung	
	Theorien als Erklärungs- und Beurteilungsmodelle (z. B. Imperialismustheorien)	

2.3.3.2 Ein thematisches Beispiel und ein generelles Verlaufsmodell

In welcher Weise die hier vorgelegte Skala die Grundlage des Unterrichts strukturieren kann — wie also Lernzielkriterien als organisierendes Prinzip des Unterrichts verwendet werden können, ohne daß der geschichtliche Gegenstand mediatisiert wird, soll an folgendem Beispiel skiziert werden:

Eine Unterrichtseinheit unter dem Thema „Revolutionäre Bewegungen zu Beginn der Weimarer Republik" — als Teil einer größeren Sequenz über politische Bewegungen und Strukturen in Europa zwischen den beiden Weltkriegen —

— setzt ein mit den kontrovers diskutierten Wertungen dieser Phase, bringt also das gegenwärtige Bewußtsein von dieser vergangenen Epoche in den Unterricht ein: natürlich bietet sich ein solches Vorgehen an, wenn z. B. der Streit darüber, ob das Bild Rosa Luxemburgs in eine Briefmarkenserie bedeutender deutscher Frauen aufgenommen werden soll (1974), öffentlich thematisiert wird. An solchen Beispielen zeigt sich die Verbindung von Geschichtsbewußtsein und gegenwärtigem politischen Standort und politischer Zukunftsperspektive. Die unterschiedlichen Wertungen sind leicht zu greifen, ihre Verbindung mit den persönlichen oder politischen Wertprämissen zeigt sich deutlich.

— Der Gehalt an historischer Analyse ist in solchen öffentlichen Wertungen historischer Phänomene meist gering. Die Frage, wie man sich selbst zu solchem Streit verhalten soll drängt ebenso wie die Frage danach, was denn damals eigentlich geschehen ist, in einem zweiten Ansatz zur Analyse des Struktur- und Ereigniszusammenhangs, in den das Faktum der Ermordung Rosa Luxemburgs und Karl Liebknechts einzuordnen ist. Die Vergegenwärtigung der Situation zwischen dem Herbst 1918 und dem Sommer 1919, ihrer Bedingungen und Zwänge einerseits, der unterschiedlichen Konzepte und Gestaltungsmöglichkeiten andererseits, der Kräfteverhältnisse innerhalb Deutschlands und der Einflüsse von außen — kurz, die Analyse wird je nach Klassenstufe differenzierter oder elementarer vorgenommen. Sie mündet

— in die Auseinandersetzung um ein Sachurteil: was bedeutet der Sieg der parlamentarisch-demokratischen Staatsform im Jahre 1919 über rätedemokratische Konzepte — welche Weichen stellte der Kongreß der Arbeiter- und Soldatenräte im Dezember 1918, welche Konsequenzen hatte das Handeln der Volksbeauftragten aus der SPD? Eine Reihe genauerer Fragen können hier angeschlossen werden: es zeigt sich, wie in die Antworten bereits unterschiedliche Wertungen einfließen — und es ist bereits in der Sekundarstufe I möglich, gegensätzliche Deutungen über das Scheitern der linksradikalen Bewegung im Winter 1918/19 zu analysieren.

— Von dieser Stufe aus lassen sich dann die unterschiedlichen Wertungen, wie sie als Einstieg herangezogen wurden, genauer auf ihre Implikationen hin befragen, zeigt sich die gegenwärtige Parteinahme und das Spektrum politischer Grundpositionen in der Stellungnahme zu historischen Vorgängen, läßt sich diskutieren, ob und warum man entweder die historische Entscheidung von 1919 prinzipiell begrüßt oder bedauert als eine Station in der Auseinandersetzung zwischen „Sowjetsystem und demokratischer Gesellschaft" — oder — in anderer Position — zwischen sozialistischer und bürgerlicher Demokratie: Positionen, die man nun aber gegenüber den anderen in ihren Formen von 1919 und von heute kennen und begründen können muß. Auf diese Weise wird es nicht zu bloßer „Heldenverehrung" oder zur Verketzerung kommen — im Begreifen unterschiedlicher Positionen ist es möglich, den Zielen wie den Motiven der Handelnden historische Gerechtigkeit zuteil werden zu lassen und doch selbst Stellung zu beziehen.

Dabei wird es Differenzen geben müssen über die politischen Wertvorstellungen der Kontrahenten und über die Beurteilung der Konsequenzen der Entscheidung, auch hinsichtlich der Mittel und der Nebenwirkungen. Klarheit allerdings und Einmütigkeit läßt sich hier gewinnen im Bereich der moralischen Beurteilung von Mord, Gewalttat, Willkür als unabhängig von ihrem Zweck zu verurteilender Unmenschlichkeit: allein schon deshalb, weil sie Opfer solcher Unmenschlichkeit wurde — so könnte man wertend die Einstiegsfrage beantworten, hätte Rosa Luxemburg auf öffentliches, ehrendes Andenken Anspruch. Die Befähigung zur Empathie, zum menschlichen Mitfühlen und Mitleiden, zur ethisch begründeten Stellungnahme angesichts der Verletzung von Menschenwürde sollte der Geschichtsunterricht ungebrochen entwickeln; daß es bei Wahrnehmung der Verflechtung von Schuld im konkreten historischen Prozeß nicht immer eindeutige und einfache Teilnahme geben kann, daß die Stellungnahme in Unsicherheiten, die Wertung in Antinomien führen wird, darf nicht den Grund zur Resignation vor der Aufgabe liefern, für Humanität zu sensibilisieren.

Auf dieser Basis dieses moralischen Grundkonsensus ist eine unterschiedliche Stellungnahme in der Klasse, die jede Position zum abwägenden Nachdenken brächte und also die Perspektive differenzierter auszöge, im Sinne des Unterrichtszieles erwünschter als eine vordergründige Einigkeit. Nicht die Vorstellung, man wisse jetzt endgültig Bescheid, sondern vielmehr die andere, es sei ebenso lohnend wie notwendig, mehr zu wissen und neue Perspektiven kennenzulernen, sollte am Ende geschichtlicher Unterrichtsreihen stehen.

Steht ein so offenes Ergebnis aber nicht der Forderung nach „Verfassungskonformität" entgegen? Eine solche Behauptung wäre eine grobe Verkennung der Verfassung und dieses Unterrichtsansatzes zugleich. Und zwar nicht nur deshalb, weil sie den historischen Abstand überspränge und die plastische Situation von 1919 mit der Elle der Erfahrungen von 1977 mäße; vor allem darum, weil gerade im Ernstnehmen der Alternativen, der Herausforderungen der freiheitlichen demokratischen Grundordnung — auch ihren historischen Herausforderung — ein Postulat dieser Grundordnung selbst liegt; es würde aufgegeben, wenn historische Dogmen verkündet würden, wenn der Gegner in seiner Argumentation nicht ernst genommen, seine partielle geschichtliche Legitimation nicht an unserer gemessen werden dürfe.

Es braucht nicht ausgeführt zu werden, warum ein so angesetzter Geschichtsunterricht immer auch ein Stück politischen Unterrichts ist, warum sich kognitive mit affektiven Stellungnahmen verbinden, Identitäten artikuliert, befragt, befestigt oder modifiziert werden. Es ist aber auch einsichtig, daß ein solcher Grundsatz des Unterrichts eine „statische" Vorstellung von Geschichte nicht aufkommen läßt, vielmehr den Schüler fortschreitend differenzierter in den Prozeß des Auf- und Umbaus von Geschichtsvorstellung hineinnimmt.

Das Beispiel der revolutionären Situation in Deutschland um 1918/19 gehört zu den Themen, an denen sich der Durchgang durch die drei Dimensionen der Analyse, des Sachurteils und der Wertung besonders anbietet, weil die öffentliche Diskussion noch unmittelbar diese Ereignisse bewußt hält. Es gibt — nicht nur aus der Zeitgeschichte —

eine Vielzahl solcher Ansatzmöglichkeiten des Unterrichts in der öffentlichen Diskussion — mehr, als der Geschichtsunterricht gewöhnlich nutzt. Diese Ansatzmöglichkeit ist auch dort gegeben, wo nicht so unmittelbar politische Kontroversen anstehen: Was es bedeutet, ein Denkmal zu „schützen" oder abzureißen, ein neues zu errichten oder es nicht zu tun, eine historische Ausstellung zu planen usw. — das alles sind tägliche Überlegungen, die es erlauben, das in ihnen liegende Geschichtsverständnis in den drei Dimensionen aufzugreifen und zu analysieren: ist man erst einmal hellhörig geworden für die Vielzahl solcher und anderer Anknüpfungsmöglichkeiten der Geschichte an das Tagesgeschehen und seine Kommentierung in den Medien, wird man eher zu viele als zu wenige Möglichkeiten finden, den Unterricht mit dem gegenwärtigen Selbstverständnis zu verbinden.

Keineswegs soll das Beispiel einen bestimmten Gang durch die drei Gruppen von Lernzielkriterien vorschreiben, der stets bei der vorgefundenen Wertung ansetzen und über die Analyse und das Sachurteil zu ihr zurückführen müßte. So reizvoll ein solches Vorgehen ist, so wenig sollte es generalisiert oder gar schematisiert werden. Gibt es doch auch wichtige historische Phänomene, mit denen sich das gegenwärtige Verständnis nicht auseinandersetzt, die es verschweigt, verdrängt, vergißt. Ihre Bedeutung wäre dann erst, von der Analyse ausgehend, bewußt zu machen — gerade wenn sie darin bestünde, uns etwas ganz anderes, als wir es selbst sind, vor Augen zu führen, als Kontrast oder Bereicherung. Auch dort, wo die Geschichte die Lücken und Defizite des gegenwärtigen Selbstverständnisses zeigt, kann sie zu einer Klärung und Erweiterung beitragen. So ist also der Geschichtsunterricht, wenn er durch die drei Dimensionen des Geschichtsbewußtseins führt, nicht nur mit der Nach- und Aufarbeitung des öffentlichen Geschichtsverständnisses seiner Gegenwart befaßt, er hat komplementär selbst durch Heranführung an die Vergangenheit dieses Geschichtsverständnis zu erweitern, offen zu halten auch für das scheinbar gegenwärtig Nicht-Relevante: nur, er muß dessen geheime oder potentielle Relevanz glaubhaft zeigen können, d. h., er muß Interesse wecken und wachhalten können. Er muß die Erfahrung didaktisch ernst nehmen, daß es oft das zeitlich oder räumlich Entfernte, das ganz Fremde ist, welches betroffen macht und das Interesse reizt; auch das ist ein sehr wesentliches, nur vom Geschichtsunterricht aufzugreifendes Element der Vertiefung des gegenwärtigen Selbstverständnisses durch Rezeption der Geschichte. Nur dann, wenn dieses Betroffensein sich nicht einstellt, wird der Geschichtsunterricht steril.

Unter Beachtung der eben formulierten Vorbehalte gegen das Mißverständnis, den „Durchlauf" durch die drei Dimensionen der Lernziele als schematisch anzuwendenden Unterrichtsgang an jeden Gegenstand anzulegen, kann man dennoch auf die Möglichkeit einer mikrostrukturellen Sequenzenbildung hinweisen und, vor dem Hintergrund des konkreten, hier nur skizzierten Beispiels, ein Verlaufsmodell des Geschichtsunterrichts — als eines unter anderen — abstrahieren:

Allgemeines Verlaufsmodell des historisch-politischen Unterrichts (Arbeitsschritte)

1. Aufgreifen eines Themas/Problems unter Bezug auf curriculare Vorgaben bzw. aktuelle Ereignisse (Kontroversen) und/oder auf Schülerinteressen; Überlegungen zur „Relevanz" und zur möglichen Strukturierung des Themas; Entscheidung für einen bestimmten Zugriff
2. Klären der gängigen „Bilder" und Vorstellungen sowie der Schülerurteile; Prüfen

der Möglichkeiten der Lerngruppe zur Begründung ihrer Urteile; Formulieren erwogener Annahme, evtl. Mitteilen provokativer Informationen
3. Herausarbeiten offener bzw. zentraler Fragen und Gesichtspunkte; Aufstellen von Erkenntniszielen; Klären der Informationsbedürfnisse; Materialbeschaffung (bzw. Materialangebot des Lehrers); Organisieren der Arbeit
4. Analysen des Informations- und Quellenmaterials nach Einzelaspekten; Informations- und Quellenkritik, Sachaussagen zu Einzelfragen und Teilerscheinungen
5. Rekonstruktion von Vorgängen und Situationen (Konstellationen, Konfigurationen); Einordnen in übergreifende Zusammenhänge; Formulieren historischer (historisch-politischer) Beobachtungen und Sachurteile
6. Systematisches Überprüfen der unter 2. vorgefundenen — geteilten oder abgelehnten — Urteile und Annahmen; Aussagen über den Gegenwartsbezug bzw. die lebenspraktische Bedeutung der durch den Prozeß unter 3., 4. und 5. geklärten und begründbar zu formulierenden Sachurteile und ggf. der Kontroversen zwischen ihnen; Formulierung historisch fundierter politischer Stellungnahmen oder Wertungen; Reflexion auf die in diese Stellungnahmen eingehenden historischen Erkenntnisse einerseits, gegenwärtigen Erkenntnisbedingungen und Interessen andererseits; ggf. Reflexion des Aufforderungsgehaltes der Sachurteile und Wertungen bzw. Stellungnahmen und ihrer möglichen-direkten oder vermittelten — Bedeutung für eigenes Entscheiden oder ggf. Handeln.

Es handelt sich nicht um ein Formalstufenschema, das die konkreten Unterrichtsprozesse festlegen soll, sondern um ein sachlogisch, psychologisch und methodisch reflektiertes fachdidaktisches Instrument zur Verdeutlichung der Methodenkonzeption des angestrebten Unterrichtsprozesses.
Das Verlaufsmodell ist darüber hinaus als Hilfe bei der Artikulation und Orientierung der unterrichtlichen Handlungen bzw. Verhandlungen gedacht; es kann sowohl dem Lehrer bei der Erstellung seines Verlaufsplans als auch der ganzen Lerngruppe beim Entwurf ihres Arbeitsplans dienlich sein und bezieht sich auf eine ganze Unterrichtseinheit[35].
Die in vorsichtiger Typisierung herausmodellierte Folge unterrichtlicher Situationen, Phasen, Akte oder Schritte sowie jeder einzelne Schritt sind je nach den spezifischen Bedingungen einer Lerngruppe und je nach der Thematik inhaltlich zu konkretisieren und abzuwandeln. Dabei geht es weniger um die prägnante Abhebung und die Zahl der Schritte als um die situativ, inhaltlich und intentional angemessene Gliederung und die Transparenz des Arbeitsgangs.
Die Schritte 2. bis 6. dürfen im Kontext der bisherigen Ausführungen zum fachlichen Gesamtkonzept ohne weiteren Kommentar verständlich sein. Zur Klärung der Eigenart und Funktion der Eröffnungsphase werden einige Erläuterungen genügen: Darin soll

[35] Den Hinweis auf die Möglichkeit, ein typisiertes Verlaufsmodell zu entwerfen sowie seine Formulierung verdanke ich Siegfried Quandt. Zur Diskussion um „Artikulation" und „Sequenzenbildung" im Unterricht vgl. u. a. Kopp, Ferdinand: Die Artikulation des Unterricht. In: Didaktik, hrsg. v. Hermann Röhrs, Frankfurt/M. 1971, S. 155—168. Menck, Peter / Gösta, Thomas (Hrsg.): Unterrichtsmethode — Intuition, Reflexion, Organisation. München 1972. Salzmann, Christian: Methodenkonzeption. In: Schulpädagogik, hrsg. v. Willi Potthoff, Freiburg/Basel/Wien 1975, S. 161—167. Eigenmann, Joseph: Sequenzen im Curriculum. Weinheim/Basel 1975. Frey, Karl / Isenegger: Urs: Bildung curricularer Sequenzen und Strukturen. In: Curriculum-Handbuch, hrsg. v. Karl Frey u. a., Bd. II, München/Zürich 1975, S. 158—164.

nicht nur das Bemühen um „Motivation“ und „Einstieg“ im landläufigen Sinne zum Ausdruck kommen; es geht hier um die Offenlegung der Ausgangssituation und vor allem darum, der Lerngruppe klarzumachen, daß ein „Thema“ nicht etwas sozusagen naturgemäß Gegebenes ist, sondern das Produkt eines absichtsvollen und perspektivischen Zugriffs. Lehrer und Schüler können durch Lehrplanvergleiche den thematischen Entscheidungsspielraum erkunden und werden dabei feststellen, daß in dem anvisierten Inhaltsbereich zumeist recht unterschiedlich thematisiert und damit geurteilt wird. Sie können diese inhaltlichen Akzentuierungen mit ihren Kenntnissen und Interessen vergleichen; sie sollten mögliche Aspektierungen durchspielen und sich dann für einen „interessanten“ Zugriff bewußt entscheiden. Dieser vorläufige und gleichsam experimentelle Umgang mit Themen verwickelt in der Regel alle Beteiligten in eine sachliche unterrichtliche Auseinandersetzung und entlastet den Lehrer von der Suche nach einer Art Gag für den „Einstieg“; er könnte aber bei bestimmten Thementypen auch zuweilen mit einer Entscheidung gegen die weitere Verhandlung enden.

Neben dieses Verlaufsmodell von Unterricht lassen sich Varianten stellen, mit ihm lassen sich unterrichtstrukturierende Verfahren in Übereinstimmung bringen, die prinzipiell der allgemeinen Zielsetzung von Geschichtsunterricht, wie sie hier entwickelt wurde, verbunden sind und sich bemühen, sie bis in den konkreten Unterricht hinein zu realisieren. Hier ist vor allem das Strukturierungsverfahren zu nennen, das H. Süssmuth ausführlich begründet und bis in die einzelnen Schritte und Stufen dargelegt hat. Dieses „strukturerschließende Verfahren“ ist für viele historische Gegenstände relevant, eignet sich aber insbesondere für den zeitgeschichtlichen Unterricht — also jenen Thementyp, der unten (s. S. 98) als zweiter Unterrichtsansatz genannt wird. Wesentlich ist hier, daß in begründetem Vorgehen die Dimensionen der Wertung und Stellungnahme, des Sachurteils und der Analyse miteinander in Beziehung gesetzt werden und der Unterricht auf diese Weise Geschichtsbewußtsein mit dem Selbstverständnis von einzelnen oder Gruppen in der Gegenwart vermittelt[36].

2.3.3.3 Ein Hilfsinstrument für das Finden und Kombinieren von Lernzielen

Die Lernzielkriterien ermöglichen es, die Vielzahl der konkreten Lernziele grundsätzlich in eine geordnete Übereinstimmung mit der Grundaufgabe des Geschichtsunterrichts zu bringen; sie bieten einen Bezugsrahmen, innerhalb dessen der in seiner Wissenschaft wie in der Didaktik seines Faches ausgebildete Lehrer variabel und doch kontrolliert den Unterricht planen kann. Aber sie sind noch sehr allgemein gehalten. Es ist jedoch möglich, mit ihrer Hilfe ein etwas genaueres Planungsinstrument zu entwickeln, wenn man fragt, welche Leistungen in jeder der drei Dimensionen zu bewältigen sind:

— welche Kenntnisse unbedingt erforderlich sind, um am konkreten Thema die drei Dimensionen der Lernzielkriterien zu durchlaufen und miteinander zu verbinden;

— welche Fertigkeiten und Fähigkeiten beherrscht werden müssen, um Informationen zu beschaffen und Material auszuwerten, Urteile und Wertungen abzuwägen;

---

[36] H. Süssmuth, Lernziele und Curriculumelemente eines Geschichtsunterrichts nach strukturierendem Verfahren. In: Lernziele und Stoffauswahl im politischen Unterricht. Schriftenreihe der Bundeszentrale für politische Bildung, H. 93, Bonn 1972, S. 37—83, vgl insbesondere S. 70 und die folgenden Beispiele des strukturerschließenden Verfahrens („Palästinakonflikt“) und des strukturvergleichenden Verfahrens (Revolution in der Dritten Welt, Marxistische Modelle“).

— welche Einsichten gewonnen, welche Denkformen und Vorstellungen entwickelt werden müssen, um zu analysieren, zu beurteilen und zu werten.

Die Entscheidung, nach diesen drei Gesichtspunkten die Lernzielkriterien in jeder Dimension zu befragen, um genauere Anhaltspunkte für Planung, Durchführung und Kontrolle des Unterrichts zu gewinnen, läßt sich wie folgt begründen:

— zwar sind die „Kenntnisse“ im Bereich der Geschichte, sieht man von den bloßen Daten ab, immer auch unbewußt oder bewußt „Einsichten“, Ergebnisse von Deutungsprozesen; dennoch — oder gerade deshalb — ist für den Geschichtsunterricht das Problem der Auswahl des notwendig zu „Wissenden“ so wichtig, daß die „Kenntnisse“ in Planung und Durchführung einer besonderen Aufmerksamkeit und sorgfältigen Bestimmung bedürfen;

— die intellektuellen Techniken des Umgangs mit geschichtlichen Zeugnissen oder gegenwärtigen Aussagen über Vergangenes bedürfen einer sorgfältigen Entwicklung: das Lesen von Texten, die an sie zu richtenden Fragen, die Fähigkeit, Quellen zu interpretieren und zu vergleichen, die Fähigkeit, mit Statistiken, Graphiken, Bildern deutend, verstehend, kritisierend umzugehen, muß entwickelt werden, wenn Selbständigkeit der Auseinandersetzung mit Aussagen über Geschichte angestrebt wird; das gleiche gilt für die Entwicklung der argumentativen Fähigkeiten. Der Unterricht muß also dieser Gruppe von auszubildenden Qualifikationen besondere Aufmerksamkeit zuwenden und in jeder Unterrichtsreihe an ihrer Weiterentwicklung je nach zugrundegelegtem Material arbeiten;

— Erkenntnisse oder Einsichten als Ergebnis von Denkoperationen, gewonnen aufgrund von Kenntnissen und von Erarbeitung des Materials, unter bestimmten Fragestellungen und unter Bündelung mehrerer Perspektiven sind in allen drei Dimensionen des historischen Lernens die im kognitiven Bereich anzustrebenden Ziele des Unterrichts. Sie sind mehr als „Kenntnisse“, weil sie komplexer sind; sie sind andererseits problematischer und variabler, Irrtümern oder Kontroversen notwendig unterworfen: Um die „Bauernbefreiung“ nach 1807 als Kenntnis i. e. S. zu vermitteln, genügt es, zunächst über die entsprechenden Edikte zu informieren und ihre Auswirkungen darzustellen; historische Erkenntnisse oder Einsicht zu vermitteln verlangt jedoch, diese Maßnahmen sowohl im strukturellen Zusammenhang der preußischen Reform (rechtlich, wirtschaftlich, politisch, ideologisch) wie auch im chronologischen Zusammenhang der Transformation von Staat und Gesellschaft begreifen zu können; im Bereich des Sachurteils wird die Erkenntnis der Bedeutung der Bauernbefreiung für die wirtschaftliche, soziale und politische Ordnung und ihre Verwandlungen im 19. Jahrhundert verlangt und zwar in ihrer Ambivalenz auf den verschiedenen Ebenen, in der deutlichen Differenz von Reformabsicht und Auswirkung; im Bereich der Wertung und Stellungnahme wird Einsicht verlangt in die normative Begründung dieser „Befreiung“ im Kontext der liberalen ökonomischen wie politischen Theorie, Abwägung der Formen individuellen freien oder kollektiven, gebundenen Wirtschaftens, in die Bedeutung des Eigentums- und Entschädigungsrechts usw.

An diesem Beispiel wird deutlich, daß die Gruppe der Kenntnisse sich erst organisieren und bestimmen läßt aus den je nach Gegenstand und Lerngruppe für möglich und nötig erachteten Erkenntnissen in allen drei Zieldimensionen. Ebenso fordert das Postulat

der weitgehend selbständigen Erarbeitung der wesentlichen Erkenntnisse die Vermittlung der Fertigkeiten, mit grundlegend wichtigen Materialien erschließend umzugehen.
Ferner läßt sich zeigen, daß die Dimensionen von Analyse, Sachurteil und Wertung/Stellungnahme unterschiedlich akzentuierte Kenntnisse, Fertigkeiten und Einsichts- oder Erkenntnisformen aktivieren. So kann man — ohne Vollständigkeit auch nur im Entferntesten anzustreben — beispielhaft für jede Dimension der Lernzielkriterien typische Kenntnisse, Fertigkeiten und Einsichten oder Erkenntnisse stichwortartig angeben. Natürlich bleibt diese Auflistung angesichts des komplexen Vorgangs historischer Einsicht und Urteilsbildung immer fragwürdig und an vielen Punkten auch unscharf. Während die drei Dimensionen der ersten Tabelle, welche die Kriterien für Lernzielbildung ausfächerten, zwar ergänzbar, aber prinzipiell vollständig unseren Gegenstand abdecken, ist diese Tabelle ein Behelf, ein bloßes Hilfsinstrument für den Lehrer, von praktischer mehr als von theoretischer Bedeutung. Es ist ebenso richtig wie leicht und billig, über den gebrechlichen Charakter und die Unschärfe solcher Instrumente in Erkenntnisbereichen zu spotten, in denen „ein Schlag tausend Verbindungen schlägt". Hingegen geht es hier — das muß nachdrücklich betont werden — nicht um die Erfassung oder Beschreibung des Lernvorganges, sondern um den Versuch, die Anlage des Unterrichts genauer strukturieren zu helfen.
Die hier in der oben erklärten Ordnung aufgeführten Stichworte sind weder vollständig noch haben sie eine systematische Reihenfolge. Das Raster hat lediglich den Charakter eines Ordnungsrahmens und eines Merk- und Suchinstrumentes, mit dessen Hilfe jeder Lehrer selbst inhaltliche Lernziele angesichts seines Unterrichtsgegenstandes und der konkreten Lerngruppe formulieren kann. Es muß selbst noch allgemein bleiben, um generell brauchbar zu sein; es enthält auch Hinweise auf Verfahren des Unterrichts (die ebenfalls zu erlernen sind), welche nicht nur dem Geschichtsunterricht eigen sind — Brücken des Transfers zwischen den Fächern.
So bietet das Raster, immer zusammengedacht mit den drei Dimensionen der Lernzielkriterien, die Möglichkeit, historischen Inhalt zum Unterrichtsgegenstand, zu Lernpotential aufzubereiten. Es enthält die Forderung, in jeder abgeschlossenen Unterrichtseinheit Analyse, Sachurteil und Wertung zu thematisieren und miteinander zu verbinden und die dazu notwendigen Kenntnisse bereitzustellen, die Fertigkeiten zur selbständigen Auseinandersetzung mit historischem Material zu entwickeln und die Einsichten zu erarbeiten, die in jeder der drei Dimensionen angesichts eines konkreten Inhaltes erforderlich sind.
In welcher Reihenfolge, in welcher Gewichtung der Lehrer dabei vorgeht, wird durch das Raster nicht festgelegt. Man darf nicht dem optischen Täuschungseffekt einer solchen karierten Auflistung verfallen, als ob alles zugleich gleich wesentlich wäre. Im Gegenteil: das Raster will gerade in seiner Formalität als bloßes Instrument der Unterrichtsplanung dem Lehrer Freiheit lassen, es jeweils verschieden auszufüllen, zu gewichten, partiell zu durchlaufen; es zeigt ihm allerdings zugleich, in welchen Feldern er seinen Unterricht besonders thematisiert, welche er ausläßt oder vermischt — und enthält den unausgesprochenen Zwang zur Begründung der Planung. Damit hält es die Lernzieldimensionen präsent und macht es möglich, konkrete Lernziele auf den drei Ebenen zu formulieren und im Unterrichtsverlauf in einem bestimmten Zusammenhang und in einer bestimmten Abfolge zu plazieren.
Man findet allerdings in diesem Raster kein Patentrezept zur schnellen Unterrichtspla-

nung. Denn die Komplexität der historischen Erscheinung wird durch die Sortierung von Leitbegriffen nicht vermindert. Man könnte im Gegenteil sagen, daß eine solche Tabelle erst die Problemfelder bewußt macht und verlangt, die Rekonstruktion der Vergangenheit umfassend vorzunehmen, wobei immer die ambivalenten Erscheinungen sich dem eindeutigen planenden Unterrichtszugriff entziehen. Deshalb kann auch mit Hilfe der Lernzielkriterien Unterricht sehr verschieden geplant und durchgeführt werden.

Die Tabelle erspart dem Lehrer auch nicht, angesichts seines Gegenstandes und seiner Klasse die notwendigen Reduktionen vorzunehmen, bewußt und vielleicht drastisch unter den Zielaspekten auszuwählen — allerdings unter Beachtung aller drei Dimensionen der Kriterien. Nur so, bei strenger Reduktion, wird sich die Frustrierung vermeiden lassen, die sonst leicht aus der Diskrepanz zwischen zu hoch gesteckter Planung und Unterrichtswirklichkeit entsteht.

In dem hier ausgearbeiteten Zusammenhang haben die Lernzielkriterien und das Raster zur Findung von Lernzielen zunächst auch die Funktion, ein Instrumentarium zur Beurteilung von Unterrichtseinheiten bereitzustellen: denn nur am konkreten Fall läßt sich über die Tauglichkeit abstrakter Kategorien diskutieren. Solche Konkretisierungen werden in unterschiedlicher Weise in den Unterrichtseinheiten dieses Werkes vorgelegt; die Benutzer, als Lehrer wie Schüler, finden hier das so oft vermißte Instrumentarium, mit dem die Unterrichtseinheiten am eigenen Anspruch gemessen werden können. Darüberhinaus wäre es natürlich möglich und wünschenswert, wenn die Möglichkeiten und Grenzen des hier entwickelten Zugriffs auch in eigenen Entwürfen überprüft würden. Die in den Unterrichtsbeispielen formulierten Lehr- oder Lernziele müßten geprüft werden, ob sie im Vollzug des Unterrichts Hilfe leisten, den theoretischen Begründungsrahmen praktisch auszufüllen. Sie sind ferner daraufhin zu befragen, ob sie genau formuliert, also „operationalisierbar" sind.

Zwar muß sehr nachdrücklich betont werden, daß das generelle Ziel des Geschichtsunterrichts, wie es oben beschrieben wurde, durch keinen Unterricht „operationalisierbar" ist: gerade die entscheidenden Faktoren, die das individuelle und soziale Selbstverständnis auf der Basis von historischem Verständnis und geschichtlicher Urteilsbildung und Wertung entwickeln, sind nicht durch Unterrichtsveranstaltungen allein zu aktivieren und schon gar nicht im Unterricht nachprüfbar. Was an allgemeiner Lebenserfahrung, was an Kenntnis und Verständniserweiterung durch sekundäre Erfahrung in Lektüre und Gespräch, was an Entwicklung vor allem sprachlicher Fähigkeit und damit an Möglichkeiten sublimeren Begreifens dem Menschen im sozialen Kontakt zuwächst, ist wahrscheinlich sehr viel bedeutsamer für sein Geschichtsverständnis als der Unterricht. Es ist viel, wenn es dem Geschichtsunterricht gelingt, Interesse zu wecken und Denkformen zu entwickeln und zu üben, mit denen Vergangenheit ergriffen werden kann, eine notwendig begrenzte Kenntnis der historischen Genese unserer Welt und darüber hinaus bedeutsamer geschichtlicher Paradigma zu vermitteln. Damit kann er freilich für das Aufgreifen der geschichtlichen Substanz in der sog. Lebenswelt die Basis an Kenntnissen, Einsichten, Urteilsvermögen legen.

Gerade deshalb ist es aber wichtig, die Lernziele auf der Ebene, wo überprüfbar ist, ob sie erreicht wurden, klar zu formulieren und zu evaluieren. Das gilt zunächst für die Kenntnisse und für die Fertigkeiten im Umgang mit historischem Material. Das Lernen von Fakten ist ja nur dann ein unsinniger Drill, wenn sie tot gespeichert werden; werden sie in Argumentations-, Interpretations-, Urteils- und Wertungszusammenhänge ein-

Faktenwissen (Ereignisse, Abläufe, Zustände ...) *Strukturwissen* (politische Systeme und Formationen; soziale Gebilde, wirtschaftliche, kulturelle, geographische Zusammenhänge ...) *Begriffswissen* (Sachbegriffe des historisch-politischen Bereichs: z. B. Staatsformen, Regierungsformen, Rechts- und Wirtschaftssysteme, soz. Begriffe: Klasse, Gruppe, Schicht usw.)	*Deutungskategorien:* Interesse, Macht, Ordnung, Revolution ... (pol. pragm. Bereich) — Vorurteil, Identifikation, Angst, Einstellung ... (sozialpsychologischer Bereich) — Bedeutung, Folgewirkung, Nebenwirkung, Ursache — Folge, Entwicklung, Kontinuität, Diskontinuität ... (Prozeßbegriffe) — Schluß, Beweis, Widerspruch, Hypothese, Richtigkeit, Wahrheit ... (logischer Bereich)	*Normative Begriffe:* Recht, Gerechtigkeit, Freiheit, Gleichheit, Sicherheit, Frieden, Fortschritt ... samt den Gegenbegriffen *Wertsysteme der politisch-sozialen Ordnung: (z. B.)* Grundrechte, Gewaltenteilung und -ballung, Volkssouveränität, Gottesgnadentum, Gleichheitspostulat, Ordogedanke, Liberalismus, Sozialismus, Nationalismus, ständische Ordnung, demokratische Systeme ... mit den jeweils konstituierenden Primärwerten. Utopien als Wertsysteme	Kenntnisse, Wissen
Auswertung von Informationsmaterial Erschließung von Quellentexten und Grundformen der Quellenkritik Methoden der Erschließung nichtsprachlichen Materials Rezeptive und produktive Sprachkompetenz, Ausdrucksadäquanz im mündlichen und schriftlichen Beschreiben und Erklären geschichtlicher Sachverhalte Technik der Facharbeit	Anwendung logischer Denk- und Urteilsverfahren (Schließen, Folgern, Vergleichen, Beziehen ...) Anwendung dialektischer Argumentationsweisen Erkennen von Zeitbedingtheit und Zeitfremdheit, von Verlaufszusammenhängen Gewichtung geschichtlicher Erscheinungen nach Breite, Exemplarität Techniken der diskursiven Abhandlung — der Diskussion und Debatte	Unterscheidung von Wertsystemen nach den Grundprämissen Vergleich von Wertansprüchen mit der jeweiligen Realität nach den dafür bedeutsamen Faktoren (Widerspruch, Bestätigung, Defizit) Kenntnis und Anwendung der Techniken der Argumentation, Kenntnis agitatorischer Figuren, „Verblüffungsfestigkeit" vor Scheinargumenten ...	Fertigkeiten, Fähigkeiten
Gliedern von Zeiträumen Erkennen von politischen, sozialen, wirtschaftlichen, kulturellen Zusammenhängen und Strukturen Erkennen von Interessenlagen und Antagonismen Erkennen und Beschreiben von Prozessen — Ursachen, Wirkungen, Motiven Erkennen von Einmaligem und Allgemeinem, Verhältnis von Ereignis und Struktur Verstehen des zeitgenössischen Selbstverständnisses und seiner Bedingungen — einschließlich der Kontroversen	Beurteilung von Zuständen, Entscheidungen, Verläufen nach: — den Motiven und Zielen — den Wirkungen und Folgen — dem Nutzen oder Schaden für bestehende Subjekte — dem Selbstverständnis der Zeitgenossen und der späteren Epochen Vergleichen mit gleichzeitigen und ungleichzeitigen Erscheinungen ähnlicher Art Verstehen und Beurteilen historischer Theoriebildungen als Ordnungs- und Beurteilungssystemen Vergleich verschiedener Urteile	Erkennen der Prämissen in Wertungen und Stellungnahmen zu historischen Erscheinungen Abwägen ihrer politischen Funktion und ihres Wahrheits-, Richtigkeitsanspruchs Erkennen der Wertkonkurrenzen, der Zeit- und Standortgebundenheit von Wertungen Abwägen und Begreifen kontroverser Wertungen Finden und Begründen einer eigenen Stellungnahme	Erkenntnisse, Denkformen

gebracht, gehören sie notwendig zum Bestandteil jeden historischen Verständnisses. Wissen zu übermitteln, ist ebenso notwendig wie sinnvoll unter der Voraussetzung, daß es sich im funktionalen Gesamtzusammenhang der drei Dimensionen der Lernzielkriterien befindet. Ebenso läßt sich der Umgang mit Quellen, Tabellen, Graphiken, Sekundärliteratur usw. sehr viel bewußter schulen, als es häufig geschieht; diese Übung und ihre Überprüfung ist noch wichtiger als die Vermehrung des Wissens, aber auch sie wird erst sinnvoll im Zusammenhang von Analyse, Sachurteil und Wertung. Deshalb sollten die Erarbeitung von Kenntnissen und Fertigkeiten ebenso wie ihre Überprüfung nicht isoliert für sich, sondern im Zusammenhang mit der Suche nach Antworten auf historische Probleme, auf Streitfragen, Urteilsdivergenzen erfolgen.
Aber auch die komplexeren Leistungen im Bereich der Einsichten — seien sie nun analytischer, urteilender, wertender Akzentuierung — sind bis zu einem gewissen Grade überprüfbar: nur muß man sich auf diesem Feld davor hüten, die „richtige" oder gewünschte Einsicht als die bessere Leistung zu honorieren, abweichende, auf gleichem Wissen und gleichem Material beruhende für mißlungen zu halten. Das Kriterium ist hier, ob alle verfügbaren Kenntnisse herangezogen, alle Materialien sorgsam und kritisch ausgewertet wurden, die im Unterricht zur Verfügung standen; ob die Zusammenhänge berücksichtigt und gewichtet, ob die Urteilskriterien angelegt und ob die Wertungen in sich stimmig sind. Das Abstruse wird sich dann selbst widerlegen; aber bei gleicher Qualität können durchaus unterschiedlich akzentuierte Deutungen entstehen: gerade sie bieten den Ausgangspunkt kritischer Abwägung, gegenseitigen Begreifens verschiedener Urteile und Wertungen, der rationalen Befestigung oder Korrektur der eigenen Ansicht — also der höchsten Stufe, zu der der Geschichtsunterricht kommen kann. Darum sollten auch diese komplexeren Leistungen bewußt erarbeitet und überprüft werden.
Das geht freilich nur, indem sie differenziert dargelegt werden. Die schriftliche oder mündliche Auseinandersetzung gehören zum unerläßlichen methodischen Bestandteil des Unterrichts: Vorbereitung und Durchführung von Diskussion und Debatte, zunehmend methodisch exakt, sind deshalb ebenso wichtige Mittel zur Ausfüllung des Lernzielrahmens wie die Erarbeitung von Material und die Strukturierung von Informationen. Ihr Ort ist dort, wo sich Unterschiede in Urteil und Wertung abzeichnen und es um die verschiedene Deutung historischer Tatbestände geht. Aber auch die kurze Facharbeit als Sachbericht oder als Abhandlung, als Streitschrift oder als Diskussionsbeitrag, Leserbrief usw. gehören in dieses Gebiet der Überprüfung von Lernzielen komplexer Art. Die Oberstufenreform hat bereits mit dem Vorurteil Schluß gemacht, daß Geschichte ein sog. „mündliches" Fach sei — Schaden genug ist durch dieses Mißverständnis bereits angerichtet worden: Schaden an Genauigkeit des Denkens, Nachweisens, Formulierens, Schaden durch mangelnde Gewöhnung an Exaktheit und ans eigene Verantworten historisch-politischer Aussagen, Schaden durch Förderung der Vorstellung von Beliebigkeit, Austauschbarkeit der Urteile und Wertung, schlimmer noch, Gewöhnung an phrasenhafte Abstraktheit, ans Nachreden gerade gängiger, pauschaler Albernheiten, ans Sich-Beruhigen bei nebelhaften Vorstellungen.
Es braucht nicht betont zu werden, daß die mündliche wie schriftliche, in Gespräch, Diskussion und ausgearbeiteter Darstellung sich vollziehende Überprüfung von Lernzielen nur im Zielzusammenhang des Unterrichts erfolgen sollte, der hier allgemein entwickelt wurde. Die einzelnen Unterrichtsmodelle geben dazu Anregungen, formulieren Aufgaben unterschiedlicher Reichweite — aber sie schließen nicht aus, daß ganz andere Fra-

gen und Aufgaben gestellt und beantwortet werden. Das hier vorgestellte Raster gibt auch für solche Unterrichtsversuche einen allgemeinen Rahmen, innerhalb dessen durch vielfältige Verbindungen der Felder am gegebenen Gegenstand wesentliche Fragestellungen gefunden werden können. Es kann zugleich ein Instrument der Lernzielkontrolle, der „Effektivitätsmessung“ werden[37].

2.3.4 Themen des Geschichtsunterrichts in der Sekundarstufe I

Die Kritik an der Auffassung, welche die „Lernzielorientierung“ des Unterrichts absolut setzt und die Inhalte als austauschbar und damit letztlich gleichgültig behandelt, hat sich zu Recht in den letzten Jahren verstärkt[38]. Die Didaktik des Geschichtsunterrichts kann sich nicht der Bestimmung von Themen durch die Aufstellung von Zielen entledigen — um so weniger, wenn sie die Ansicht vertritt, daß konkrete Lernziele immer auch inhaltsbestimmt sein müssen.

Aber die Festsetzung von bereits interpretierten Themen in einem Lehrplan, soll sie mit zwingender Konsequenz erfolgen, setzt ein klares und anerkanntes Geschichts- und Selbstverständnis voraus; der Lehrplan stellt, wenn er die Inhalte in bestimmter Bedeutung festschreibt, den Anspruch, zugleich mit der historischen Auswahl die Strukturen der Gegenwart und die Perspektiven der Zukunft zu definieren. Deshalb finden sich detaillierte Inhaltsaussagen auch immer in Lehrplänen von Staaten, in denen mindestens die lehrplansetzenden Instanzen ein solches klar definiertes Selbst- und Geschichtsverständnis haben und es durch die Schule tradieren oder propagieren möchten. Auch solche modernen Ansätze der Geschichtsdidaktik, die eine Theorie der gegenwärtigen Gesellschaft als unbezweifelbare Basis des Interesses an der Geschichte annehmen, tendieren zu klarer Definition relevanter Themen und Inhalte[39].

Aber auch auf der Grundlage einer pluralistisch offenen Curriculumdiskussion hat sich das Ungenügen an der Beliebigkeit der Inhaltsbestimmung artikuliert. Hier sieht man Versuche, Inhalte ebenso wie Lernziele „stringent“ durch ein curriculares Verfahren zu gewinnen[40]. Diese Versuche leiden jedoch an dem gleichen Gebrechen wie die Bemühungen um stringente Deduktion von Lernzielen aus obersten Grundsätzen. Man muß anerkennen, daß die Kanonisierung von Inhalten nur möglich ist bei einer Kanonisierung des Geschichtsbildes, also in geschlossenen Systemen — daß hingegen ein pluralistisches

---

[37] Hier fehlen noch Erfahrungen in der Anlage und Auswertung von Unterrichtsbeobachtung. Methodisch fragwürdig bleibt H. Müller, Zur Effektivität des Geschichtsunterrichts, Stuttgart 1972. Hilfreich dagegen B. v. Borries, Lernspiele und Textaufgaben für den Geschichtsunterricht, Stuttgart 1973. Interessant, aber wegen der Problematik im semantischen Bereich noch zu überprüfen U. Mayer, H.-J. Pandel, Kategorien der Geschichtsdidaktik und Basis der Unterrichtsanalyse, Stuttgart 1976 (Anmerkungen und Argumente zur historischen und politischen Bildung, 13). Die dort zu Recht diagnostizierte „fachdidaktische Lücke“ der Unterrichtsforschung, „das Defizit der Geschichtsdidaktik“ wird durch eine „fachspezifisch didaktische Kategorisierung“ zu überwinden gesucht. Das versuchte der hier vorgestellte Versuch bereits 1974 auf dem Braunschweiger Historikertag. Beiheft zur GWU, 1974. S. jetzt auch: Ansätze empirischer Forschung im Bereich der Geschichtsdidaktik, hrsg. v. W. Fürnrohr und A. G. Kirchhoff, Stuttgart 1976.

[38] Bergmann/Pandel, a. a. O. (s. o. Anm. 4), S. 55 ff.

[39] So die Hessischen Rahmenrichtlinien für Gesellschaftslehre, A. Kuhn in der Bevorzugung der Revolutionen (s. o., Anm. 4), H. Giesecke in seinem Vorschlag „Thesen zum Geschichtsunterricht“. In: Neue Sammlung, 14 (1974). Für Lehrpläne älterer, nationalstaatlicher oder dynastischer Provenienz gilt strenge Inhaltsbindung, nicht minder für die Lehrpläne kommunistischer Staaten. Vgl. J. Huhn, a. a. O. (s. o. Anm. 8), S. 355 ff.

[40] Vgl. M. Dörr, Zur Begründung, Auswahl und Ordnung von Unterrichtsinhalten. In: Geschichtsunterricht, Inhalte und Ziele. Hrsg. von J. Rohlfes und K. E. Jeismann, Beiheft zu GWU, Stuttgart 1974, S. 28—52.

Selbstverständnis eine solche Kanonisierung nicht wollen kann. Die Forderung, das Verhältnis der Gegenwart zur Vergangenheit diskursiv, diskutierbar und variierbar zu halten, läßt einen Katalog inhaltlicher Ausschließlichkeit nicht zu. Es sind häufig die unvorhersehbaren und durch keinen Lehrplan einzukalkulierenden Rückgriffe auf historische Themen, die der Gegenwart neue Perspektiven des Selbstverständnisses und der Orientierung für die Zukunft gegeben haben: gerade diese großen und kleinen „Renaissancen", die immer mit einer Neuentdeckung von Vergangenheit einhergingen, würden durch einen kanonisierten Lehrplan aus der Schule herausgehalten oder doch nur mit dem bekannten Verzögerungseffekt wirksam.

Wenn man also anerkennt, daß es keine Instanz in der Gesellschaft und im Staat gibt und geben soll, welche das Verhältnis der Gegenwart zur Geschichte so stringent definieren kann, daß sie einen festen Kanon von Inhalten des Lehrplans zu setzen imstande ist, so muß das andererseits doch nicht heißen, daß in der Bestimmung und Auswahl der Themen Beliebigkeit und Unverbindlichkeit herrschen können.

Die bisweilen in gutgemeinter, emanzipatorischer Absicht erhobene Forderung, „das Interesse der Schüler" müsse für die Auswahl der Themen maßgeblich sein, bietet keine Lösung des Inhaltsproblems. Denn die Interessen der Schüler — vorausgesetzt sie wären eindeutig als die ihrigen auszumachen — sind als persönliche Interessen schon in jeder Klasse notwendig heterogen; sie als „objektive", den Schülern als die ihrigen erst bewußt zu machende Interessen aufzufassen, ist nichts weiter als ein fadenscheiniger Trick, mit dem bestimmte gesellschaftstheoretische und politische Positionen ihre Vorstellungen von Gesellschaft und Geschichte Unmündigen unterschieben.

Auf der einen Seite wird sich der Unterricht offen halten müssen für die Möglichkeit, konkreten Frageanlässen zu folgen, die durch die Ereignisse des Tagesgeschehens in die Aufmerksamkeit der Öffentlichkeit und der Schüler gebracht werden: Interessen, welche die geschehende Geschichte selbst an die Vergangenheit heranträgt. Solche Flexibilität muß sich andererseits verbinden mit einer deutlichen Beschreibung notwendiger Themen. Ihre Notwendigkeit läßt sich allerdings kaum wissenschaftlich „exakt" begründen; sie leitet sich her aus einer plausiblen Adäquanz der Inhalte zum allgemeinen Ziel des Geschichtsunterrichts. Es gibt Themen der Geschichte, die nicht übergangen werden können, wenn das Ziel des Unterrichts, die Gesellschaft in ein aufgeklärtes, rationales Verhältnis zur Vergangenheit zu setzen, erreicht werden soll. Es gibt darüber hinaus eine Vielzahl von Themen, deren Erarbeitung dieses Verhältnis noch weiter differenziert, vertieft und ausweitet, ohne daß es möglich wäre, dem einen Thema generell einen Vorzug vor dem anderen zu geben: hier muß der Lehrplan Alternativen möglich machen.

Insofern die Grundaufgabe des Geschichtsunterrichts in seinem Beitrag zum Selbstverständnis der Gegenwart gesehen und dieses Selbstverständnis wiederum vornehmlich als ein Teil der politischen Kultur und der politischen Entscheidungsfähigkeit verstanden wird, muß die Auswahl der Themen des Geschichtsunterrichts solche Inhalte bevorzugen, welche in die politische Genese unserer eigenen Zeit gehören — wobei der Begriff des Politischen weit gefaßt wird, nicht allein den Raum des staatlichen, sondern auch den des gesellschaftlichen Daseins umschließt. Aus dem umfassenderen Begriff der Geschichte als Humangeschichte wird das politische und gesellschaftliche Element besonders akzentuiert weil es die bestimmenden, allgemeinen Bedingungen gegenwärtigen Daseins einschließt.

Damit wird nicht geleugnet, daß es auch andere, für den einzelnen nicht minder interessante und für sein persönliches Leben bedeutende Inhalte der Geschichte gibt, deren unmittelbare politische Relevanz schwerlich beweisbar sein dürfte: um so besser, wenn es dem Lehrer gelingt, Interesse für kultur- und kunstgeschichtliche Phänomene zu wecken, die Vielfalt besonderer Lebensläufe exemplarisch zu verdeutlichen und Gegenstände in den Bereich der Aufmerksamkeit zu bringen, deren unmittelbarer Beitrag zum Selbstverständnis allein darin zu bestehen scheint, das Gefühl der Mannigfaltigkeit und Staunenswürdigkeit vergangener menschlicher Existenz zu erwecken[41].

Aber angesichts der begrenzten Zeit des Unterrichts können solche Gegenstände, mit solcher Absicht dargeboten, nicht im Zentrum des Lehrplans stehen. Ins Zentrum gehören vielmehr jene Inhalte, die in der Kontinuität des geschichtlichen Gedächtnisses als bedeutsam für öffentliches gegenwärtiges Dasein definiert werden — sicherstes Anzeichen dafür sind immer noch die großen Antithesen innerhalb der Geschichtswissenschaft selbst und die öffentlichen Auseinandersetzungen um die Deutung historischer Ereignisse und Epochen[42].

Gestützt auf eine solche, curricular nicht stringent abzusichernde, auf Plausibilität und gesellschaftliche Konvenienz — auch und gerade in den Kontroversen — gegründete Auswahlmaxime muß jeder Lehrplan seine Inhalte bestimmen. Eine solche pragmatische Bestimmung bleibt offen für Veränderungen und Experimente, für Akzentverschiebungen, wie sie durch die Forschung oder durch Verlagerung des öffentlichen Geschichtsinteresses in der Gegenwart geboten werden können. Es gibt keinen anderen Weg der Bestimmung von Inhalten, auf dem sich Variabilität mit dem Interesse an einem intersubjektiven, kommunikationsfähigen und kritische Identitätsfindung ermöglichenden Geschichtsbewußtsein verbinden läßt.

Beim Vergleich der Lehrpläne und der Themenvorschläge zeigt sich, daß hinsichtlich der „großen Themen" ungeachtet aller Kontroversen eine breite Übereinstimmung darüber besteht, was notwendig zu behandeln ist. Strittig geworden ist nicht so sehr die Auswahl der Themen als vielmehr deren Anordnung einerseits und deren didaktische Strukturierung andererseits — also die Gesamtanlage des Lehrplans und die Binnenstruktur der einzelnen Unterrichtseinheiten, d. h. die Bestimmung des Lernpotentials innerhalb eines jeden Themas. Auf diese beiden Punkte konzentrieren sich die folgenden Ausführungen.

2.3.4.1 Auswahl und Anordnung der Themen — Thementypen

Der folgende Themenvorschlag stützt sich auf die Voraussetzung, daß in der Primarstufe geschichtliche Unterweisung erhalten bleibt und daß hier — vornehmlich in Anknüpfung an die in der Umwelt noch faßbaren und sichtbaren Zeugnisse der Vergangenheit bis zur Zeitgeschichte hin — eine Einführung in geschichtliche Vorstellungen und eine erste Strukturierung des Horizontes der Vergangenheit erfolgt; er setzt ferner voraus, daß in der Orientierungsstufe — Klasse 5 bis 6 — ein Geschichtsunterricht erfolgt, der in exemplarischer Betrachtungs- und Arbeitsweise Grundzüge der sozialen, politischen, wirtschaftlichen und kulturellen Verhältnisse an Beispielen der Vor- und Frühgeschichte, der alten Hochkulturen, der Antike sowie der eigenen Stadt oder Region bis zur Neuzeit verdeutlicht.

[41] Vgl. dazu H. Glöckel, Geschichtsunterricht, Regensburg 1973, S. 170 f.

[42] Vgl. H. M Baumgartner, Kontinuität und Geschichte. Zur Kritik und Metakritik der historischen Vernunft, Frankfurt 1972 passim — zur Grundgegebenheit wie zur Problematik historischer Kontinuität.

Auf dieser Basis müssen Themen für die Sekundarstufe I i. e. S. — Klasse 7 bis 10 — gefunden werden, die einem doppelten Motivationsanspruch gerecht werden: das spontane Interesse der Lerngruppe, hervorgerufen durch politische oder andere zeitgeschichtliche Ereignisse ist als subjektiver Faktor ebenso zu berücksichtigen wie die objektive Motivation, die für das Selbstverständnis der Gegenwart elementar bedeutenden Strukturen und Ereignisse der Vergangenheit zu erarbeiten. Dabei hat die Auswahl der Themen ebenso wie die der Lernziele wiederum dem Prinzip der Adäquanz der Inhalte zur oben beschriebenen spezifischen Aufgabe des Geschichtsunterrichts zu folgen.
Diesen Prämissen wird am ehesten ein Unterricht gerecht, der verschiedene Zugriffe auf die Geschichte anbietet und einübt. Unter der Vielzahl möglicher Formen und Ansätze, sich der Vergangenheit ausschnitthaft — und anderes ist weder in der Wissenschaft noch im Unterricht möglich — zu nähern, scheinen die folgenden eine besondere Bedeutung zu haben und die wichtigsten Spielarten zusammenzufassen; ein reflektiertes Geschichtsbewußtsein wird sich eher einstellen, wenn man sie alle im Unterricht benutzt und auch methodisch bewußt macht, als wenn man nur einem Zugriff — etwa dem chronologischen Durchgang allein oder der bloßen Zufügung historischer Aspekte zu Gegenwartsproblemen — folgen wollte:

1. Die dem Zeitverlauf folgende genetische Betrachtung der „Vorgeschichte der Gegenwart" in ihren bedeutsamsten Erscheinungen;
2. die an einem gegenwärtigen Problem ansetzende, rückwärts fragende, regressive Vergewisserung der Ursprünge und Ursachen, die zum Verständnis des gegenwärtigen Ereignisses notwendig sind;
3. die längsschnittartige Verfolgung einer bestimmten, in der Gegenwart noch bedeutsamen Frage durch mehrere Epochen der Geschichte;
4. die Betrachtung des Gesamtgefüges einer vergangenen Zeit in querschnitthaftem Ansatz, die entweder in Analogie oder als Kontrast auch die Gegenwart in besserer Weise verstehen läßt.

Zwar sind historische Themen nicht nur jeweils einem dieser Zugriffe offen; dennoch ist es so, daß bestimmte Themenformulierungen entweder einem dieser vier Zugriffe eher entsprechen als anderen oder daß durch die Art des Zugriffs das Thema selbst geradezu konstituiert wird. So wird hier versucht, den Arten des Zugriffs auf die Vergangenheit eine Anzahl von Themen zuzuordnen, die sich dann in „Thementypen" gliedern lassen. Die Kombination dieser vier Thementypen gestattet nun die Verbindung eines relativ klaren Unterrichtsaufbaus mit einer erheblichen Variabilität, und sie verhindert zugleich die Verabsolutierung und Isolierung eines bestimmten Zugriffs auf die Vergangenheit — etwa mit der fatalen Folge, daß Geschichte sich im Kopf der Schüler für dauernd als eindimensionaler Faden, als Kapitelfolge des Geschichtsbuchs spiegelt.
Diese Behauptungen bedürfen näherer Erläuterung der Art und der Bedeutung der Thementypen.

1. Sequenzen zur neuesten Geschichte seit dem 18. Jahrhundert

Ein Fachcurriculum für die Sekundarstufe I richtet sich an alle Schüler zwischen dem 12. und 16. Lebensjahr — unabhängig von der Schulart. Es muß derzeit davon ausgehen, daß für die überwiegende Zahl aller Schüler der Geschichtsunterricht am Ende der Sekundarstufe I abgeschlossen ist. Für die große Mehrzahl aller künftigen Bürger muß also bis zu diesem Zeitpunkt die Fähigkeit entwickelt werden, sich zu historischen Aussagen und Urteilen rational und reflektiert zu verhalten; sie muß bis zu diesem Zeitpunkt die Kenntnisse und Einsichten erworben haben, die nötig sind, die wichtigsten Erscheinungen des gesellschaftlichen und politischen Daseins in ihrem Entstehungsprozeß und damit als veränderlich zu begreifen; sie muß vor allem das weiterwirkende Interesse an der auf die Geschichte zurückgreifenden Befragung gegenwärtiger Zustände, Ereignisse, Programme usw. ausgebildet haben.

Nicht nur für die Oberfläche der gegenwärtigen Verhältnisse, sondern auch für ihre Tiefenstruktur gilt, daß die Zustände, Kontroversen, Alternativen und Tendenzen unserer Zeit sich nicht ohne eine gründlichere Kenntnis der Hauptlinien der Geschichte seit dem 18. Jahrhundert begreifen lassen.

Zwar ist richtig, daß viele Erscheinungen und Verhältnisse unserer Tage auf weit ältere historische Vorgänge zurückgehen, daß unsere Gegenwart sich keineswegs allein begreifen läßt aus den Folgen der industriellen und politischen Revolutionen seit dem Ende des 18. Jahrhunderts; aber es ist andererseits nicht zu widerlegen, daß seit dieser Zeit die typischen und bedeutsamsten Züge unserer Gegenwart ihre spezifische Ausformung erhalten. Im Zwang zur Auswahl angesichts eines knapp bemessenen Stundendeputats in der Sekundarstufe I kann darum nur — wenn irgendwo eine gründliche und zugleich doch zusammenhängende geschichtliche Unterrichtung erfolgen soll — eine solche relativ breite und intensive Beschäftigung dieser Geschichte der letzten zwei Jahrhunderte zuteil werden. Wenn aus dem Vorrang keine Verabsolutierung und die Ausblendung anderer historischer Epochen folgt, gibt es gegen eine solche Entscheidung keine begründbaren Einwände.

Der erste Thementyp umfaßt Unterrichtseinheiten, die in einer genetischen Folge die großen Veränderungen seit dem Beginn der Industrialisierung, den demokratischen Revolutionen, dem Entstehen der bürgerlichen Gesellschaft und des nationalen Staates aufgreifen. Hier kommt es auf die Erfassung der interdependenten Strukturzusammenhänge und der mehrschichtigen Prozeßverläufe, auf eine Verbindung von Struktur- und Ereignisgeschichte an. Dieser breite Ansatz, der das Zusammenwirken der Faktoren des politischen, sozialen, ökonomischen, geistigen und habituellen Wandels verdeutlicht, ist für diesen Typ charakteristisch.

Zugleich ist er dadurch gekennzeichnet, daß die Bedeutung der untersuchten Zustände und Veränderungen perspektivisch bis in die Gegenwart hinein aufgezeigt werden soll. So wird z. B. am Thema „Industrialisierung" zwar durchaus genetisch mit der „Industriellen Revolution" in England eingesetzt werden können — aber es ist im Laufe der Unterrichtsreihe der Prozeß der Industrialisierung bis heute hin aufzuzeigen, und die Versuche, diesen Prozeß für die Zukunft in seinen Gefahren und Chancen abzuschätzen, sollen in den Unterricht einbezogen werden. Ähnlich wäre bei anderen Themen dieses Typs zu verfahren. Die Begründung liegt nicht nur im didaktischen Prinzip, den Gegenwartsbezug bewußt zu machen, sondern im faktisch gegebenen Gegenwartsbezug der Problematik; zwar können die genannten Themen in chronologischer Schwerpunktsetzung für bestimmte Jahrzehnte erarbeitet werden; aber die Erscheinungen, die im Vordergrund des jeweiligen Themas stehen, sind allesamt noch „aktuell", wenn auch an veränderten Schauplätzen. Daß dieser Thementyp die nationale und auch die europäische Zentrierung — ohne sie aufzugeben — immer wieder überschreiten muß, liegt auf der Hand.

Man kann diese Themen als „Sequenzen" bezeichnen, weil sie sowohl untereinander in einer festen Reihenfolge stehen wie auch in ihrer Binnenstruktur dem Prinzip des historischen Prozesses folgen — nicht in absoluter Strenge, aber doch ohne beliebige Vertauschbarkeit. Sie bringen die Geschichte als Ablauf — allerdings nicht als zwangsmäßigen — in den Blick, als Wirkungszusammenhang. Sie leisten bereits für sich genommen einen erheblichen Beitrag zur politischen Bildung — sowohl ihrem Inhalt wie den zu entwickelnden Denkstrukturen nach. Darüber hinaus bieten sie aber alle die Möglichkeit der unmittelbaren Kooperation mit politikwissenschaftlichen Unterrichtseinheiten: sei es, daß z. B. eine politikwissenschaftliche Unterrichtseinheit über das parlamentarische System mit einer Sequenz des Geschichtsunterrichts über die demokratischen Revolutionen verbunden wird, sei es, daß sich aus einer historischen Unterrichtsreihe eine wirtschaftswissenschaftliche ergibt, wenn z. B. im Anschluß an die „Industrielle Revolution" gegenwärtige Wirtschaftssysteme erarbeitet werden.

2. Historische Analyse eines aktuellen Problems

Neben diesem genetischen Ansatz des Geschichtsunterrichts, der unverzichtbar ist, wenn geschichtlicher Wandel in seinen Bedingungen begriffen und die Gegenwart selbst als ein sich veränderndes Strukturgefüge erkannt werden soll, kann ein zweiter Unterrichtstyp treten, der wesentlich kurzfristiger und punktueller anzusetzen ist: die retrospektive, historische Erarbeitung eines gegenwärtig aktuellen Problems. Hier sind keine Themen vorzuschreiben, die Themenwahl muß sich vielmehr aus dem Anlaß und aus dem Interesse an Fragen ergeben, die in der öffentlichen Diskussion artikuliert werden. Da sich allerdings ein bestimmter Kreis zentraler gegenwärtiger politischer Probleme relativ stabil über Jahre hinaus erhält, ist es dennoch möglich, Unterrichtsmodelle dieses Typs zu entwerfen und, mit leichten Veränderungen, bei der Unterrichtsplanung darauf zurückzugreifen. Es existieren bereits eine Reihe solcher Modelle und entsprechender didaktischer Überlegungen. Dieser Thementyp ist insbesondere für Versuche der Integration zwischen politischem und historischem Unterricht geeignet; hier sind Projektformen des Unterrichts und team-teaching am Platz. Der Lehrplan muß die Freiheit lassen, solche Themen je nach den Umständen in den Unterrichtsgang einzuschalten; die zu erarbeitenden Modelle müssen unterschiedliche Möglichkeiten der Vertiefung und des Schwierigkeitsgrades bereitstellen, damit sie in verschiedenen Jahrgangsstufen anwendbar sind[43].

3. Thematische Längsschnitte

Wenn diesen beiden, mittelbar oder unmittelbar gegenwartsbezogenen Thementypen des Geschichtsunterrichts in der Sekundarstufe I ein Vorrang einzuräumen ist, so könnte der Geschichtsunterricht doch nicht die ihm zugeschriebenen Aufgaben erfüllen, wenn er den Blick nicht über die unmittelbare historische Schwelle unserer eigenen Gesellschaftsform hinaus öffnete. Es ist kein Widerspruch zu den vorhin entwickelten Überlegungen, wenn die Behauptung aufgestellt wird, daß sich der Geschichtsunterricht in einem weiteren Sinne nur legitimieren kann, wenn er die gesamte Geschichte als seinen potentiellen Gegenstand beansprucht und sich nicht auf eine „Vorgeschichte der Gegenwart" reduzieren läßt. Das würde nicht nur dem breiten Interessenspektrum der Heranwachsenden wider-

[43] Ausführlich über die Möglichkeit der sachlichen und methodischen Aufschließung dieses Thementyps H. Süssmuth, Geschichtsdidaktik im Spannungsfeld der Curriculumdiskussion. Strukturierender Ansatz. In: Geschichtsunterricht ohne Zukunft? Hrsg. v. H. Süssmuth. (Anmerkungen und Argumente zur historischen und politischen Bildung 1.2) Stuttgart 1972.

sprechen, es stünde auch im Widerspruch zum historischen Wirkungszusammenhang und Beziehungsgeflecht, dessen Bedeutungsvielfalt nicht an der physikalischen Zeitfolge zu messen ist.

Der „chronologische Durchgang" — einst eine bedeutende Konzeption — ist aus hier nicht zu entwickelnden Gründen kein adäquates didaktisches Mittel der Realisierung dieser Einsicht mehr. An seine Stelle müssen andere Formen gesetzt werden.

In der Wissenschaft werden die institutionalisierten Grenzen zwischen den geschichtlichen Epochen Neuzeit — Mittelalter — Altertum immer durchlässiger; die Hochschuldidaktik entwickelt zunehmend Formen des epochenintegrierenden Lehr- und Lernverfahrens[44]. Es ist auch für den Geschichtsunterricht ein dritter Unterrichtstyp zu entwickeln, der in epochenübergreifender Weise einen Problemkomplex in seinem historischen Wandel verfolgt. Der „thematische Längsschnitt" — wenn er nicht mißverstanden wird als die von den jeweiligen historischen Verhältnissen abstrahierende, isolierte Betrachtung eines einzelnen Phänomens — kann in der Sekundarstufe I der Unterrichtstyp sein, der jedenfalls in exemplarischen Perspektiven den Blick auf die Gesamtgeschichte öffnet und offen hält. Die Fragestellung kann — muß nicht — durchaus von der Gegenwart her angesetzt werden. — „Herrschaftssicherung/Notstandsregelungen" — „Völkerwanderungen" — „Unterschichten und Armut" — sind nur einige Beispiele für Themen dieser Art. Ihr didaktischer Wert liegt vor allem in der Distanzierung von scheinbaren Selbstverständlichkeiten einerseits, in der Erkenntnis von Problemkontinuitäten bei wechselnden Möglichkeiten der Problemlösung andererseits. Dieser Thementyp kann die nötige Distanz geben für Urteilsbildungen über politische Gegenwartsprobleme; insofern ist auch thematisch eine Kooperation mit politischem Unterricht angebracht. Darüber hinaus aber tritt das eigentümlich Historische, das Verständnis für Unterschiede, für komplexe und sich wandelnde Zusammenhänge, die jedes einzelne Phänomen in seine Zeit einbinden, als didaktisches Ziel in diesen Unterrichtseinheiten hervor.

4. Epochenspezifische Querschnitte

Neben diesem Unterrichtstyp des epochenübergreifenden, problembezogenen Längsschnitts kann man korrelativ als vierten Unterrichtstyp den epochenspezifischen Querschnitt stellen. Er thematisiert nicht Wandel und Veränderung, sondern Zustand, gibt idealtypisch verkürztes Exemplum einer fremden Kultur. Er muß angesichts der knappen Zeit und der begrenzten Ausdauer des Lernens auf der Sekundarstufe I besonders sorgfältig und anschaulich aufgearbeitet werden. Indem er den Zusammenhang der verschiedenen Sektoren kulturellen, sozialen, politischen und wirtschaftlichen Daseins am fremden Beispiel zeigt, kann er in Kontrast oder Analogie auch das Verständnis der Strukturen der eigenen Gegenwart vertiefen, anthropologische Grundverhältnisse und ihre sozial bedingte Variabilität verdeutlichen und schlechthin die Erlebnis- und Verständnisfähigkeit erweitern. Vor allem soll er die vielgestaltige Interdependenz und Komplexität synchroner gesellschaftlicher Strukturen verdeutlichen.

Welche Gesellschaftsform thematisiert wird, kann dem Interesse der Lerngruppe überlassen werden. Immerhin wäre zu erproben, ob nicht gerade am Ende der Sekundar-

---

[44] Vgl. K. Hasler, A. Kraus, H. Lukis, H. Schoppmeyer, Unterschichten. Aspekte der Gesellschaft in Altertum, Mittelalter und Neuzeit (Didaktische Konzepte für Grundstudium und Kollegstufe im Fach Geschichte) Düsseldorf 1972.

stufe I einige Exempel unterschiedlicher Gesellschaftsformen an konkreten Ausschnitten und Beispielen nebeneinandergestellt werden könnten.

Im Rahmen dieses Thementyps könnte auch ein Zugriff Platz finden, der Ähnlichkeit mit der „Fallanalyse“ des politischen Unterrichts hat: Die Erarbeitung einer bedeutenden historischen Situation, von der aus die Zeit, in die sie eingebettet war, sich in bestimmtem Blickwinkel erschließt, zugleich aber auch die Bedingungen und Auswirkungen von Entscheidungen deutlich werden. Im Rahmen der anderen Thementypen steht nicht zu befürchten, daß aus diesem Zugriff eine pointillistische Geschichtssicht mit stark personaler Akzentuierung entstünde — der große Motivationsreiz dieses Zugriffs sollte deshalb genutzt werden. Das Jahr 480 oder 49 v. Chr., der 4. Kreuzzug, die Pest, und Judenverfolgungsjahre in der Mitte des 14. Jahrhunderts — so könnte man bis in unsere Zeit ebenso „aufregende“ wie aufschlußreiche Unterrichtseinheiten in das Curriculum einbauen, ohne einem strengen Zwang der Zuordnung zu unterliegen.

Das Konzept dieses Werkes sieht zunächst für die Sekundarstufe I einen Komplex von Unterrichtseinheiten der vier beschriebenen Thementypen vor, die in einen curricularen Zusammenhang gebracht sind: die Achse sind die aufeinanderfolgenden Unterrichtseinheiten des ersten Thementyps, die wegen der Notwendigkeit dieser Folge als Sequenzengruppe bezeichnet wurde. Keine Anlage des Unterrichts dürfte sie auslassen oder vertauschen, wenngleich Intensität oder Akzentuierung je nach Klasse oder Lehrabsicht sehr unterschiedlich durch Auswahl des vorgelegten Materials ausfallen können. Sie sind jeweils für bestimmte Schulstufen angelegt, und zwar so, daß sie entweder für die Jahrgänge 7/8 oder 9/10 konzipiert wurden: eine genauere Beziehung auf Jahrgangs- oder Altersstufen ist wegen der großen Unterschiedlichkeit der Entwicklung in den konkreten Klassen und wegen der Unbestimmtheit jugend- und entwicklungspsychologischer Aussagen nicht sinnvoll. Es ist auch durchaus möglich, daß Unterrichtseinheiten sowohl in der Klasse 10 wie auch noch im Grundkurs der Sekundarstufe II verwendbar sind.

Die Sequenzenfolge wird von den anderen Thementypen ergänzt, gleichsam eingerahmt. Der Unterricht soll zwar in genügender Breite alle anderen drei Thementypen berücksichtigen — aber die Wahl des konkreten Themas, des Inhalts, bleibt frei. Es ist vorgesehen, eine Vielzahl von Beispielen der Thementypen 2—4 zu entwickeln, zwischen denen der Lehrer nach Interesse und Lehrabsicht auswählen mag. Allerdings lassen sich auch diese Thementypen durchaus in einen inhaltlichen oder methodischen Zusammenhang mit den Sequenzen und untereinander bringen; sie können als ergänzende Themen für die Sequenzen erwünschte Zusatzorientierungen und -fragestellungen bedeuten. Deshalb ist es nicht nur möglich, sondern auch sinnvoll, im Vorschlag eines Curriculums für die Sekundarstufe I modellhaft eine Gesamtkomposition von Unterrichtsbeispielen aller vier Thementypen vorzustellen — die aber lediglich als Beispiel dafür gemeint ist, wie bei aller Variabilität der Kombination in den Thementypen 2—4 doch ein Zusammenhang des Unterrichts im ganzen hergestellt werden kann — auf die vorgeschlagene oder auf eine andere Weise, denn eine einzige, allein richtige oder sinnvolle Anlage des Gesamtunterrichts gibt es nicht. (s. u. 4.2)

Den historischen Themen sind nun die Themen des Politikunterrichts in der unten beschriebenen Weise zugeordnet. (s. u. 3.2 und 4.2) Auch hier wird ein Vorschlag einer Beziehung zwischen den Themen gemacht, der die Kooperation zwischen historischem und politischem Unterricht in den Formen ermöglicht, wie sie in der Einleitung (1.3) entwickelt wurde. Angestrebt ist auch für diese Ebene der Koordination des Curriculums die

Ermöglichung der Flexibilität durch die Vorlage einer Vielzahl alternativ einzusetzender Unterrichtseinheiten.
Den Themen für die Sekundarstufe I — i. e. S. — wird, dem gleichen Kombinationsprinzip folgend, ein Themenvorschlag für die Orientierungsstufe (Kl. 5/6) vorangestellt. Er ist nicht nur als Propaedeutikum zu verstehen, welches überhaupt in die Auseinandersetzung mit historisch-politischen Fragen einführt, sondern er soll auch bereits eine Grundlage für die Sequenzen und die anderen Thementypen der Klassen 7—10 darstellen. (s. dazu u. 4.1) Materialien und Anleitungen für den Geschichtsunterricht in der Sekundarstufe II können für die Leistungskurse in einer großen Vielfalt und Intensität angeboten werden. Für die Grundkurse sind Unterrichtsmodelle vorgesehen, die vor allem auf der Basis der Sequenzen für die Sekundarstufe I Themen der neueren Geschichte vertieft zu behandeln ermöglichen.

2.3.4.2 Die didaktische Aufbereitung der Themen — das Lernpotential

Die Benennung von Themen bleibt — für sich genommen — immer abstrakt und als Bestimmung für den Unterricht unscharf. Es besagt noch nicht sehr viel, wenn als Thema z. B. „Die Französische Revolution“ benannt wird. Zwar führt die hier gewählte Themenbezeichnung der Sequenzen bereits eine bestimmte Deutung und Auslegung des Materials mit sich: die Beziehung vergangener Bewegungen auf die Gegenwart; dennoch genügt die Inhaltsbezeichnung nicht. Entscheidend für den Unterricht ist die Art, in der die Fülle der historischen Sachverhalte, die unter dem Titel eines Themas stecken, aufgearbeitet werden. Diese Aufarbeitung formt den Inhalt erst in ein bestimmtes „Lernpotential“ um.
Will man also genau vom Inhalt des Geschichtsunterrichts sprechen, muß man die Umformung der Themen in Lernpotential bestimmen. An dieser zentralen Stelle jeder Didaktik fließen die inhaltlichen Entscheidungen mit den lernzielbestimmenden Überlegungen zusammen: Lernpotential ergibt sich bei der Verbindung von Lernzielen mit Inhalten, und zwar so, daß eine wechselseitige Bestimmung erfolgt.
Hier können wir zurückverweisen auf die Ausführungen, in denen im Hinblick auf die dargestellte Aufgabe des Geschichtsunterrichts ein Instrumentarium zur Bestimmung von Lernzielen entwickelt wurde. (s. o. 2.3.3) Dieses Instrumentarium ist angesichts jedes Themas auf den Inhalt anzuwenden und ergibt erst dann konkrete Lernziele — es akzentuiert aber zugleich den Inhalt zum Lernpotential, indem es ihn unter die kategoriale Frageweise der dort entwickelten und aufgefächerten drei Dimensionen des Geschichtsverständnisses bringt und die vom Gegenstand wie von der Frageweise her fruchtbaren Perspektiven dieser drei Dimensionen genauer aufschlüsselt nach den am konkreten Gegenstand zu erwerbenden Kenntnissen, Fähigkeiten und Einsichten.
Ein Unterricht, der sich der Anstrengung dieses Verfahrens stellt, kann sich weder eine bloße „Stoffvermittlung“ leisten noch den historischen Gegenstand einer „Gesinnungslehre“ unterwerfen. Er kann seine Themen auch nicht selektiv vorstellen: also z. B. die Französische Revolution allein am Beispiel ihrer großen Gestalten repräsentieren, den Prozeß der Industrialisierung auf seinen technischen Aspekt beschränken, den Imperialismus lediglich als außenpolitische Konkurrenz der „Großen Mächte“ — oder was solcher Verkürzungen mehr sind. Das Instrumentarium für die Findung von Lernzielen erlaubt es nicht, den historischen Prozeß von einer einzigen Seite her zu betrachten, sondern verlangt die Repräsentation der verschiedenen Gruppen und Kräfte, die ihn trugen oder

erlitten. Vor allem aber führt dieses lernziel- und lernpotentialbestimmende Instrumentarium in die Auseinandersetzung um die Beurteilung historischer Vorgänge und Zustände ein und verlangt, sich zu ihnen bewußt in ein stellungnehmendes Verhältnis zu setzen; aber es bewahrt zugleich vor dem kurzschlüssigen Verfahren der Verabsolutierung ideologiekritischer Elemente des Erkenntnisprozesses und bindet ihn zurück an die Methoden, welche es erlauben — in aller Bescheidenheit angesichts des im Unterricht Möglichen — die Vorstellungen von vergangener Wirklichkeit der Willkür zu entziehen und überprüfbar zu machen.
Die in dieser Reihe vorgelegten Unterrichtsbeispiele versuchen zu zeigen, wie dies in zunächst sehr einfacher, später in sich komplexer auffächernder Weise geschehen könnte. Sie beanspruchen nicht, für diesen didaktischen Zugriff bereits die bestmögliche Form gefunden zu haben. Es wäre schon viel, wenn sie dazu Anregung geben könnten, diese Art des unterrichtlichen Zugriffs auf Geschichte zu erproben, zu variieren und zu verbessern.

2.3.5 Zum Unterrichtsverfahren

Es wurde bislang deutlich, daß zwischen den Inhalten und den Zielen des Unterrichts eine enge, formulierbare und begründbare Interdependenz besteht. Für die Auswahl der Inhalte wie für die Festsetzung der Ziele wurde gleichermaßen die Angemessenheit, die „Adäquanz“ zu den vorweg formulierten und begründeten spezifischen Aufgaben des Geschichtsunterrichts gefordert. Es bleibt hinzuzufügen, daß diese Interdependenz auf die Unterrichtsverfahren ausgeweitet werden muß.
Das wichtigste Kriterium für die Bewertung von Unterrichtsverfahren ist die Einsicht, daß wir Geschichte nicht „haben“ wie ein Bild oder eine Kette von Bildern, sondern daß sie uns nur gegeben ist in dem oben beschriebenen, ständig in Bewegung befindlichen Auf- und Umbauprozeß von geschichtlichem Bewußtsein. Diesen Prozeß selbst reflektiert für sich und in der Kommunikation mit anderen leisten zu können und zu wollen, ist die „Fähigkeit und Bereitschaft“, die der Unterricht hervorbringen soll.
Haben wir Geschichte aber nur in dem ständigen Aufbauprozeß historischen Bewußtseins unter den Bedingungen des gegenwärtigen Erkenntnisvermögens, so müssen die Verfahren des Unterrichts dahin zielen, diesen Aufbauprozeß nachzuvollziehen. Damit treten Unterrichtsformen in den Hintergrund, die lange Zeit den Geschichtsunterricht beherrscht haben.
So ist die Lehrererzählung, sofern sie dominiert und nicht einen genauen Funktionswert innerhalb anderer Unterrichtsverfahren bekommt, einer Vorstellung von Geschichtsunterricht adäquat, der seine Aufgabe darin sieht, feste Traditionen zu überliefern. Nun wäre es töricht zu leugnen, daß diese Art der Überlieferung und die ihr entsprechende rezeptive, „neugierige“ Aufnahme von Geschichte nicht einem menschlichen Grundbedürfnis und einem ursprünglichen Verhalten der Vergangenheit gegenüber entspräche. Deshalb wäre es falsch, die Geschichtserzählung aus dem Unterricht zu verbannen. Sie hat eine doppelte Funktion, in den unteren Klassen mehr als in den oberen: zunächst dient sie der Erweckung des Interesses, der Motivierung, der Erzeugung von Atmosphäre, Spannung und Teilnahme. Die wichtige Aufgabe des Unterrichts, „Empathie“ zu ermöglichen, mit anderen Menschen mitzuempfinden und damit dem Interesse an der Geschichte der Menschen eine tiefere, emotionale Grundlage zu geben, kann keine andere

Unterrichtsform in gleicher Weise erfüllen. Sie leitet intensiver, als rationale Überlegungen es können, dazu an, Identifizierungen mit wechselnden Rollen vorzunehmen und damit die bornierte Fixierung auf eigene Gruppenidentität zu überwinden. Allerdings wird die Erzählung in dieser Funktion mehr und mehr übertroffen durch die Wirkung von Funk und Film, deren gesteigerte Effekte es der Lehrererzählung schwer machen, die Sphäre der Betroffenheit bei den Schülern noch zu erreichen[45].

Die Erzählung hat ferner die Aufgabe, Material bereitzustellen für die Frage, wie sich in ihrem Spiegel Geschichte darstellt, welche Bereiche sie thematisiert, welche sie ausläßt, wie sie wertet, Licht und Schatten verteilt, welche Fragen sie beanwortet, welche sie offen läßt. Indem so ihr fiktiver Wahrheitsanspruch relativiert wird, gewinnt die Erzählung eine Funktion, in welcher sie wieder in die Adäquanz zu den hier beschriebenen Aufgaben des Geschichtsunterrichts rückt.

Das fragend-entwickelnde Unterrichtsgespräch liegt zwar auf einer rational höheren Ebene als die Erzählung; falsch gehandhabt, hat es deshalb auch größere Gefahren: es stellt den Lehrer nicht nur, wie die Erzählung, als den Wissenden vor, der überliefert, was ihm überliefert wurde; diese Methode verleiht ihm auch die Autorität des allein kompetent Reflektierenden und Deutenden, der die Schüler zu vorgewußten Einsichten sokratisch hinlenkt. Insofern diese Einsichten und Urteile vom Lehrer dogmatisiert und vom Schüler übernommen werden, insofern nicht der Prozeß des Denkens, sondern sein Ergebnis als Ziel des Unterrichts und als Maßstab für den Lernerfolg gilt, ist diese weithin herrschende Methode bedenklich. Sie hat jedoch ihre scharf umgrenzte Bedeutung immer dann, wenn der Lehrer in konzentriertem Gespräch mit der Klasse die Erkenntnisfähigkeit der Schüler, ihre Argumentationskraft und ihren gedanklichen Zugriff auf eine neue Stufe heben will, die die Schüler allein oder in Gruppenarbeit nicht erreichen würden. In diesem Fall kommt es immer ebenso sehr auf die Reflexion der Denkschritte wie auf die mit diesen Denkschriften gewonnenen Ergebnisse an.

Seit langem sind andere Methoden erprobt und beschrieben, die die Lernprozesse vom Lehrer zu verselbständigen trachten, ihm aber zugleich die Aufgabe variabler Organisation des Unterrichts übertragen. Problem- und sachbezogene Informationssuche, Erarbeitung und Anwendung bestimmter Methoden des Umgangs mit historischem Material nach genauer Aufgabenbeschreibung, Erlernung von Arbeitstechniken, Denkverfahren und Argumentationsformen, die begründete Auseinandersetzung über Deutungen und Wertungen historischer Sachverhalte — das alles erfordert flexiblere und die Selbsttätigkeit anregendere Unterrichtsverfahren, als sie bisher die Regel sind. Sie müssen den Schüler, indem sie ihm mehr Selbständigkeit gewähren, auf der anderen Seite stärker fordern als der landläufige Geschichtsunterricht, der an Unterforderung leidet. Wird dem Schüler zugestanden, Zweifel zu äußern, Überlieferungen zu befragen, Deutungen zu versuchen und eigene Stellungnahmen vorzutragen, muß ihm andererseits zugemutet werden, sich genau zu informieren und das historische Material sorgfältig auszuwerten. Die Unterrichtsverfahren müssen deutlich machen, daß ein leichtfertiger und lässiger Umgang mit der Vergangenheit ein auch politisch unverantwortliches und gefährliches

---

[45] Vgl. Geschichte — Ereignis und Erzählung. Hrsg. von R. Koselleck und W. D. Stempel, München 1973. Dazu A. Sywottek, Geschichtswissenschaft in der Legitimationskrise, a. a. O., S. 33 ff. Ferner M. Tocha, Die Tränen des Prinzen oder Versuch, die Geschichtserzählung auf die Füße zu stellen. In: Geschichte in Wissenschaft und Unterricht (27), 1976, S. 619—624.

Verhalten ist, das man sich um so weniger leisten darf, je entschiedener man Anspruch auf Selbst- und Mitbestimmung erhebt.

Es sind also Unterrichtsformen zu entwickeln, in denen Erzähl- und Informationsphasen artikuliert abwechseln mit Arbeitsphasen, in denen die Schüler selbst formulierte Fragen am Material zu beantworten suchen oder vorgegebene Aufgaben lösen — einzeln oder in Gruppenarbeit — und die gefundenen Ergebnisse zur Diskussion stellen. Nicht früh genug kann das kleine, selbständige Referat eingeübt werden, durch das Fragen beantwortet werden, die im Unterricht selbst nicht näher erörtert werden konnten; diese Form der eigenen Arbeit ist im Laufe der Schuljahre zu entwickeln bis zu kleinen selbständigen Untersuchungen.

Neben die Informations- und Arbeitsphasen müssen Unterrichtsstrecken treten, in denen argumentative Auseinandersetzung verschiedener Deutungen und Wertungen vorherrscht. Diese Phasen können spontan sich einschieben und selbst zum Anlaß der Suche nach weiteren Informationen oder genauerer Interpretation von Quellen werden; sie sollten aber mit fortschreitender Klassenstufe stärker geplant und formalisiert werden — bis zur geordneten Diskussion oder zur Technik der Debatte. — Es wäre zu erproben, ob das neuerdings ins Gespräch gebrachte Simulationsspiel eine mit Gewinn auf den historischen Gegenstand zu übertragene Methode ist; dazu bedürfte es jedoch zuvor der Entwicklung getesteter Spiele — im „Eigenbauverfahren“ wird ein solides Simulationsspiel vom Lehrer kaum zu erstellen sein[46].

Die Forderung nach Unterrichtsverfahren, die zur zunehmenden Selbständigkeit führen, verlangt eine Materialauswahl, die breit genug angelegt ist, um eigenes Arbeiten zu ermöglichen und die zugleich Kontroversen und Alternativen dokumentiert. Die Quelle kann nicht nachträglich eingebrachtes Anschauungsmaterial für vorweg dargestellte Sachverhalte oder Ereignisse sein: sie ist als „Überrest“, als Zeugnis ernstzunehmen, auch schon in der Sekundarstufe I; deshalb ist sie Arbeitsmaterial und will erschlossen sein. Entschieden wendet sich dieser Ansatz gegen die in Geschichtsbüchern beliebte Verbindung von Quelle und Bericht oder Erzählung. Vielmehr ordnet sie in den Unterrichtsbeispielen das Material so an, daß nach einleitender Information Analyse, Sachurteil und Wertung am Material vorgenommen werden können — so, daß nicht ein vorgeblich richtiges „Bild“ der Geschehnisse, sondern die Fähigkeit zur methodischen Auseinandersetzung mit historischen Sachverhalten entwickelt werden kann.

Die Anlage dieses Werkes versucht, die skizzierten Unterrichtsverfahren zu ermöglichen: Der Lehrer wird durch eine didaktische Analyse und einen methodischen Vorschlag zur Unterrichtsgestaltung und Lernzielsetzung beraten; der Schüler erhält ein Materialheft, dem zu jedem Unterrichtsabschnitt eine einleitende Information vorangestellt, ein Register und eine Zeittafel beigefügt sind; dem Materialheft wird ein Arbeitsheft beigegeben. Es enthält Arbeitsanweisungen und Arbeitshilfen. Dieses Arbeitsheft kann sowohl die häusliche Arbeit wie die Arbeit in der Klasse strukturieren. Indem der Schüler es

---

[46] Vgl. M. Steinberg, Das Simulationsspiel als Unterrichtsmethode in Geschichte und Sozialkunde an amerikanischen Schulen. In GWU 26, S. 687—695 (1975). Zu neuen „Sozialformen der Unterrichtsorganisation“ s. Kap. III (Team-Teaching und Rollenspiel) in „Historisch-politischer Unterricht. Planung und Organisation“. Hrsg. v. H. Süssmuth (Anmerkungen und Argumente zur historischen und politischen Bildung, 7.1) Stuttgart 1973.

„bearbeitet“, operationalisiert er einen Teil der kontrollierbaren Lernziele und baut damit selbst ein Stück Geschichtsverständnis auf[47].
Einige Unterrichtsbeispiele verzichten auf ein eigenes Arbeitsheft und fügen Arbeitsanweisungen und -hilfen direkt den Quellen bei — man wird erproben müssen, welche Art der Beigabe von Arbeitsanweisungen günstiger ist.
Neben dem Materialheft steht eine Medienkassette. Je nach Thema enthält sie unterschiedliche visuelle oder audiovisuelle Quellen und Arbeitshilfen, die das schriftliche Material ergänzen. Über ihren Einsatz im Unterricht macht das Lehrerheft Vorschläge.

[47] Die Lernzielkontrolle kann bislang immer noch eher und zuverlässiger anhand schriftlich zu beantwortender Aufgaben als durch Unterrichtsbeobachtung vorgenommen werden, wenn man ihre Reichweite klar begrenzt. Der „Objektivierungszwang“, der gegenüber dem als unverbindlicher aufgefaßten Diskussionsbeitrag einer schriftlichen Äußerung innewohnt, wirkt aber zugleich auch klärend auf Kenntnis, Urteilsbildung und Stellungnahme. Darum legen die hier erarbeiteten Unterrichtsbeispiele Wert auf schriftliche Arbeitsformen.

3. Politik — Zur Problematik des sozialkundlich-politischen Unterrichts[1] und seiner neueren Didaktik[2] (Günther C. Behrmann)

3.1 Zur gegenwärtigen Situation in der Didaktik der politischen Bildung

Die Didaktik der politischen Bildung steht auch ein Jahrzehnt nach den ersten Studentenunruhen noch unter dem Einfluß der Wandlungen von Wertorientierungen, Überzeugungen, Realitätsdeutungen und Lebensstilen, welche die zweite Hälfte der sechziger Jahre bestimmt haben und in diesen Unruhen ihren sichtbarsten und lebhaftesten Ausdruck

---

[1] Der folgende Beitrag schließt an meine Arbeit „Soziales System und politische Sozialisation. Eine Kritik der neueren politischen Pädagogik", Stuttgart 1972, 1975, an. Ich beschränke mich dort, wo die hier vorzutragenden Überlegungen mit den in dieser Arbeit formulierten Kritiken identisch sind, auf knappe Hinweise und Verweise.

[2] Die „neuere Didaktik" ist ein Konstrukt, das sich nicht völlig mit den dazu gerechneten didaktischen Arbeiten deckt. Es faßt die im folgenden referierten Grundgedanken zusammen, die nicht in jeder dieser Arbeiten enthalten sind, deren Argumentation aber zumindest entscheidend beeinflußt haben. Die Zusammenstellung der textkritischen Belege würde angesichts der umfangreichen Literatur eine gesonderte Veröffentlichung erfordern. Da die in den neueren didaktischen Arbeiten und durch sie aufgeworfenen Probleme im Blick auf die hier verfolgten Fragen Vorrang haben, erübrigt sich ein detailliertes Referat, zumal Fischer und Hilligen in ihren neueren Veröffentlichungen den Stand der Diskussion dokumentieren. In der Auseinandersetzung mit den einzelnen Problemen werden jeweils die wichtigsten und nach dem Gang der Argumentation typischen neueren didaktischen Veröffentlichungen genannt.
Die Literaturverweise finden sich bei häufig herangezogener Literatur entsprechend der folgenden Literaturübersicht im Text, ansonsten im Anmerkungsteil.
Die wichtigsten Beispiele für die Umsetzung der neueren Didaktik in Unterrichtsrichtlinien sind:
Der Hessische Kultusminister, Rahmenrichtlinien für die Sekundarstufe I, Gesellschaftslehre, Frankfurt 1973 (HRRG).
Der Kultusminister des Landes Nordrhein-Westfalen, Richtlinien für den Politikunterricht, Düsseldorf 1973 (NRW-Richtlinien-Politik 1. Fassung).
Ders., Richtlinien für den Politikunterricht, Düsseldorf 1974 (NRW-Richtlinien-Politik 2. Fassung).
Kultusministerium Rheinland-Pfalz, „Entwurf zum Curriculum Gemeinschaftskunde — Grundkurs", in: Entwürfe der Curricula für die Mainzer Studienstufe, Mainz 1973 (RP-Studienstufe).
Die neueste Übersicht über die Richtlinien gibt:
Peter Gutjahr-Löser und Hans Helmut Knütter, Der Streit um die politische Bildung. Was man von Staat und Gesellschaft wissen und verstehen sollte, München, Wien 1975 (Gutjahr-Löser/Knütter 1975).
Die beste Übersicht über wichtige ältere Veröffentlichungen gibt der Reader von:
H. Schneider, Politische Bildung in der Schule, Darmstadt 1975, 2 Bde. (Schneider 1975).
Die folgenden Überlegungen schließen vor allem an an:
P. L. Berger, B. Berger, H. Kellner, Das Unbehagen an der Modernität, Frankfurt, New York 1973 (Berger u. a. 1973).
G. C. Behrmann, Soziales System und politische Sozialisation, Stuttgart 1972[1], 1975[2].
J. Habermas und N. Luhmann, Theorie der Gesellschaft oder Sozialtechnologie. Was leistet die Systemforschung? Frankfurt 1971 (Habermas, Luhmann 1971).
Ders., „Können komplexe Gesellschaften eine vernünftige Identität ausbilden?" in: ders. und D. Henrich, Zwei Reden, Frankfurt 1974.
N. Luhmann, Soziologische Aufklärung 2, Opladen 1975 (Luhmann 1975)
H. Schelsky (Hrsg.), Zur Theorie der Institution, Düsseldorf 1970.
F. H. Tenbruck, Kritik der planenden Vernunft, Freiburg 1972 (Tenbruck 1972).
Ders., „Der Fortschritt der Wissenschaft als Trivialisierungsprozeß", in: Kölner Zeitschrift für Soziologie und Sozialpsychologie, Sonderheft Wissenschaftssoziologie, Opladen 1976.

fanden. Diese Phase eines unerwarteten und — verglichen mit den Wandlungen im vorausgegangenen Jahrzehnt — außerordentlich raschen, wenn auch nur einige Lebensbereiche und Teilgruppen der Gesellschaft erfassenden kulturellen Wandels[3] ist abge-

---

A. Schwan, Wahrheit — Pluralität — Freiheit, Hamburg 1976.
Zur neueren Didaktik rechne ich:
K. G. Fischer, „Überlegungen zur Didaktik des politischen Unterrichts“, Göttingen 1972 (Fischer 1972).
Ders., Theorie und Praxis von Consensus und Dissensus, Hannover 1975 (Fischer 1975 a).
K. G. Fischer, „Wie ist Theoriebildung für die politische Bildung möglich?“ in: ders. (Hrsg.), Zum aktuellen Stand der Theorie und Didaktik der politischen Bildung, Stuttgart 1975.
W. Gagel, „Können Richtlinien für den Politik-Unterricht konsensfähig sein?“ in: W. Gagel, R Schörken, Zwischen Politik und Wissenschaft. Politikunterricht in der öffentlichen Diskussion, Opladen 1975 (Gagel 1975 a).
W. Hilligen, Zur Didaktik des politischen Unterrichts I, Wissenschaftliche Voraussetzungen — Didaktische Konzeptionen — Praxisbezug, Opladen 1975 (Hilligen 1975 a).
Ders., Zur Didaktik des politischen Unterrichts II, Schriften 1950—1975, Opladen 1976 (Hilligen 1976).
H. von Hentig, Die Wiederherstellung der Politik, Cuernavaca revisited, Stuttgart, München 1973 (v. Hentig 1973).
Ders., „Kritik an der Kritik und an den Richtlinien für den politischen Unterricht in Nordrhein-Westfalen“, in: W. Gagel und R. Schörken, Zwischen Politik und Wissenschaft, a. a. O. (v. Hentig 1975).
A. Holtmann, „Thesen zu einem Versuch, politisches Lernen sozialisationstheoretisch zu begründen, wissenschaftstheoretisch zu legitimieren und methodologisch zu organisieren, oder: Politische Didaktik als dialektisch-historische Theorie politischen Lernens“, in: K. G. Fischer, Zum aktuellen Stand, a. a. O. (Holtmann 1975 a).
Ders., „Systemtheorie und dialektisch-historische Theorie. Gesichtspunkte zur politisch-didaktischen Diskussion“, in: Politische Didaktik, Probeheft, Stuttgart 1975 (Holtmann 1975 b).
E. A. Roloff, Erziehung zur Politik, eine Einführung in die politische Didaktik, Band 1, Sozialwissenschaftliche Grundlagen, Göttingen 1972 (Roloff 1972).
Ders., „Politische Didaktik — Didaktik der Politik“, in: K. G. Fischer, Zum aktuellen Stand ... a. a. O. (Roloff 1975).
R. Schörken (Hrsg.), Curriculum „Politik“, Von der Curriculumtheorie zur Unterrichtspraxis, Opladen 1974 (Schörken 1974).
Ders., „Zur Tauglichkeit von Identitätskonzepten für die politische Bildung“, in: W. Gagel und R. Schörken, Zwischen Politik und Wissenschaft, a. a. O. (Schörken 1975 a).
Ders., „Curriculumlegitimation — ein ungelöstes Problem. Erfahrungen mit der öffentlichen Diskussion um den Politikunterricht“, in: W. Gagel und R. Schörken, a. a. O. (Schörken 1975 b).
Ders., „Die öffentliche Auseinandersetzung um neue Lehrpläne für politische Bildung und das Konsensusproblem“, in: K. G. Fischer, Zum aktuellen Stand, a. a. O. (Schörken 1975 c).
R. Schmiederer, Zur Kritik der politischen Bildung. Ein Beitrag zur Soziologie und Didaktik des Politischen Unterrichts, Frankfurt 1971 (Schmiederer 1971).
Ders., Entwicklung und Probleme der Didaktik des politischen Unterrichts“, in: K. G. Fischer, Zum aktuellen Stand, a. a. O. (Schmiederer 1975).
Die Entwicklung der politischen Bildung in der Bundesrepublik Deutschland wird aus der Perspektive der neueren Didaktik analysiert von:
K. Hüser, W. Beckers, F. Küpper, Politische Bildung im zwanzigsten Jahrhundert, Neuwied 1976 (Hüser u. a. 1976).
R. Schmiederer, Zwischen Affirmation und Reformismus. Politische Bildung in Westdeutschland seit 1945, Frankfurt 1972 (Schmiederer 1972).
K. Wallraven, Der unmündige Bürger. Ideologien und Illusionen politischer Pädagogik, München 1976 (Wallraven 1976).
Trotz mancher Übereinstimmungen werden der „neueren Didaktik“ hier nicht zugerechnet:
H. Giesecke, Didaktik der politischen Bildung, München 1972 (Giesecke 1972).
Ders., „Plädoyer für eine praktische und praktikable politische Didaktik“, in: K. G. Fischer, Zum aktuellen Stand, a. a. O. (Giesecke 1975).
B. Sutor, Didaktik des politischen Unterrichts, Paderborn 1971 (Sutor 1971).
Ders., „Das Menschenbild des Grundgesetzes — Minimalkonsens politischer Bildung“, in: K. G. Fischer, Zum aktuellen Stand, a. a O. (Sutor 1975).

[3] Die dazu publizierte Literatur ist kaum mehr überschaubar. Eine kulturkritisch-wertende Bilanz versuchen — mit allen Fragwürdigkeiten eines solchen Vorhabens — zu ziehen: Helmut

schlossen. So wenig wie Ursachen und Beginn lassen sich freilich Folgen und Ende genau bestimmen. Im Bereich der politischen Bildung markieren die Auseinandersetzungen um die hessischen Rahmenrichtlinien Gesellschaftslehre und die nordrhein-westfälischen Richtlinien Politik einen tiefen Einschnitt, wenn nicht einen Endpunkt. Noch aus dem Geist einer selbstsicheren, gesellschaftskritischen, sozialwissenschaftlichen Aufklärung und eines zukunftgerichteten wie der Zukunft gewissen radikaldemokratischen Sozialismus konzipiert, stießen diese Richtlinien nach der Veröffentlichung auf einen unerwarteten, in keiner politischen Partei antizipierten Widerstand von Elterngruppen und Publizisten[4].

Damit war nicht nur eine soziale Grenze für die Verbreitung der im Kern keineswegs neuen, nach Sprache, konkreter Ausdeutung und Trägergruppen aber neu erscheinenden Ideen erreicht. Wo zuvor auf Toleranz oder passive Distanz gegenüber diesen Ideen gerechnet werden konnte, artikulierte und organisierte sich nunmehr eine Gegenbewegung. Ihr vermochten die Anhänger der neuen Unterrichtsprogramme politisch nicht standzuhalten. Die hessischen Rahmenrichtlinien und die in wichtigen Abschnitten damit identischen Richtlinien für nordrhein-westfälische Gesamtschulen wurden zurückgezogen. Die offeneren, in ihrer wissenschaftlichen Begründung und ihren Wertbezügen neutraleren nordrhein-westfälischen Richtlinien Politik wurden ergänzt und verändert. In anderen Bundesländern mied man fortan die so sichtbar gewordene Konfliktzone der Unterrichtsreform.

Diese Entscheidungen waren weder das Ergebnis wissenschaftlicher Diskussion in der Didaktik noch — wie die Anstöße zur Reform — Folge pädagogischer Erfahrungen. Sie waren vielmehr allerdings auch von Wissenschaftlern beeinflußte politische Entscheidungen. Man kann sie aus politischer Überzeugung beklagen, doch läßt sich — auch wenn die öffentlich-politische Diskussion unter dem Niveau wissenschaftlicher Kontroversen liegt und den kritisierten Argumenten nicht immer gerecht wird — schwerlich geltend machen, die mit politischem Anspruch gesetzten Bildungsnormen dürften nicht zum Gegenstand des politischen Streits werden[5]. Schwerer wiegt, daß der Ertrag dieses Streits für die politische Bildung bislang nicht zuletzt deshalb gering blieb, weil die

---

Schelsky, Die Arbeit tun die anderen. Klassenkampf und Priesterherrschaft der Intellektuellen, Opladen 1975 und Klaus Mehnert, Jugend im Zeitbruch, Stuttgart 1976. Eine soziologische Analyse, die sich weithin mit der hier vertretenen Interpretation deckt, ist enthalten in Berger u. a. Eine genauere Vorstellung von der Reichweite der Phänomene vermitteln Max Kaase, „Demokratische Einstellungen in der Bundesrepublik Deutschland“, in: R. Wildenmann (Hrsg.), Sozialwissenschaftliches Jahrbuch für Politik, Bd. 2, München 1971; Ronald Inglehart, „The Silent Revolution in Europe: Intergenerational Change in Post-Industrial Societies“, in: American Political Science Review 65 (1971), vor allem wenn man sie in Relation zur neuesten Jugenduntersuchung in der Bundesrepublik Deutschland setzt: Vgl. Karl-Josef Does, Studenten 1975, ders., Die politischen Einstellungen Jugendlicher im Zeitvergleich, Sozialwissenschaftliches Forschungsinstitut der Konrad-Adenauer-Stiftung, Alfter 1975 (hektogr. Manuskripte). Wichtige Überlegungen zur Interpretation der Phänomene enthalten (im Blick auf Generationsunterschiede) Karl Mannheim, „Das Problem der Generationen“, in: Kölner Vierteljahreshefte für Soziologie 7; 1928/29; (im Blick auf die Verselbständigung der Jugend) Friedrich H. Tenbruck, Jugend und Gesellschaft, Freiburg 1961; (im Blick auf die spezifische soziale Rolle der Studenten) Klaus R. Allerbeck in seinen Beiträgen zu ders. und Ludwig Rosenmayr, Aufstand der Jugend, München 1971; ders., Soziologie radikaler Studentenbewegungen, München 1975.

[4] Vgl. dazu die Literatur bei Knütter/Gutjahr-Löser 1976 und bei: Gerd Köhler, Wem soll die Schule nützen? Rahmenrichtlinien und neue Lehrpläne: Soziales Lernen im Konflikt, Frankfurt 1974.

[5] So ziehen sich z. B. W. Gagel und R. Schörken (in Gagel 1975 a) wiederholt in das Feld der Wissenschaft zurück, wo über politische Absichten diskutiert wird.

politischen Auseinandersetzungen sich in die didaktisch-wissenschaftliche und die pädagogisch-praktische Diskussion hinein fortsetzten. Die meisten der zahlreichen Veröffentlichungen der letzten Jahre haben eine politisch motivierte Kritik oder Rechtfertigung der umstrittenen Richtlinien und der sie fundierenden Didaktik zum Inhalt. Der dadurch allgemein werdende Verdacht, jedem Argument liege letztlich ein politisches Interesse zugrunde, läßt einem unbefangeneren Nachdenken über die gerade auch von der neueren Didaktik aufgeworfenen wissenschaftlichen und pädagogischen Probleme zu wenig Raum.

Die Politisierung der gesamten Diskussion um die politische Bildung, das Unvermögen, zwischen politischen, wissenschaftlichen und pädagogischen Bezügen zu trennen, sind auch eine Folge einer in der neueren Didaktik dominierenden Denkweise. Wo die dazu zu zählenden Beiträge von den Konzeptionen politischer Bildung in den fünfziger und sechziger Jahren abgehoben werden, wird zumeist auf folgende Besonderheiten verwiesen: auf die Übernahme der Curriculumtheorie und des Programms eines lernzielorientierten Unterrichts, auf die Rezeption empirischer Untersuchungen zu politischen Einstellungen und Verhaltensweisen Jugendlicher und ihrer schichtspezifischen Sozialisation sowie der sozialwissenschaftlichen, insbesondere soziologischen Diskussion über Methodologie und Gesellschaftstheorie. Damit ist die in der neueren Didaktik vorherrschende Denkweise aber keineswegs getroffen. Ihr Charakteristikum ist vielmehr die Verbindung von Sozialisationsforschung, Gesellschafts- und Herrschaftstheorie sowie häufig auch Erkenntnistheorie unter einer politischen, auf gesamtgesellschaftliche Demokratisierung und individuelle Emanzipation gerichteten Perspektive. Unter ihr wird die Annahme einer weitreichenden Prägung des Heranwachsenden durch Sozialisationsprozesse mit einer Gesellschafts- und Herrschaftsanalyse verbunden, nach der die fortschreitende politische Beeinflussung aller Lebensbereiche gleichbedeutend mit der Aufhebung der Trennung von Staat und Gesellschaft, sozialem und politischem Handeln ist. Die Ursachen dieses Wandels erscheinen zunächst als Bedingungen zunehmender, demokratisch nicht mehr legitimierter und kontrollierter, technisch-sachlich definierter Verfügungsgewalt. Zugleich gelten sie aber auch als Bedingungen einer gegenläufigen, auf Demokratisierung und Emanzipation gerichteten Dynamik, als deren wichtigste Voraussetzung eine breite sozialwissenschaftliche Aufklärung betrachtet wird.

Wichtigstes Moment dieser Aufklärung ist eine materiale, aus den Ideen der Demokratisierung und der Emanzipation gespeiste Kritik, die ihre Rechtfertigung allerdings häufig aus der Anerkennung der Kritik als formalem Prinzip bezieht. Die immer wieder zu beobachtende Unduldsamkeit gegenüber einer Kritik der Kritik, zumal gegen die Rückwendung der scheinbar zum allgemeinen Prinzip erhobenen Ideologiekritik verrät, daß der Begriff zwar vieldeutig verwandt wird, aber eindeutig gemeint ist.

Entgegen verbreiteten Erwartungen hat sich dieser kritische Impetus in den letzten Jahren deutlich abgeschwächt. Dazu haben durch wissenschaftliche und publizistische Veröffentlichungen gestützte politische Gegenbewegungen wohl ebenso beigetragen wie die schwindende Faszinationskraft der bald nicht mehr neuen, sich in der stereotypen Wiederholung durch politische Randgruppen abnutzenden Gesellschaftskritik. Neben diesen, auch in der Diskussion um die politische Bildung seit einigen Jahren betonten, von Vertretern der neueren Didaktik als Gefährdungen durch die politische Rechte und die extreme Linke wahrgenommenen Veränderungen kommen andere, für die politische Bildung ungleich wichtigere Entwicklungen erst langsam in den Blick. Die gesellschafts-

kritische Aufklärung wird als Bindeglied zwischen der Deutung der Vergangenheit, Gegenwart und Zukunft, als Transformator eines als Prozeß fortschreitender Demokratisierung und Emanzipation vorgestellten Wandels in dem Maße schwächer, in dem der durch sie hergestellte Sinn- und Handlungszusammenhang an Plausibilität verliert.
Sie beruhte, wie ein Vergleich der auch die neuere Didaktik leitenden Zukunftserwartungen mit der von ihr bestimmten Gegenwartsanalyse erkennen läßt, auf zwei Voraussetzungen[6]: Die materiellen Sicherheiten und Überschüsse der „Wohlstandsgesellschaft" wurden ebenso wie die Mittel einer technisch-wissenschaftlichen Beherrschung der Welt fraglos als wachsende Größen betrachtet. Problematisch erschienen Art und Zielsetzung des Gebrauchs von materiellen Gütern, Technik und Wissenschaft, nicht aber die Mittel selbst und ihr Wachstum. Sie wurden vielmehr oft extrem überschätzt, womit mannigfache utopische Perspektiven den Anschein einer „Realutopie" gewinnen. So konnten sich Gesellschaftskritik und Zukunftsvorstellungen um das scheinbar vom Problem der Verteilung knapper Mittel entlastete Gleichheitsproblem, um Probleme der Sinngebung und einer von materiellen und sozialen Zwängen vielfacher Art entlasteten Ordnung des sozialen Zusammenlebens zentrieren. Daß die Ereignisse, Entwicklungen und Einsichten, welche die letzten Jahre bestimmt haben, — man denke an die „Grenzen des Wachstums", an die Energieprobleme, die krisenhaften Veränderungen der Wirtschaftsstruktur, das Scheitern bildungspolitischer und sozialpolitischer Planungen, deren Folgen nicht mehr kontrollierbar sind — dieser Einschätzung der Problemlage diametral entgegenstehen, muß wohl nicht im einzelnen dargestellt werden. Da sie sich schwerlich übergehen lassen, weicht die Sicherheit, mit der die Maximen der neueren Didaktik vorgetragen wurden, der Skepsis und einem bescheidenen Pragmatismus.
Wer sich einer Sache gewiß ist, kann das Augenmerk auf das Handeln richten. Die neuere Didaktik ist sich ihres Bezugs zur Wissenschaft, der Notwendigkeit einer Verwissenschaftlichung der Didaktik wie des Unterrichts ebenso sicher gewesen wie der Maximen ihrer politischen Handlungsorientierung und der durch sie bestimmbaren gesellschaftlichen Entwicklung. Die Forderung, politische Bildung müsse in politisches Handeln münden, ist daher auch mehr denn je betont worden. Dazu steht die Behandlung wissenschaftstheoretischer Probleme in der Folge des sogenannten „Positivismusstreits" nur scheinbar im Widerspruch, diente sie doch primär der Verteidigung politischer Ziele.
Sie bilden auch die Fixpunkte in den neueren Untersuchungen zur Geschichte der politischen Bildung und der politischen Pädagogik in der Bundesrepublik (Schmiederer 1972; Hüser u. a. 1976; Wallraven 1976). Der Nachweis der Realitätsferne und der ideologischen Befangenheit war ex post, zum Zeitpunkt des Bewußtwerdens der tiefgreifenden gesellschaftlichen und weltpolitischen Wandlungen in den zwei Nachkriegsjahrzehnten und in der Phase eines auch dadurch bedingten Wandels der Wertorientierungen und Überzeugungen leicht zu führen. Die Wirkung der die neuere Didaktik leitenden Vorstellungen ist daher nicht zuletzt dadurch zu erklären, daß die veränderten Lebensbedingungen und Erfahrungen die überkommenen Wertorientierungen und Realitätsdeutungen fragwürdig erscheinen ließen. Wieso sie gerade durch diese und nicht durch andere Vorstellungen abgelöst wurden, läßt sich hier nicht klären. Für die Einschätzung der gegen-

[6] Deren Übernahme auf den Einfluß der Arbeiten Herbert Marcuses verweist: Vgl. ders., Der eindimensionale Mensch, Neuwied, 1967²; „Befreiung von der Überflußgesellschaft", in: Kursbuch 16/1969. In der Didaktik vertritt diese Auffassung am konsequentesten Schmiederer 1971.

wärtigen Situation in der Didaktik der politischen Bildung und für die daraus zu ziehenden Folgerungen wichtiger ist die sich verbreitende Erkenntnis, daß die neuere Didaktik nicht nur an dem den Richtlinien entgegengesetzten politischen Widerstand gescheitert ist. Sie ist — wie im folgenden begründet werden soll — zugleich mit dem Versuch gescheitert, zwischen Wissenschaft, Politik und politischer Bildung einen geschlossenen, auf Erkenntnis, Handeln und planvolle Veränderung der Gesellschaft bezogenen Zusammenhang herzustellen. Deutlichstes Indiz für dessen Mißlingen ist die Diskrepanz zwischen handlungsorientierenden Zukunftserwartungen und realer, nicht nur auf die zu geringe politische Unterstützung dieser Zukunftserwartungen zurückführbarer gesellschaftlicher Entwicklung.

Erneut steht daher die Didaktik der politischen Bildung vor der Frage, ob und wie politische Bildung dazu beitragen kann, zugleich realistische, objektive und für die Heranwachsenden bedeutsame, d. h. auch handlungsrelevante Bezüge zur sozialen Umwelt jenseits deren begrenztem persönlichen Lebens- und Erfahrungsbereich herzustellen. Die neuere Didaktik schien diese Frage beantwortet oder zumindest die Schlüssel ihrer Beantwortung gefunden zu haben, indem sie die die Moderne bestimmenden Prozesse der Verwissenschaftlichung und der Politisierung in sich und im Unterricht nachzuvollziehen und zugleich mit wissenschaftlichem und politischem Anspruch zu überschreiten versuchte. Mit den Schwierigkeiten, die viele Lehrer und Studenten haben, wenn sie sich mit den umfangreichen wissenschaftlichen Begründungen dieses Vorhabens und seiner Kritik beschäftigen, mit der Einsicht der Didaktiker in dessen Mißlingen, nimmt in der Didaktik und in der „Praxis" die Neigung zu, pragmatisch nach den Themen und Methoden zu suchen, die sich im Unterricht leicht umsetzen lassen. Dem kommt der in der neueren Didaktik schon angelegte, aber nicht angestrebte Rückzug auf soziale Probleme im Umkreis des überschaubar Alltäglichen entgegen. Politische Bildung hat dann — diese Entwicklung zeichnet sich ab — vieles, nur das nicht zum Inhalt, was der Begriff fordert.

Ergebnis des heftigen politischen Streits um die politische Bildung wäre dann deren durch das Leerlaufen einer umfangreichen Förderungsmaschinerie nur verdecktes Ende. Sicherlich wird das Unterrichtsfach, dessen Konzeptionslosigkeit schon durch zehn verschiedene Bezeichnungen angezeigt ist, nicht verschwinden. Es mangelt aber nicht an Anzeichen für eine wieder zunehmende, durch die Furcht vor der Institutionalisierung der „Systemveränderung" beförderte Vernachlässigung des „kleinen Fachs" in den Stundentafeln, in der Unterrichtsplanung der einzelnen Schulen und in der Rekrutierung fachlich ausgebildeter Lehrer.

Nun ist die Didaktik in der Regel ohnehin weiter vom Unterrichtsgeschehen entfernt, als dies in einer Phase der Konzipierung neuer Richtlinien erscheinen mochte. Wenn es aber der Didaktik nicht mehr gelingt, die Möglichkeit politischer Bildung zu begründen, so ist schwerlich zu erwarten, daß dies in der Schule zu leisten ist. Der Prozeß der Verwissenschaftlichung und Politisierung der Didaktik — dies ist jedenfalls die zentrale, aus den folgenden Überlegungen resultierende These — hat ein unerwartetes Ergebnis. Politische Bildung ist so, wie in der neueren Didaktik gefordert wird, nicht möglich. Wenn Verwissenschaftlichung und Politisierung — im Sinne einer politischen Regulierung aller Lebensbereiche — aber unsere Gesellschaft bestimmen, so ist diese Konsequenz gleichbedeutend mit einer nicht aufhebbaren Trennung zwischen einer — wie immer gearteten — „politischen Bildung" und einer allgemein nicht mehr vermittelbaren Einsicht in eine von Wissenschaft und Politik bestimmte Wirklichkeit. Es spricht angesichts dieser sich aufdrängenden Konsequenz vieles dafür, die neuere Didaktik nicht dem politischen Streit um die politische Bildung zu überlassen, sondern über die Rekonstruktion ihres wissenschaftlichen und politischen Anspruchs zu prüfen, ob alternative Bezüge zwischen Wissenschaft, Politik, politischer Urteilsbildung und Handlungsorientierung denkbar sind.

3.2 Wissenschaftliche Didaktik und wissenschaftsorientierter Unterricht

Die Aufgabe der Didaktik wird gelegentlich mit einer Faustformel umrissen, nach der sie zu beantworten hat, was, warum, wozu gelernt werden soll und was, wie unter welchen Bedingungen gelernt werden kann. Angemessener wäre es, von einer möglichen Klärung statt von einer möglichen Beantwortung dieser Fragen zu sprechen: Eine Didaktik, die ihre Aussagen als wissenschaftliche Aussagen rechtfertigt, kann nicht beanspruchen zu leisten, was dennoch häufig von ihr erwartet wird: sie kann allein weder die Ziele des Unterrichts verbindlich bestimmen noch mittels gesicherter Ergebnisse empirischer Forschung in Handlungstechniken umsetzbare Bedingungen für einen erfolgreichen Unterricht benennen. Sie kann aber zum einen die Faktoren, welche die Zielsetzung beeinflussen, beschreiben, die Zielsetzungen selbst Verfahren der rationalen Klärung und Kritik unterwerfen und Alternativen aufzeigen. Sie kann zum anderen die allgemeinen Bedingungen des Unterrichts und des Lernens analysieren, von deren Beachtung die Wirksamkeit des Unterrichts abhängig ist. Deren Beachtung und — handelt es sich um variable Bedingungen — Beeinflussung kann die Wirksamkeit des Unterrichts aber noch nicht sichern. Der Unterricht ist nicht nur durch die je gegebenen äußeren Bedingungen und durch Gesetzmäßigkeiten des Lernens, sondern auch vom konkreten sinnorientierten Handeln der Schüler und Lehrer wie von ihren personalen Beziehungen bestimmt. Was dem einzelnen Schüler oder Lehrer sinnvoll erscheint, was der einzelne Lehrer als „Persönlichkeit" beim Schüler, der einzelne Schüler beim Lehrer oder Mitschülern bewirken kann, entzieht sich zwar nicht wissenschaftlicher Betrachtung, aber der gesetzmäßigen Aussage und einer aus ihr ableitbaren Vermittlung allgemeiner, leicht handhabbarer Regeln.

3.2.1 Die Verwissenschaftlichung der Didaktik

Obwohl weithin anerkannt ist, daß die Möglichkeiten didaktischer Aussagen dergestalt beschränkt sind, werden ihre Grenzen im einzelnen oft übersehen und gelegentlich auch bewußt überschritten. Dies läßt sich vor allem in der Didaktik des sozialkundlich-politischen Unterrichts beobachten. Daraus wurde gefolgert, zumal diese Didaktik bedürfe einer wissenschaftstheoretischen Grundlage, sie müsse sich etwa der vom kritischen Rationalismus oder der von der kritischen Theorie erhobenen Anforderungen stellen. (Fischer 1975; Holtmann 1975 a; Hilligen 1975 S. 67 ff.) Damit ist der Endpunkt des Weges erreicht, den die Didaktik in einem wenig mehr als das letzte Jahrzehnt umfassenden Zeitraum zurückgelegt hat. An seinem Beginn standen an normativen politischen Theorien und an der Sozialphilosophie orientierte Aussagen zum Inhalt und zum Ziel der politischen Bildung. Sie wurden durch die empirisch-analytisch verfahrende Soziologie und Politikwissenschaft ebenso wie durch die in Traditionen marxistischen Denkens stehende

Ideologiekritik in Frage gestellt. Zugleich machten empirische Untersuchungen der politischen Einstellungen und Verhaltensweisen Jugendlicher deutlich, daß zwischen Anspruch und Wirksamkeit politischer Bildung eine große Kluft besteht. Dadurch wurde eine Entwicklung in der Didaktik der politischen Bildung eingeleitet, in der primär nach der Wirksamkeit und damit nach systematischer empirischer Forschung sowie sozialwissenschaftlichen Analysen der Gesellschaft und der Politik gefragt wurde. Der sozialwissenschaftliche Methodenstreit leitete schließlich einen Prozeß des wissenschaftstheoretischen und methodologischen „Hinterfragens" ein, in dem die zuvor eingenommenen Positionen relativiert, wenn nicht aufgegeben wurden.

Diese Entwicklung kann hier nicht im einzelnen und in ihren Verästelungen verfolgt werden. Sie ist insofern an einen Endpunkt gelangt, als sich die Didaktik der gesamten sozialwissenschaftlichen Diskussion und Forschung geöffnet hat und deren Ergebnisse einzubeziehen versucht. So nehmen sich neuere Programme einer Theorie der politischen Bildung wie sozialwissenschaftliche Enzyklopädien aus, die kaum noch stärker ausgeweitet, allenfalls noch stärker differenziert werden können. (Fischer 1975 S. 184 f.; Hilligen 1975) Während ein Teil der Didaktiker versucht, diesen noch nicht eingelösten Programmen zu entsprechen, mehren sich bereits die Stimmen, die eine Umkehr fordern, weil aus ihrer Sicht die Verwissenschaftlichung der Didaktik den Blick auf die anderen praktischen Aufgaben verstellt[7]. (Giesecke 1975; Schmiederer 1975) Die beobachtbare Neigung vieler Didaktiker, rasch zu den im jeweils neuesten Theorien- und Methodenstreit entrollten Fahnen zu eilen, gilt hier als ein Zeichen für die Verschiebung des Interesses der Lehrenden vom lernenden Schüler zur Wissenschaft.

Dagegen läßt sich einwenden, eine Didaktik, die sich den sie berührenden, in den Sozialwissenschaften aufgeworfenen Fragen nicht stelle, könne nicht beanspruchen, sich wissenschaftlich, d. h. rational auszuweisen[8]. Offenkundig ist die Forderung nach einer solchen Rechtfertigung didaktischer Aussagen derzeit aber mehr Programm denn Realität. Das Produktionsprinzip der von Jahr zu Jahr erscheinenden umfangreichen wissenschaftlichen Literatur zur politischen Bildung ist häufig einfach: man nehme eine in der politischen Bildung und deren Didaktik noch nicht berücksichtigte sozialwissenschaftliche Theorie — die Konflikttheorie, die kritische Theorie, den Strukturfunktionalismus, die Politökonomie und den historischen Materialismus, die Theorie des sozialen Wandels etc. — referiere sie und zeige, was von vornherein klar ist: daß sie bislang noch nicht oder zu wenig gewürdigt wurden, daß also wichtige Perspektiven sozialwissenschaftlicher Forschung in der Didaktik und der politischen Bildung fehlen. Ebenso kann mit den zahlreichen Ergebnissen empirischer Untersuchungen oder mit der Wissenschaftstheorie und der Methodologie verfahren werden. Allem Anschein nach sind diesem Produktionsprinzip keine Grenzen gesetzt. Der Lehrer, der den so eröffneten didaktischen Supermarkt mit der einfachen Frage betritt, was er seinen Schülern sinnvollerweise vermitteln und wobei er auf ihr Interesse rechnen kann, findet sich darin nicht mehr zurecht. Die Didaktik, die nach ihrem Selbstverständnis zur Beantwortung dieser Frage und zu einer wissenschaftlichen Klärung der Antworten beitragen will, erschwert die Antwort ebenso

---

[7] Vgl. auch: H. Giesecke, „Über die Grenzen einer Fachdidaktik ‚Politik' Überlegungen zu Wolfgang Hilligens ‚Didaktik des politischen Unterrichts' ", Gegenwartskunde 1/76.

[8] Dieses Argument vertritt vor allem W. Hilligen. Vgl. z. B.: „Gieseckes neue Methodik. Anmerkungen zum Verhältnis von Methodik und Didaktik im politischen Unterricht", in: Gegenwartskunde 1/76, S. 91 ff.

wie ihre Klärung, da die Vielfalt der Angebote für den einzelnen nicht mehr überschaubar, eine rationale Wahl also unmöglich ist.

Die Didaktik gerät so in einen Zirkel. Sie erzeugt mit ihrer Verwissenschaftlichung in sich das Problem, das wissenschaftlich zu lösen sie beansprucht. Die Zahl der im Ansatz skizzierten, zumeist aber nicht ausgeführten „Theorien" politischer Bildung entspricht fast der Zahl der Theoretiker. Ihre Aufrisse zeigen, daß das, was hier verlangt wird, vom einzelnen Theoretiker kompetent nicht mehr zu leisten ist. Ohne Mühe läßt sich immer wieder nachweisen, daß aus den Fachwissenschaften übernommene theoretische oder empirische Aussagen auf fragwürdige Weise ausgewählt und verkürzt wurden oder durch neuere Arbeiten bereits überholt sind. Wo interdisziplinäre Gruppen ans Werk gehen, schließen sich die Perspektiven nicht mehr zusammen. Wichtige Probleme, die noch gestern die Diskussion bestimmten, geraten heute schon aus dem Blick. Dennoch ist der Glaube weit verbreitet, auf dem Weg durch die sozialwissenschaftliche Theoriediskussion und Forschung könne die Didaktik letztlich ihr Ziel — eine wissenschaftlich hinreichend geklärte, konsensfähige und zugleich wirksame politische Bildung erreichen. Diese Hoffnung stützt sich auf Verfahren und Methoden der Lernzielermittlung, der empirischen Unterrichtsforschung, der Curriculumtheorie, des Unterrichts. Von ihnen kann aber nur dann ein stetiger Fortschritt erwartet werden, wenn sowohl mit einem stetigen Zuwachs im Verständnis des Unterrichtsgegenstandes, d. h. von Gesellschaft und Politik, sozialem Denken und sozialem Handeln als auch mit einer aufgrund verbesserter Methoden und Mittel zunehmenden Wahrscheinlichkeit einer kalkulierbaren Aneignung dieses Verständnisses durch die Schüler gerechnet werden kann.

Beide Erwartungen sind fragwürdig, weil der Gegenstand sich ständig wandelt und weil sein Verständnis kein steuerbarer Reflex oder eine objektiv zu bestimmende Größe, sondern ein subjektiver — sozial mehr oder minder vermittelter — Akt immer auch erfahrungsbezogener und handlungsleitender Deutung ist, in die Wertungen und Emotionen eingehen. Nicht zuletzt darin liegen die Gründe dafür, daß sich die Didaktik wie die Curriculumtheorie[9], auf wissenschaftliche Verfahren und Methoden vertrauend, ständig tiefer in die Schwierigkeiten verstricken, die zu lösen sie beanspruchen. Sie wären zu überwinden, wenn sie sich ihres praktischen Auftrags entledigten und sich nicht mehr dort rechtfertigen müßten, wo der Anspruch auf Fortschritt überprüfbar wird, oder wenn sie von ihrem Auftrag her festere Bezugspunkte für die an Fachwissenschaften und wissenschaftliche Methoden zu stellenden Fragen gewönnen.

Die bis in das letzte Jahrzehnt hinein dominierende geisteswissenschaftliche Pädagogik fand solche Bezugspunkte in dem ihr eigenen Verständnis des Individuums und seiner Bildung[10]. Es wurde mitsamt seinen geistigen Voraussetzungen durch die moderne Massendemokratie relativiert. Ihren Ausdruck findet die veränderte Problemlage nicht zuletzt in der Wendung der Pädagogik zu den Sozialwissenschaften und in der Übernahme der Leitidee Emanzipation.

---

[9] So z. B.: H. A. Hesse und W. Maunz, Einführung in die Curriculumforschung, Stuttgart 1972, S. 116 ff.

[10] Vgl. die Übersicht bei H. Blankertz, Theorien und Modelle der Didaktik, München 1972⁶.

3.2.2 Wertbeziehungen in der politischen Bildung

Sie wird auch im Wandel des Schulsystems greifbar. Das bis in die sechziger Jahre hinein bestehende Schulsystem war bekanntlich schichtspezifisch stärker differenziert und lokal stärker gebunden als das gegenwärtige. Solange diese Differenzierung den kulturellen Unterschieden zwischen Stadt und Land, Bildungsbürgertum, neuer Mittelschicht, Arbeitern usw. häufig entsprach, konnten sich Lehrer und Pädagogik auf eine typische soziale Umwelt der Schüler, auf die in der Familie geschaffenen und vermittelten Bildungsvoraussetzungen und Bildungserwartungen beziehen. Obwohl die Verbindungen zwischen Schule und unmittelbarer Umwelt der Kinder, zwischen Bildungsinhalten, Bildungszielen und kulturellem Milieu der Schüler seit der raschen Beschleunigung des Industrialisierungs- und Verstädterungsprozesses am Ende des 19. Jahrhunderts lockerer und brüchiger wurden, sind sie erst in der zweiten Phase rascher Modernisierung in den zwei Nachkriegsjahrzehnten zerrissen. Trotz der nivellierenden Einflüsse der Massenmedien steht der Lehrer heute in der Regel Schülern aus höchst heterogenen sozialen und lokalen Umwelten gegenüber, zu denen er keine unmittelbare Beziehung hat, da er selbst in einer gesonderten sozialen und lokalen Umwelt lebt[11]. Da Lehrer und Schüler verbindende Gruppenidentitäten mit den ihnen eigenen kulturellen Selbstverständlichkeiten fehlen, da die gesellschaftlich-politische Identität durch den Nationalsozialismus und die Folgen seiner Politik nachhaltig erschüttert wurde, ist es hierzulande noch schwieriger als in anderen pluralistischen Gesellschaften, allgemein anerkannte kulturelle Voraussetzungen für die Bestimmung der Bildungsinhalte und Bildungsziele zu finden.

Dies wird in den sprachlichen, naturwissenschaftlichen, musischen Fächern, im Mathematik- und Sportunterricht nicht unmittelbar zum Problem, da hier ein Wissenskanon und Fertigkeiten vorhanden sind, die allgemein akzeptiert werden. Man mag über die pädagogische Fragwürdigkeit der Mengenlehre oder der Ganzheitsmethode öffentlich streiten; kaum jemand bezweifelt aber, daß Kinder in der Schule lernen sollen, zu rechnen, zu schreiben, zu lesen. Den in den genannten Fächern vermittelten Kenntnissen und Fähigkeiten mag jeweils ein höherer Bildungswert für die personale Entwicklung, für die Fähigkeit, sich die Welt zu erschließen und sich der Welt zu erschließen, innewohnen[12]. Zunächst handelt es sich um Kenntnisse und Fähigkeiten, die auf Naturgesetze oder instrumentelle Normen bezogen sind. Diese Normen sind ethisch neutral, allgemein anerkannt und vergleichsweise zweifelsfrei auf Zwecke bezogen, die gleichfalls von einer ethischen Beurteilung unabhängig sind. Daher läßt sich in der Regel auch eindeutig ausmachen, ob Kenntnisse falsch oder richtig sind. Wer den richtigen Bewegungsablauf beim Kopfsprung ins Wasser nicht beherrscht, fällt auf den Bauch. Wer nicht zu rechnen vermag, wird in unserer Umwelt nicht zurechtkommen. Daß $1 + 1 = 2$ ist, fiel etwas anderes bedeutet als viel, daß die Erde rund und das Wachstum der Pflanzen von bestimmten Bedingungen abhängig ist, gilt als selbstverständlich. Man wird denjenigen, der hier Fehler macht oder irrige Auffassungen vertritt, für unzureichend informiert, dumm, ungelenk, geistig behindert, aber nicht für unmoralisch halten oder mit ihm über seine

---

[11] In welchem Maße dies schon zum Problem geworden ist, zeigt die wachsende Zahl der Untersuchungen zur Lehrerrolle: Vgl. vor allem A. Combe, Kritik der Lehrerrolle, München 1971; K. Betzen und K. E. Nipkow (Hrsg.), Der Lehrer in Schule und Gesellschaft, München 1971, wobei die Verschätzung der pädagogischen Problemlage mit dem Maß der Konzentration auf dem Aspekt der schichtspezifischen Unterschiede zunimmt.

[12] Vgl. H. Blankertz, Theorien, a. a. O., S. 36—56, vor allem S. 46 ff.

Überzeugung streiten. Gegenstand des historischen, auch des historisch-philologischen und des sozialkundlich-politischen Unterrichts ist dagegen primär das Handeln von Menschen, das an moralischen, politischen, religiösen Werten und Überzeugungen orientiert ist. Sie sind weder allgemein anerkannt, noch ethisch neutral, noch eindeutig auf bestimmte Zwecke und Mittel bezogen. Die Didaktik des historischen und des politischen Unterrichts steht daher immer vor Problemen des Wertbezugs und der Objektivität[13]. Sie verschärfen sich in dem Maße, in dem die durch Familie und unmittelbare Umwelt der Schüler beeinflußten soziokulturellen Orientierungen in Schulklassen und Schulen heterogen und die gesamtgesellschaftlich bedeutsamen Werte und Ideen vieldeutig und instabil werden.

Obwohl die Didaktik ständig auf diese Probleme stößt, wurden sie bislang selten systematisch als die Unterrichtsfächer übergreifende Probleme analysiert[14]. Häufig bleiben die Überlegungen im Vorfeld der Probleme oder werden auf Einzelfragen begrenzt. Zwar wird inzwischen weithin anerkannt, daß sich Werte weder aus Tatsachenaussagen ableiten noch zwingend durch den Rückgriff auf andere Werte begründen lassen, weil dies in einen unendlichen Regreß führt. Indessen werden die daraus folgenden Schwierigkeiten dann doch wieder dadurch überwunden, daß man sich solcher Ableitungen bedient oder sich kurzerhand auf Werte beruft, deren allgemeine Geltung vorausgesetzt wird. (so z. B. Gagel in: Schörken 1975 S. 30; Menne in: Schörken 1975 S. 197 ff.; Hilligen 1975 S. 175 ff.)

So bleiben wichtige Fragen außer acht, die einer gesonderten Behandlung bedürften und daher auch hier nur ein Stück weit verfolgt werden können, vor allem:

1. die Frage nach den Funktionen von Werten[15], Ideen, moralischen Prinzipien, ethischen Normen. In der neueren Didaktik sind einseitig die Legitimierungsfunktion und die Rationalisierungsfunktion, d. h. die Rechtfertigung der Ziele politischer Bildung gegenüber der Öffentlichkeit und die Beziehung zwischen Erziehungszielen und Unterrichtsinhalten betont worden. Die Bedeutung von Werten für die individuelle Orientierung, für die Erziehung und die Persönlichkeitsentwicklung wie für soziale Beziehungen und Sozialisation wurde damit immer auch angesprochen, aber unter den angesprochenen Fragestellungen verkürzt.

---

[13] Vgl. hierzu allgemein M. Weber, „Die ‚Objektivität‘ sozialwissenschaftlicher und sozialpolitischer Erkenntnis“, in: ders., Wissenschaftslehre, Tübingen 1968, S. 146—214; H. Albert und E. Topitsch (Hrsg.), Werturteilsstreit, Darmstadt 1971.

[14] Solche Versuche finden sich dagegen in der allgemeinen Pädagogik. Vgl. H. Roth, Pädagogische Anthropologie, Berlin 1966, S. 311 ff. Eine Ausnahme macht in der Didaktik der politischen Bildung Schmiederer, 1971, S. 71 ff.

[15] Vgl. z. B. deren Aufschlüsselung bei: M. Rokeach, The Nature of Human Values, New York, London 1973, S. 13: „Values are multifaceted standards that guide conduct in a variety of ways. They (1) lead us to take particular positions on social issues, and (2) predispose us to favor one particular political or religious ideology over another. They are standards employed (3) to guide presentations of the self to others (Goffman, 1959), and (4) to evaluate and judge, to heap praise and fix blame on ourselves and others. (5) Values are central to the study of comparison processes; we employ them as standards to ascertain whether we are as moral and as competent as others. (6) They are, moreover, standards employed to persuade and influence others, to tell us which beliefs, attitudes, values, and actions of others are worth challenging, protesting, and arguing about, or worth trying to influence or to change. Finally, (7) values are standards that tell us how to rationalize in the psychoanalytic sense, beliefs, attitudes, and actions that would otherwise be personally and socially unacceptable so that we will end up with personal feelings of morality and competence, both indispensable ingredients for the maintenance and enhancement of self-esteem.“

2. die damit verbundene Frage nach dem Verhältnis von Werten, Ideen, Reflexion und Handeln. Folgt man den in der Didaktik verbreiteten Vorstellungen, so sollte dem Handeln eine kritische, rationale Reflexion vorausgehen. Daß Kritik und Reflexion z. T. als formale Prinzipien eingeführt, dann aber fest an bestimmte Ideen und politische Zukunftsvorstellungen gebunden werden, wurde bereits angemerkt. Durchweg bleibt auch der Rationalitätsbegriff vage. Zwischen der Rationalisierung von Werten und Zielen im Licht anderer Werte und Ziele und der Rationalität der Mittelwahl bei vorgegebenen Zielen wird nur in der Begründung der „Richtlinien Politik" genauer unterschieden. (Schörken 1975 S. 142 f.) Je stärker bestimmte Werte, Ideen und Zukunftsvorstellungen hervorgehoben werden, desto weniger werden konkurrierende Werte, denkbare Mittel der Realisierung und denkbare Folgen des durch diese Werte, Ideen, Zukunftsvorstellungen geleiteten Handelns bedacht. Dem mag entgegengehalten werden, damit seien die politische Bildung und ihre Didaktik überfordert. Dies ist durchaus möglich, ja wahrscheinlich, doch muß dann eben auch gefragt werden, wie weit Rationalitätskriterien der Wissenschaft auf die politische Bildung übertragen werden können.

Werte sind in unser Handeln, unseren Charakter, unsere soziale Identität hineinverwoben. Wir sind in aller Regel nicht freundlich, streng, tolerant, egalitär usw. weil wir die entsprechenden Werte bedacht und die Umstände unseres Handelns vorher kritisch beleuchtet haben, sondern weil wir diese Handlungsweisen in Lern- und Sozialisationsprozessen, an denen Reflexionsprozesse nur einen begrenzten Anteil hatten, verinnerlicht haben oder weil wir uns auf Erwartungen anderer einstellen. Die neuere Didaktik unterschätzt mit der Forderung nach einer allgemeinen kritischen Wert- und Normreflexion dieses anthropologische Datum, weil sie von den besonderen historischen und sozialen Bedingungen für die Institutionalisierung dieser Reflexion in Wissenschaft und Kunst absieht[16]. Sie verallgemeinert, was möglicherweise nur in engen Grenzen verallgemeinbar ist, zumal sich die Problematik durch die Entwicklung der modernen Wissenschaft weiter kompliziert hat. Die kritische Reflexion von Gründen und Begründungen des Handelns ist an eine Vorstellung von menschlicher Rationalität gebunden, der die moderne Wissenschaft verpflichtet ist, der sie in ihren Erkenntnissen aber zugleich entgegenarbeitet[17]. Sie deckt ständig Ursachen individuellen Handelns und sozialer Prozesse auf, die den Handelnden nicht bewußt sind und die sich mit ihren Absichten nicht decken. Dazu gehören nicht aufhebbare Gesetze ebenso wie unbewußte Zusammenhänge, die,

---

[16] Vgl. hierzu: F. H. Tenbruck, Zur Kritik der planenden Vernunft, Frankfurt 1971; Zur gegenwärtigen sozialwissenschaftlichen Diskussion um den Rationalitätsbegriff u. a. S. I. Benn und G. W. Mortimore, Rationality and the Social Sciences, London 1976.

[17] Diese im Folgenden immer wieder anzusprechende Problematik ist in aller Schärfe von Max Weber erkannt worden. Auf sie sind seine methodologischen Schriften ebenso wie sein Programm der Soziologie bezogen. Sie ist zugleich das letztlich verfehlte Thema des Positivismusstreits, der — zusammen mit einer verkürzten Rezeption der Schriften von J. Habermas — zur Verschätzung der Problemlage in der neueren Didaktik beigetragen haben dürfte. Wichtige Hilfestellungen für eine klarere Einsicht in die Probleme gibt die neuere Diskussion über sozialwissenschaftliche Theorie, Handeln und Geschichte. Vgl. u. a. B. Giesen und M. Schmid, Theorie, Handeln und Geschichte. Erklärungsprobleme in den Sozialwissenschaften, Hamburg 1975; G. H. von Wright, Explanation and Understanding, Ithaca 1971; L. W. Beck, The Actor and the Spectator, New Haven 1975. Zur Unterscheidung von Ursachen und Gründen und zu den damit verbundenen Problemen des Verstehens vor allem: von Wright, die Beiträge von Toulmin und Davidson bei Giesen/Schmid sowie: W. Stegmüller, Probleme und Resultate der Wissenschaftstheorie und Analytischen Philosophie, Bd. I Wissenschaftliche Erklärung und Begründung, Kap. VI Historische, psychologische und rationale Erklärung, Studienausgabe Teil 3, Berlin 1969.

wenn sie bewußt werden, verändert werden können. Allerdings stößt der Prozeß der Erkenntnis und Bewußtmachung, je weiter er fortschreitet, desto rascher an die Grenzen individueller und kollektiver Lernfähigkeit, weshalb dort, wo diese Schwierigkeiten unmittelbar bedeutsam werden, Modelle begrenzter Rationalität entwickelt oder angewandt werden. Die neuere Didaktik ist diesen Schwierigkeiten vorderhand nur erlegen. Sie popularisiert einerseits den Prozeß der Bewußtmachung des allgemein noch nicht Bewußten, andererseits hält sie an einem dann nicht mehr haltbaren Rationalitätsideal fest[18].

3. die Frage nach der Vereinbarkeit unterschiedlicher Wertbezüge. Allen Einwänden zum Trotz setzen sich in der Didaktik immer wieder einzelne Leitideen und Begriffe durch, auf die alle anderen Überlegungen bezogen werden. Rangordnung und Differenz der Wertorientierungen in der Bevölkerung werden dabei ebenso vernachlässigt wie die Unterschiede und Spannungen zwischen den in Wissenschaft, Politik und Erziehung institutionalisierten Werten. Deren Angleichung — sei es durch übergeordnete Werte oder durch die Überordnung eines Wertsystems über die anderen — mag als möglich und wünschbar betrachtet werden, doch müßte dies dargelegt und begründet werden. Geschieht dies nicht, werden alle Augen nur auf die je neue Leitidee gerichtet, wird die Wahrscheinlichkeit von Fehleinschätzungen und Irrtümern groß.

3.2.2.1 Irrtümer in der Reformdiskussion über den sozialkundlich-politischen Unterricht

Diskussionen über die Reform des sozialkundlich-politischen Unterrichts lassen sich in zahlreichen Ländern verfolgen. Nirgendwo — auch nicht in den USA[19], wo sich zahlreiche führende Sozialwissenschaftler an der Diskussion beteiligten[20] — wurden die theoretischen Ansprüche so hoch geschraubt, mußte, nachdem die Ansprüche einmal fixiert waren, statt über politische Bildung über globale Gesellschaftstheorien diskutiert werden, wurden so komplexe Programme einer Theorie der politischen Bildung und so komplexe Verfahrensmodelle für die Lernzielermittlung entwickelt und blieb der für Lehrer und Schüler unmittelbar zu nutzende Ertrag dennoch so gering wie in der Bundesrepublik. Daß damit auch durchaus nützliche Erkenntnisse, Einsichten zutage gefördert und mannigfache Anregungen vermittelt wurden, ist kaum zu bestreiten. Ob der Weg, der so beschritten wurde, zum Ziel führen wird, ist jedoch zweifelhaft. Ohne Prophetengabe kann wohl vorausgesagt werden, daß zahlreiche neuere Beiträge zur Didaktik bald ebenso relativiert werden wie die zahlreichen Beiträge aus den zwanziger und fünfziger Jahren, die heute nur noch in Geschichten der politischen Pädagogik zur Kenntnis genommen werden. Zu sehr ist diesen Beiträgen das Signum einer spezifischen historischen Konstellation und ihrer Irrtümer eingeprägt.

Gekennzeichnet war sie durch mehrere Momente: (vgl. auch: Schmiederer 1972 S. 109 ff.) Die sich durchsetzende Einsicht in die Reformbedürftigkeit des sozialkundlich-politischen Unterrichts traf zusammen mit:

---

[18] Die Ersetzung des Leitbegriffs Emanzipation durch den Leitbegriff Rationalität (bei Grosser u. a. 1976) führt daher noch nicht weiter.

[19] Über die dortige Entwicklung informieren: A. Holtmann (Hrsg.), Das sozialwissenschaftliche Curriculum in der Schule. Neue Forschungen und Inhalte, Opladen 1972; 1976²; Schriftenreihe der Bundeszentrale für politische Bildung Bd. 115, Politische Bildung in den USA, Bonn 1977.

[20] So z. B. I. Morrisett und W. Williams Stevens (eds.) Social Science in the Schools. A Search for Rationale, New York 1971. Vgl. auch die Übersicht von C. Wulf, Das politisch-sozialwissenschaftliche Curriculum, München 1973.

— einer verspäteten Rezeption der Sozialwissenschaften durch die Geisteswissenschaften und die Pädagogik,
— einem in allen westlichen Gesellschaften beobachtbaren, sich beschleunigenden kulturellen Wandel, der sich in großen Teilen der intellektuell-politisch orientierten Gruppen als radikale Kulturkrise manifestierte,
— den historisch leicht erklärbaren, spezifisch deutschen Identitätsproblemen im Verhältnis zur eigenen Geschichte, Kultur, Gesellschaft, politischen Ordnung und einer trotz aller kulturellen Umbrüche fortwirkenden Tradition, hierauf mit globalen Theorieentwürfen zu antworten.

All das ging oft unvermittelt in die didaktische Diskussion ein und zeitigt immer noch nachwirkende Irrtümer:
— in den Sozialwissenschaften seien im Gegensatz zu den Geisteswissenschaften die Lösungen der didaktischen wie der individuellen und sozialen Probleme, mit denen der Schüler konfrontiert ist, zu finden oder sie könnten doch mittels der vor allem in der Curriculumdiskussion entwickelten voluminösen Forschungsprogramme gefunden werden,
— da sich die Gesellschaft augenscheinlich wandle, sei alles veränderbar,
— die Tendenzen des Wandels — die wie Demokratisierung oder Emanzipation von der Wirklichkeit abgelesen, dann aber abgelöst, theoretisch-spekulativ überhöht auf sie zurückprojeziert wurden — setzten sich fort und markierten das Ziel des geschichtlichen Prozesses,
— das, was intellektuell-politisch orientierte Gruppen als Probleme definieren, seien die zentralen Probleme der Zeit und aller Zeitgenossen,
— ein kritisches Verhältnis zu Gesellschaft und Politik enthalte bereits das Motiv zu deren Veränderung und zeige zugleich an, wie sie ins Werk gesetzt werden kann,
— weil das Handeln Kenntnissen, Überzeugungen, Werten folge und weil wir in der Lage seien, sie zu reflektieren, könne das Handeln auch durch systematische schriftliche und mündliche Vermittlung von Kenntnissen, Überzeugungen, Werten und deren kritische Reflexion geleitet werden.

Wie fragwürdig diese Annahmen sind, zeigt ein nüchterner Blick in die historische und gegenwärtige Realität. Wo immer den Sozialwissenschaften Prognosen und praktikable Lösungen gesellschaftlich-politischer Probleme abverlangt werden, wird offenkundig, daß deren Leistungen auf diesem Felde gering sind. Das könnte ein Zeichen für den Stand der Theoriebildung und der empirischen Forschung sein, weshalb vorderhand nur „mittelfristige“[21], den Standards der Wissenschaftlichkeit nicht voll entsprechende Lösungen möglich sind. Blickt man nun freilich auf die theoretisch wohl am weitesten entwickelten Sozialwissenschaften, auf die Sozialpsychologie und die Ökonomie, so scheint diese Hoffnung doch recht trügerisch.

Geschichte wird wohl von Menschen gemacht. Die suggestiven Behauptungen, da sich die Gesellschaft verändere, sei sie veränderbar, da die Geschichte von Menschen gemacht werde, sei sie von Menschen machbar, sind jedoch entweder nichtssagend, weil sie über

[21] Dieser Begriff, der sich in der Curriculumforschung und der damit verbundenen Didaktik rasch verbreitet hat, ist zu den magischen Beitaten des Prozesses der Verwissenschaftlichung zu rechnen. Die indirekte Beschwörung des Langfristigen hilft über die knappen Zerfallszeiten des Mittelfristigen hinweg.

Art, Umfang, Methoden und Richtung der Machbarkeit und Veränderbarkeit nichts aussagen oder logisch unzulässig. Die gängige Argumentation mit diesen Sätzen impliziert im zweiten Teil der Aussage die Hypothese einer rationalen Steuerbarkeit von Gesellschaft und Geschichte, die im ersten Teil — einer banalen und leicht überprüfbaren Tatsachenaussage — nicht enthalten ist, aber scheinbar aus ihr abgeleitet wird. Die Hypothese selbst ist nur in engen Grenzen gültig. Wir kennen zumeist nicht alle Faktoren, die einen als veränderungswürdig geltenden Zustand bestimmen. Daran würde sich auch nichts ändern, wenn sie alle wissenschaftlich erfaßt und erfaßbar wären, denn damit wäre die Schwierigkeit nur vom Wissen auf das Lernen verlagert. Jeder Eingriff in einen gegebenen Zustand zeitigt daher, wofür nicht zuletzt die Bildungsplanung und die Bildungsreformen zahlreiche Beispiele bieten, nicht einkalkulierte und oft nicht einkalkulierbare Folgen. Soziale und politische Prozesse sind schließlich in der Regel auch dadurch gekennzeichnet, daß Menschen nicht nur in gleicher Absicht zusammen —, sondern mit unterschiedlicher Absicht gegeneinander wirken, womit im Ergebnis häufig etwas bewirkt wird, was keiner der Beteiligten im Sinne hatte.

Das ist in stark differenzierten Gesellschaften mit pluralistischen Wertsystemen um so wahrscheinlicher, als sich ihre Teilgruppen in unterschiedlicher sozialer Lage befinden, an unterschiedlichen Erfahrungen teilhaben und von unterschiedlichen Denkweisen ausgehen, weshalb auch ihre Probleme und ihr Problemverständnis differieren. Die Gesellschaftskritik der intellektuell-politischen Gruppen spiegelt denn oft nur deren besondere Probleme wider. Daß die Kritik allenfalls den Ausgangspunkt einer Problemlösung markiert, muß wohl kaum näher begründet werden. Daß das Handeln eigenen — anthropologisch und psychologisch-aufhellbaren, durch Wissenserwerb und vorgängige Reflexion aber nicht einholbaren Bedingungen folgt, widerspricht dagegen weitverbreiteten Annahmen, die sich allerdings schon durch jede genauere Selbstbeobachtung widerlegen lassen. „Wir müssen uns nicht einbilden, daß uns die Welt ein lesbares Gesicht zuwendet. Die Welt ist kein Komplize unserer Erkenntnis“[22]. Der Glaube, sie könne dies doch sein, aber hat die Idee der Emanzipation seit der Aufklärung immer wieder begleitet und getragen[23].

3.2.2.2 Emanzipation

Emanzipation kann nun freilich viel bedeuten. In der dieser Idee verpflichteten Pädagogik finden sich vor allem drei Bedeutungen. Sie verweist:

— auf individuelle oder soziale Zwangslagen und die beschreibbare Möglichkeit ihrer Überwindung und
— die Fähigkeit, sich von irrigen Vorstellungen freizumachen und sich der Wahrheit zu stellen, auch wenn sich mit irrigen Vorstellungen besser leben läßt.
— als Leerformel auf unterschiedliche und nicht immer durchschaubare Verbindungen von Realitätsdeutungen, Wertbezügen und Zielen in der neueren Pädagogik.

In den beiden ersten Bedingungen ist Emanzipation ein Schlüsselbegriff für unser Verständnis der Menschenwürde und der Traditionen, auf die wir uns berufen. Sie erlauben

---

[22] M. Foucault, Die Ordnung des Diskurses, München 1974, S. 36.
[23] Vgl. H. Stuke, „Aufklärung“. In: O. Brunner, W. Conze, R. Koselleck, Geschichtliche Grundbegriffe Bd. 1, Stuttgart 1972, K. M. Grass, R. Koselleck, „Emanzipation“, a. a. O., Bd. II, Stuttgart 1975.

eine vergleichsweise genaue Beschreibung der Ausgangs- und Zielpunkte des Emanzipationsprozesses.
Die Geschichte der Emanzipationsbewegungen enthält neben mancherlei utopischen Erwartungen und Irrtümern zahlreiche Beispiele für die konkrete Wahrnehmung der sozialen Zwangslage und realistische Vorstellungen vom möglichen alternativen Zustand der Freiheit oder geringerer Zwänge. Auch einer Selbsttäuschung können wir erst bewußt werden, wenn wir die Wahrheit kennen. Wir können sie verdrängen, aber wir können auch wissen, zwischen welchen Alternativen wir uns bewegen. Die aufgeführten Vorstellungen von den Leistungen der Sozialwissenschaften, der Machbarkeit der Geschichte, der Funktion der Kritik, des Verhältnisses von Wissen und Handeln haben hingegen eine andere Struktur. Sie verweisen, selbst wenn sie richtig wären, vage auf nicht näher bestimmte Möglichkeiten. Dem entspricht ein Verständnis der Emanzipation als der „Fähigkeit, sich von überkommenen und gegenwärtigen wirksamen gesellschaftlichen Prägungen mit dem Ziel weitgehender Selbstbestimmung distanzieren zu können"[24].
Erwartet wird so, der Lernende könne aus dem Zustand einer Bestimmung durch die Umwelt und ihre Traditionen zu sich selbst gelangen. Das Selbst bleibt unbestimmt und muß unbestimmt bleiben, da seine Vorgabe durch Pädagogik und Erziehende wiederum nur eine gesellschaftliche Prägung wäre. So soll der Schüler z. B. in die Lage versetzt werden, das „gesellschaftlich Zugemutete zu prüfen und von hier aus zu Rollendistanz und Rollenveränderung zu gelangen"[25], wobei aber wiederum offen bleibt, an welchen Kriterien sich diese Prüfung orientieren kann. Auf dem Wege einer popularisierten soziologischen Aufklärung lernt der Schüler vielmehr zunächst nur, daß die ihn umgebende Wirklichkeit, daß die dort geltenden Normen kontingent sind, daß alles anders sein könnte, was durchaus richtig ist. Wäre er bei den Kapaukupapuas oder bei den Kwakiutl, in Nowosibirsk oder Hollywood aufgewachsen, gälten für ihn nicht nur andere Normen; er wäre auch ein anderer. Er lernt sich also als jemand zu begreifen, der das, was er ist, durch Lernen, durch Sozialisation geworden ist. Er weiß, daß er ein anderer sein, lernend vielleicht ein anderer werden könnte. Da der Zustand der Selbstbestimmung unbestimmt bleibt, weiß er aber nicht, wann er ihn erreicht hat, zumal er sich als soziales Wesen, als immer schon sozialisierte Person nur teilweise von sozialen Prägungen lösen und eine andere Identität, wenn überhaupt, ja auch nur ein Stück Rollendistanz ohne soziale Absicherung nicht gewinnen kann. Emanzipation und Lernen werden so als unabschließbare Prozesse auf Dauer gestellt[26].

---

[24] NRW-Richtlinien-Politik 1. Fassung. Wenn dort formuliert wird: „Emanzipation als Ziel von politischem Lernen heißt, die jungen Menschen in die Lage zu versetzen, die vorgegebenen gesellschaftlichen Normen entweder frei und selbstverantwortlich anzuerkennen oder abzulehnen und sich gegebenenfalls für andere zu entscheiden. Dies setzt die Fähigkeit voraus ..." wogegen die 2. Fassung nur noch die Formulierung: „Deshalb gehört es zur Emanzipation als Ziel politischen Lernens, daß junge Menschen in die Lage versetzt werden, die Werte und Institutionen ihrer Gesellschaft zu verstehen und die Bereitschaft zu entwickeln, sie frei und selbstverantwortlich anzuerkennen, sich für sie einzusetzen oder Veränderungen anzustreben", enthält, so drängt sich die Frage auf, was von dergestalt manipulierbaren „Leitideen" zu halten ist.

[25] NRW-Richtlinien 1. Fassung, Lernziel 9.1.2. In der 2. Fassung ist nach dem ersten Halbsatz ein „falls nötig" eingeschoben!

[26] Das Lernzielprogramm führt mithin aus einer zu Recht berücksichtigten Problematik nicht hinaus, sondern geradewegs hinein. Daß sie so, wie hier angenommen wird, nicht bewältigt werden kann, verdeutlichen u. a. Berger u. a. 1973; A. Hahn, Religion und der Verlust der Sinngebung. Identitätsprobleme in der modernen Gesellschaft, Frankfurt 1974, S. 107 ff. Solche kurzschlüssigen pädagogischen Folgerungen ließen sich vermeiden, wenn Emanzipation konse-

Die Mitglieder einer Gesellschaft, die sich ständig wandelt, sind häufig gezwungen, neu und umzulernen. Da wir immer wieder Selbsttäuschungen erliegen und immer wieder in Zwangslagen geraten können, läßt sich dieses Verständnis von Emanzipation und Lernen auch begründen. Dann wäre zu fragen, wie zum einen das „Lernen des Lernens" gelernt werden kann und wie andererseits die Voraussetzungen einer Identitätsfindung beschaffen sein können, die den äußeren und inneren Gefährdungen der Identität standhält und zugleich eine Offenheit gegenüber der Umwelt des modernen Menschen und eine produktive, nicht-selbstzerstörerische Auseinandersetzung mit dieser Umwelt einschließt[27].

In der neueren Didaktik verstellt die vorherrschende Denkweise den Zugang zu der zweifellos wichtigeren zweiten Frage. Wird sie überhaupt aufgeworfen, so werden Antworten nahe gelegt, die das Gegenteil des Beabsichtigten bewirken können. So wird die Vorstellung von einer möglichen fortschreitenden Demokratisierung verbunden mit dem Programm einer soziologischen Aufklärung durch die Popularisierung sozialwissenschaftlicher Theoriekonstrukte und Erkenntnisse. Die Einwände, die dagegen vorzubringen sind, richten sich weder gegen die Erweiterung möglicher Mitbestimmungschancen noch gegen die Verwendung sozialwissenschaftlicher Theorien und Erkenntnisse in der Didaktik oder im Unterricht. Sie zielen vielmehr auf die selten explizierten Annahmen, aus denen diese Denkweise ihre Dynamik bezieht. Sie lassen sich nicht zuletzt über ihre inneren Widersprüche nachweisen.

Gemeint ist 1. die aus der Aufklärung übernommene Annahme einer ursprünglichen Autonomie der Subjekte und die damit verbundene Erwartung, diese Autonomie sei mit der Vergesellschaftung des Menschen vereinbar. Die politischen Konsequenzen dieser Annahme sollen später noch genauer beleuchtet werden. Hier mag zunächst der Hinweis genügen, daß wir heute nicht mehr von dieser Annahme ausgehen können. Der Mensch wird — wie die neuere Didaktik auch immer wieder betont — erst im Sozialisationsprozeß zum handlungsfähigen Menschen. Damit ist die Spannung von Individuum und Gesellschaft, zwischen Freiheit und gesellschaftlichen Zwängen nicht aufgehoben, doch läßt sich die Frage nach der Möglichkeit einer gesellschaftlichen Ordnung nicht mehr von der Annahme einer ursprünglichen Autonomie her stellen, von der aus sie sich, wie die Entwicklung des so ansetzenden Denkens gezeigt hat, auch gar nicht beantworten läßt. Im Emanzipationsbegriff ist diese Annahme aber nun zumeist ebenso enthalten wie in der Hoffnung, Demokratisierung münde letztendlich in einem Zustand der Gesellschaft, in der alle Bürger ihre ursprüngliche Autonomie wiedergewonnen haben. Deshalb kann der Begriff der Emanzipation oder der Selbstbestimmung nicht konkret aufgefüllt werden. Deshalb stehen hinter der Demokratisierungsforderung vage Hoffnungen, sind Demokratisierung und Emanzipation oft ins Unbestimmte verweisende Begriffe, kann der Gesellschaft als einem System von Zumutungen ein sich davon befreiendes Subjekt gegenübergestellt werden[28].

---

quenter als regulative Idee behandelt würde. Vgl. z. B. K. H. Schäfer, K. Schaller, Kritische Erziehung und kommunikative Didaktik, Heidelberg 1973².

[27] Vgl. über Schörken 1975 a hinaus: H. Klages, Die unruhige Gesellschaft, Untersuchungen über Grenzen und Probleme sozialer Stabilität, München 1975, wo die Analyse allerdings auch in pädagogische Forderungen mündet, deren Realisierungschancen zweifelhaft sind.

[28] In diese Schwierigkeiten führte bereits Dahrendorfs Fassung der Rollentheorie (s. u.). Vgl. A. Hahn, Soziale Rolle, in: Staatslexikon, 6. Auflage, Ergänzungsband III, Freiburg 1970, und die dort angegebene Literatur.

Gemeint ist 2. die Annahme, die Vermittlung sozialwissenschaftlichen Wissens könne nennenswert zu Emanzipation und Identitätsfindung beitragen. Auch in ihr sind durchaus haltbare und wichtige Einsichten auf schwer entwirrbare Weise mit Irrtümern verflochten. Wird Emanzipation als Befreiung von äußeren Zwangslagen begriffen, so sind sozialwissenschaftliche Aussagen über deren Bedingungen, über wirksame politische Strategien und realisierbare Alternativen nützlich und nutzbar. Emanzipation im zweiten zuvor angesprochenen Sinne verweist nun aber nicht auf äußere Zwangslagen, sondern auf innere Gegebenheiten. Menschen haben unter den extremsten äußeren Zwangsbedingungen ihre innere Freiheit gefunden und können sie unter den denkbar günstigsten äußeren Bedingungen verlieren. Wird Gesellschaft als ein System äußerer Zumutungen, das Individuum aber als ein prinzipiell autonomes, diesen Zumutungen noch weithin ausgesetzes Subjekt begriffen, so kommt dieser Unterschied allerdings gar nicht in den Blick. Die mit Begriffen wie Identitätskrise, Rollenkonflikt usw. beschriebenen inneren Schwierigkeiten sind nun freilich oft von äußeren Bedingungen abhängig. Mit deren Veränderung sind sie in der Regel aber noch nicht überwunden. Sie bedürfen zusätzlicher individueller Leistungen, die von außen unterstützt, aber nicht erbracht werden können. Es mag für ein Mädchen, das mit einer Gastarbeiterfamilie aus Anatolien in eine westdeutsche Großstadt kommt oder einen verhaltensgestörten Jungen aus einer zerrütteten Familie viel bedeuten, wenn sie in der Schulklasse nicht stigmatisiert werden. Ihre Identitätsprobleme können in der Schule kaum gelöst werden.

Ob die Vermittlung allgemeiner sozialwissenschaftlicher Kenntnisse und Begriffe viel zum kameradschaftlich-offenen Verhalten der Klasse beitragen und ob sie dem Schüler, der unmittelbar mit Problemen der Rollenorientierung und der Identitätsfindung konfrontiert ist, zu helfen vermag, ist also zweifelhaft. Für die Schüler und die Lehrer im Sozialkundeunterricht mag es recht kurzweilig sein, sich mit der Schüler- und der Lehrerrolle und allgemeiner mit Rollen zu beschäftigen, doch ändert sich damit zumeist weder ihr Verhalten, noch nehmen sie sich fortan immer wieder als Rollenträger wahr. Die Schüler werden vielmehr weiterhin gelegentlich an das Thema der Stunde, an die nächste Klassenarbeit, an ihre Freundin, an den Ärger mit Klassenkameraden, an die wunderliche Sprechweise des Lehrers, an das hoffentlich bald nahende Ende der gesamten Veranstaltung und dergleichen denken. Ähnliches läßt sich in allen sozialen Interaktionen beobachten. Darin ein Zeichen für ein mangelhaftes Verständnis sozialen Handelns und sozialer Beziehungen zu sehen, wäre falsch.

Rollenerwartungen sind die standardisierten Elemente sozialen Handelns, als solche der Grammatik vergleichbar, die das Sprechen regelt und die Verständigung ermöglicht. Wie das Gespräch für den Sprechenden durch seinen Inhalt und die Vielfalt der individuellen Ausdrucksmöglichkeiten bestimmt wird, ist das Handeln für den Handelnden durch Situationen und konkrete Personen bestimmt. Zwischen der Sicht des Soziologen und des Sprachwissenschaftlers, die allgemeine, also nicht an spezifische, zeitliche, sachliche und soziale Umstände gebundene Regelsysteme beschreiben und erklären wollen, und der Sicht des Handelnden, der sich in spezifischen, zeitlichen, sachlichen und sozialen Umständen befindet, besteht ein beträchtlicher Unterschied. Er ist im Verhältnis von Rolle und Handeln noch ungleich größer als im Verhältnis zwischen Grammatik und gesprochener Sprache, da die Rollentheorie von den je kulturspezifischen Normen- und Regelsystemen abstrahiert, also einer Universalgrammatik vergleichbar ist.

Daher lassen sich zwar die unterschiedlichsten sozialen Phänomene mit dem Instrumentarium der Rollentheorie angehen, doch ist damit eben nur das Allgemeine und nicht das Spezifische erfaßt. Was als Mittel wissenschaftlicher Erkenntnis hilfreich sein mag, taugt daher noch lange nicht zum Mittel konkreter Selbsterfahrung und konkreter Einsicht in die Umwelt, die denn auch mit zunehmender Verwissenschaftlichung des Unterrichts ganz andere Wege geht, als sie dort vorgezeichnet werden. Sozialwissenschaftliche Begriffe und Aussagen sind von der Wirklichkeit abstrahiert. Was wir konkret wahrnehmen und erfahren, deckt sich damit nicht und läßt sich deshalb allein darüber auch gar nicht erschließen.

„Unser Wissen bezieht sich auf allgemeine Zusammenhänge, während wir im Handeln mit individuellen Situationen befaßt sind, die deshalb unvorhersehbar und unsicher bleiben. Schließlich gründet alles Handeln in subjektiven Gegebenheiten, also einerseits in Wert-, Ziel- und Sinndaten, welche andererseits mit affektiv-energetischen Besetzungen der Antriebsstruktur verbunden sind. Diese für das Handeln unerläßlichen Innendaten lassen sich aber durch objektives Wissen nicht adäquat deuten, steuern oder bewältigen. Unser objektives Wissen ist hinsichtlich der Erfordernisse des Handelns also stets defizitär und daran können Wissensfortschritte nichts ändern. Unser Wissen reicht weder für die hinreichende Abschätzung der Außenwelt hinsichtlich unserer Handlungsziele und Erwartungen jemals aus, noch auch für die Ausdeutung, Beeinflussung und Bewältigung der Innendaten, ohne die kein Handeln möglich ist ... Grundsätzlich bleibt der Mensch in einer Unsicherheitslage, die sich einmal auf die äußeren Unsicherheitslagen, also die stets ungewisse Erreichung bestimmter Ziele, zum anderen auf innere Unsicherheitslagen bezieht, wie sie durch die stets fragliche Interpretation der eigenen Innenlagen, durch die unabschließbare Legitimation der eigenen Ziele und durch die nur vordergründig rationalisierbare Steuerung der Antriebe und Bewältigung der affektiven Innenlagen gekennzeichnet ist“[29].

Die Didaktik trägt daher zur Verbreitung nicht einlösbarer Erwartungen bei, wenn sie glauben macht, schon die Vermittlung sozialwissenschaftlichen Wissens und sozialwissenschaftlicher Denkweisen könnten Emanzipation und Identitätsfindung nachhaltig fördern[30]. Sie verwechselt die je konkreten Probleme mit ihrer allgemeinen theoretischen Erfassung und übersieht, daß zumal bei solchen Problemen mit der Einsicht in die Problemlage die Lösungsmöglichkeiten noch nicht vorgezeichnet sind.

3.2.2.3 Objektivität und Identität

Einer didaktischen Konzeption, nach der „gesellschaftliche Sachverhalte nur abhängig von eigenen Interessen und damit wertend wahrgenommen werden können“, (Holtmann 1975 a, S. 90) steht derzeit eine Vielzahl anderer Auffassungen gegenüber, welche dem Problem der Wertung im politischen Unterricht ausweichen. Es wird weithin auf die Formulierung einer „Leitidee“ und deren Begründung reduziert oder durch die Entwicklung eines pluralistischen Wertsystems mit konkurrierenden Werten umgangen[31].

---

[29] F. H. Tenbruck, „Wissenschaft und Religion“. In: J. Wössner, Religion im Umbruch. Soziologische Beiträge zur Situation von Religion und Kirche in der Gegenwärtigen Gesellschaft, Stuttgart 1972, S. 239 f.

[30] Es sei denn, das Ziel des Unterrichts sei die Vermittlung von Einsichten und nicht immer zugleich auch die Veränderung gesellschaftlicher Verhältnisse.

[31] Die Tendenz, Orientierungsprobleme durch die Fixierung unterschiedlicher, polar angelegter Wertbezüge zu verdecken, ist, wie Gagel 1975, S. 51, zu Recht anmerkt, in der rheinland-pfälzischen Richtlinienkonzeption gegeben. Gagel ist zuzustimmen, wenn er schreibt: „Daher kommt,

Hier wie dort wird die Problemlösung auf den Schüler verschoben. Er soll zur politischen Urteilsbildung, zur eigenständigen Wertung fähig werden und den „Mut zur Entscheidung" gewinnen oder befähigt werden, sich „mit den in den Unterricht einfließenden — oft unbewußten — Wertungen des Lehrers auseinandersetzen zu können" (Richtlinien Politik 2. Fassung S. 10).

Das ist das Programm eines pädagogischen Verwirrspiels: Einerseits soll der Lehrer überlegt und überlegen den Schülern ihre in „nicht intentionalen Lern- oder Beeinflussungsprozessen in der alltäglichen Umwelt" erworbenen Identifikationen und Einstellungen bewußt (Schörken 1975 a, S. 26 ff.), den Wertpluralismus durchsichtig machen und zur Auseinandersetzung mit unterschiedlichen Werten anregen.

Fragt der Schüler dagegen nach den Wertbezügen des Lehrers und seiner Didaktik, so erscheint der Lehrer in der unterlegenen Rolle dessen, der der Objektivität verpflichtet, die Schüler nicht durch eigene Wertungen beeinflussen soll oder gar selbst jenen Prägungen unterliegt, die aufzudecken nun aber den Schülern zugemutet wird.

Solche wirklichkeitsfremden Konstruktionen sind das Ergebnis einer Betrachtungsweise, die sich primär, wenn nicht ausschließlich an allgemeinen wissenschaftlichen Aussagen und politischen Normvorstellungen orientiert. So wird der Platz, den im Unterricht eine in der Regel zu große Zahl von Individuen im Kindheits- und Jugendalter einnimmt, durch wissenschaftliche und normative Konstrukte — durch den homo sociologicus und den homo politicus — besetzt. Sie verlieren ihre Funktion, Hilfsmittel für das Verständnis der Schüler und für ihre normative Orientierung zu sein. Statt dessen werden sie dergestalt reifiziert, daß der Schüler in den Curricula als ein Wesen erscheint, das zunächst weithin gesellschaftlich geprägt ist, wenig später aber schon über die Fähigkeiten des autonomen Subjekts verfügt.

So gilt in der Didaktik inzwischen weithin als ausgemacht, „daß die grundlegenden affektiven Prozesse der politischen Sozialisation, insbesondere die Identifikationen bereits vollzogen sind, wenn der Politikunterricht im Stundenplan erscheint" (Schörken 1975 a., S. 27). Schon eine genauere Beobachtung von Schülern im politischen Unterricht hätte Zweifel daran wecken müssen, daß diese aus einer verkürzten und teilweise fehlerhaften Rezeption der Sozialisationsforschung übernommene These so haltbar ist. Trifft sie nicht zu, ist fast der gesamten neueren Didaktik eine ihrer wichtigsten Voraussetzungen entzogen, folgt sie doch der Annahme, der Schüler habe — auch politische — Identifikationsprozesse bereits durchlaufen, es sei also möglich, sie in einem Prozeß distanzierender Betrachtung bewußt zu machen. Wenn Identifikationen und Einstellungen gegenüber den außerhalb der unmittelbaren Umwelt liegenden gesellschaftlichen und politischen Phänomenen jedoch gar nicht oder jedenfalls nicht in dem von der Didaktik unterstellten Umfang vorhanden sind, so können sich Lehrer, Richtlinien und

---

bei allem Versuch der Offenheit und Verzicht auf Festlegung der politischen Entscheidung des Heranwachsenden, ein Curriculum nicht um die Option für ein normatives Konzept herum, in welchem zwar nicht Lernziele, aber der Maßstab pädagogischer und didaktischer Entscheidung und damit auch der Maßstab für die Auswahl von Lernzielen und der Beurteilung von Anwendungssituationen eindeutig definiert wird." Nach der eindeutigen Definition des Maßstabs Emanzipation wird man freilich vergeblich suchen. Sie ist auch gar nicht zu leisten, da sich die Vielfalt der Anwendungssituationen und Qualifikationen gar nicht unter einen Maßstab subsumieren läßt. Keine der Alternativen führt daher weiter, da beide zu stark von der Wirklichkeit und das heißt auch von Entscheidungssituationen abstrahieren, die ja nur in seltenen günstigen Fällen die eindeutige Wahl zwischen Alternativen zulassen und in den schwierigeren Fällen nicht nur durch Unsicherheit, sondern hohe Kosten jeder denkbaren Handlungsweise gekennzeichnet sind.

Lernmaterialien nicht darauf beschränken, nur eine Hilfestellung bei deren Betrachtung, Klärung, Relativierung und Veränderung zu geben. Vielmehr müssen Wertbezüge für den Schüler erst aufgebaut, Werthaltungen vermittelt werden, wenn der sozialkundlich-politische Unterricht nicht auf eine Wissensvermittlung im Rahmen vorgegebener und fraglos vorausgesetzter Werte beschränkt bleiben soll.

3.2.3 Politischer Unterricht als Wissensvermittlung

Die Möglichkeit eines auf Wissensvermittlung beschränkten Unterrichts muß freilich schon deshalb ernsthaft erwogen werden, weil es zahlreiche Anzeichen dafür gibt, daß im sozialkundlich-politischen wie wohl auch im historischen Unterricht häufig ein wenig problematisiertes Wissen vermittelt wird. Ein Beispiel dafür ist die in fast allen Didaktiken kritisierte Institutionenkunde[32], die gleichwohl häufig immer noch der wichtigste Inhalt des sozialkundlich-politischen Unterrichts ist. Ein Institutionensystem läßt sich wie ein Apparat behandeln. Das zu vermittelnde Wissen ist überschaubar, sein Erwerb überprüfbar. Wenn die Schüler nicht die Frage nach dem Wert der Institutionen aufwerfen, muß sie auch der Lehrer nicht stellen. Er kann also in jener vordergründigen Weise objektiv bleiben, die zumal in der Öffentlichkeit das Verständnis von Objektivität bestimmt.

Wer hieran Kritik übt, sollte nicht übersehen, daß in der gesamten Didaktik das Verhältnis von Wissensvermittlung, Problematisierung und Wertung nicht befriedigend geklärt ist. Auch die meisten neueren Programme politischer Bildung sind mit einer Vielzahl von Themen überlastet. Wer den Themenplänen folgt, muß die hochdifferenzierten Konzepte, welche zur Interpretation und Problematisierung der Themen bereitgestellt werden[33], beiseitelegen, zumal er häufig nicht erwarten kann, daß die Schüler schon zu einer kontroversen Problematisierung bereit und fähig sind. Auffällig ist überdies ein im Vergleich zur emphatischen Betonung normativer Leitideen wie Selbstbestimmung und Emanzipation und deren psychischen Korrelaten wie Ich-Stärke außerordentlich hoher Anteil von Lernzielen, die fast ausschließlich kognitive Leistungen fordern. Er liegt z. B. in den nordrhein-westfälischen Rahmenrichtlinien bei etwa 80%.

Möglicherweise lernt der Schüler im so angelegten Unterricht vor allem dies:

— es gibt derzeit einige Dutzend öffentlich relevanter Themen und Probleme,
— ich soll lernen, in der Öffentlichkeit mitzureden und muß mir dazu eine neue Sprache, Begriffe wie: schichtspezifische Sozialisation, Randgruppen, Autorität, Aggression, Manipulation, Entwicklungsländer, Umweltschutz, imperatives Mandat, Sozialbindung des Eigentums, Monopolisierung, Konzentration usw. aneignen[34],

---

[32] Die häufig berechtigte Kritik rechtfertigt allerdings nicht die damit zumeist verbundene Unterschätzung der institutionellen Probleme als zentraler Probleme aller Gesellschaften, d. h. auch aller Wissenschaften von der Gesellschaft. Vgl. Behrmann 1972, S. 120 ff.; H. Schelsky (Hrsg.), Zur Theorie der Institution, Düsseldorf 1970. Das Problem hat sich mit der „Entinstitutionalisierung" der Privatsphäre und den zunehmenden formellen Regelungen in allen öffentlichen Bereichen als Problem der Erziehung und insbesondere des sozialkundlich-politischen Unterrichts eher verschärft.

[33] Man vergleiche dazu etwa die Beiträge zu den nordrhein-westfälischen Richtlinien mit den bislang erschienenen Unterrichtseinheiten, von denen Lehrer immer noch behaupten, sie seien für ihre Klassen zu schwierig.

[34] Die hessischen Rahmenrichtlinien haben die Kenntnis des soziologischen Vokabulars zu einem eigenen Lernziel gemacht (u. a. S. 131). Damit haben selbst Studenten nicht geringe Mühe, weshalb

— es gibt zu diesen Themen und Problemen die verschiedenen Meinungen,
— Meinungen ändern sich und man kann sie ändern.

Das wäre sicherlich nicht die eigentlich beabsichtigte Wirkung solcher Unterrichtsprogramme. Wahrscheinlich tritt sie aber sehr viel häufiger ein als das, was durch den Unterricht bewirkt werden soll. Weder Schüler noch Lehrer noch Didaktiker können sich von den gesellschaftlichen Bedingungen, unter denen sie leben, völlig distanzieren. Sie aber kommen einem solchen „geheimen Curriculum"[35] und seiner Wirkung entgegen.

3.2.3.1 Modernisierung und Bewußtseinswandel

In den modernen westlichen Gesellschaften sind privater und öffentlicher Bereich nicht nur stärker als in den meisten uns bekannten Gesellschaften getrennt, sondern auch strukturell und kulturell entkoppelt (Berger u. a. 1973). Arbeitsplatz und Wohnung sind nicht nur räumlich geschieden. Während im privaten Bereich personale Beziehungen zwischen Menschen und überschaubaren Gruppen dominieren, die sich in der Einrichtung ihrer Wohnung, in einem gemeinsamen Lebensstil, gemeinsamen Vorlieben und Weltanschauungen eine sie bergende Heimat zu schaffen versuchen, dominieren im öffentlichen Bereich Beziehungen zwischen einer Vielzahl von Menschen in formalen Rollen, welche durch die Leistungsanforderungen großräumig — oft international — verflochtener wirtschaftlicher, bürokratischer und wissenschaftlicher Großorganisationen bestimmt sind.

In beiden Bereichen besteht ein hoher Pluralismus der Handlungsmuster, Handlungsstile, der je relevanten Normen, Kenntnisse, Lebensformen, Handlungsmotive. Im öffentlichen Bereich ist seine Bedingung die hohe Arbeitsteilung und die damit einhergehende Differenzierung der Arbeitswelten, im privaten Bereich die Verfügbarkeit von Lebensstilen und Weltanschauungen, d. h. auch der Abbau sozialer Kontrollen der Privatsphäre. Personen, die in einer Fabrik, einem Büro, einer Schule ähnlichen Tätigkeiten nachgehen, können in den unterschiedlichsten privaten Bedeutungswelten leben, sich schwedisch, englisch, mit Chippendale oder Biedermeier einrichten, sich biologisch-dynamisch, französisch oder mit Eisbein und Sauerkraut ernähren, liberale, konservative, sozialistische, sozialdemokratische, kommunistische Überzeugungen hegen, Katholiken, Lutheraner, Pietisten, Anthroposophen, Anhänger des Zen-Buddhismus, der transzendentalen Meditation, der neuesten gruppendynamischen Methode sein usw. Umgekehrt können die Mitglieder einer solchen „Subkultur" im öffentlichen Bereich den unterschiedlichsten Tätigkeiten nachgehen.

Mit diesem Pluralismus verbindet sich nicht nur eine Relativierung normativer Orientierungen, die bereichsspezifisch eingegrenzt oder als private Auffassungen der Allgemeinverbindlichkeit entkleidet werden. Bei fortschreitender Emotionalisierung und Personalisierung des privaten Bereichs konkurrieren ethische Normen mit diffusen Bedürfnissen nach emotionaler Befriedigung, wie sie in den vielfachen „Beziehungsproblemen" und in der Lockerung der Sexualmoral besonders deutlich hervortreten. Im öffentlichen Be-

---

die Kritik in diesem Punkte auf sehr breite Resonanz rechnen kann. Befriedigend zu lösen ist die Schwierigkeit nicht, was einmal mehr zeigt, daß in der Bilanz der Verwissenschaftlichung des Unterrichts viele kaum zu handhabende und auch negative Größen erscheinen.

[35] Dieser Begriff wird hier entgegen der üblichen Verwendung, vgl. z. B. E. Shirk, „The ‚Hidden Curriculum Revisited'" in: Journal of Thought 11/1/1976 auf die latenten Tendenzen des Curriculums selbst bezogen.

reich setzen sich unter dem Einfluß von Wissenschaft, Technik, Markt- und Parteienkonkurrenz kognitive gegenüber normativen Erwartungshaltungen durch[36].

Normative Erwartungen sind durch einen Grad der Verpflichtung gekennzeichnet, der den Erwartenden selbst auch über Enttäuschungen hinweg und zugleich denjenigen, an den die Erwartungen gerichtet sind, bindet. Dagegen bindet die kognitive Erwartung nur den Erwartenden und auch ihn nur solange, solange die ihn leitende Hypothese nicht widerlegt wird. Typisch hierfür sind z. B. die Haltung eines Wissenschaftlers, der das Phänomen X mit der Hypothese Y zu erklären versucht und, falls dies nicht gelingt, eine andere Hypothese formuliert; die Risikobereitschaft des Unternehmers, der in ein Produkt investiert, falls es auf dem Markt nicht „ankommt", nach anderen Produkten oder Möglichkeiten einer Veränderung des Produkts sucht; der Opportunismus von Politikern, die eine Zustimmung zu ihrem Programm zu gewinnen versuchen, bei mangelnder Zustimmung ihr Programm und ihre Überzeugung ändern.

3.2.3.2 Rückwirkungen des Bewußtseinswandels auf die Programme politischer Bildung

Eine Verlagerung von einer normativen zu einer kognitiven Erwartungshaltung läßt sich auch im Bereich der Pädagogik und der politischen Bildung beobachten. Die lange selbstverständliche Annahme, der Lehrer habe zu lehren und der Schüler nicht für die Schule, sondern für das Leben zu lernen, die auch durch die alltägliche Erfahrung, daß Schüler weder für die Schule noch das Leben lernten, nicht erschüttert wurde, ist obsolet. Nunmehr lernt — zugespitzt gesprochen — der Lehrer vom Schüler, wieso dieser nicht lernt.

Im Zentrum der politischen Pädagogik standen in den fünfziger Jahren normative Deutungen der Gesellschaft und der politischen Ordnung und damit verbundene Erwartungen an den Bürger, die mit dem Anspruch auf Allgemeinverbindlichkeit vorgetragen wurden. In der sie ablösenden sogenannten Konfliktdidaktik der sechziger Jahre wurden die normativen Erwartungen auf die Einhaltung von „Spielregeln" reduziert, die politische Orientierung der Schüler ansonsten der Einsicht in den Pluralismus der Interessen und dem Glauben an die Chance der Durchsetzung der je eigenen Interessen überlassen. Diese Entwicklung ist in den seit einigen Jahren dominierenden Konzeptionen politischer Bildung weiter fortgeschritten. Unterrichtsprogramme werden als ständig revidierbare Hypothesensysteme präsentiert. Normative Überzeugungen und Erwartungen fließen zwar in die Lernziele ein, doch diese selbst stellen in der Regel auf kognitive Leistungen, auf *Selbst*erkenntnis und *Selbst*aufklärung der Schüler einerseits, auf Kenntnisse der Gesellschaft und kognitive Erwartungshaltungen gegenüber gesellschaftlichen Veränderungen andererseits ab. Noch augenfälliger wird dieser Wechsel von normativen zu kognitiven Erwartungen in der Sprache und in den Literaturverweisen der neueren Didaktik[37]. Mit der Sprache der bis zur Mitte der sechziger Jahre erschienenen Publikatio-

---

[36] Vgl. zu diesem Begriff: N. Luhmann, „Normen in soziologischer Perspektive", in: Soziale Welt 20, 1969, S. 28—48; ders., Soziologische Aufklärung II, Opladen 1975, S. 55 ff.

[37] Eine Durchsicht der in wichtigen neueren didaktischen Publikationen zitierten Literatur, für die ich W. Menke danke, ergibt (in absoluten Zahlen auf der Basis des Jahres 1967 für folgende Publikationen die Relation von seit 1967 erschienenen und vor 1967 erschienenen Arbeiten) K. G. Fischer, Zum aktuellen Stand, 94 : 1, wenn man K. Hornung nicht einrechnet, bei dem die Relation 30 : 26 beträgt; für W. Gagel und R. Schörken, Zwischen Politik und Wissenschaft 119 : 11; für H. Giesecke, Didaktik der politischen Bildung, München 1972, 115 : 92; W. Hilligen, Zur Didaktik, 115 : 16; für E.-A. Roloff, Erziehung zur Politik. Eine Einführung in

nen hat die Sprache der neueren Didaktik nur noch wenig gemein. Sie folgt dem Vokabular der durch sozialwissenschaftliche Theorien und Erkenntnisse beeinflußten Segmente der Öffentlichkeit. Auch die Themenkataloge sind von den je aktuellen Themen abhängig[38]. Man könnte von einem Traditionsbruch sprechen, doch wäre damit noch nicht bezeichnet, was das Neue vom Alten scheidet. Die meisten in den zwei Nachkriegsjahrzehnten erschienenen wichtigen Arbeiten zur politischen Bildung waren durch die Erfahrung des Nationalsozialismus und des Scheiterns der Weimarer Republik geleitet. So wurde in der Geschichte der Pädagogik nach ihren Irrtümern gesucht. In einem bis in die Antike ausgreifenden Rückbezug wollte man sich zugleich der normativen Grundlagen des Humanismus und der Demokratie vergewissern. Im Zentrum der Überlegungen standen die historische Frage, *wieso* die Weimarer Republik und mit ihr die staatsbürgerliche Bildung gescheitert waren, und die auf die Tradition philosophischen Denkens seit der Antike rückverweisende Frage, wieso die Werte der freiheitlichen Demokratie das politische Denken und Handeln leiten müssen[39].

Wenn sich auch nicht behaupten läßt, in der neueren Didaktik würden solche Fragen nicht mehr gestellt, so ist doch ihr Stellenwert gering. Die angeführten Indizien verweisen auf die Dominanz einer kognitiven Erwartungshaltung. Der Blick ist nicht auf die Vergangenheit, sondern auf die Zukunft gerichtet. An die Stelle des traditions- und geschichtsbezogenen „Wieso" ist das zukunftsbezogene „Wozu" getreten.

Ein Zeichen für die hohe kognitive Lernbereitschaft ist auch die Veränderung in der Einschätzung der Zukunft. Herrschte vor wenigen Jahren noch der Glaube an schier unbegrenzte Möglichkeiten der Veränderung und der Verbesserung vor, so richtete sich das „Wozu" wenig später schon auf die Bewältigung akuter Gefahren (vergl. z. B. Schmiederer 1971 mit Schörken 1974; v. Hentig 1975).

Wer die Diskussionen um die neueren Konzeptionen politischer Bildung in den letzten Jahren mitverfolgt hat, wird von dieser Interpretation überrascht sein, kreiste die Diskussion doch um normative Deutungen, konkurrierende normative Erwartungen, „verfassungsfremde" Wertbezüge in Richtlinien und Didaktik. Nun enthalten handlungsleitende Vorstellungen von Politik und Gesellschaft immer zugleich normative und kognitive Elemente. In der Konzentration der öffentlichen Diskussion auf die normativen Elemente ist indessen die Schale oft mit dem Kern der Sache verwechselt worden. Die Ideen der Emanzipation und der Demokratisierung sind die schwachen und brüchigen

---

die politische Didaktik, Bd. I, Göttingen 1972, 55 : 35; für R. Schörken (Hrsg.), Curriculum „Politik", 264 : 38; für R. Schmiederer, Zur Kritik der politischen Bildung, Frankfurt 1971, 111 : 340; für B. Sutor, Didaktik des politischen Unterrichts, Paderborn 1973, 155 : 184. Es scheint, als habe für einige Didaktiker 1967 ein neues geistiges Zeitalter begonnen.

[38] So finden sich in Lehrbüchern, Unterrichtseinheiten und Richtlinien zum Themenfeld Jugend, Arbeitswelt, Berufswahl kaum Aussagen zur Jugendarbeitslosigkeit, obwohl es bis weit in die Nachkriegszeit hinein eine Jugendarbeitslosigkeit gab. Erschienen die Lehrbücher und Richtlinien heute, so würde das Thema wiederum kaum irgendwo fehlen.

[39] Dies gilt vor allem für A. Bergsträsser, Politik in Wissenschaft und Bildung. Schriften und Reden, Freiburg 1961, aber auch für T. Litt, Die politische Selbsterziehung des Deutschen Volkes. Schriftenreihe der Bundeszentrale für Heimatdienst, Heft 1, Bonn 1957[3]; E. Spranger, Gedanken zur staatsbürgerlichen Erziehung, Schriftenreihe der Bundeszentrale für Heimatdienst, Heft 26, Bonn 1957 und E. Weniger, Politische Bildung und staatsbürgerliche Erziehung, Würzburg 1954 und die verschiedenen in den fünfziger Jahren entstandenen historischen Untersuchungen wie K. Hornung, Etappen politischer Pädagogik in Deutschland, Schriftenreihe der Bundeszentrale für politische Bildung, Heft 60, Bonn 1962.

Klammern eines verborgenen Curriculums, das ungleich mehr, als seine Autoren und ihre Kritiker wahrnehmen oder wahrzunehmen bereit sind, an die moderne westliche Gesellschaft „angepaßt" ist. Es spiegelt:
1. Sowohl die Trennung des öffentlichen und privaten Bereichs als auch die Dominanz des öffentlichen Bereichs, indem es den Schüler nicht mehr als konkretes Individuum in einer je eigenen individuellen Umwelt, sondern als homo sociologicus erfaßt. Wo Themen aus der Privatsphäre aufgenommen werden, wird nur der Prozeß ihrer öffentlichen Thematisierung fortgesetzt, der die Emotionalisierung, Personalisierung und Entinstitutionalisierung der Privatsphäre begleitet[40]. Ihm entspricht eine Sprache, welche in der vagen Allgemeinheit einer umgangssprachlich verwendeten psychologischen, psychoanalytischen und soziologischen Begrifflichkeit Probleme aus der Privatsphäre öffentlich darstellbar macht. Ihr neutraler Klang entlastet die öffentliche Selbstdarstellung. Ihre Allgemeinheit läßt glauben, das konkret privat als problematisch Erlebte sei von allgemeiner Bedeutung. Die Schwierigkeiten und die Dauer jeder ernstzunehmenden Therapie zeigen nun freilich, daß für die Bewältigung jedes gewichtigen psychisch-sozialen Problems damit nichts gewonnen ist. Dagegen ist dort, wo es um die kleinen Probleme des alltäglichen Umgangs geht, fraglich, ob sich Lehrer und Kinder in dieser Sprache als Individuen noch wiederzuerkennen vermögen.
2. Die hohe soziale Differenzierung und die Pluralisierung des privaten und des öffentlichen Bereichs wie die Dominanz des je aktuellen Themenspektrums. Da der Unterricht angesichts der Vielzahl der zu behandelnden Themen diese in der geringen verfügbaren Zeit in der Regel nur streifen kann[41], ist er neben den vorhandenen Umwelteinflüssen und den Massenmedien nur ein weiteres — beschränktes — Mittel, dem aus der Privatsphäre herauswachsenden Kind und Jugendlichen die differenzierte öffentliche Umwelt sichtbar zu machen. Daß er sie unter den mißlichen äußeren Bedingungen dieses Unterrichts und beim raschen Wechsel der Themen durchsichtig machen kann, ist dagegen unwahrscheinlich.
3. Den Einfluß der Wissenschaft auf alle Lebensbereiche und die Dominanz vor allem in Technik, Wissenschaft und Wirtschaft verankerter kognitiver Erwartungshaltungen. Das den Schüler in der Regel überfordernde Wissensangebot und die Vielzahl der kognitiven Lernziele demonstrieren ihm, was er lernen müßte und wie er lernen müßte. Die Norm des Lernens, des „Lernen Lernens", des kognitiven Erwartens wird damit zur selbstverständlichen und unausweichlichen Gegebenheit und zur anerkannten Hürde für öffentliche Karrieren, was indessen noch nicht heißt, daß diese Norm in der Regel erfüllt wird oder erfüllt werden kann.
4. Die Erosion der Grundlagen allgemeinverbindlicher normativer Erwartungshaltungen durch den Pluralismus, die Emotionalisierung in der Privatsphäre und die Rationalisierung in der öffentlichen Sphäre. Anhaltspunkte für die Annahme, dieser Prozeß lasse sich durch die Entwicklung der Theorie und Didaktik politischer Bildung in der Bundesrepublik hindurch verfolgen, wurden schon genannt. Zwar knüpfen sich an Ziele wie

[40] Die beste Analyse dieser Zusammenhänge ist immer noch: A. Gehlen, Die Seele im technischen Zeitalter, Hamburg 1957.
[41] Rechnet man die Themenkataloge auf die durchschnittlich verfügbare Stundenzahl um, so könnte man in Abwandlung eines Bundesbahnwerbespruchs für Intercityzüge von „Politik und Gesellschaft im Dreistundentakt" sprechen. In den Entwürfen zur Mainzer Studienstufe sind die Stundenzahlen jeweils genannt; der für die Beförderung des Stoffs notwendige Mainzer Trichter ist leider noch nicht beigegeben.

Emanzipation und Demokratisierung, Selbst- und Mitbestimmung mannigfache normative Erwartungen, doch sind diese Ziele zugleich und oft ein positiv bewertetes Mittel, die Überantwortung der Wertentscheidungen an die einzelnen Schüler und/oder an gesellschaftliche Gruppen zu rechtfertigen. Die Ziele und Werte, für die noch allgemeine Geltung beansprucht wird, sind wie diese in der Regel so allgemein gehalten (dazu vor allem: Lengemann in Schörken 1974), daß sie zahlreiche Möglichkeiten der Ausdeutung offenlassen. Sie geben zudem nur die allgemeinsten Bedingungen für die Möglichkeit der konkreten Vielfalt der Handlungsmöglichkeiten, Handlungsorientierungen und Deutungen des Handelns an, wobei dessen allgemeiner Sinn oder Wert wiederum in wenigen vieldeutigen Formeln gefaßt wird. Sie sind — soziologisch gesprochen — der „universalistische Kontext" für den hohen Partikularismus der Handlungs- und Bedeutungswelten in modernen westlichen Gesellschaften sowie für dessen Richtung und Sinngebung.

3.2.3.3 *Die Didaktik und der universalistische Kontext der Moderne: Ein Diskurs als Exkurs*

Es ist aufschlußreich, die auf diesen universalistischen Kontext bezogenen Aussagen von Soziologen (S), denen die neuere Didaktik in der Bundesrepublik unbekannt ist, mit der Auslegung des Emanzipationsbegriffs durch einen Didaktiker (D) zu vergleichen, der mit diesen Aussagen nicht vertraut ist. Um den Mißstand der wechselseitigen Fremdheit abzuhelfen, habe ich mir die Mühe gemacht, sie in ein Gespräch zu bringen:
S. Rationalität ist, wie „Max Weber sehr deutlich erkannte, ein Schlüsselthema der modernen Welt. Damit ist nicht die reflektierte Rationalität des Wissenschaftlers oder des Philosophen gemeint, vielmehr die allgemein zugängliche funktionelle Rationalität, wie sie im Alltagsleben des Individuums thematisierbar ist."
D. Rationalität ist eine der „wichtigsten Wahrnehmungsqualifikationen für Emanzipation". „Politisch-historisches Lernen muß den Erwerb einer Theorie zum Ziel haben, das Alltagsbewußtsein und wissenschaftliches Bewußtsein verschränkt und damit Wissenschaft über Alltagsprobleme verständlich macht, einer Theorie also, die der realen Dialektik der Sozialisationsprozesse, des Zusammenhangs von Empfinden, Erkennen (Wahrnehmen), Reflektion und Handeln und der historisch-ökonomischen, gesellschaftlichen Entwicklung gerecht wird, sie also in ihren wesentlichen Strukturen erfaßt."
S. Ich spreche im Blick auf ihre Forderungen von „Komponentialität. Die Wirklichkeit wird als aus deutlich trennbaren Komponenten zusammengesetzt begriffen, die durch Kausalitäts-, Zeit- und Raumstrukturen aufeinander bezogen sind. Dieses Thema wird in die Erfahrungen vom anderen wie vom eigenen Ich eingeführt." Ich spreche zudem von „Multi-Relationalität. Sie bezieht sich auf die enorme Vielfalt von Beziehungen — mit anderen Menschen, mit materiellen Gegenständen und mit abstrakten Entitäten-, die der einzelne in seinem Bewußtsein präsent halten muß, wenn er zu Prozessen der technologischen Produktion in Bezug tritt. Die fortlaufende ‚Praxis' in der Multi-Relationalität konstituiert ein Bewußtseinsfeld in Begriffen solch vielfältiger Beziehungen." Ich spreche schließlich von „Pluralität". „Die Fähigkeit aus der überragenden Realität des Alltagslebens in andere Bedeutungssphären überzutreten, darf als anthropologisch gegeben vorausgesetzt werden. Unter modernen Bedingungen wird diese gegebene Fähigkeit sehr stark intensiviert. Pluralität wird zu einem Grundthema des Lebens. Mit dieser Pluralisierung wird die Schaffung eines übergreifenden symbolischen Universums,

gleich welcher Art, zunehmend schwieriger. Unterschiedliche Wirklichkeiten werden in sehr diskrepanter Weise definiert und legitimiert, und die Konstruktion eines übergreifenden Weltbildes, das sie alle umfaßt, wird höchst problematisch. Ein bedeutsames Charakteristikum der Konstruktion symbolischer Universa unter modernen Bedingungen ist schon allein die Vielzahl von Einzelposten, die eine solche Konstruktion einschließen muß."

D. Ich vermag ihnen zwar nicht durchweg zu folgen, doch stimme ich in wichtigen Punkten mit ihnen überein: „Lehrende und Lernende benötigen Theorien als Wahrnehmungs- und Reflexionsraster, um emanzipationsorientiert sich im Pluralismus der Theorien und Positionen entscheiden und handeln zu können; sie benötigen nicht eine inhaltliche, sondern methodologisch begründete Didaktik. Als Element von Theorie lassen sich formal benennen: anthropologische, geschichts-, gesellschafts-, und erkenntnistheoretische Prämissen, Werte und Normen, anthropologische und gesellschaftspolitische Zielsetzungen, Methoden, Verfahren, Begriffe, Wahrnehmungs- und Argumentationskategorien, relativ konsistente Aussagensysteme auf der Grundlage möglichst differenzierter, umfassender, neuester relevanter Forschungsergebnisse aus den verschiedenen sozialwissenschaftlichen Disziplinen, realitätsbezogene Strategien aufgrund von emanzipatorischen Handlungsansprüchen." Deshalb gehören für mich zur Emanzipation auch die „Wahrnehmungsqualifikation Kreativität, die Handlungsqualifikation Innovationsfähigkeit, die Verhaltensdispositionen Aushalten von Mehrdeutigkeiten, Frustrationstoleranz". Deshalb „gehören in den Studienplan nicht vordringlich sachorientierte Vorlesungen und Seminare, Handbuchlektüre für das Examen, sondern Sozialisationsforschung und Entwicklungs- und Lernpsychologie und historisch-politisch-ökonomische Theorie, und dies immer erkenntnis- und wissenschaftstheoretisch und methodologisch problematisiert und auf das eigene Lern- und Lehrverhalten bezogen."

S. Ich bezweifle zwar, daß Sie dies alles können, doch sprechen Sie damit ein weiteres wichtiges Thema in dem von mir beschriebenen universalistischen Kontext der Moderne an, die „Machbarkeit. Worum es hier geht, ist eine problemlösende Einstellung gegenüber der Wirklichkeit, die als ‚machbar' begriffen wird. Das Leben (soziale Erfahrung und Identität mit eingeschlossen) wird als ein fortlaufendes Unternehmen der Problemlösung gesehen".

D. Sehr richtig. Die von mir geforderte „Denkhaltung besagt, daß gesellschaftliche Verhältnisse weitgehend geändert werden können". Die von mir vertretenen „dialektischen Theorien haben einen letztlich entscheidenden Vorteil: Der empirische Nachweis des Gewichts der Umweltfaktoren im Sozialisationsprozeß wird dadurch emanzipatorisch gewendet, daß er, an die Dialektik von Sein und Bewußtsein gebunden, den Menschen nicht den materiellen Bedingungen oder einem metaphysischen oder anthropologischen Zwang mehr oder weniger ausliefert, sondern ihn gewichtiger Veränderungen der Umweltfaktoren für fähig hält — mit der Chance, emanzipatorische Sozialisationsfaktoren zu schaffen." Deshalb gehört für mich „Innovationsfähigkeit zu den wichtigsten Handlungsqualifikationen der Emanzipation".

S. Sie haben eine Konsequenz, dessen, was ich Machbarkeit genannt habe, schon vorweggenommen: die „Progressivität, d. h. die Tendenz, die Ergebnisse oder Vorteile jeder Handlung zu maximieren, eine Tendenz, die auf die Ingenieurmentalität der technologischen Produktion zurückgeführt werden kann. Diese Tendenz erzeugt eine grundlegende Instabilität, die sich in der Vorstellung ‚die Dinge lassen sich immer verbessern' ausdrückt. Verbunden mit der Vorstellung der ‚Machbarkeit‘ führt das zu einer Weltanschauung von ‚vorwärts und aufwärts‘. Es ist nicht nur die Erwartung einer immer erneuten und fortlaufenden Veränderung vorhanden, sondern auch eine positive Einstellung zu einer solchen Veränderung."

D. Ich stoße mich, wie Sie verstehen werden, an der Verbindung meiner Auffassungen mit der „Ingenieurmentalität der technologischen Produktion". Zwar ist richtig, daß sich „kognitive Wahrnehmung und Reflexion weder von den Produktionsverhältnissen" d. h. auch von der Entwicklung der Produktivkräfte „noch von Wertungen und diesbezüglichen Handlungszwängen ablösen lassen". Sie übersehen indessen, daß sich „im Rahmen des über Karl Marx und Friedrich Engels aus den Widersprüchen der bürgerlichen Gesellschaft entstandenen dialektisch-historischen Wissenschaftsverständnisses"[42] durch „Erlernen von dialektischer Theorie als zentralem Anspruch an den Unterricht" wahres vom falschen Bewußtsein trennen läßt", wobei das wahre Bewußtsein als emanzipatorisches Bewußtsein zur wichtigsten Bedingung für die Veränderung des Seins für die „höchstmögliche allseitige Entfaltung der Persönlichkeit und, als immer gefährdeter Prozeß verstanden, den permanenten Abbau irrational und überflüssig gewordener Herrschaft und personeller, institutioneller und materieller Abhängigkeit und für die rationale Kontrolle (noch) notwendiger Herrschaft und Abhängigkeit" ist. Daher müssen dem Begriff der Emanzipation über die schon genannten Elemente hinaus die „Wahrnehmungsqualifikationen Sensibilität, die Handlungsqualifikation Solidarität und die Verhaltensdispositionen Selbstbestimmung, Mitbestimmung, Spontaneität, Genußfähigkeit" zugeordnet werden.

S. Ich bezweifle, „daß der Sozialismus per se eine Lösung für das intrinsische Unbehagen in der Modernität sein kann". Ich sehe auch keinen „Weg, wie die Sozialwissenschaften unter Anwendung ihrer eigenen kognitiven Werkzeuge die Frage ‚was tun?‘ entscheiden könnten". „Der Sozialismus in jeder seiner Versionen stellt sich als eine Kombination von Gemeinschaft und Fortschritt, von kollektiver Solidarität und Entwicklung dar. Die meisten Spielarten der sozialistischen Ideologie räumen zwar ein, daß Entwicklung und Modernisierung Opfer mit sich bringen, betonen aber nachdrücklich, daß diese Opfer von der Gesellschaft als ganzer in gerechtem Ausgleich und in brüderlicher Solidarität getragen werden müssen. Insoweit die Modernisierung bis jetzt eine Aufsplitterung und Desintegration der Solidarität in den Gemeinschaften zur Folge hatte, verspricht der Sozialismus, diese Entwicklung umzukehren. Er bietet Modernität und Gemeinschaft an. Man kann sogar sagen, daß der Sozialismus als Ideologie ganz buchstäblich sagt, man könne seinen Kuchen zugleich behalten und aufessen." „Allen Ideologien, die die Modernität zu kontrollieren oder einzudämmen suchen, liegt ein Widerspruch in sich zugrunde, der eng mit dem Phänomen zusammenhängt. Wenn man die Modernisierung kontrollieren will, muß man annehmen, daß man eine Wahlmöglichkeit und die Fähigkeit zu manipulieren hat ... man wird also versuchen, die Prozesse der Modernisierung zu manipulieren. Diese Ideen selber jedoch sind als solche schon modern ja modernisierend. Nichts könnte moderner sein als der Gedanke, der Mensch habe die Wahl zwischen verschiedenen Wegen der sozialen Entwicklung"[43].

[42] Am Rande sei die Frage erlaubt, wieso sich die Widersprüche ihre Theoretiker im noch weithin agrarisch-feudalen Deutschland und dort just diese beiden ausgesucht haben. Vgl. dazu auch die Passagen in der deutschen Ideologie über die „Nebelbildungen im Gehirn der Menschen". K. Marx, Die Frühschriften, herausgegeben von K. Landshut, Stuttgart 1968, S. 349.

[43] Die Zitate sind entnommen: Holtmann 1975 a; 1975 b. (D); Berger u. a. 1973, S. 99 ff. (S).

Wie der Vergleich zwischen einer extremen, aber sicherlich folgerichtigen Ausformulierung der Konzeption der neueren Didaktik und ihrer Emanzipationsvorstellungen mit der soziologischen Beschreibung moderner Erwartungshaltungen wohl hinreichend gezeigt hat, läßt sich diese Konzeption ihrem Kontext unmittelbar zuordnen. Emanzipation meint hier freilich die Überwindung der beschriebenen Probleme des Menschen in der Moderne. Wenn der Emanzipationsbegriff aber nur eine „Erscheinung ihres Wesens", wenn er also vom universalistischen Kontext der Moderne durchdrungen ist, bleibt unerfindlich, wie sich von ihm her eine Distanz zur Moderne und gar Möglichkeiten zur Überwindung ihrer Probleme gewinnen lassen.

Man mag darauf hinweisen, daß sich Sensibilität, Identifikationsfähigkeit, Solidarität, Selbstbestimmung, Mitbestimmung, Spontaneität und Genußfähigkeit nicht in den beschriebenen Kontext einordnen lassen. Dies ist durchaus richtig. Richtig ist auch, daß diese Möglichkeiten einer Entfaltung der Persönlichkeit zumal in den technisch-wirtschaftlich und/oder bürokratisch bestimmten öffentlichen Bereichen kaum verwirklicht werden können. Mitbestimmung in modernen Großorganisationen verschafft z. B. in der Regel wenig Genuß, mindert die Sensibilität, läßt der Spontaneität wenig Raum, zwingt oft eher zu Rollendistanz als zur Identifikation, eher zu riskanten Vermittlungsprozessen als zu unmittelbar erlebbarer Solidarität, vor allem aber zum Anlegen und Herumtragen umfangreicher Aktenordner.

So ließe sich durch zahlreiche alltägliche Erfahrungen illustrieren, was auch die geschichtliche Erfahrung im Modernisierungsprozeß lehrt. Seine Dynamik war bislang ungleich stärker als alle rückwärts oder vorwärts gerichteten Versuche, ihn auf andere Bahnen zu lenken oder zu hemmen. Nur wenige dieser Versuche waren in sich konsequent. In den meisten wurde versucht, das Unvereinbare,

— die durch die technisch-wissenschaftlich bestimmte Produktionsweise gewonnenen Lebenschancen,

— die durch bürokratische Ordnung und Verwaltung der mit dieser Produktionsweise komplizierter werdenden Gesellschaft gesteigerte Berechenbarkeit und Verläßlichkeit individueller Rechte und Pflichten

— mit den durch die beschriebenen Wandlungen der Privatsphäre gesteigerten Ansprüchen an Selbstbestimmung, Mitbestimmung, Solidarität, Spontaneität, emotionaler Geborgenheit, Sinngebung des Lebens zu vereinbaren. (Behrmann 1972 S. 72 ff.) Es bedarf wohl keines zusätzlichen Beweises, daß dies auch für die neuere Didaktik gilt. Sie ist Ausdruck einer Problemlage, der sich ihre ernsthafteren Vertreter zumindest teilweise bewußt sind, (so Hilligen 1975 S. 19 ff.; Schörken in Schörken 1974 S. 136 ff.; v. Hentig 1975 S. 10 f.) während viele ihrer Kritiker die gesamte neuere Entwicklung in der Didaktik nur als Zeichen einer geistigen Verirrung und Verwirrung wahrzunehmen vermögen[44]. Sie enthält aber keine Lösungen der Probleme, sondern nur Scheinlösungen, die genau besehen jeder Originalität entbehren, vielmehr nur schon oft gehegte und enttäuschte Hoffnungen in einer gewandelten Sprache wiederbeleben.

[44] Vgl. z. B. W. Brüggemann, Auf dem Weg zu einer anderen Politik? Recklinghausen 1973; G. Kroner, „Der Einfluß der ‚kritischen Theorie' auf die politische Bildung", in Gutjahr-Löser/Knütter 1975, S. 73—86; E. K. Scheuch, „Das neue Religionsfach ‚Progressiv' ". Richtlinien für den Unterricht in Soziologie an Gymnasien. In: Hochschulpolitische Informationen, 4/1973, der es freilich mit dem bislang kuriosesten Ergebnis der Richtlinienproduktion zu tun hatte.

3.2.3.4 Politische Bildung als Anpassung an den Modernisierungsprozeß

Wirklich neu ist dagegen die radikale und rasche Verwissenschaftlichung der Didaktik und des Unterrichts. Seine verdeckte „Leitidee" ist, da er die Alternative zur Gegenwart, den Zustand einer emanzipierten Gesellschaft und emanzipierter Individuen nicht sichtbar, greifbar und erlebbar machen, sondern allenfalls punktuelle Veränderungsmöglichkeiten aufzeigen kann, deren Stellenwert in einer gesamtgesellschaftlichen oder individuellen Gesamtbilanz begrenzt ist, eine differenziertere, anspruchsvollere, die Lernkapazität des Schülers in der Regel überfordernde kognitive Anpassung an die rasch fortgeschrittene Modernisierung.

Er vermag zu ihr keine Distanz zu schaffen, weil er durch und durch von ihren Gesetzen bestimmt ist. Sie bilden den weithin akzeptierten und unbefragten Minimalkonsens, der dort, wo er gesucht wird — zwischen Wissenschaft und Politik — wahrscheinlich nicht zu finden ist. Die Möglichkeiten der Wissenschaft, über die von Max Weber markierten Grenzen ihres Beitrags zu Wertorientierungen hinauszugelangen, sind geringer, als globale neuere Überlegungen dies vermuten lassen[45]. Der Opportunismus von Politikern ist größer, als die auf sie setzenden Didaktiker wohl vermutet haben. Was bleibt, ist eine ideologisch immer noch zu stark verbrämte kognitive Schulung und Wissensvermittlung, die alle sie überschreitenden Probleme dem Schüler überantwortet. Sie führt in eine kognitive Erwartungshaltung hinein, die offen, aber haltlos ist, wenn sie nicht durch die Stabilität des „Systems" und seiner institutionell-organisatorisch, aber nicht mehr individuell abgestützten Wertvoraussetzungen gehalten wird. Letztlich müssen daher die Vertreter der Emanzipationsdidaktik auf dessen Stabilität vertrauen. Skeptischer Realismus würde daher gebieten, dieses Programm eines politischen Unterrichts als das zu bezeichnen, was es im Kern ist: der unter den Voraussetzungen moderner Wissenschaft und Politik außerordentlich mühsame Versuch, dem Schüler zu helfen, mit der Dynamik der Modernisierung zumindest soweit Schritt zu halten, daß er nicht bereits kognitiv völlig von ihr überwältigt wird.

3.2.4 Politischer Unterricht, Identifikation und Identität

Ein solcher Unterricht kann freilich zum avisierten Ziel der Identitätsfindung nur dann beitragen, wenn der Jugendliche die wichtigsten Schritte in diesem Prozeß bereits zurückgelegt hat und in seiner Identität durch seine Umwelt gestützt wird. Da diese Voraussetzung so, wie sie in der Didaktik angesetzt wird, nicht gegeben ist, müßte dieses Ziel im zuvor beschriebenen Curriculum aufgegeben werden. Auch wenn man die Wirkungschancen des politischen Unterrichts sehr skeptisch einschätzt, sollte man allerdings, zumindest solange die Wirkungslosigkeit nicht bewiesen ist, als sinnvoll erkannte pädagogische Intentionen festhalten. Zu fragen wäre also, ob zum zuvor beschriebenen Programm des politischen Unterrichts Alternativen denkbar sind.

3.2.4.1 Identität, Betroffenheit und Objektivität

Bei der Auswahl von Unterrichtsinhalten und Unterrichtszielen wird als Kriterium häufig die „Betroffenheit" der Schüler herangezogen. Wie viele andere dabei verwandte

---

[45] So z. B. J. Habermas, Legitimationsprobleme im Spätkapitalismus, Frankfurt 1973, S. 131 ff. Vgl. dazu F. Fach, „Diskurs und Herrschaft — Überlegungen zu Habermas' Legitimationslogik". In: Zeitschrift für Soziologie 3/1974, S. 221—228.

Kriterien ist auch dieses unscharf, woran die Unterscheidung zwischen subjektiver und objektiver Betroffenheit wenig ändert. Bedingt ist dies nicht zuletzt durch die Schwierigkeiten des gemeinten Sachverhaltes. Wir können betroffen sein, weil uns etwas von außen zustößt: ein Naturereignis wie ein Erdbeben oder eine durch das Handeln anderer Menschen verursachte Veränderung unserer Lebensbedingungen, z. B. die Kündigung wegen Rationalisierungsmaßnahmen. Wir können uns aber auch betroffen fühlen, wenn nur das Leben anderer unmittelbar berührt wird. Diese Betroffenheit ist an Empathie, an die Fähigkeit, sich in andere hineinzuversetzen, und an Wertorientierungen gebunden. Wir können uns zum Beispiel von Armut und Ausbeutung in der Dritten Welt betroffen fühlen, wenn wir uns in die Situation armer und ausgebeuteter Menschen hineinzuversetzen vermögen und wenn unseren Wertüberzeugungen Armut und Ausbeutung zuwiderlaufen. Schließlich können wir als Handelnde betroffen sein, weil wir uns zu gemeinsamem Handeln aufgefordert sehen oder handelnd etwas bewirkt haben, was wir bewirken oder nicht bewirken wollten. Auch hier spielen zumeist das Handeln orientierende Wertbezüge hinein.

Der ein Erdbeben behandelnde Geographielehrer wird wahrscheinlich über geologische Bedingungen sprechen. Wenn im Unterricht die Frage nach dem Sinn der Katastrophe gestellt werden sollte, so kann heute allenfalls noch die Antwort erwartet werden, hier zeigten sich dem Menschen wieder einmal die Macht der Natur und die Grenzen der Technik. Die Behandlung des Kündigungsfalles verweist dagegen unmittelbar auf den Sinn des Handelns dessen, der die Kündigung ausgesprochen hat. Es ist wohl unnötig, zu erläutern, welch eine große Zahl von Fragen damit berührt ist. Bei ihrer Beantwortung kann eine auf nüchterne Wissensvermittlung z. B. über den Kapitalismus, Markt- und Planwirtschaft, Rationalisierungsprozesse, Kündigungsschutz, das System der sozialen Sicherheit usw. oder eine auf emotionale Betroffenheit und Wertung gerichtete Haltung dominieren. Eine völlige Trennung von Wissensvermittlung, Wertung und emotionaler Betroffenheit ist zumal bei Heranwachsenden nicht zu erwarten. Der sozialkundlich-politische kann wie der historische Unterricht — dies sei noch einmal wiederholt — gegenüber Sinn- und Wertbezügen nicht neutralisiert werden.

Wohl kann auch der Turnunterricht zum Wohle und zur Stärkung der Nation eingesetzt, die Sangeskunst mit Hilfe der Internationale oder die Sprache durch Beschäftigung mit der Bibel geübt werden. All dies bleibt aber gegenüber dem Gegenstand, den vermittelten Kenntnissen, Regeln und Fertigkeiten sekundär. Zur Indoktrination ist jedes Schulfach geeignet. Als ein dem Gegenstand spezifisches Problem stellt sich das Problem der Wertung und der Objektivität aber nur im sozialkundlich-politischen und im historischen Unterricht.

Bereits die Themenauswahl ist von Wertungen abhängig. Alle gegenwärtigen und für die Gegenwart bedeutsamen Regierungssysteme lassen sich z. B. im Unterricht nicht behandeln. Ob im Unterricht die antike Polis oder die Rätedemokratie gar nicht oder diese stärker als jene beachtet werden sollte, ist ohne wertgebundene Kriterien wie der Bedeutung der kulturellen Tradition oder der Bedeutung von utopischen Alternativen zu den gegenwärtigen Regierungssystemen nicht zu entscheiden. Damit ist in den Grenzen der Auswahl eine um Objektivität bemühte, d. h. an den Daten und ihrer methodisch kontrollierten Interpretation orientierte Behandlung der Themen nicht ausgeschlossen, obwohl sich in diesen Grenzen, wie hinreichend bekannt ist, wieder zahlreiche Schwierigkeiten einstellen.

Werden Wissenschaft und Unterricht gleichgesetzt, kann nun die Frage nach der Objektivität im Blick auf den Unterricht ebenso behandelt werden wie im Blick auf die Wissenschaft. Soll der Unterricht aber zur Identitätsfindung, d. h. auch zum Aufbau von Sinnorientierungen und Wertbeziehungen beitragen — also z. B. zu einer Antwort auf die Frage des Schülers führen, ob er Rationalisierung als sinnvoll, Kündigungen als gerecht, die Folgen wie Arbeitsplatzwechsel, Arbeitslosigkeit, Umschulung, Umzug usw. als zumutbar betrachten kann —, so muß das Problem der Objektivität anders gestellt werden: als pädagogisches Problem, dessen Lösung pädagogisch zu verantworten und nicht allein mit Hilfe von Wissenschaftstheorie, Methodologie, wissenschaftlicher Analyse und/oder politischer Überzeugung zu finden ist.

Unter pädagogischer Perspektive läßt sich zunächst eine einfache Relation aufstellen: Ist die Identität stark ausgeprägt, sind kognitive wie normative Beziehungen zum behandelten Gegenstand vorhanden oder leicht herstellbar, so kann im Unterricht wissenschaftlich vorgegangen, können Tatsachenaussagen von Wertungen getrennt und beide mit den wissenschaftlich verfügbaren Mitteln geklärt werden. Ist die Identität noch wenig ausgeprägt und fehlen Beziehungen zum behandelten Gegenstand oder sind sie dem Stand der Persönlichkeitsentwicklung entsprechend noch stark emotional und von kindlichen Vorstellungen geprägt, so ist dies kaum möglich.

Selbst ein nur auf Wissensvermittlung beschränkter Unterricht müßte dann berücksichtigen, daß das Kind das vermittelte Wissen möglicherweise auf sein emotionales und wertgebundenes Verhältnis zu sich selbst und seiner Umwelt bezieht. Das Identitätsproblem ist also kein Problem, das im politischen und historischen Unterricht neben anderen angesprochen und berücksichtigt werden sollte (so Schörken 1975 a. S. 34 f.), sondern ein Problem, das durch seinen Gegenstand immer mitgegeben ist und die Schwierigkeiten seiner pädagogischen Behandlung kennzeichnet.

Diese Zusammenhänge sind theoretisch wenig geklärt und empirisch kaum erfaßt, wahrscheinlich auch nur schwer erfaßbar. Eine Annäherung an die Problemlage ist daher derzeit nur auf der Ebene soziologischer oder sozialpsychologischer Konstrukte möglich. Sie finden sich auch in der Didaktik, wenn sie den Schüler als

— bereits politisch und sozial Handelnden, subjektiv und objektiv Betroffenen oder als
— distanziert urteilenden Betrachter definiert.

Da bei Schülern mit einer noch wenig differenzierten und wenig reflexiven Identität gerechnet werden muß, ist die genauere Bestimmung der Rolle des Schülers eine der wichtigsten Voraussetzungen der Didaktik. Sie kommt dabei nicht umhin, Wertentscheidungen zu treffen. Wer sich nur für die Rolle des distanzierten Betrachters entscheidet, votiert auch für die Beliebigkeit der Betrachtungsweise, für den politisch-gesellschaftlichen Voyeurismus. Wer den Handelnden mobilisieren und ihm Sicherheit geben will, erreicht dies am ehesten, indem er Werte zumindest für den Schüler dogmatisiert[46]. Wer für Freiheit, Offenheit, eine in den subjektiv und objektiv gegebenen Grenzen mögliche Selbstbestimmung, d. h. auch dafür eintritt, daß Kinder und Jugendliche nicht durch ihnen geistig und psychisch überlegene Erwachsene irregeführt werden, kann keine dieser

[46] Zur ersten Sichtweise und ihrer gesellschaftlichen Bedingungen: D. Riesman u. a., Die einsame Masse, Reinbek 1958; als eines unter vielen Beispielen für die zweite Variante: Aufgabenstellung des Ministeriums für Volksbildung und des Zentralrates der FDJ zur weiteren Entwicklung der staatsbürgerlichen Erziehung der Schuljugend der DDR. 9. IV. 1969, in: Neuer Weg 12/69.

Alternativen akzeptieren. Damit ist ein „Aktionslernen“[47] solange ausgeschlossen, solange der Lernende Voraussetzungen und Folgen seines Handelns nicht zu überschauen vermag. Ausgeschlossen ist auch die nur distanzierte Betrachtung, weil sie zu wenig zur Handlungsfähigkeit beizutragen vermag. Die Logik der bisher angestellten Überlegungen legt nun nahe, die Alternative zu den hier verworfenen Möglichkeiten in der Rolle des subjektiv betroffenen Betrachters zu suchen, wobei die subjektive Betroffenheit ein Ausdruck der objektiven Betroffenheit, aber auch der emphatischen Teilnahme sein kann.
An dieser Stelle wären nun weiter ausgreifende Erläuterungen und Überlegungen geboten. Im gegebenen Rahmen kann nur angedeutet werden, in welche Richtung sie gehen müßten. In der neueren Diskussion um die politische Bildung wird oft von Identität und Identifikation gesprochen. Dabei wird zu wenig deutlich, daß — wie immer geartete — Identifikationen noch keine hinreichende Bedingung für die Identität sind. Zumal radikale politische Bewegungen haben immer Menschen angezogen, welche ihre Identität verloren hatten und sie in diesen Bewegungen auch nicht wiederfanden, in der Identifikation mit ihnen aber einen letzten Halt fanden[48]. Moderne Gesellschaften und Kollektive können sich über abstrakte Symbole — Klasse, Nation, Demokratie, Sozialismus usw. — und die Identifikation ihrer Mitglieder mit diesen Symbolen vielleicht integrieren und stabilisieren. Damit finden diese aber nicht schon ihre Identität, denn mit Identität ist ja nicht eine Summe beliebig reihbarer Identifikationen, sondern die sinnhafte Konsistenz von Handeln, Erleben, Denken und Fühlen, kognitiven und normativen Erwartungen gemeint. Sie folgt freilich nicht logischen, sondern psychologischen Voraussetzungen. Daher mag unter jenen vieles als widersprüchlich erscheinen, was unter diesen als stimmig erfahren wird. Auch deshalb kann die den Gesetzen der Logik gehorchende Wissenschaft nicht das zentrale Medium der Identitätsfindung sein.

3.2.4.2 Individuelle und kollektive Identitätsprobleme im geistesgeschichtlichen Rückblick

Betrachtet man die neuere Didaktik unter geistesgeschichtlicher Perspektive, so sind vorweg zwei Autoren und deren ältere Arbeiten zu nennen: Ralf Dahrendorfs „Homo sociologicus“ und seine Konflikttheorie, Jürgen Habermas’ Einleitung zur Studie „Student und Politik“ („zum Begriff der politischen Beteiligung“) und seine Studie zum „Strukturwandel der Öffentlichkeit“[49]. Der Bezug der neueren Didaktik zu diesen Studien ist selten unmittelbar greifbar, was indessen nicht verwundert, waren ihre wichtigsten Argumente doch schon bald Gemeingut des sozialwissenschaftlich interessierten Publikums und der Studenten in Studiengängen mit sozialwissenschaftlichen Fächern oder Beifächern. Jedenfalls wird man Mühe haben, in der sozialwissenschaftlichen Literatur der fünfziger und sechziger Jahre theoretische Beiträge und Analysen zu finden, deren Sicht des Verhältnisses von Individuum, Gesellschaft, Demokratie und Politik der in der neueren Didaktik vorherrschenden Sichtweise so unmittelbar entspricht[50].

---

[47] Zum Aktionslernen: H. Giesecke u. a., Politische Aktion und politisches Lernen, München 1970; U. Lüers u. a., Selbsterfahrung und Klassenlage, Voraussetzungen und Methoden politischer Bildung, München 1971.

[48] Die Biographien von Mitgliedern der NSDAP, der SA, der Freicorps, der modernen Bürgerkriegsarmeen bieten dafür reiches Anschauungsmaterial.

[49] Ralf Dahrendorf, Homo Sociologicus, Köln, Opladen 1959; ders., Soziale Klassen und Klassenkonflikt in der Industriellen Gesellschaft, Stuttgart 1957; ders., Gesellschaft und Freiheit, München 1961; Jürgen Habermas, „Zum Begriff der politischen Beteiligung“, in: ders. u. a., Student und Politik, Neuwied 1961; ders., Strukturwandel der Öffentlichkeit, Neuwied 1962.

[50] So beriefen sich die Autoren der hessischen Rahmenrichtlinien, als sie unter den Verdacht

Trotz aller Unterschiede im theoretischen Zugriff und den Folgerungen aus der Analyse haben diese Arbeiten vieles gemeinsam: sie nehmen soziologische Theorien und Ergebnisse empirischer Sozialforschung aus den USA als Provokation bürgerlich-liberaler Ideen von Person, Gesellschaft und Demokratie auf. Provozierend wirken sie dreifach: Der ganzheitlich-harmonischen, optimistisch-zukunftsgerichteten bürgerlich-liberalen Denkweise tritt — in der Rollentheorie, der „elitären“ oder „realistischen“ Demokratietheorie, der Erforschung der öffentlichen Meinung — ein analytisch zergliederndes, desillusionierendes, auf einen skeptischen Realismus gerichtetes Denken entgegen. Es trifft, was dessen im amerikanischen kulturellen Kontext nicht wahrgenommene Brisanz erklärt, auf eine Gesellschaft, deren kulturelle Eliten vor dem Hintergrund einer durch den Nationalsozialismus total diskreditierten deutschen Sonderentwicklung eine Synthese zwischen deutscher Bildungstradition, angelsächsischem politischem Liberalismus — und z. T. freiheitlichem Sozialismus[51] — anstreben. Da das bürgerlich-liberale Denken auf Identität gerichtet ist, kann von einer doppelten Bedrohung der Identität — im sozialen Denken und im zeitgeschichtlich-kulturellen Kontext — gesprochen werden. Sie wird von beiden Autoren mit einem ja — aber abgefangen, das politisch gerichtet wird, d. h. die soziologischen Analysen und ihre Kategorien werden mit Modifikationen übernommen, die Möglichkeit von Individualität und Demokratie wird aber als politisch herstellbare Möglichkeit emphatisch betont. Die dafür stehenden Formeln sind Identitätsformeln[52].

Die so akzentuierten Beiträge zur Gesellschaftsanalyse sind in der Didaktik der politischen Bildung schrittweise und mit geraumer Verzögerung aufgenommen worden. Gesellschaft in den hoch abstrakten und zugleich zeitgebundenen Kategorien der modernen Soziologie wahrzunehmen, war einem breiteren Publikum wahrscheinlich erst möglich, als sich die „Nachkriegszeit“ als Bestimmungsfaktor dessen, was sich nun als „Gesellschaft der Bundesrepublik“ und als einer von zwei „deutschen Staaten“ zu verstehen versucht, abschwächte. Mit der Abkehr von der Wiedervereinigungsidee[53], die zugleich die Idee einer Einheit von Nation, kultureller Tradition des „besseren“ Deutschland und liberaler Demokratie war — und so ein Moment der Verleugnung des Nationalsozialismus und seiner Folgen enthielt —, wird die politische Zukunft nicht mehr als national-kulturelle

---

gerieten, marxistische Indoktrination zu wollen, auf Dahrendorfs Konflikttheorie. In den Streit hierüber griff auch Dahrendorf ein, wobei er sich von solcher Vereinnahmung distanzierte. Weniger deutlich äußerte sich J. Habermas als Teilnehmer des Hessenforums. Vgl. R. Dahrendorf, „Streit — ein Grundelement der Freiheit. Die hessischen Rahmenrichtlinien und die Theorie des sozialen Konflikts“, in: B. Vogel (Hrsg.), Schule am Scheideweg. Die hessischen Rahmenrichtlinien in der Diskussion, München, Wien 1974; E. Kogon (Hrsg.), Rahmenrichtlinien Gesellschaftslehre, Konflikt und Konsens in der Gesellschaft der Gegensätze, Protokolle der Veranstaltungen in der Reihe Hessenforum, Frankfurt 1974. Von Entsprechung kann nicht im Sinne einer gleichlautenden Argumentation gesprochen werden. Auch Habermas könnte, freilich nicht ebenso wie Dahrendorf geltend machen, daß seine Argumente verkürzt und teilweise mißverstanden wurden. Dennoch ist die Nähe der neueren Didaktik zu den genannten Arbeiten kaum in Abrede zu stellen.

[51] Hierfür sind W. Abendroth und J. Habermas repräsentativ, während Dahrendorf stärker die liberale Position vertrat.

[52] Zu den entsprechenden Aussagen Habermas vgl. Behrmann 1973, S. 73 ff.; Bei Dahrendorf finden sie sich a. a. O., S. 58 ff. So: „Das Bewußtsein des ganzen Menschen und seines Anspruches muß als Hintergrund jedes Satzes, den er (der Soziologe G. B.) spricht oder schreibt, bestimmen.“ „Nur wenn er (der Soziologe) ... den Gedanken an politische Veränderungen zugunsten des freien einzelnen nicht scheut ... wird der Soziologe vom Hemmschuh zum Motor der Entwicklung einer Gesellschaft freier Menschen.“ S. 62, 63.

[53] Vgl. hierzu die in den Unterrichtseinheiten erschienene Einheit von E. Kosthorst und K. Teppe, Die Teilung Deutschlands und die Entstehung zweier deutscher Staaten.

Restauration im Geiste der Demokratie begriffen. An ihre Stelle tritt das Abstraktum einer demokratisierten Gesellschaft emanzipierter Bürger und eine von historischen Bezügen weithin gelöste Gesellschaftsanalyse. Das treibende Moment in Dahrendorfs und Habermas' Arbeiten, die Spannung zwischen Ideen, deren historisch-kulturelle Bindung ihnen bewußt war, und soziologischer Theorie oder Gegenwartsanalyse, wirkt zwar weiter in der Verbindung von Gesellschaftskritik und „Realutopie". Indem Kritik und Utopie nun von der historischen Rückbindung abgeschnitten werden, verlieren sie aber die Kraft zur Transzendierung und konkreten Gestaltung der Realität. Ihre Konkretionen werden tagesbezogen und provinziell[54].

Ähnlich verhält es sich mit der Übernahme des Identitätsbegriffs. Daß die Dahrendorf und Habermas leitenden Probleme ebenso wie die Probleme, die der neueren Didaktik zugrundeliegen, auch und nicht zuletzt individuelle und kollektive Identitätsprobleme (Behrmann 1972 S. 93 ff.; S. 120 ff.; 172 ff.) sind, ist spät und nur teilweise wahrgenommen worden. So erscheint als neue Erkenntnis im theoretischen Bezugsrahmen der Psychoanalyse und des symbolischen Interaktioismus, was seit der späten Aufklärung ein zentrales Thema von Literatur und Philosophie war.

Nun ist es in der Geistesgeschichte nicht ungewöhnlich, daß alte Fragen in anderem Gewande wiederkehren und als neue Fragen gelten. Wäre dies nur geistesgeschichtlich zu registrieren, so könnte die Didaktik davon absehen, da ihr andere Aufgaben gestellt sind. Gerade Jürgen Habermas hat jedoch in zahlreichen Arbeiten geltend gemacht, daß der Horizont des Denkens und der Vorstellungen bedenklich verengt wird, wenn je aktuelle Fragen, Begriffe, Theorien nicht in eine Beziehung zur Tradition ähnlicher Fragen und ihrer Behandlung gesetzt werden. Sie wird in der Didaktik jedoch abgeschnitten. Übrig bleiben aktualisierte Leitbegriffe, ins Praktische gewendete Thesen, Zitate, Theorien und Autoren als Legitimationssymbole. Dagegen wäre, ginge es nur um politische Durchsetzung oder um Unterrichtspraxis, wenig einzuwenden. Der Anspruch auf Wissenschaftlichkeit aber wird so fadenscheinig.

Belegbar ist diese Kritik sowohl durch die Verwendung des Emanzipationsbegriffs und der noch zu diskutierenden Demokratisierungsforderung als auch durch die Behandlung der Identitätsproblematik und des Verhältnisses von Erkenntnis, Urteil und Handeln. In einer nicht beliebigen, aber sicherlich nicht der einzigen denkbaren geistesgeschichtlichen Perspektive sollen hier bislang schon vorgetragene Einwände fortgeführt und präzisiert werden. Eine der neueren Arbeiten von Jürgen Habermas wird dabei in den Mittelpunkt gestellt, weil sie nicht nur ein anderes Licht auf dessen frühere Studien und deren Interpretation in der neueren Didaktik wirft, sondern auch die hier verfolgten Probleme behandelt.

Gemeint ist die Hegelpreisrede über die Frage, ob moderne Gesellschaften noch eine vernünftige Identität ausbilden können. Habermas thematisiert diese Frage als Problem moderner Gesellschaften in dreifacher Hinsicht: im Vergleich von Gesellschaftstypen, der die dann näher beschriebenen Besonderheiten moderner Gesellschaften, ihrer sozialen und kulturellen Entwicklung hervortreten läßt, in der Auseinandersetzung mit unterschied-

[54] Von 22 in den NRW-Richtlinien-Politik 2. Fassung genannten Themen für S I sind 4 auf internationale Zusammenhänge bezogen, ein historischer Bezug ist in den Stichworten zu den Themen nirgendwo angesprochen, obwohl er herzustellen wäre. Er fehlt auch in den 28 Themen für S II, von denen immerhin 8 internationale Probleme einschließen. Eine schärfere Abschottung von „Politik" und Geschichte wird man in älteren Lehrplänen der Bundesländer nicht finden.

lichen soziologischen Interpretationen der Problemlage und im Nachweis, daß das Problem für Hegels Philosophie zentral ist.

Statt auf Hegel hätte Habermas, sieht man einmal vom Anlaß der Rede ab, auch auf andere, dem deutschen Idealismus zuzurechnende Denker, zumal auf Schiller und seine Ästhetischen Briefe rekurrieren können. Sie werden auch in den Anmerkungen zu dieser Rede an keiner Stelle erwähnt, was Gründe haben könnte, die unmittelbar auf die neuere Didaktik verweisen. Der Versuch, solche Beziehungen herzustellen, mag zunächst befremden. Der Leser der Ästhetischen Briefe und der Hegelpreisrede wird indessen bei einem Vergleich auf eine Vielzahl von Parallelen in der Sicht der Probleme, in ihrer Behandlung und im Versuch ihrer Bewältigung stoßen. Man erinnere sich auch daran, daß die Dramen Schillers politische Dramen sind. Versteht man Didaktik nicht in einem engen, pädagogisierenden Sinne, so liegen die Gemeinsamkeiten zwischen der didaktischen Reflexion und den Überlegungen, die in der Wirkungsästhetik[55] angestellt wurden, offen zutage.

Für das, was die Didaktik mit dem Begriff der subjektiven Betroffenheit zu erfassen versucht, steht dort zunächst der aus der klassischen, aristotelischen Poetik übernommene Begriff des Mitleids. Im Wandel seines Verständnisses und in der unterschiedlichen Sicht der Voraussetzungen und der Möglichkeit des Mitleids bei Rousseau und Lessing wird die moderne Identitätsproblematik schon sichtbar, bezweifelt doch Rousseau, was Lessing möglich scheint: daß Mitleid, unmittelbare emphatische Teilnahme und Reflexion vereinbar, ja, aufeinander angewiesen seien. Orientiert sich Lessings Forderung, bei aller Differenz zwischen dem Betrachter und dem Geschehen auf der Bühne dürfe dieses die Vorstellungs- und Urteilskraft des Betrachters nicht überschreiten, an der Möglichkeit vernünftiger bürgerlicher Vergesellschaftung, in der jeder befähigt werden kann, Empfinden, Denken und Handeln der anderen mitfühlend zu verstehen, so schwächt für Rousseau die Reflexion nur die Intensität ursprünglicher Mitleidsfähigkeit.

Darin kündigt sich bereits der immer noch und vielleicht mehr denn je aktuelle Gegensatz zwischen einer ursprünglichen, jedenfalls nicht reflexiv differenzierten und verunsicherten Identität, also zwischen Spontaneität, Aktion einerseits, sozial vermittelter, reflexiv differenzierter Identität und einem nicht unmittelbar und sicher in die Aktion mündenden Urteil andererseits an.

Dieser Gegensatz ist für Schiller in der Französischen Revolution manifest geworden. Ungleich klarer und präziser als Lessing und Rousseau und alle Gesellschaftstheorie vor ihm analysiert er in den Ästhetischen Briefen die — gemessen an einer harmonischen und allseitigen Ausbildung der Persönlichkeit — identitätsbedrohende Wirkung des Fortschritts an Erscheinungen, die wir heute als Symptome der gesellschaftlichen Differenzierung, Pluralisierung und Rationalisierung erfassen würden. Er ist sich ebenso der Schwierigkeit bewußt, einen konsistenten Zusammenhang zwischen Reflexion, Empfinden und Handeln in einer Kultur herzustellen, deren Entwicklung eine fortschreitende Trennung der Bereiche des Empfindens, der Reflexion und des Handelns zur Folge hat. Sie zu überwinden, scheint ihm allein noch im „ästhetischen Zustand", in der Kunst möglich, die freilich nicht vom tätigen Handeln abgelöst wird oder allein in urteilendes Handeln mündet. Vielmehr sollen in der Kunst die Gegensätze aufgehoben, mit der Möglichkeit der „Aufhebung, Vollendung und Harmonisierung" des Getrennten

[55] Wichtige Anregungen zu den folgenden Überlegungen verdanke ich H. Turk, Wirkungsästhetik. Theorie und Interpretation der literarischen Wirkung, München 1976.

die Möglichkeiten des Handelns ethisch beurteilt und emphatisch angeeignet und damit zugleich die Möglichkeit zu seinem so bestimmten Handeln eröffnet werden[56]. Es wird damit zur inneren Verpflichtung, die aus der Spannung zwischen der erfahrenen Möglichkeit und der Erfahrung tätigen Handelns, seiner Beschränkungen und seiner im Handeln nicht aufhebbaren Folgen lebt.

An der Frage, ob sich diese Spannung in der Reflexion, der spontanen Aktion oder einer praktisch werdenden herrschaftsfreien Diskussion noch, wieder oder dermaleinst aufheben läßt, scheiden sich die Geister. Soziologisch läßt sich zeigen, daß sie durch die soziale Differenzierung verschärft und in ihr erst bewußt wird. Sie ist indessen in der menschlichen Natur angelegt und wird von Schiller auch als anthropologisches Datum erfaßt.

Unser Denken, Fühlen, Wollen überschreitet, obwohl es immer auch an Handlungserfahrung und Handeln gebunden ist, die Handlungsbedingungen und die je gegebene Handlungswirklichkeit[57]. Die Verselbständigung, Trennung, Entgegensetzung von Denken, Fühlen, Wollen, Handeln sind nur möglich, weil diese Möglichkeit auch in der Natur des Menschen angelegt ist. Wir sind zugleich aber darauf angewiesen, daß das, was getrennt und einseitig ausgebildet werden kann, in unserer Identität, ihren sozialen und kulturellen Bedingungen seinen Halt und seinen durchhaltbaren Zusammenhalt gewinnt. Schillers darauf gerichtete Fragen und Gedanken gründen in immer noch gültigen sozialanthropologischen Einsichten. Sie münden im Versuch, der intellektualistischen Aufklärung, ihrer mechanizistischen Anthropologie und dem selbstmörderischen Voluntarismus der Französischen Revolution im ästhetischen Zustand die Bedingung der Möglichkeit einer reflektierten und differenzierten Identität gegenüberzustellen. Im ästhetischen Zustand, in der Kunst scheinen ihm die Möglichkeiten dafür gegeben, daß die Sicherheit des Handelns nicht mit dem Verzicht auf Reflexion, die intersubjektiv anerkannte Reflexion nicht mit einer Verdrängung von Emotionalität, Spontaneität und Willenskräften erkauft wird, daß die Einsicht in die Vielfalt der Möglichkeiten nicht der Fähigkeit zum Handeln, das Möglichkeiten immer ausschließende, ja zerstörende Handeln nicht der Bewahrung des Bewußtseins der Möglichkeiten und damit der Verantwortlichkeit des Handelns zuwiderläuft.

Bedeutsam bleibt dieser Versuch, weil Schiller schlüssig zeigt, daß jeder Versuch der Selbstbestimmung, der die „getrennte Ausbildung der menschlichen Kräfte“ weitertreibt und sich nur auf eine dieser Kräfte, sei es die wissenschaftliche Aufklärung, die emotionale Sensibilisierung oder den Mut zur spontanen Aktion stützt, in einen Zirkel führt, weil damit zugleich negiert wird, was erreicht werden soll: daß — in den Worten Schillers — „der innere Mensch mit sich einig“ werde. Wer Schillers Gedankengang nachvollzieht, wird schwerlich behaupten können, diese Identitätsformel sei in idealistischer Fremdheit gegenüber der gesellschaftlichen Wirklichkeit konzipiert und ihre Einlösung geschichtsphilosophisch auf die Utopie einer kommenden Gesellschaft projeziert. Sicherlich denkt Schiller auch idealistisch und geschichtsphilosophisch. Was sein Verständnis des Menschen, seiner Entfaltungsmöglichkeiten und seiner Identitätsfindung aber von allen gleichzeitigen, nachfolgenden und bis in die Gegenwart hineinwirkenden geschichtsphilosophisch eingebundenen Emanzipationserwartungen unterscheidet, markiert eine für das pädagogische und politische Denken und Handeln grundlegende Differenz: Schil-

[56] a. a. O., S. 30 ff.
[57] Vgl. vor allem: A. Gehlen, Der Mensch. Seine Natur und seine Stellung in der Welt, Frankfurt 1962[7].

lers Antwort auf die Frage, wie der „Mensch in der Zeit mit dem Menschen in der Idee zusammenttreffen kann“, richtet sich nicht vor allem oder ausschließlich in die Zukunft, auf herzustellende gesellschaftliche Bedingungen und die in ihnen möglichen menschlichen Entwicklungschancen, sondern auch auf den „Menschen in der Zeit“. Nur so scheint ihm eine Durchbrechung des Zirkels möglich. Alles urteilende und tätige Handeln — so Schillers plausible und historisch erhärtete Auffassung — das die (im ästhetischen Zustand gewonnene) Identität nicht zur Voraussetzung hat, muß in seiner Wirkung die conditio humana verfehlen, weil nicht wirklich werden kann, was im Innern der Person und in ihrem sozialen Verhältnis nicht schon als Möglichkeit angelegt und wirkmächtig ist. Schiller entfernt sich damit auch von einer Denkhaltung, welche die dem Menschen in der ihm je gegebenen Zeit möglichen Entwicklungschancen der Zukunft der „Gattung“ opfert.

3.2.4.3 Kollektive Identität und Emanzipation bei Schiller und Habermas

Habermas' Schlußbemerkungen in der Hegelpreisrede lassen sich zum Teil, freilich nur zum Teil, als Interpretation Schillers in der Sprache der modernen Sozialwissenschaften lesen. Er schließt sie mit folgender Behauptung: „Wenn in komplexen Gesellschaften eine kollektive Identität sich bilden würde, hätte sie die Gestalt einer inhaltlich kaum präjudizierten, von bestimmten Organisationen unabhängigen Identität einer Gemeinschaft derer, die ihr identitätsbezogenes Wissen über konkurrierende Identitätsprojektionen, also: in kritischer Erinnerung der Tradition oder angeregt durch Wissenschaft, Philosophie und Kunst diskursiv und experimentell ausbilden. Unterdessen würde es die zeitliche Struktur einer zukunftsorientierten Erinnerung erlauben, universalistische Ich-Strukturen über die Parteinahme für jeweils besondere Interpretationsrichtungen auszubilden; denn jede Position kann mit den übrigen Positionen, denen sie in der Gegenwart gegenübersteht, gerade in der Parteilichkeit für ein künftig zu realisierendes Allgemeines übereinkommen.“

Diese gedrängte und sehr abstrakt gehaltene Behauptung wird erst aus dem Kontext der neueren Arbeiten Habermas' verständlich, die hier nicht referiert werden können[58]. Sie wurde hier ausgewählt, weil sie, was freilich erst im Kontext dieser Arbeiten hinreichend demonstriert werden könnte, auf drei grundlegende Schwierigkeiten dieses Ansatzes verweist, die auch in den von ihm beeinflußten neueren Konzeptionen politischer Bildung sichtbar werden.

1. Letzter und wichtigster Bezugspunkt ist für Habermas hier — und nicht nur hier — die Zukunft, genauer: ein zukünftig zu realisierendes Allgemeines. Dieses praktisch-politisch herzustellende Allgemeine bleibt unbestimmt, da es sich erst in der Konkurrenz der „Identitätsprojektionen“ und der „Parteinahme für jeweils besondere Interpretationsrichtungen“ ausbilden soll. Sieht man davon ab, daß unklar bleibt, wann „Projektionen“ in „Parteinahme“, in Praxis umschlagen können und dürfen, so wird Geschichte

---

[58] Vgl. Habermas/Luhmann 1971; ders., Legitimationsprobleme im Spätkapitalismus, Frankfurt 1973; es ist bemerkenswert, daß die im folgenden bezeichneten Schwierigkeiten vor allem dann auftreten, wenn Habermas in einem soziologisch-politischen Bezugsrahmen argumentiert. Vgl. im Unterschied dazu: ders., „Wahrheitstheorien“, in: Wirklichkeit und Reflexion, Festschrift für W. Schulz, Pfullingen 1973; Zur Kritik seiner häufig vagen und widersprüchlichen Aussagen über das künftig zu realisierende Allgemeine jetzt auch: R. K. Maurer, „Emanzipation. Zur Philosophie eines Zeitbegriffs“. In Zeitschrift für Politik 23, 4/1976.

damit zu einem unter Erfolgszwang gesetzten Labor. Schillers Einsicht in die Dialektik von Möglichkeit und Handeln geht verloren.

2. So wird das experimentelle Spiel mit Identitätsprojektionen entweder — wie viele Gedankenspiele im neueren politischen Unterricht — unverbindlich, oder es gerät unter einen kaum einlösbaren Rechtfertigungsanspruch gegenüber dem zukünftig zu realisierenden Allgemeinen. Die funktionale Gleichsetzung von kritischer Erinnerung, Wissenschaft, Philosophie und Kunst verdeckt ein Problem moderner Kultur: die unterschiedliche und gerade auch von Habermas z. B. im Blick auf die moderne Wissenschaft thematisierte Leistung von Wissenschaft einerseits, Tradition und Kunst andererseits für die Identitätsfindung, von der her sich — soweit in der Tradition Schillers — ein nicht geringer Teil der modernen Literatur in der Auseinandersetzung mit der Wissenschaft rechtfertigt.

3. Trotz oder gerade wegen der angeführten illustrativen Erläuterungen bleiben die „universalistischen Ich-Strukturen" auch unter den von Habermas angeführten Bedingungen eine fragwürdige Projektion einer ideal-transzendentalen in die real-empirische Kommunikationsgemeinschaft (Luhmann in: Habermas/Luhmann S. 292 f.; Schwan 1976 S. 42 ff.). „Aber die radikale Zukunftsorientierung, die bis in die Identitätsbildung hineinreicht, findet" schreibt Habermas „an den Grundlagen der neuen Identität ihre Grenze. Wenn im Licht künftig-kontingenter Gegenwarten, also im Licht einer Zukunft, die nichts als ein Spektrum von Planungsperspektiven wäre, alles zur Disposition stünde, könnte sich so etwas wie eine Identität nicht bilden. Nun sehen wir im Bewußtsein der allgemeinen und gleichen Chancen der Teilnahme an wert- und normbildenden Lernprozessen die Grundlage einer neuen Identität; sie darf nicht selbst eine bloße Projektion sein. Sonst wäre sie nichts anderes als ein Programm" (Habermas 1974 S. 71). Mit den letzten zwei Sätzen wird die Einsicht Schillers wiederholt, die Identität könne nur das aus sich ermöglichen, was sie schon in sich enthalte. Die entscheidende Differenz liegt aber nun darin, daß für Habermas das Bewußtsein der Teilnahmechancen das einzige alles tragende Fundament ist, in das zugleich der Grundriß für das zukünftige zu realisierende Allgemeine eingezeichnet ist. Mit dem „Bewußtsein der allgemeinen und gleichen Chancen der Teilnahme an wert- und normbildenden Lernprozessen" ist zwar die frühere Forderung der unmittelbaren, allgemeinen und gleichen Beteiligung an Willensbildungsprozessen erheblich modifiziert, worin die davon beeinflußte Didaktik Habermas noch nicht gefolgt ist, doch bestehen die darin enthaltenen Schwierigkeiten fort[59].

Die Notwendigkeit von Institutionen stand für Schiller außer Zweifel. Er suchte nach Bedingungen der individuellen Identität als Bedingungen einer kollektiven Identität, nach Ergänzung und Vollendung des „dynamischen und ethischen", auf Sicherung der physisch-materiellen Existenz und Erhaltung der Rechtsordnung gerichteten Staats, wobei er die realen Möglichkeiten durchaus skeptisch beurteilte. Habermas dagegen folgt dem geschichtsphilosophischen bürgerlichen Emanzipationsdenken, das dazu tendiert, Institutionen solange als Elemente von Herrschaft zu negieren, solange sie nicht aus dem vernünftigen allgemeinen Konsens hervorgehen und zugleich in der Identität der Bürger festgemacht sind[60].

---

[59] Vgl. Behrmann 1972, S. 73 ff. und Habermas' Distanzierung von den Begriffen Demokratisierung und Politisierung, a. a. O., S. 67 .

[60] Hierin folgt ihm die neuere Didaktik, wobei die Kritik der Arbeiten Habermas' allenfalls am Rande, die beobachtbare Umformulierung der Probleme bei Habermas bislang gar nicht berück-

Zur Bestätigung verweist er auf die Auseinandersetzungen über die Richtlinien: „Hier werden die kommunikativen Strukturen eines allgemeinen praktischen Diskurses von selbst hervorgetrieben, weil die Traditionsfortbildung aus ihrem naturwüchsigen Medium herausgetreten ist und weil ohne eine argumentativ gefilterte Willensbildung auf breiter Basis ein neuer Wertekonsensus nicht erreicht werden kann" (a. a. O. S. 76). Zu Recht ist darauf hingewiesen worden, daß er auch so nicht erreicht wurde (Schörken 1975 b; 1975 c), ja, daß die öffentliche Diskussion einen vorher gar nicht erwarteten Pluralismus der Meinungen sichtbar machte. Selbst wenn sich alle, häufig eher am Meinungsstreit als an Lernprozessen Beteiligten das allgemeine und gleiche Recht zur Beteiligung zugestanden haben sollten — woran man mit guten Gründen zweifeln kann —, dürfte das Identitätsbewußtsein sehr viel tiefer in den partikularen Auffassungen als in der universalen Beteiligungsnorm verankert sein. Der Begriff der universalistischen Ich-Strukturen ist daher stark überzogen. Er muß überzogen werden, weil nur so die Möglichkeit einer kollektiven Identität glaubhaft gemacht werden kann, die mehr einschließt als Identifikationen, einen weithin verbalen Minimalkonsens und/oder die Bereitschaft und Fähigkeit zur emphatischen, betrachtenden und urteilenden Teilnahme am Leben und Schicksal anderer Menschen. Die konkrete individuelle und als individuelle immer besondere Identität wird durch den Zwang einer Rechtfertigung gegenüber der kollektiven Identität überfordert und bleibt als konkrete Identität eine Leerstelle im universalistischen Kontext der Lernprozesse.

3.2.4.4 Kollektive und individuelle Identität

Wären diese Schwierigkeiten nur auf Habermas' Sicht- und Denkweise zurückzuführen, so wäre es sinnvoll, nach Möglichkeiten der Ergänzung oder Korrektur dieser Sichtweise Ausschau zu halten oder andere Theoretiker zu bemühen. Habermas selbst verweist nun auf eine Vielzahl empirischer Daten, um zu zeigen, daß mit der Modernisierung überkommene Vorstellungen der Identität und Möglichkeiten der Identitätsfindung nicht mehr zu verwirklichen sind. Die Frage, „ob für komplexe Gesellschaften eine vernünftige Identität auch nur gedacht werden kann", bezieht sich daher auch auf die Empirie. Folgt man Habermas' empirischen Hinweisen und seiner These: „Identitätsprobleme können sich nur solange auf eine sinnvolle Weise stellen, wie Gesellschaften in eine symbolisch aufgebaute und normativ verständliche Lebenswelt eingefaßt sind" (a. a. O. S. 56), so verneint Habermas dort, wo er empirisch argumentiert, die Frage nach der Möglichkeit einer kollektiven Identität moderner Gesellschaften. Er vermag sie genau besehen letztlich nur zu bejahen, indem er dieses Identitätsverständnis durch ein anderes ersetzt. Nimmt man, was mit „Lebenswelt" (Berger, u. a. S. 16 f.) gemeint ist, ernst, so wird jedenfalls fraglich, ob die von Habermas entwickelten Grundlagen einer neuen Identität jene lebensweltliche Bedeutung gewinnen können, die Mythen, Religion und Kunst, auch

---

sichtigt wurde. Zur Kritik vgl.: B. Willms, Kritik und Politik. Jürgen Habermas oder das politische Defizit der politischen Theorie, Frankfurt 1973; W. Jäger, Öffentlichkeit und Parlamentarismus. Eine Kritik an Jürgen Habermas, Stuttgart 1973; ders., „Repräsentative Demokratie oder Gelehrtenpolitik?" in: D. Oberndörfer und W. Jäger (Hrsg.), Die neue Elite. Eine Kritik der kritischen Demokratietheorie, Freiburg 1975; G. Maluschke, „Zur Legitimität politischer Institutionen und politischen Handelns", in: Zeitschrift für Politik 3/4/1976. Die Verschiebung von Problemen aus der politischen in die wissenschaftliche Öffentlichkeit, vom politischen Handeln in den Diskurs und vom historisch ermittelten Strukturwandel der Gesellschaft in deren hypothetisch prognostizierte Legitimationskrise führt bei der an einzelne Veröffentlichungen anknüpfenden Didaktik bislang nur zu Unklarheiten und Konfusionen.

politische Ideologien hatten und in Teilen unserer Gesellschaft, sowie Gesellschaften in Anfangsstadien des Modernisierungsprozesses noch haben.
Wenn, wie Habermas nachzuweisen versucht, Mythen, Religion, Kunst und politische Ideologien eine solche Bedeutung für die kollektive Identität unserer Gesellschaft nicht mehr haben können, wenn zugleich die Bedingungen einer universalen Kommunikations- und Lerngemeinschaft eine lebensweltlich bedeutsame Identität nicht zu tragen, also „das Selbst- und Weltverständnis einer Bevölkerung nicht wesentlich zu strukturieren“ vermögen, so endet die Antwort auf die Frage nach der Möglichkeit einer Verbindung zwischen universaler und kollektiver und individueller Identität dort, wo sie bereits bei Schiller und Hegel endete. Habermas' Bewertung seiner „Identitätsprojektionen“ als „praktischen Hypothesen“ (a. a. O. S. 70) nimmt sich gegenüber den Selbsteinwänden Schillers und Hegels noch recht optimistisch aus. Beide schränkten das als möglich Gedachte im Blick auf die Gesellschaft sogleich wieder auf „wenige auserlesene Zirkel“ (Schiller) ein. Der universale Anspruch wird, womit sich der Kreis schließt, sozial partikular.
Sollten sich diese Schwierigkeiten, wofür bereits die Einsichten Schillers und Hegels sprechen, nicht lösen lassen, so ist große Skepsis gegenüber allen Versuchen geboten, politische Erziehung am Ziel einer engen Verbindung von kollektiv-politischer und individueller Identität zu orientieren. Wäre es hier nur um eine solche Empfehlung gegangen, so hätte sich der Umweg über die Wirkungsästhetik, Schillers Ästhetische Briefe und Habermas' Hegelpreisrede freilich erübrigt. Er wurde zum Umweg, weil Schiller und Habermas das Identitätsproblem zugleich als individuelles und politisches Problem behandeln und den Widerspruch zwischen partikularer, individueller Identität und geforderter Universalität der kollektiven Identität aufzuheben versuchen. Schiller verfolgt dabei indessen auch noch ein anderes Problem, das bei Habermas nur durchscheint: das Problem des Verhältnisses von Handeln, Identität, Wollen, emphatischer und reflektierend urteilender Teilnahme.
Aus seiner Behandlung und dem Versuch seiner Lösung lassen sich — auch politisch — andere Folgerungen ziehen, als sie durch das Streben nach Aufhebung des Schillers und Habermas' Denken leitenden Widerspruchs nahegelegt werden. Das in emphatischer und reflektierender, betrachtender Teilnahme wahrgenommene Mögliche ist, folgt man Schiller, konstitutiv für die Identität, für die allseitige Entfaltung der Persönlichkeit und also auch für ihr Vermögen, d. h. für ihr Handeln. Dem läßt sich eine andere Einsicht hinzufügen: Die „Naturwüchsigkeit“ immer neuer Gruppenbildungen und Gruppenidentitäten gerade auch in modernen Gesellschaften verweist auf eine notwendige Bedingung der Identität, ihre Abgrenzbarkeit. Auch deshalb ist der Gedanke einer universalen Identität kaum nachvollziehbar, worauf Habermas auch hinweist: „Die Menschheit im ganzen ist ein Abstraktum und nicht eine Gruppe im Weltmaßstab, die in ähnlicher Weise wie Stämme oder Staaten eine Identität ausbilden könnte, — jedenfalls solange nicht, wie sie sich nicht ihrerseits, vielleicht in Abgrenzung gegen andere Populationen des Weltraums wiederum zu einer partikularen Einheit zusammenschließt“ (a. a. O. S. 33).
Man könnte nun statt an Science fiction auch an die Möglichkeit einer historischen Abgrenzung denken, die Habermas denn auch ergreift, um dieser Verlegenheit zu entkommen. Die Abgrenzung der universalen Identität einer real gewordenen Zukunftsgesellschaft von den partikularen Identitäten der Vorgeschichte wäre dauerhaft indessen nicht

durchzuhalten, weil das Gegenbild bei zunehmender Institutionalisierung universaler Identität verblassen, die Identität in sich zusammenbrechen müßte. Genau besehen befindet sich Habermas erneut auf dem Drahtseil der Geschichtsphilosophie. Die hypothetischen Identitätsprojektionen balancieren zwischen den Abgründen des „Nicht-mehr“ und des „Noch-nicht“ und gewinnen ihren Halt nur aus dem Glauben, das wohl Unmögliche werde möglich.

Auch hier lassen sich andere Bezugspunkte finden. Abgrenzung ist ein bewußter oder unbewußter Akt. Auch für ihn gilt, daß die Möglichkeit konstitutiv für das Vermögen und das Handeln ist. Damit bliebe der Blick aber allein auf die Zukunft gerichtet. Abgrenzung kann jedoch auch über das uns nicht (mehr) Mögliche, d. h. vor allem über die Geschichte bewußt werden.

Einer letztlich unverbindlichen, mit kognitivem Training verbundenen Wissensvermittlung und einer letztlich auf unreflektierte Identifikation, auf Indoktrination oder Mobilisierung subjektiver Betroffenheit und Handlungsbereitschaft gerichteten sowie einer vage auf Emanzipation verweisenden politischen Bildung ließe sich also die Alternative einer auf das Mögliche wie das nicht mehr Mögliche gerichteten emphatischen und reflektierenden, betrachtenden Teilnahme gegenüberstellen. Ihre wichtigste Voraussetzung ist die Freiheit als Bedingung dafür, daß der Raum des so Wahrnehmbaren nicht beschnitten wird. Auf Identitätsbildung im Feld des als möglich Wahrgenommenen läßt sich zugleich aber auch die Diskurstheorie Habermas' und sein Praxisbegriff beziehen: „Liest man ihn als das, was er ist, als spekulative Umschreibung der Kulturform von Gesellschaft, d. h. der Gesellschaft im Status der Kommunikation und nicht der Aktion, dann lassen sich aus ihm gleich mehrere, die Wirkungstheorie spekulativ ergänzende Bestimmungen herleiten. Die Wirkung im Kulturstand der Gesellschaft müßte kommunikativ, d. h. auf gegenseitiges Verstehen gerichtet sein, sie müßte individuierend sein, und sie müßte das politisch-ethische Willenspotential aktivieren, das unter der Herrschaft zweckrationalen Handelns verdrängt wird“[61].

Eine solche politische Bildung ist mithin auf eine politische Verfassung angewiesen, die Freiheit ermöglicht. Sie ist hieran gebunden und vermag sie zugleich zu stützen, indem sie über die Einsicht in das Mögliche die Einsicht in die Freiheit des Handelns und die Verantwortung des Handelnden eröffnet. Als normative Voraussetzungen müßten Freiheit und die referierten Postulate in die Methodik einer solchen politischen Bildung und in die Prozesse der Identitätsfindung, auf die sie sich beziehen, eingehen. Sie wären dann Bezugspunkte einer Identifikation mit Normen und Werten und auch der Identität, nicht aber die Identität selbst. Das Partikulare bliebe als Ergebnis bewußter Abgrenzung in seinem Recht, stünde aber zugleich im Bezug zum Universalisierbaren, zum Verstehen, zur Freiheit des einzelnen und zu einer Verstehen und Freiheit, d. h. Frieden und Selbstbestimmung ermöglichenden Politik.

3.2.5 Politische Bildung, politische Erziehung, politische Sozialisation

Die Begriffe Bildung, Erziehung, Sozialisation werden heute oft synonym verwandt. Wo ihnen allem Anschein nach unterschiedliche Bedeutungen unterlegt werden, bleiben sie zumeist vage. Den Begriffswirrwarr durchsichtig zu machen und aufzulösen, würde eine umfangreiche Arbeit erfordern, die erst teilweise geleistet ist[62]. Ihr Ergebnis vermag

---

[61] Turk, a. a. O., S. 39.

[62] Vgl. die kritischen Bemerkungen von H. Stieglitz, „Erziehung oder Sozialisation. Prolegomena

noch keineswegs zu befriedigen. Dies gilt zumal für den Begriff, der in den letzten Jahren auch in der Didaktik der politischen Bildung als übergreifender Begriff übernommen wurde: den Begriff der politischen Sozialisation[63].

Er ist zusammen mit einigen theoretischen Annahmen und Forschungsergebnissen aus der amerikanischen Forschung von der neueren Didaktik der politischen Bildung bereitwillig übernommen worden (Vgl. u. a. Hilligen 1975 a S. 256 ff.; Holtmann 1975 a; Fluck in Schörken 1974; Schörken 1975 a). Dieser Prozeß müßte gesondert untersucht werden, da er ein Beispiel für die außerordentlich selektive Verarbeitung empirischer Forschung durch die Didaktik bietet. Eine Übersicht über den Stand der neueren Forschung, die in der Didaktik bislang noch nicht beachtet wurde, zu geben, und daraus Folgerungen zu ziehen, ist hier nicht möglich[64]. Es kann nur auf einige besonders problematische Punkte in der Rezeption der Erforschung politischer Sozialisation durch die neuere Didaktik hingewiesen und gefragt werden, ob und wie sich die hier bislang angestellten Überlegungen in Beziehung zur Sozialisationstheorie und zur Sozialisationsforschung bringen lassen.

Die in der Didaktik der politischen Bildung beachteten, zumeist durch zusammenfassende Literaturreferate vermittelten Ergebnisse der Sozialisationsforschung sind zwei verschiedenen Forschungsprogrammen entnommen: 1. der Untersuchung des Zusammenhangs zwischen sozialer Schichtung und Sprachverhalten, Einstellungen, Verhaltensweisen, Schulerfolg usw.[65]; 2. der zunächst fast völlig auf die USA begrenzten Untersuchung politischer Lernprozesse im Kindheitsalter. Wenn in der Didaktik von Sozialisation und politischer Sozialisation die Rede ist, werden diese Ergebnisse häufig zusammengefaßt. Dafür lassen sich unterschiedliche Begründungen denken:

— Die politische Sozialisation, verstanden als Sozialisation von Einstellungen gegenüber politischen Institutionen und Prozessen, ist Teil der schichtspezifischen Sozialisation und durch diese determiniert[66].
— Die schichtspezifische Sozialisation ist politisch relevant, da soziale Ungleichheit ein zentrales politisches Problem ist. (Hilligen 1975, S. 258 f.)
— Politische, politisch relevante und nicht-politische Sozialisation lassen sich nicht trennen, da alle gesellschaftlichen Erscheinungen durch den Widerspruch zwischen Kapital und Arbeit, d. h. durch die wirtschaftlich-politische Struktur der kapitalistischen oder „spätkapitalistischen" Gesellschaft bestimmt sind[67].

---

zu einer allgemeinen Soziologie der Erziehung", in: Pädagogische Rundschau 1976 und die dort angegebene Literatur.

[63] Vgl. d. Verf.: „Politische Sozialisation", in: A. Görlitz (Hrsg.), Handlexikon zur Politikwissenschaft, München 1970, Hamburg 1973 und als neueste Zusammenfassung das 1977 erschienene von S. A. Renshon herausgegebene Handbook of Political Socialization Research, New York.

[64] Zumal in ihr Grundlagen, Ergebnisse und Methoden der älteren Untersuchungen gründlich infragegestellt werden. Vgl. die gleichzeitig erscheinende Arbeit von M. Zängle, Grundprobleme der politischen Sozialisationsforschung, Paderborn 1978.

[65] Vgl. zusammenfassend: F. Neidhardt, „Schichtspezifische Elterneinflüsse im Sozialisationsprozeß", in: G. Wurzbacher (Hrsg.), Die Familie als Sozialisationsfaktor, Stuttgart 1977; In kritischer Sicht: H. Bertram, „Probleme einer sozialstrukturell orientierten Sozialisationsforschung" in: Zeitschrift für Soziologie 5/1976 sowie F. F. Abraham u. I. N. Sommerkorn, „Arbeitswelt, Familienstruktur und Sozialisation" in: K. Hurrelmann (Hrsg.), Sozialisation und Lebenslauf, Hamburg 1976.

[66] Vgl. u. a. K. G. Zenke, „Zur Kritik der politischen Bildung und Erziehung im Lichte der politischen Sozialisationsforschung", in: Die deutsche Schule 12/1972.

[67] Vgl. J. Beck, u. a., Erziehung in der Klassengesellschaft. Einführung in die Soziologie der Erziehung, München 1970; A. Holtmann, „Sozialisation, Lernen und Theoriebildung. Überlegun-

Sieht man von marxistischen Autoren ab, für die die zuletzt genannte Begründung selbstverständlich ist, was freilich nicht heißt, daß sie bislang irgendwo hinreichend empirisch belegt wäre, ist in der didaktischen Literatur häufig schwer auszumachen, welcher Begründung man hier folgt. Dies muß zwangsläufig zu einer Fehleinschätzung der Forschungsergebnisse führen, denn

— die Frage nach den Zusammenhängen zwischen politischer Sozialisation im engeren Sinne und schichtspezifischer Sozialisation, die damit aufgeworfen werden müßte, läßt sich nicht kurzerhand beantworten. Weder sind die Forschungsergebnisse eindeutig, noch lassen sie — zumindest im breiten Feld zwischen oberer Unterschicht und Oberschicht — den Schluß zu, die Variablen sozialer Schichtung seien die wichtigsten Variablen[68].

— zwar ist soziale Ungleichheit ein zentrales Problem moderner Gesellschaften und ihre Verringerung eine der wichtigsten politischen Forderungen, doch ist dadurch, daß zwischen die erfaßten Schichtmerkmale und schichtspezifische Verhaltensweisen, Einstellungen, Fähigkeiten, Verhaltensweisen der Kinder der Begriff Sozialisation geschoben wird, noch nichts erklärt.

Die Forschung ist, wie einer ihrer wichtigsten Vertreter in der Bundesrepublik — U. Oevermann — unlängst erläuterte, in einer Sackgasse gelandet[69]. Sie vermag das, was sie beschrieben und in Korrelationen erfaßt hat, mit den bislang angewandten Methoden nicht zu erklären. Mit anderen Worten: schichtspezifische Sozialisation ist nicht, wie in der Didaktik weithin und weit darüber hinaus angenommen wird, die Erklärung der darunter zusammengefaßten Einstellungs-, Verhaltens-, Orientierungsunterschiede, sondern das erst zu erklärende Phänomen. Fordert man von Politik, auch von Bildungspolitik, ein rationales, an wissenschaftlichen Erkenntnissen orientiertes Vorgehen, so sind ihr im Bereich schichtspezifischer Sozialisation und deren Kompensation also enge Grenzen gesetzt. Wir wissen weder, wieweit die relative Stabilität des Schichtsystems von der Sozialisation abhängig ist, noch können wir auch nur annähernd angeben, wie die Prozesse ablaufen, die wir als schichtspezifische Sozialisationsprozesse bezeichnen.

Auch die in der neueren Didaktik beachteten Untersuchungen politischer Sozialisation halten nur deren Ergebnis fest. Über dessen Ursachen und Bedeutung ist auch in der Forschung selbst weithin nur — mit Hilfe mehr oder minder plausibler Hypothesen — spekuliert worden. Die Interpretation der Forschungsergebnisse war in der Bundesrepublik zudem weithin mit einer der Fragestellung der Untersuchungen häufig diametral entgegengesetzten Betrachtungsweise verbunden. Wurde in den amerikanischen Unter-

---

gen zu einer sozialisationstheoretischen politisch-historischen Didaktik", in: Historischer Unterricht im Lernfeld Politik, Schriftenreihe der Bundeszentrale für Politische Bildung, Heft 96, Bonn 1973; U. Preuß-Lausitz, „Vom Schwinden der Fähigkeit sich mit dem politischen System zu identifizieren". Zur Kritik der sogenannten „politischen Sozialisation", in: betrifft — erziehung tabu, Weinheim 1973. Preuß-Lausitz gelingt das bemerkenswerte und das Publikum offenkundig beeindruckende Kunststück, eine aus der amerikanischen Literatur übernommene Kritik der ersten Phase der amerikanischen Sozialisationsforschung so mit seinem eigenen marxistischen Ansatz zu verknüpfen, daß er als deren Konsequenz erscheint, obwohl er sich weder daraus ableiten läßt noch durch Ergebnisse empirischer Untersuchungen gestützt wird.

[68] Vgl. dazu K. B. Urban, „Die Bedingungen politischen Lernens bei Schülern", München 1976, sowie Zängle, a. a. O.

[69] L. Krappmann, U. Oevermann, K. Kreppner, „Was kommt nach der schichtspezifischen Sozialisationsforschung?" in: M. R. Lepsius (Hrsg.), Zwischenbilanz der Soziologie. Verhandlungen des 17. Deutschen Soziologentages, Stuttgart 1976.

suchungen nach den Bedingungen für die Stabilität politischer Ordnungen gefragt und die aus der Kulturanthropologie und der Soziologie übernommene Annahme, soziale Ordnungen seien durch Kultur und Sozialisation auf Dauer gestellt, zugrundegelegt (Behrmann; 1972 S. 32 ff., S. 158 ff.), so interessierte in der Bundesrepublik, wie Gesellschaft durch individuelles Mündigwerden und individuelle Emanzipation verändert werden kann. Während schon in den ersten amerikanischen Untersuchungen vorausgesetzt wurde, daß der Bürger in komplexen Gesellschaften mit dem politischen System zumeist nur über einige generalisierte Einstellungen und Identifikationen verbunden ist, interpretierten viele deutsche Leser die Forschungsergebnisse als Indiz für die gesellschaftliche Prägung eines umfassenderen individuellen politischen Bewußtseins. Die in den amerikanischen Untersuchungen aus methodischen und theoretischen Gründen, nicht zuletzt aber auch aufgrund der hohen Stabilität „politischer Kultur" in den USA überschätzte Wirkung politischer Sozialisation wurde in der Bundesrepublik deshalb zusätzlich überbewertet. Sie wurde bereits in den ersten amerikanischen Untersuchungen überschätzt, weil sie[70]

— sich auf weithin anerkannte Symbole, Institutionen und Verhaltensweisen beschränkten,
— mit dem kulturanthropologisch beeinflußten Begriff der „politischen Kultur" und der Annahme, Kultur werde durch Sozialisationsagenturen tradiert, einer mit Struktur und Kultur komplexer Gesellschaften nicht zu vereinbarenden Vorstellung einer geschlossenen Gesellschaft mit homogener Kultur annäherten[71],
— unterstellten, die mit schriftlichen Befragungen ermittelten Einstellungen der Kinder seien verinnerlicht und, da früh erworben, auch besonders stabil[72] und nicht womöglich nur Elemente eines durch politische Rituale und die Erzählung nationaler Mythen in Schule und Vorschule vermittelten Oberflächenwissens oder gar nur künstliche Effekte der Befragung[73],
— Altersgruppen verglichen und dabei Daten aggregiert wurden, die zeigen, was Kinder schon oder noch nicht oder erst teilweise wußten, wozu sie schon, noch keine oder noch undifferenzierte Einstellungen besaßen, die aber nichts über die individuelle Stabilität der Kenntnisse und Einstellungen bei einzelnen Kindern aussagen. Wie wiederholte Befragungen der gleichen Kinder zeigen, kann die Verteilung der Einstellungen in der befragten Gruppe relativ stabil bleiben, obwohl die einzelnen Befragten von Befragung zu Befragung unterschiedlich antworteten[74], weil zudem

[70] Vgl. u. a. R. Merelman, „The Adolescene of Political Socialization", in: Sociology of Education 45, 1972; ders., Sozialization and Educational Climates, New York 1971; J. Dennis, (ed.) Socialization to Politics, New York 1973, 1977 und R. E. Dawson u. K. Prewitt, Political Socialization, Boston 1977 (gründlich überarbeitete Neuauflage der Einführung von 1969).

[71] Darauf verweist in rigoroser Wendung gegen eigene Veröffentlichungen K. Prewitt, „Some Doubts about Political Socialization Research", in: Comparative Education Review 1, 1975.

[72] Dennis, a. a. O., S. 13 f.

[73] Vgl. hierzu allgemein: P. C. Converse, „Attitudes and Non-Attitudes: Continuation of a Dialogue", in: E. Tufte (ed.) The Quantitative Analysis of Social Problems, Reading, Mass 1970 und die Verweise bei Preuß-Lausitz, a. a. O.

[74] Dieses Phänomen ist, worauf mich A. Does hingewiesen hat, bei der Panel-Befragung von Jugendlichen in der Jugendstudie der Adenauer-Stiftung massiv zutage getreten. Da den meisten Untersuchungen zur politischen Sozialisation einmalige Befragungen zugrundeliegen, wird es dort nicht sichtbar. Daß damit gerechnet werden muß, zeigt ein Panel im Rahmen der Chicago-Studie mit Stabilitätskoeffizienten, die zwischen .20 und .80 schwanken. Vgl. R. D. Hess, J. v. Torney, The Development of Basic Attitudes and Values Toward Government and Citizenship During the Elementary School Years, Manuskript, University of Chicago, Chicago 1965, S. 52 ff.

— zur Zeit der ersten Untersuchungen der politische Dissens noch relativ gering war und Präsidenten mit hohem allgemeinem Ansehen (Eisenhower, Kennedy) regierten,[75]
— in kaum einer westlichen Gesellschaft die Parteipräferenz der Bürger so offengelegt wird wie in den USA und die Zahl der Bürger mit stabilen Parteipräferenzen so hoch ist[76].

In diesen, z. T. im Ansatz der Untersuchungen, z. T. erst durch die ihnen folgende Methodenkritik und durch neuere Untersuchungen gezogenen Grenzen bleiben auch die Ergebnisse der älteren Forschung bemerkenswert. Sie rechtfertigen aber nichts weniger als die These: „Wenn im Stundenplan der Politikunterricht erscheint, sind die grundlegenden affektiven Prozesse der politischen Sozialisation, insbesondere die Identifikationen, bereits vollzogen." (Schörken 1975 a, S. 27)
In die Prozesse, in denen sich die öffentliche Meinung bildet und häufig rasch ändert, sind seit der Verbreitung des Fernsehens auch Kinder und Jugendliche, wenn auch zumeist nur am Rande, einbezogen. Selbst dort, wo Meinungen vorhanden sind, verweisen sie häufig weniger auf individuelle Lern- und Sozialisationsprozesse als auf eine instabile, leicht veränderbare Orientierung am Spektrum öffentlicher Meinungen. Neuere Jugenduntersuchungen, die dies belegen, kommen zu einem weiteren, für die politische Bildung nicht unwichtigen Befund: zwischen Prozessen politischer Sozialisation in Kleingruppen und ihnen vorausgehenden oder nachfolgenden politischen Prozessen können Zusammenhänge bestehen, doch sind mit der strukturellen Trennung von politischen Systemen und Gruppen, in denen Sozialisations- und Lernprozesse möglich sind, die Bedingungen für Eigengesetzlichkeiten gegeben, die sich am Beispiel der Studentenbewegung verdeutlichen lassen[77]: ein Teil der Studentenschaft hat auf gesellschaftliche Wandlungen und politische Ereignisse anders reagiert als die meisten anderen Gruppen der Gesellschaft, was sich aus den Besonderheiten dieser Gruppe und der Studentenrolle erklären läßt. Andererseits waren die Einflüsse der Studentenbewegung auf das politische System geringer, als die Studenten erwarteten und viele Beobachter befürchteten. Politische Bildung kann sich daher unmittelbar an der politischen Entwicklung und auf sie orientieren, doch sollte man nicht, wie dies immer noch häufig geschieht, daraus schließen oder dabei unterstellen, sie sei notwendig von politischen Entwicklungen beeinflußt oder könne sie unmittelbar beeinflussen.
Mit den Ergebnissen der Sozialisationsforschung ist oft eine These J. S. Bruners in Zusammenhang gebracht worden. Er setzt voraus, „daß jeder Stoff jedem Kind in jedem Stadium der Entwicklung in intellektuell redlicher Weise vermittelt werden kann ... Das ist eine kühne Hypothese und — wenn man darüber reflektiert, wie ein Lehrplan aussehen soll — zugleich eine wichtige. Es gibt keine Befunde, die dieser Hypothese widersprechen, jedoch eine Reihe von Befunden, die sie unterstützen" (Hilligen 1975, S. 240). Bruners Konzept und seine Annahmen lassen sich hier nicht diskutieren. Bruner verbindet Erkenntnisse der kognitiven Psychologie mit wissenschaftstheoretischen Auf-

[75] Vgl. R. Merelman, Political Socialization and Educational Climates, New York 1971; F. Greenstein, „The Benevolent Leader Revisited: Children's Images of Political Leaders in three Democracies". In: American Political Science Review, 69, 1975.
[76] Vgl. jetzt: I. Budge, I. Crewe, D. Farlie (eds.) Party Identification and Beyond, London, New York 1976.
[77] Vgl. vor allem: Allerbeck, a. a. O. (Anm. 3) sowie ders., K. Jennings, L. Rosenmayr, Political Protest and Political Socialization. A Comparative Analysis in Five Countries, Mimeogr. Paper 10th World Congress IPSA Edinburgh 1976.

fassungen, nach denen jede Wissenschaft auf einigen fundamentalen „Paradigmen", einfachen Grundvorstellungen beruht, die in eine Beziehung zur Grundstruktur eines Wissensgebietes gesetzt werden[78]. Nun zeigen schon die Versuche, dieses Konzept für die Sozialwissenschaften und den sozialkundlich-politischen Unterricht umzusetzen, daß 1. die Sozialwissenschaften trotz des gleichen Gegenstandsbereiches außerordentlich stark differieren, daß 2. die jeweils angebotenen Paradigmen, Grundstrukturen, Grundeinsichten jeweils an bestimmte Theorierichtungen und/oder Wertbezüge gebunden sind[79]. Wenn der sozialkundlich-politische Unterricht nicht nur Wissen vermitteln und zum Sachurteil befähigen, sondern im zuvor beschriebenen Sinne zum Verstehen und zum Werturteil beitragen will, so machen nun gerade auch die Untersuchungen zur politischen Sozialisation deutlich, was alltäglich im Gespräch mit Kindern und Jugendlichen offenkundig wird:

— Die außerordentlich großen strukturellen Unterschiede zwischen der unmittelbaren Umwelt und komplexen modernen wirtschaftlichen oder politischen Systemen sind für Kinder, aber auch für Erwachsene schwer erfaßbar[80].
— Das politische Urteil ist an Verstehen, Verstehen auch an Erfahrung, Erfahrung auch an Erleben gebunden. Obwohl in diesem Zusammenhang komplizierte Interpretations- und „Transfer"-prozesse denk- und beobachtbar sind, ist das, was in einer außer Gebrauch gesetzten Sprache als Lebenserfahrung und Reife bezeichnet wurde, nicht durch eine wie immer geartete kognitive Strukturierung eines Stoffs ersetzbar.
— „Unbestritten" sind schließlich entwicklungspsychologische Untersuchungen, nach denen Kinder noch nicht in der Lage sind, komplexe Zeitstrukturen und langfristige Zusammenhänge zwischen Handeln und möglichen Handlungsfolgen sowie komplexere soziale Zusammenhänge zu erfassen[81].

Damit ist ein Transfer von Grundeinsichten nicht ausgeschlossen, doch gilt zumal für den sozialkundlich-politischen Unterricht, was durch die Behandlung jedes anspruchsvolleren politischen Themas im Schulunterricht bestätigt werden kann: daß nicht jeder Stoff jedem Kind in jedem Stadium der Entwicklung in intellektuell redlicher Weise vermittelt werden kann. Man versuche doch einmal, nach den z. B. durch Bilder des Libanonkrieges im Fernsehen provozierten Fragen von neun, zehn- oder elfjährigen Kindern diesen Krieg und seine Bedeutung in den Gegebenheiten angemessener Weise verständlich zu machen.

3.2.6 Sozialisationstheoretische Alternativen, Erziehung und Bildung

Nicht ohne Ironie kann konstatiert werden, daß sich die um ihre Anerkennung als Sozialwissenschaft bemühte Pädagogik, indem sie statt Bildung und Erziehung Sozialisation zu ihrem Thema machte, just zu einer Zeit in den Fallstricken der Sozialisations-

---

[78] Vgl. Th. Kuhn, Die Struktur wissenschaftlicher Revolutionen, Frankfurt 1968.
[79] Vgl. A. Holtmann, Das sozialwissenschaftliche Curriculum in der Schule, Opladen 1972, S. 34 ff.; Christof Wulf, Das politisch-sozialwissenschaftliche Curriculum, München 1973, S. 121 ff. sowie die in beiden Bänden enthaltenen Übersichten über die entsprechenden Curricula.
[80] Vgl. hierzu d. Verf. „Politische Einstellungen und Verhaltensweisen Jugendlicher", in: H.-G. Wehling, Jugend zwischen Auflehnung und Anpassung, Stuttgart 1973, S. 65 f. und die Daten bei Kaase, a. a. O., (Anm. 3), S. 252, 257 ff., wonach 67% der Erwachsenen und Jugendlichen dem Satz zustimmen: „Manchmal ist die ganze Politik so kompliziert, daß ich gar nicht verstehe, was vorgeht."
[81] Vgl. J. Adelson und R. P. O'Neill, „The Growth of Political Ideas in Adolescence: The Sense of Community", in: Journal of Personality and Social Psychology 4/1966, ders. und J. Gallatin, „Individual Rights and the Public Good", in: Comparative Political Studies, 3/1970.

theorie verfing, zu der sich die Sozialisationsforschung daraus zu lösen versuchte, indem sie sich einem Verständnis des Sozialisationsprozesses annäherte, das früher mit dem Bildungsbegriff gefaßt wurde. Es ist — schreiben z. B. Oevermann, Krappmann und Kreppner — „leicht zu verdeutlichen, daß die häufig vorgenommene Trennung von Sozialisation als Integration in soziale Prozesse durch Übernahme gesellschaftlicher Normen und Verhaltensmuster und Individuierung als Ausformung persönlicher Interpretationsmuster und Handlungsweisen zusammengehörende Probleme auseinanderreißt. Denn angesichts der fortgefallenen instinktgesteuerten Programmierung des Verhaltens und angesichts der Unmöglichkeit, Verhaltenskontrolle durch früher erlernte Reaktionen auf alle möglicherweise auftretenden Probleme zu erwerben, sichern gerade die Qualifikationen, autonom als identisches Subjekt handeln zu können, die Möglichkeit sozialer Partizipation. Sie allein erlauben, soziale Erwartungen und in sozialen Erfahrungen entstandene Bedürfnisse der Individuen miteinander zu vermitteln. In diesem Sinne könnte die Konstruktion des mit sich selbst identischen Subjekts an die Stelle der Determination durch Instinkte oder einer vorprogrammierten Verhaltenssteuerung im behavioristischen Modell treten“[82].

Mit diesem Georg Simmel und George H. Mead verpflichteten Verständnis des Sozialisationsprozesses wird die Unterscheidung zwischen Erziehung, Bildung und Sozialisation nun aber vollends unmöglich, wenn man nicht zwischen einer auf Bildung im Sinne individueller Identitätsfindung, auf Erziehung im Sinne eines in Familie und Schule institutionalisierten Prozesses und Sozialisation im Sinne des Weberschen Begriffs der Vergesellschaftung als Aspekten der Forschung trennen will. Der je verwandte „Oberbegriff“ würde dann nur die je zentrale Fragestellung anzeigen, nicht aber eine völlige Trennung oder Deckung der Perspektiven fordern.

Im hier zitierten Verständnis von Sozialisation sind bewußt auch die das pädagogische Denken über Erziehung und Bildung leitenden Wertbezügen eingeschlossen. Die anthropologischen Voraussetzungen, welche gegen die Trennung von Sozialisation und Individuierung sprechen, schließen zwar die Möglichkeit einer Sozialisation im Sinne der Programmierung eines „Sozialautomaten“ aus. Gleichwohl variieren historisch nicht nur Kulturen und Sozialstrukturen, sondern auch das Verhältnis von Sozialisation und Individuierung im Sinne von Individualisierung. Individualisierung ist ein modernes und vielleicht auch schon nicht mehr modernes Phänomen. Sie wird erst dort möglich, wo der einzelne im Schnittpunkt verschiedener, sozialer Kreise sich gegenüber verschiedenen nicht mehr identischen, seine Identität also auch nicht mehr umschließenden Umwelten selbst finden und bestimmen muß. Sie wird aber vielleicht schon wieder unmöglich, wo die Differenzierung und zweckhafte Funktionalisierung sozialer Organisationen diese für das Individuum bedeutungslos werden läßt oder eine Identitätsfindung und Identitätsbalance so erschwert, daß für das Individuum voll einbindende totale Institutionen wieder attraktiv werden[83].

Sozialisationsforschung kann sich auf die neutrale Beschreibung und Analyse solcher Wandlungen im Verhältnis von Sozialisation und Individuierung beschränken. Erziehung und Bildung dagegen bedürfen der Wertbezüge. Ohne sie ist auch die zwangsläufig transzendentale „Konstruktion des mit sich selbst identischen Subjektes“ nicht

---

[82] a. a. O., S. 261.

[83] Zu diesen und anderen Alternativen: H. Klages, Die unruhige Gesellschaft, München 1975, S. 100 ff.

möglich, die einen Ausweg aus den beschriebenen Schwierigkeiten der Sozialisationsforschung, der Didaktik und des politischen Unterrichts eröffnet. Dies wird vielleicht noch deutlicher, wenn man die hier versuchte Unterscheidung möglicher „Rollen" des Schülers, mit der ja auch unterschiedliche Vorstellungen von Identität und dem Prozeß der Identitätsfindung konvergieren, auf die Rollentrennung zwischen Erziehendem und zu Erziehendem bezieht.

Eine solche Rollentrennung ist in allen Erziehungsinstitutionen vorhanden. Daß sich dies nicht mehr von selbst versteht, zeigen die Entgegensetzungen von „repressiv-autoritärer" und „antiautoritärer Erziehung" oder in der neuesten Variante von Pädagogik und Antipädagogik. Antiautoritäre Erziehung will in ihren radikalen und konsequenten Ausformulierung die Rollentrennung aufheben, Kinder und Eltern, Lehrer und Schüler zu gleichberechtigten Partnern machen. Unterstellt wird dabei, Kinder lernten selbst, ohne regulierendes und richtendes — im Sinne der Sanktion und der Richtungsweisung — Zutun der Eltern und Lehrer, die sich mithin auf psychischen und physischen Schutz und soweit möglich auf Erwiderung der Bedürfnisse und Fragen der Kinder zu beschränken hätten. Es muß wohl nicht erläutert werden, daß diese Vorstellung den Bedingungen der personalen Entwicklung nicht gerecht wird. Sie ist indessen ein aufschlußreiches Indiz für ein soziologisch beschreibbares Dilemma.

Die Rollentrennung zwischen Erziehendem und zu Erziehendem ist solange unproblematisch, solange der Erziehende als Person und in seinem Handeln das Ziel der Erziehung konkret zu vergegenwärtigen vermag. Der Bauer, der z. B. in einer agrarischen Gesellschaft mit geringem sozialem Wandel seinen Sohn erzieht, kann davon ausgehen, daß der Sohn werden soll, was er — der Vater — ist, lernen soll, was er kann. Ist diese Entsprechung von Erziehendem und Erziehungsziel aber nicht möglich, muß der Erziehende davon ausgehen, daß der zu Erziehende ein anderer wird und anderes lernen muß als er, so ist der Rollentrennung ihr unmittelbarer sozialer Rückhalt entzogen. Sie kann dennoch gegen die für den Heranwachsenden schon früh sichtbaren alternativen Bezüge seiner Orientierung „repressiv-autoritär" oder „manipulativ" aufrechterhalten oder aufgegeben werden, womit dann aber konsequenterweise auch die Möglichkeit der Erziehung aufgegeben werden müßte.

Die Reduktion von „Bildung" auf „Ausbildung", auf die Vermittlung allgemein als notwendig erachteten neutralen Wissens führt aus diesem Dilemma heraus, weil hier der Wissende seine Erzieherrolle gegenüber dem noch Unwissenden unmittelbar rechtfertigen kann. Zur Identitätsfindung und zur Vergesellschaftung vermag eine solche Ausbildung jedoch, da beide an den Aufbau normativer Orientierungen gebunden sind, nicht beizutragen.

Wir wären nun freilich zu eigenständigem Handeln gar nicht fähig, wenn wir nur autoritär-repressiv gegängelt, mit positivem Wissen vollgestopft oder antiautoritär uns selbst überlassen worden wären. In der Asymmetrie jedes Erziehungsverhältnisses ist, sieht man von extremen Verzerrungen und Fällen einer mit ihnen gescheiterten Persönlichkeitsentwicklung ab, immer auch ein symmetrisches Moment enthalten. Es ist von George H. Mead in der Dialektik von I and Me analysiert worden.

Das zunächst auf Gestik und Laute angewiesene Kind erfährt die Bedeutung seines Handelns durch die Reaktionen anderer. Da es seine Gesten und Laute aber auch selbst wahrnimmt, vermag es zu lernen, sie diesen Reduktionen entsprechend zu steuern. Es lernt durch die anderen, sich zu sehen und so zugleich im sozialen Bezug zu handeln.

„Die Haltungen der anderen, von denen ich annehme, daß sie mein eigenes Handeln beeinflussen, konstituieren das „Me“ als etwas, das existiert, obwohl meine Antwort noch nicht erfolgt ist.“ Sie erfolgt, indem ich auf mich selbst so reagiere, wie andere darauf reagieren, „indem ich an meinem eigenen Austausch von Gesten und Tönen mit anderen teilnehme, im Bewußtsein, was ich sage und dieses Bewußtsein zur Bestimmung dessen, was ich danach sage, nutzend“[84]. Damit ist die Bedingung für die Aufhebung der Rollentrennung von — z. B. Kind und Mutter — schon gegeben, da mit der Differenzierung von I und Me, von Innen und Außen auch die Fähigkeit zur Trennung der eigenen Rolle von der Mutterrolle und zur Imagination eines Rollenaustausches angelegt ist. Das Mutter spielende Kind ist keine Mutter, vermag aber spielerisch schon Mutter zu sein. Umgekehrt können Erwachsene in ihrem Verhältnis zu Kindern Kinder immer auch schon als Personen behandeln, die nicht mehr nur Kinder sind. „Diese Fiktion aber macht dem Kind möglich, einen Platz in diesem an kommunizierten Sinnvorstellungen orientierten Handlungssystem so einzunehmen, daß sein Verhalten den sozialen Interpretationsregeln, die die Interaktion sozialisierter Subjekte steuern, objektiv entspricht.“[85]

Daraus könnte die häufig anzutreffende Folgerung gezogen werden, zumal im politischen Unterricht sei ein „demokratischer Erziehungsstil“ geboten (Hilligen 1975 S. 243 ff.), da nur die Schüler, denen die Chance zur Selbstbestimmung eröffnet würden, hierzu auch befähigt werden könnten. Sieht man von der nicht unproblematischen und oft sinnwidrigen Ausweitung eines politischen Begriffs auf die verschiedensten sozialen Beziehungen und Handlungsmuster ab, so ist dagegen nur einzuwenden, daß ein solcher Unterricht leicht einem doppelten Mißverständnis unterliegt. Zum einen wird dabei der erhebliche Unterschied zwischen sozialem Handeln in überschaubaren sozialen Gebilden und dem politischen Handeln in komplexen politischen Systemen zu wenig beachtet. Zum anderen wird häufig die für das pädagogische Verhältnis konstitutive Spannung zwischen realer, notwendiger und nicht aufzuhebender Asymmetrie der Rollen und der gleichwohl zu unterstellenden möglichen Symmetrie der Kommunikation übersehen.

Politischer Unterricht soll den Schüler befähigen, eigenständig politisch zu urteilen. Jeder Lehrer, der mit seinen Schülern über die Beurteilung eines politischen Phänomens spricht, erfährt ständig, daß die Urteile der Schüler oft unbedacht, kurzschlüssig oder ohne Nachdenken von Eltern übernommen worden sind. Nähme er den Schüler deswegen nicht ernst, würde er sich nicht an einem personalen Bezug orientieren der auf der Fiktion einer Urteilsfähigkeit, also auch der möglichen Selbstbestimmung der Schüler aufruht, so fühlte sich auch der Schüler nicht ernstgenommen. Er fände für sich im Gespräch keinen Sinn. Für den Schüler, sein Verständnis der Sache und seine Urteilsfähigkeit wäre aber wenig gewonnen, wenn der Lehrer nur bei ihren gleichermaßen ernstgenommenen Meinungen stehenbliebe, die Schüler also nicht zu einer angemessenen Korrektur ihrer Urteile oder angemesseneren anderen Urteilen führen könnte und wollte. Die Didaktik ist durch die Orientierung an den Konstrukten des homo sociologicus und des homo politicus nicht nur in die angesprochenen Widersprüche geraten. Sie verstellt sich damit zugleich den pädagogischen Bezug. Er ist nicht herstellbar, wenn man sich zwischen den Idealen der Mündigkeit, der Emanzipation, der Vorstellung eines autonomen Subjekts und dem bewegt, was ein Soziologe einmal als „übersozialisiertes Konzept

---

[84] G. H. Mead, Mind, Self and Society, Chicago 1934, S. 140, 176.
[85] Oevermann u. a., a. a. O., S. 109.

des Menschen" bezeichnet hat[86]. Es drängt sich auf, wenn man sich an der empirischen Sozialforschung orientiert und von aggregierten statistischen Daten auf die Individuen zurückschließt, die darin nur höchst partiell repräsentiert sind. So nützlich solche Daten sein können, werden sie doch zur Plage, wenn sie mit der Realität in eins gesetzt werden. Dann müssen Ideal und scheinbare Wirklichkeit als extrem gegensätzlich erfahren werden, wogegen eine genauere Betrachtung des Erziehungsverhältnisses und des Sozialisationsprozesses zeigt, daß die Verbindung eines durch Ungleichheit bestimmten Verhältnisses mit einer fiktiv-real unterstellten Gleichheit möglich, ja, die wichtigste Bedingung für eine gelingende Identitätsbildung ist.

Freilich geht politische Erziehung zumeist andere Wege. Für die hier vorgenommene idealtypische Unterscheidung mag sprechen, daß sich ihr die wichtigsten Konzeptionen historischen und sozialkundlich-politischen Unterrichts zuordnen lassen. Wo, wie in den älteren Konzeptionen der Heimat- und Gemeinschaftskunde — oft nur vermeintlich — kindliche Gefühls- und Denkhaltungen angesprochen wurden, oder wo, wie unter den meisten autoritären und totalitären Systemen durch die Verbreitung von Mythen, durch Gruppenbildung, Gemeinschaftsrituale und Gemeinschaftserlebnisse emotionale Identifikationen bewirkt werden sollen, wird an eine erwartbare oder manipulativ herstellbare subjektive Betroffenheit appelliert. Das Kind und der Jugendliche können dabei auch als Handelnde einbezogen werden. Sie werden dabei jedoch nur mobilisiert, von außen gesteuert. Auch Methoden des Aktionslernens, gruppendynamische Veranstaltungen und ähnliche in den letzten Jahren hierzulande propagierte Methoden dienen häufig nicht der durch Erfahrung angestoßenen kritischen Reflexion. Sie lassen sich leicht „umfunktionieren". Ihr Ergebnis ist im Vorhinein schon festgelegt. Es handelt sich dann um eine Form geschickter Indoktrination, die für die Zwecke einer politischen Mobilisierung um so geeigneter ist, je besser es gelingt, dem Handelnden den zwingenden Zusammenhang zwischen seiner „Erfahrung" und der ihm nahegelegten Deutung glaubhaft zu machen. So erklärten vor Jahr und Tag Studentenfunktionäre, die aggressive Demonstration sei eine der wichtigsten Methoden der politischen Bildung, denn hier spüre man unter Wasserwerfern und Polizeiknüppeln unmittelbar, was gesellschaftskritische Seminare und Vorlesungen doch nur wenigen einsichtig zu machen vermöchten: den repressiven Charakter des kapitalistischen Staates.

Die verschiedenen Varianten eines auf Wissensvermittlung und den distanzierten Betrachter gerichteten Unterricht finden sich in neueren Programmen eines populärwissenschaftlichen Unterrichts, vor allem aber in der Unterrichtspraxis in pluralistischen Gesellschaften. Die Ideologiekritik der in sie einfließenden Wertvorstellungen übersieht oft[87], daß diese in einem zumeist oberflächlichen und unsystematischen Unterricht die Haltungen der Schüler kaum beeinflussen können. Sie erwerben in diesem Unterricht positives, leicht nachprüfbares und zumeist bald wieder vergessenes Oberflächenwissen, dessen Vermittlung Lehrer und Schüler entlastet. Sie müssen sich dem Gegenstand des Unterrichts, dem sozialen und politischen Handeln, also dem, was handelnde Menschen bewegt hat und bewegt, nicht stellen. Geschichte wird zu einer Kette von zu datierenden und in ihrer Abfolge einzuordnenden Ereignissen, Politik zu einem Geschehen, das durch den Regelmechanismus eines Apparats bestimmt scheint, dessen Einheiten sich als abstrakte soziale Gebilde — Parteien, Parlamente, Bürokratien, Völker, Klassen, Staaten

[86] D. Wrong, „The oversocialized concept of man", in: Americ. Sociological Review 1961, S. 183 ff.
[87] Vgl. als bislang aufwendigsten Versuch K. Wallraven, 1976.

usw. — darstellen. Die Schüler werden so in eine Umwelt „sozialisiert“, die ihnen als ebenso selbstverständliche Gegebenheit, als nun einmal vorhandene äußere Umwelt erscheint wie Wald und Wiesen, Stadt und Industrie.

Die auf unmittelbare Identifikation zielende Konzeption des politischen Unterrichts ist für alle autoritären und totalitären Regime eines der wichtigsten Mittel ihrer Politik und dominiert daher weltweit. Es zeugt von wenig Geschichtsverständnis und Differenzierungsvermögen, wenn schon deshalb auf Identifikation zielende Konzeptionen politischen Unterrichts in westlichen Demokratien hierzulande meistens mit kritischer Attitüde abgelehnt werden. Politische Bildung als Mittel in der Hand autoritärer und totalitärer Regime soll eine nicht bestehende, sondern nur behauptete Übereinstimmung von Bevölkerung und Regime, eine enthusiastische Zustimmung zur Herrschaftsordnung herstellen, kurz: eine nicht vorhandene „Massenloyalität“ erzeugen. Wo dagegen eine noch vergleichsweise ungebrochene Identifikation der Bevölkerung mit einer demokratischen politischen Ordnung vorhanden ist, sind die entsprechenden Konzeptionen politischen Unterrichts nur deren Ausdruck und nicht das Zeichen manipulativer Erzeugung von Loyalität, als das sie in einer Verwechslung von Ursache und Wirkung oft wahrgenommen werden. Freilich ist fraglich, wie lange eine solche naiv-selbstsichere Identifikation unter den Bedingungen einer modernen Gesellschaft durchgehalten werden kann[88]. Wo sie brüchig wird und bedroht erscheint, wird das auf ihre Restabilisierung gerichtete Handeln allzuleicht nach innen und außen zwanghaft.

Dies verdeutlicht noch einmal, daß das Problem der Objektivität im politischen Unterricht als pädagogisches und politisches Problem auch und vor allem ein Identitäts- und Identifikationsproblem nicht zuletzt der Lehrer ist. Geht man ihm nach, so erscheint auch das in den letzten Jahren häufig nur im Blick auf Autoritätsprobleme thematisierte Erziehungsverhältnis in anderem Licht. Da neutrales Wissen richtig oder falsch ist, können Schüler und Lehrer nur Fehler machen. Sie werden, wenn sie etwas falsch wiedergegeben, nicht die Absicht haben, zu lügen. Man wird ihnen eine solche Absicht auch nicht unterstellen. Wert-, norm- und identitätsbildende Lernprozesse fordern dagegen, wenn das Erziehungsverhältnis nicht zu einem Verhältnis der Überwältigung oder der Irreführung entarten soll, wechselseitige Ehrlichkeit oder emphatischer: Wahrhaftigkeit[89]. Sie wiederum bedürfen der äußeren Absicherung durch die Garantie der Meinungsfreiheit.

Sie schafft indessen noch keine verläßliche Grundlage für ein entsprechendes Erziehungsverhältnis. So wird ein Schüler, dessen naive Identifikation durch einen kritischen Unterricht in Zweifel gezogen wird, ebenso zu zwanghaften unehrlichen Reaktionen neigen wie der Lehrer, dessen Überzeugungen von der Klasse oder der Öffentlichkeit angegriffen werden. Bei differenzierenden Überzeugungen ist Ehrlichkeit daher nicht nur von der — äußeren — Garantie der Meinungsfreiheit, sondern zugleich von der inneren Bereitschaft und vom Vermögen, den anderen zu verstehen, abhängig. Sie können sich nicht entwickeln, wenn das Gespräch unter die Aufforderung zum kollektiven Handeln gestellt wird, denn dann zählt bei unterschiedlichen Überzeugungen nicht das Vermögen zu verstehen, sondern die Fähigkeit, sich durchzusetzen.

---

[88] Dies gilt vor allem für die USA. Ob die sich in der deutschen Literatur durchsetzende Sichtweise — vgl. Holtmann, Curriculum, a. a. O., S. 23 f.; Wulff, Curriculum, a. a. O.; Schörken, 1975, S. 34 ff. — die Problemlage trifft, müßte einmal gesondert diskutiert werden.

[89] Vgl. als Versuch einer kommunikationstheoretischen Systematisierung: J. Habermas, Wahrheitstheorien, a. a. O. (Anm. 58).

Während im Bereich der Wissensvermittlung in der Regel eine eindeutige Ungleichheit zwischen Lehrer und Schüler besteht, ist im Bereich wert- und normbildender Lernprozesse sowohl ein symmetrisches Verhältnis als auch eine Überlegenheit der Schüler gegenüber den Lehrern oder der Lehrer gegenüber den Schülern denkbar. Schüler wie Lehrer können beim Versuch, den anderen oder das gemeinsam betrachtete Handeln zu verstehen, scheitern. Die Unfähigkeit oder Unwilligkeit der Schüler, den Lehrer zu verstehen, kann dessen Selbstverständnis ebenso in Bedrängnis bringen, wie die Verständnislosigkeit des Lehrers das Selbstverständnis der Schüler. Neutrales Wissen kann allein durch mehr oder minder angestrengtes Lernen erworben werden. Einsichten und Überzeugungen lassen sich dagegen nur bei innerer Beteiligung gewinnen. Sie kann weder durch Sanktionen, noch durch die Amtsautorität des Lehrers noch allein durch geschickte Lernarrangements stimuliert werden.

Dennoch ist der Lehrer kraft seiner Lebenserfahrung, seines größeren Urteilsvermögens und dort, wo er über eine persönliche Autorität verfügt, auch kraft seiner Autorität den Schülern überlegen. Er hat also Chancen der Einflußnahme, die vom Schüler nicht immer durchschaubar und kontrollierbar sind. Hierauf zielen offenkundig die Befürchtungen vieler Eltern, ihre Kinder könnten einseitig beeinflußt werden. Wenn diese Befürchtungen auch nicht von der Hand zu weisen sind, so provozieren sie doch auch die Frage, wieso diese Eltern so wenig auf ihre Einflußmöglichkeiten vertrauen, die doch ungleich größer sind als die eines Lehrers mit einem auf wenige Stunden beschränkten Fachunterricht. Wenn man den sozialkundlich-politischen Unterricht nicht auf Wissensvermittlung beschränkt, sondern den Forderungen der meisten Elternvertreter, Politiker und Pädagogen entsprechend auch als einen Raum für wert- und normbildende Lernprozesse betrachtet, so ist das Risiko einer einseitigen Beeinflussung jedenfalls solange gegeben, solange in einer Gesellschaft kein totaler Konsens besteht. Wer Meinungspluralismus und Meinungsfreiheit akzeptiert, den im Begriff der politischen Bildung enthaltenen Anspruch ernst nimmt und daher auch nicht einer ständigen Kontrolle des Schulunterrichts das Wort reden kann, wird jedenfalls akzeptieren müssen, daß die im Schulunterricht behandelten Auffassungen und diskutierten Meinungen sich mit seinen Überzeugungen nicht immer decken. Er wird freilich auch nicht einräumen dürfen, daß den Schülern nur *ein* Verständnis von Gesellschaft und Politik nahegelegt wird[90].

Politik ist ein komplexes Phänomen, das daher — auch im Schulunterricht — unter verschiedenen Perspektiven analysiert und beschrieben werden sollte. Gerade deshalb ist ihr allerdings eine Betrachtungsweise nicht angemessen, die aus einem kurzschlüssigen Verständnis der These, die Trennung zwischen Staat und Gesellschaft sei aufgehoben, folgert, die Trennung zwischen politischem, politisch relevantem und nicht-politischem sozialem Handeln sei unangebracht. Sie ist, wie im Folgenden begründet werden soll,

---

[90] Er wird jedoch nicht akzeptieren müssen, daß im Namen einer wie immer gearteten Emanzipation und wahren Freiheit Gesellschaft und Politik so dargestellt werden, daß nur noch eine Gesellschaftsveränderung als sinnvoll erscheint, mit der nach aller historischen Erfahrung alle Freiheiten eingeschränkt und neue, oft bedrückendere soziale Ungleichheiten geschaffen wurden. Angesichts mancher öffentlicher Verdächtigungen muß betont werden, daß ich dies keinem der hier kritisierten Didaktiker unterstelle. Die Frage, wo hier die Grenze zu ziehen ist, ist nach meinem Dafürhalten ausdiskutiert. Vgl. A. Schwan, Wahrheit — Pluralität — Freiheit, Hamburg 1976; Jean-François Revel, Die totalitäre Versuchung, Berlin 1976. Deutlich ist auch, daß sie in der neueren Didaktik und in manchen Unterrichtsmaterialien zuweilen verwischt wird. Man mag dies mit Liberalität oder politischer Opportunität begründen, sollte aber nicht den Anschein erwecken, als ob wir die Wahl zwischen vielen Alternativen hätten.

wissenschaftlich nicht zu halten, weil sie keine klare Abgrenzung des untersuchten Gegenstandes ermöglicht und kontrollierbare Analysen erschwert. Pädagogisch ist sie nicht verantwortbar, weil sie dem Heranwachsenden die Komplexität der Gesellschaft, in der er lebt, und ihre Schwierigkeiten nicht bewußt macht. Sie ist schließlich politisch bedenklich, weil sie zu einer Fehleinschätzung der Möglichkeiten und Grenzen rationalen politischen Handelns beiträgt.

3.3 Politik in komplexen Gesellschaften und das Politikverständnis in der neueren Didaktik

3.3.1 Information, Wissen, Kommunikation und politisches Handeln

Wer sich in einer der größeren überregionalen Tageszeitungen gründlich über die aktuellen politischen, wirtschaftlichen und kulturellen Ereignisse informieren will, muß täglich etwa 50 000 Wörter aufnehmen. Dies entspricht dem Umfang eines Taschenbuchs von etwa 150 Seiten. Der Leser dieser Zeitung ist damit noch nicht über die Lokalpolitik informiert. Wenn sich andere auf Informationen aus anderen wichtigen Medien wie dem Fernsehen und Wochenzeitungen beziehen, kann er nicht unmittelbar mitreden. Da die gründlichere Befassung mit einem Thema zumeist auch die Lektüre von Büchern erfordert, könnte der politisch interessierte Bürger einen Gutteil des Tages nur auf seine Information verwenden. Nähme er Ratschläge, wie sie in der politischen Bildung häufig erteilt werden, ernst, müßte er sich zudem vergewissern, daß er auch objektiv informiert wird, also z. B. die Berichterstattung mehrerer Zeitungen miteinander vergleichen.
Offenkundig ist dies in der Regel nicht möglich. Der Umfang der vorhandenen Informationen läßt sich auch auf begrenzten Gebieten individuell nicht mehr bewältigen und verarbeiten, da die individuelle Kapazität zur Informationsverarbeitung generell begrenzt ist. Wer sich auf einem Gebiet auch nur annähernd informieren will, muß steigende Kosten an Zeit und Anstrengungen in Rechnung stellen, da die Informationen in zunehmendem Maße einen fachtechnischen Charakter annehmen, also eine entsprechende fachspezifische Ausbildung voraussetzen. Die Erwartung, der einzelne könne auf der Grundlage umfassender Informationen Kosten, Nutzen und Folgewirkungen seines Handelns hinreichend kalkulieren und sich entsprechend rational verhalten, ist daher nicht mehr haltbar[91].
Diese Probleme sind jedem Lehrer und jedem Didaktiker hinlänglich vertraut. (Hilligen 1975 S. 17 ff.) Zwar werden sie teilweise verschleiert (durch Stoffkataloge oder Literaturlisten, welche den Umfang der Informationen nicht sichtbar werden lassen) oder ausgeblendet (durch Lernzielkataloge ohne Bezug zu den Unterrichtsinhalten), doch treten sie in den Lehrbüchern und in den Unterrichtsstunden wieder zutage. Sie lassen sich auch, wie die Praxis alltäglich zeigt, durch Auswahlkriterien nicht lösen, welche auf die Struktur des Wissens, auf Methoden des Erkennens, auf zentrale Kategorien, auf Werte, Probleme, auf Relevanz, auf das Maß der erwartbaren Betroffenheit usw. zielen. Zum einen sind diese Kriterien oft vieldeutig. Zum anderen steuern sie nur die Auswahl und ggf. die Interpretation der Informationen. Sie schaffen aber noch keine hinreichenden Voraussetzungen für die Beurteilung politischer Sachprobleme.

---

[91] Vgl. D. Bell, Die postindustrielle Gesellschaft, Frankfurt 1975, S. 353 ff.

Neben den Versuchen der Didaktik, das Informationsproblem durch Auswahl- und Interpretationskriterien zu lösen, muß eine andere, jedem Lehrer bekannte Lösung des Problems berücksichtigt werden: Die arbeitsteilige Differenzierung der Informationsverarbeitung. Die Informationen, welche der Lehrer in den Unterricht einbringt, sind heute in der Regel weder aus eigener unmittelbarer Erfahrung noch durch eigene Forschungen gewonnen. Sie sind im Vertrauen darauf, daß sie zutreffen, von Spezialisten — z. B. Didaktikern oder Journalisten — übernommen, von diesen wiederum bei Spezialisten — z. B. Fachwissenschaftlern, Politikern, Beamten — eingeholt und bereits für ein bestimmtes Publikum und einen bestimmten Zweck — Lehrer und Unterricht — ausgewählt und verarbeitet worden. Jeder Lehrer und jeder Schüler ist an eine Vielzahl solcher arbeitsteiliger Informations- und Kommunikationssysteme mit mehrfach vor- und zwischengeschalteten Filtern angeschlossen. Sie wählen dementsprechend bereits mehrfach selegierte und interpretierte Informationen aus, bewerten und verarbeiten sie, wobei Fragen wie — Was kann, muß ich wissen, erfahren, mitteilen? — nach Maßgabe der eigenen Fähigkeiten, Aufgaben, Interessen, der Einschätzung der Kommunikationspartner und ähnlicher Kriterien entschieden werden.

Diese alle modernen Gesellschaften und ihre Organisationen kennzeichnende, für deren Bestand und Entwicklung notwendige arbeitsteilige Strukturierung von Informations- und Kommunikationsprozessen bestimmt auch das politische Handeln. Es ist, sieht man einmal von kriegerischem Handeln ab, weithin, wenn nicht ausschließlich an Symbole[92] gebundenes kommunikatives Handeln. Der politisch Handelnde kreuzt etwa Wahlzettel an, demonstriert mit Fahnen, Parolen, Spruchbändern und gereckter Faust, fordert Gerechtigkeit, Solidarität, Freiheit, kritisiert die „spätkapitalistische Gesellschaft" oder die „neue Linke", tritt für Umweltschutz, innere Sicherheit, kindergerechte Schulen ein, begründet die negativen Folgen des Nahverkehrs, der Verwendung von Atomenergie, sucht sich über Italien oder China, Chile oder Tansania zu informieren.

Wie diese Beispiele zeigen, empfiehlt sich, zwischen Symbolen und Bezügen auf Symbole zu unterscheiden. Neben nicht-verbalen Symbolen (Fahnen, Uniformen, Grußzeichen,

---

[92] Dies wird auch in der Didaktik politischer Bildung in zunehmenden Maße erkannt, aber noch zu sehr unter dem Aspekt der Ideologiekritik und der schichtspezifischen Sprachcodes gesehen, vgl. NRW-Richtlinien Politik, 2. Fassung, S. 18 ff.; Sprache und Politik, Schriftenreihe der Bundeszentrale für politische Bildung, Heft 91, Bonn 1971. Die meisten Beiträge des Bandes verbleiben freilich in einem zu begrenzten Bezugsrahmen. Eine der wichtigsten deutschen Veröffentlichungen — W. Th. Dieckmann, Sprache und Politik. Einführung in die Pragmatik und Semantik der politischen Sprache, Heidelberg 1969 — bleibt ebenso unberücksichtigt wie die neuere von der Sprechakttheorie beeinflußte Pragmatik (vgl. u. a. die dt. Ausgabe von J. R. Searle, Sprechakte, ein sprachphilosophischer Essay, Frankfurt 1971) und die politikwissenschaftlichen Arbeiten von M. Edelmann, vor allem: The Symbolic Uses of Politics, Urbana / Ill., 1964. Zum Begriff des Symbols vgl. E. Cassirer, Die Philosophie der symbolischen Formen, Darmstadt 1953[2].
Der Begriff des Handelns — auch des politischen Handelns — muß von hierher zugleich weiter und präziser gefaßt werden, als dies gemeinhin geschieht — wieweit, deutet Cassirer an einer zentralen Stelle an, wenn er schreibt: „Auch das scheinbar ‚Gegebene' erweist sich bei schärferer Analyse als bereits hindurchgegangen durch bestimmte Akte, sei es der sprachlichen, sei es mythischen oder der logisch-theoretischen ‚Apperzeption'. Es ‚ist' nur das, wozu es in diesen Akten gemacht wird; es zeigt sich schon in seinem scheinbar einfachen und unmittelbaren Bestand durch irgendeine primäre bedeutungsgebende Funktion bedingt und bestimmt", a. a. O., S. 117. Zum Versuch einer Abgrenzung von Handeln, deren Schwierigkeiten hier nicht genauer beschrieben werden können, vgl. R. Bubner, Handlung, Sprache und Vernunft. Grundbegriffe praktischer Philosophie, Frankfurt 1976.

Bildern von Staatsmännern usw.) stehen verbale Symbole (Partei-, Verbands-, Konferenz-, Themenbezeichnungen usw.), allgemeine Werte und Zielformeln (Freiheit, Sicherheit, Fortschritt, Umweltschutz, Kampf dem Atomtod usw.) sowie mehr oder minder komplexe Systeme von normativen (Verfassungen, Gesetzestexten usw.) oder deskriptiven Aussagen (Bericht zur Lage der Nation, Wirtschaftsgutachten, tägliche Information den Massenmedien usw.). Der Bezug zu diesen Symbolsystemen oder einzelnen Symbolen kann durch affektive Besetzung, konstatierende Wahrnehmung, Bewertung, Reflexion hergestellt werden. Daß Menschen in einer Gruppe die geballten Fäuste erheben, kann z. B. Begeisterung oder Haß auslösen, einfach wahrgenommen, als Zeichen der Solidarität positiv, als Zeichen des Kollektivismus negativ bewertet werden oder schließlich Überlegungen zu Ursache und Folgen sozialen Handelns in Gang setzen, die in einem begründeten Wert- und/oder Sachurteil münden.

Der Verlagerung des Handelns vom Umgang mit Dingen und Menschen zum Umgang mit ständig wechselnden Informationen entspricht sozial die angedeutete Differenzierung der Informations- und Kommunikationsprozesse, individuell die Auswahl und Verarbeitung der Informationen durch generalisierte Einstellungen, Denkmuster, Sprachcodes, Weltbilder usw., wie sie von der Psychologie, der Sozialpsychologie und der Soziologie beschrieben oder von der Didaktik entwickelt werden. Zwar zielt die Didaktik auf das politische Urteil, während die Psychologie sich — zumindest aus der Sicht der politischen Pädagogik — mit dem Vorurteil zu beschäftigen scheint. (Roloff 1972). Hier wie dort wird aber ausdrücklich oder unbedacht unterstellt, daß Informationen allemal der Interpretation und der Ordnung bedürfen, und daß hierzu verallgemeinerte und vereinfachte Ordnungs- und Interpretationsmuster vorhanden sein müssen. Gerade am Beispiel komplexerer didaktischer Muster wie ausdifferenzierter Taxonomien oder der sogenannten didaktischen Strukturgitter (Thoma in: Schörken 1974) läßt sich ablesen, daß diese, werden sie mit sachlich anspruchsvollen Unterrichtsstoffen verknüpft, mit einer vom Lehrer und Schüler nicht faßbaren Menge unterschiedlichster Informationen ausgefüllt werden müssen.

Was als Ideologie, Stereotyp, restringierter Code etc. zum Gegenstand didaktischer Kritik wird, ist so betrachtet eine bei Menschen zu wohl allen Zeiten und in allen Gesellschaften vorfindbare Antwort auf die in toto nicht faßbare Umwelt. Die menschlichen Sinne sind für sie offen, sie vermögen sie in ihrer Komplexität aber nicht voll aufzunehmen und sind daher allemal überfordert. Während dies in den meisten vormodernen Gesellschaften nicht sichtbar wird, weil das insgesamt verfügbare Wissen und die individuellen Kenntnisse sich weithin entsprechen, wird das Problem mit der raschen Steigerung in gesellschaftlicher Arbeitsteilung gewonnener Information manifest[93]. Seine Fehleinschätzung beruht auf der Verwechslung des gesellschaftlichen mit dem individuellen Wissenszuwachs. Wir wissen als Gesellschaft zwar immer mehr, im Verhältnis dazu als Individuen aber immer weniger. Die Menge der Informationen ließe sich gar nicht nutzbar machen, wenn sie nicht arbeitsteilig bewältigt würde.

Ohne Ermittlung des je individuell vorhandenen Spezialwissens und des dazu notwendigen Aufwandes einerseits, des möglichen und notwendigen allgemeinen Wissens andererseits läßt sich daher gar nicht ausmachen, ob ein Bürger unzureichend informiert ist. Auch muß gesehen werden, daß die ungemein rasche Vermehrung allgemein zu-

[93] Vgl. hierzu allgemein: K.-G. Riegel, Öffentliche Legitimation der Wissenschaft, Stuttgart 1974.

gänglicher, individuell aber nicht mehr verfügbarer Informationen eine ebenso kurze Geschichte hat wie die Vermehrung der Rollen, in denen fast ausschließlich kommunikativ-symbolbezogen gehandelt wird, und die ständige Ausdehnung des Personenkreises, der fast ausschließlich so handelt. Angesichts der damit verbundenen Wandlungen des Lebensstils, der Wahrnehmung, der Gefühlslagen, der Identität, der kognitiven Anforderungen ist weniger die Beobachtung, daß viele Menschen diese Wandlungen nur teilweise mitvollzogen haben, als die Tatsache erstaunlich, daß sie von einer so großen Zahl mitvollzogen wurde.

Dies kann schon deshalb nicht selbstverständlich erwartet werden, weil der Heranwachsende nach wie vor in kleinen sozialen Gruppen aufwächst, wo der Dialog, das unmittelbare Gespräch möglich und die Wirkungen einer Information oder Kommunikation überschaubar sind. Die Kommunikation in modernen Organisationen steht dagegen unter anderen Bedingungen:

— Sie ist zumeist nicht symmetrisch, sondern asymmetrisch, d. h. nicht jeder Beteiligte hat die gleiche Chance zur Mitsprache, zu Frage und Antwort, Forderung und Erwiderung. So würde z. B. ein Unterrichtsgespräch in einer Klasse mit 30 Schülern den gesamten Schultag füllen, wenn jeder Schüler etwa 9 Minuten lang seine Meinung darlegen, fragen und antworten dürfte. In relativ homogenen und überschaubaren Gruppen kann immerhin damit gerechnet werden, daß die Zahl der Informationen und Meinungen geringer ist als die Zahl der Mitglieder. In großen, inhomogenen Verbänden nimmt die Asymmetrie dagegen zwangsläufig zu, wenn sich die Mitglieder, wie in modernen Gesellschaften üblich, nach Herkunft, Informationsstand, Überzeugung, Erfahrungs- und Aufgabenbereich stark unterscheiden und deshalb auch unterschiedliche Auffassungen vertreten.

— Hier ist daher auch die direkte Kommunikation in der Regel nicht möglich. Auch dies läßt sich bereits am Beispiel der Schule illustrieren: Die Kommunikation ist z. B. bei Leistungsprüfungen nicht nur asymmetrisch; sie ist im Fall der schriftlichen Prüfung auch indirekt. Der beiderseitige Aufwand für eine nur durch unmittelbare Kommunikation vermittelte Leistungsbewertung ließe sich bei schriftlichen Arbeiten vergleichbaren Leistungsanforderungen nicht bewältigen. Gilt dies bereits für einfache arbeitsteilige Systeme, so um so mehr für Organisationen mit komplexen Aufgaben.

— Sie müssen bei der Entscheidung über unterschiedliche und nichtvereinbare Erwartungen von den Trägern dieser Erwartungen, seien es Individuen oder Gruppen, teilweise unabhängig sein. So können Bildungspolitiker bei ihren Entscheidungen zwar die Erwartungen von Schülern, Eltern, Lehrern, genauer: ihrer sich unterschiedlich äußernden Organisationen, die Interessen der Steuerzahler, der Wirtschaft, einer Region etc. und überdies vorliegende gesetzliche Regelungen im Auge haben. Je gruppenspezifischer die an sie herangetragenen Erwartungen aber sind, desto weniger kann die Entscheidung über eine alle berührende, aber sie in unterschiedlicher Weise betreffende Maßnahme sich an den Erwartungen einer Gruppe bzw. Organisation orientieren. Da auch Kultusminister oder Kabinette keine höhere Kapazität der Informationsverarbeitung haben als andere Bürger oder Kleingruppen, muß die Entscheidung zudem arbeitsteilig vorbereitet werden. Die Entscheidungsvorlage ist daher bereits ein Ergebnis von Zuordnungs- und Auswahlentscheidungen in den beteiligten Ressorts der Verwaltung. Die Vorstellung, Politiker und Verwaltung vollzögen den „Willen" des „Volkes", ist daher nicht mehr haltbar. Umgekehrt gilt auch für den entscheidenden Politiker, daß er das Handeln der Bürger nicht beliebig politisch steuern kann. Er muß mit einer nicht nur psychisch, sondern durch die soziale Differenzierung bedingten unterschiedlichen Verarbeitung der durch Entscheidungen vermittelten Informationen rechnen. So wird bei einer politischen Entscheidung über Unterrichtsrichtlinien bei möglicher Partizipation der unmittelbar betroffenen Gruppen vor allem versucht auszuloten, wo das Maximum der erwartbaren Zustimmung und das politisch noch kontrollierbare Minimum Widerstand und Protest auslösender Ablehnung liegt. Der den Unterricht vorbereitende und durchführende Lehrer kommt dagegen nicht umhin, die Richtlinien in einem anderen Rahmen zu sehen. Er muß sie in Beziehung zu dem in seinem Aufgabenfeld Leistbaren, zur konkreten Situation der Klasse, ihren Vorkenntnissen, zum Verlauf vorausgegangener Stunden und ähnlichen Bedingungen setzen.

Politisches Handeln in modernen Gesellschaften läßt sich also als ein kommunikativ-symbolbezogenes Handeln in asymmetrischen, arbeitsteilig differenzierten Kommunikationsstrukturen mit in der Regel indirektem Kontakt zwischen den Handelnden und jeweils durch die Differenzierung von Aufgaben und Handlungsfeldern — wenn auch unterschiedlich — beschränkter Möglichkeit zu einseitiger Steuerung charakterisieren.

Ähnliche Bedingungen und Merkmale kennzeichnen freilich auch das Handeln in zahlreichen anderen modernen Großorganisationen, die wie Bürokratien, Forschungsinstitute, Bildungseinrichtungen usw. primär Informationen verarbeiten. Politisch wird das Handeln erst mit seinem Bezug zur Politik, zu für Staatsverbände, Staaten, gesellschaftliche Teilbereiche und regionale Einheiten verbindlichen Regelungen durch je spezifische politische Instanzen.

Solchen Regelungen geht zumeist ein mehr oder minder öffentlicher Prozeß der Meinungsbildung über die Problematik und die Regelungsbedürftigkeit eines Sachverhalts, über Richtung, Umfang, Wichtigkeit usw. der Regelung voraus. Können hierbei zahlreiche Alternativen ins Spiel kommen, so müssen diese bei der Suche nach realisierbaren und durchsetzbaren Entscheidungen, also im Blick auf das Machbare und die erreichbare aktive Unterstützung oder zumindest Billigung der Entscheidung reduziert werden. Folgt man einer verbreiteten Betrachtungsweise, so ist mit der Entscheidung der politische Prozeß, also auch die mögliche politische Partizipation der Bürger beendet. Dabei wird übersehen, daß sich der politische Prozeß bei der Ausführung einer Entscheidung fortsetzen kann. Sie kann durch den Widerstand der Betroffenen blockiert werden. Oft sind Entscheidungen auch so allgemein gehalten, daß im Wechselspiel zwischen ausführender Verwaltung und Betroffenen erneut Entscheidungsprozesse beginnen[94].

Alle diese Prozesse sind vom Aufbau der politischen Institution und von der Machtverteilung in der Gesellschaft, kurz: von der Struktur des politischen Systems abhängig. Sie kann auch selbst zum politischen Problem und zum Gegenstand sie verändernder Entscheidung werden. Politisches Handeln kann, folgt man dieser Unterscheidung, also auf die Thematisierung regelungsbedürftiger Sachverhalte und/oder auf die Durchsetzung einer Entscheidung und/oder auf die Durchführung oder genauer: „Implementation" von Entscheidungen und/oder auf die Struktur des politischen Systems bezogen sein.

---

[94] Vgl. hierzu vor allem R. Mayntz und F. Scharpf (Hrsg.), Planungsorganisation. Die Diskussion um die Reform von Regierung und Verwaltung des Bundes, München 1973 und die dort angegebene Literatur.

Wie angedeutet, kann der Bezug zu den Phasen des politischen Prozesses oder auf das politische System auf unterschiedliche Weise hergestellt werden. Vereinfacht soll hier zwischen einer Orientierung über generalisierte Symbole, über ein allgemeines Orientierungs- und Deutungswissen und über ein spezialisiertes Sach- und Handlungswissen unterschieden werden[95].

3.3.1.1 Politische Entscheidungen, öffentliche Aufmerksamkeit und Lernprozesse

Die meisten politischen Entscheidungen sind, was oft übersehen wird, nur in Einzelheiten umstritten. Die Alternativen sind allenfalls Fachleuten vertraut; die Durchsetzung und Implementation ist gleichbedeutend mit einem routinierten Prozeß des Aushandelns zwischen spezialisierten Politikern, den Ressorts der Bürokratie und den Vertretern der je betroffenen Institutionen, Interessengruppen, Regionen usw. Verfolgt man die Legislaturperioden des Bundestages und der Länderparlamente, so stößt man im Gegensatz zu dem in der politischen Bildung oft vermittelten Bild von Regierung und Opposition auf viele, wenn nicht eine Mehrzahl von Entscheidungen, denen alle politischen Parteien zugestimmt haben[96]. Gering ist die Zahl von Entscheidungen, zu deren Unterstützung oder Verhinderung Interessenverbände ihre Mitglieder mobilisieren. Noch seltener sind die Entscheidungen, die in der Bevölkerung breite und anhaltende Resonanz finden. Stehen dort, wo Interessenverbände mobilisiert werden können, zumeist materielle Vor- und Nachteile, kurz: Lebenschancen auf dem Spiel, so stoßen vor allem diejenigen Entscheidungen auf ein breites Engagement und Interesse, bei denen in großen Teilen der Bevölkerung eine Veränderung ihrer politischen oder moralischen Überzeugung gefordert wird. So wurde bei der Einführung der Bundeswehr erwartet, daß die Bürger eine Armee nicht mehr als Ursache von Krieg, gewaltsamer Unterdrückung und Zerstörung, sondern als notwendigen Garanten von Frieden, Freiheit und Sicherheit betrachten und entsprechend bewerten. Die Entspannungspolitik forderte vom Bürger, das, was lange Zeit als „Sowjetische Besatzungszone“ bezeichnet worden war, nun als „zweiten deutschen Staat“ zu betrachten, im Verhältnis zu ihm Normen zwischenstaatlicher Beziehungen zu akzeptieren und zugleich an der Einheit der Nation festzuhalten. Die Entscheidung über die Abschaffung des § 218 setzte voraus, daß die Bürger die Erwartung aufgeben, Abtreibungen könnten und müßten kraft staatlicher Gesetzgebung vertreten werden, zugleich aber den „Wert des ungeborenen Lebens“ weiterhin akzeptieren.

Wie sich an solchen besonders umstrittenen Entscheidungen ablesen läßt, werden hier von den Bürgern, die sie, ihre sachliche Begründung und normative Rechtfertigung, nicht von vornherein billigen, weitreichende Veränderungen ihrer Überzeugung erwartet. Sie sollen lernen, daß bestimmte Werte weiterhin gelten[97], daß aber

— ihre Ausdeutung und Konkretisierung in bestimmten Gegebenheiten und Regelungen,

---

95 Zu dieser Differenzierung vgl. K. G. Riegel, a. a. O. und die dort angegebene Literatur.

96 Auch wenn man den durch unterschiedliche Mehrheiten im Bundestag und Bundesrat entstandenen Konsenszwang als besondere Bedingung berücksichtigt, bleibt aufschlußreich, daß von den 525 in der letzten Legislaturperiode des Bundestages verabschiedeten Gesetzen nur 8,5% nicht einstimmig verabschiedet wurden.

97 Denkbar ist natürlich auch das in modernen Gesellschaften unseres Kulturkreises nach aller historischen Erfahrung freilich außerordentlich seltene Aufkommen völlig neuer Werte. Zu rechnen ist eher mit einer Veränderung der Präferenzen und Prozessen der Umorientierung von Gruppen innerhalb eines pluralistischen und inkonsistenten Wertsystems. Derlei ist ständig zu beobachten. Vgl. dazu z. B. die Daten in den von E. Noelle-Neumann herausgegebenen Jahrbüchern der öffentlichen Meinung, Allensbach 1956 ff.

— die darauf bezogene Beschreibung und Interpretation der Realität,
— die damit verbundenen Verhaltensnormen „falsch“ waren oder zumindest nicht mehr angemessen sind,

jedenfalls verändert werden müssen. Zugleich wurde mit solchen Entscheidungen auch die Struktur des politischen Systems berührt: Je begründeter Überzeugungen erscheinen und je stärker sie verinnerlicht sind, desto wahrscheinlicher wird die Abwägung zwischen einer Anerkennung der Entscheidung und einer Ablehnung des sie tragenden Systems. Die politische Ordnung wird durch Entscheidungen, wie sie hier beispielhaft genannt wurden, aber auch unmittelbar betroffen. Mit der Einführung einer Armee, mit der Anerkennung eines Staates, dem zuvor jedwede Legitimität abgesprochen wurde, mit der Veränderung des staatlichen Schutzes moralischer Prinzipien verändert sich auch das, was als „Staat“ begriffen und mit ihm identifiziert wird.
Das öffentliche Interesse an Entscheidungen wächst um so mehr, je spürbarer sie in Lebenschancen, Verpflichtungen und Freiheiten einer großen Zahl von Menschen eingreifen und/oder je größer der durch sie geforderte Wandel ineinander verschränkter Überzeugungen, Wertbezüge, Verhaltensnormen, Erkenntnisse ist. Solche Entscheidungen stehen allemal unter hoher Unsicherheit. Der Ausgang des Entscheidungsprozesses ist offen. Im Vorgriff auf die Zukunft müssen Vermutungen über den durch eine Veränderung sozialer Bedingungen und/oder den durch mögliche Lernprozesse erreichbaren Fortschritt angestellt werden. Sie können plausibel sein, sind jedoch in der Regel keineswegs gesichert. Soziale Bedingungen können sich auf kaum vorhersehbare Weise verändern. Angestrebte Wandlungen können unvorhergesehene Folgen zeitigen, weil die sozialen Zusammenhänge, in welche Entscheidungen eingreifen, selten voll überschaubar sind. Da sich Überzeugungen und Verhaltensweisen auf unvorhersehbare Weise ändern können, ist offen, ob — wie zumeist angenommen — der je angestrebte Zustand letztlich auch als befriedigender empfunden wird[98].
Das auf Verhinderung oder Durchsetzung als wichtig betrachteter politischer Entscheidungen, auf Erhalt oder Veränderung des politischen Institutionssystems gerichtete Handeln ist daher selten frei von Emotionen. Mit der angestrebten Veränderung von Wertbezügen, Realitätsdeutungen, Verhaltensnormen werden die sie stützenden Emotionen berührt. Mit Lebenschancen, Verpflichtungen und Freiheiten verbinden sich Gefühle der Sicherheit und Unsicherheit, der Zufriedenheit und Unzufriedenheit, ja oft die Identität einer Person oder Gruppe. Der Vorgriff auf eine unsichere Zukunft löst Ängste und Hoffnungen, die Kämpfe um Durchsetzung oder Verhinderung von Entscheidungen lösen Gefühle der Solidarität und der Gegnerschaft aus, deren Intensität sich steigert, wenn die Entscheidungen auch Rückwirkungen auf die politische Ordnung haben oder auf diese zielen.

3.3.1.2 Politische Einflußnahme

In keiner sozialen Gruppe besteht jederzeit ein vollkommener Konsens, werden von allen Mitgliedern alle das soziale Zusammenleben regelnden Normen anerkannt und eingehalten, verfügen die Mitglieder über die gleichen Fähigkeiten, wird spontan, ohne

[98] Vgl. zur handlungstheoretischen Analyse dieser Problematik: F. H. Tenbruck, Kritik der planenden Vernunft, Freiburg 1972; und zur empirischen Analyse dieses Sachverhalts die demnächst erscheinende Untersuchung von G. Schmidtchen über die Bewertung sozialpolitischer Maßnahmen.

die Initiative einzelner im gemeinsamen Interesse gehandelt. Die Sicherung geltender, herkömmlicher oder neu beschlossener Normen, die Organisation kollektiven Handelns für ein gemeinsames Ziel, die Herstellung von Gütern, an denen einzelne interessiert sind, die sie ohne Mithilfe anderer aber nicht erlangen können, sind daher immer auch davon abhängig, daß Menschen bewegt werden können, etwas zu tun, was sie ohne Beeinflussung durch andere nicht tun würden[99].

Da die meisten politischen Handlungen auf eine solche Einflußnahme gerichtet sind, liegt es nahe, hierin das Spezifikum politischen Handelns zu sehen. Dann wäre auch die in der politischen Pädagogik verbreitete Annahme folgerichtig, ein so bestimmtes Handeln — Handlungen wie diskutieren, andere überzeugen, kritisieren, Interessen abwägen, Interessen durchsetzen usw. — ließe sich in den verschiedensten sozialen Bereichen, in der Familie wie in der Schule lernen[100]. Jede Gruppe und jeder Verband könnten dann unter politischen Aspekten, d. h. im Blick auf die Strukturen, die durch Einflußnahme geschaffen werden oder in denen eine Einflußnahme möglich ist, und im Blick auf die Mittel der Einflußnahme betrachtet werden.

Nicht zuletzt eine solche Betrachtung zeigt nun allerdings, daß ein Verständnis politischen Handelns, das alle Prozesse der Einflußnahme in den verschiedensten sozialen Gebilden einschließt, zu allgemein ist und ein unzureichendes Verständnis politischen Handelns wie politischen Lernens nach sich zieht. Menschen können mit den verschiedensten Mitteln bewegt werden, etwas zu tun, was sie ihrerseits nicht tun würden. Neben Mitteln der Bestrafung und des Zwangs sind Mittel der materiellen Belohnung und der auf Normen oder Sachinformationen gestützten Überzeugung als wichtigste Mittel der Einflußnahme zu nennen. Obwohl in den verschiedensten sozialen Gruppen und Verbänden sowohl Strafen als auch Mittel der Belohnung und der Überzeugung eingesetzt werden, sind sie nicht in jeder Gruppe und jedem Verband im gleichen Maße verfügbar, notwendig und wirksam. Wer z. B. in unserer Gesellschaft individuelle Güter erlangen will, sucht sie in der Regel zu kaufen. Wer einen Wissenschaftler bewegen will, seine wissenschaftliche Auffassung zu korrigieren, muß ihn nach den geltenden Regeln durch den Aufweis logischer Widersprüche oder durch Sachinformationen überzeugen. Ungehorsame Kinder, die nicht hören wollen, sollen fühlen: Schläge oder Liebesentzug.

Zumindest ebenso wichtig wie derartige Unterschiede ist die Struktur der sozialen Beziehungen, die zwischen denjenigen, die Einfluß nehmen, und denjenigen besteht, die beeinflußt werden sollen. Entgegen der immer wieder vertretenen Meinung, in allen Gesellschaften habe es Herrschaft, Herrschende und Beherrschte gegeben, sind auch vergleichsweise große archaische Gesellschaften bekannt, in denen es keine ausdifferenzierten Instanzen mit Entscheidungskompetenzen und der Gewalt, Entscheidungen durchzusetzen, gegeben hat. Dennoch konnten Normverstöße sanktioniert und gemeinsames Handeln organisiert werden. Über mehr oder minder komplizierte Verwandtschaftssysteme, in die der einzelne total integriert, von denen er also auch völlig abhängig war, wurden

[99] Die folgenden Hinweise fassen Überlegungen zusammen, die enthalten sind in: Behrmann 1972, Kap. 2 und 4; Zur Unterscheidung individueller und kollektiver Güter vgl. D. Fürst, Kommunale Entscheidungsprozesse. Ein Beitrag zur Selektivität politisch-administrativer Prozesse, Baden-Baden 1975 und die dort angegebene Literatur zur „neuen“ politischen Ökonomie.

[100] Besonders aufschlußreich sind in diesem Zusammenhang die Handlungen, auf die sich die Lernziele politischen Unterrichts etwa in den Hessischen Rahmenrichtlinien oder in den Nordrhein-Westfälischen Richtlinien Politik, aber in weniger ausgeprägtem Maße in allen neueren Richtlinien und Richtlinienentwürfen beziehen.

Normverstöße im Extremfall durch kollektive Ächtung und Anschluß sanktioniert, individuelle Güter über Tausch (z. B. Brauttausch) bereitgestellt und kollektive Güter nach oft langen Prozessen der Überzeugung und Konsensfindung durch gemeinsames Handeln erstellt. Ähnliche Möglichkeiten der unmittelbaren Einflußnahme lassen sich in allen Gruppen finden, die in einem oder mehreren Handlungsbereichen weithin autonom, deren Mitglieder also unmittelbar voneinander abhängig und durch persönliche Kenntnis miteinander verbunden sind.

Auch kleine Gruppen in modernen Gesellschaften sind dagegen zumeist in allen Handlungsbereichen nicht mehr autonom. Die Interessen am Schutz von Normverstößen, an individuellen oder kollektiven Gütern können selten unmittelbar an bestimmte Personen oder Personengruppen adressiert werden. Mit der Erstellung einer Vielzahl von Leistungen durch eine Vielzahl zweckspezifischer Organisationen werden die Wege der Einflußnahme länger, ihre Adressaten oft anonym, die Mittel der Einflußnahme abstrakter. So erwerben wir individuelle Güter, die wir selbst nicht produzieren können, zumeist durch ein symbolisches Medium, durch Geld. Es macht uns von unmittelbaren wechselseitigen Verpflichtungen, also von einem System unabhängig, in dem wir, eingeschränkt auf einen überschaubaren Kreis von Menschen, von diesen nur die Leistungen erhalten, zu deren Produktion sie fähig sind und für die wir entsprechende Gegenleistungen anbieten können. Es ermöglicht eine quantitative Bewertung und einen Vergleich einer Vielzahl von Gütern. Über die Vielzahl für die Handelnden vergleichsweise einfacher Kaufentscheidungen und die dadurch beeinflußten Gewinnchancen wird schließlich ein komplexes System der Produktion und der Verteilung von Gütern gesteuert.

Wie bei der Versorgung mit individuellen Gütern sind wir auch bei der Versorgung mit kollektiven Gütern, beim Schutz vor Normverstößen, bei den Fragen, welche Normen weiterhin gelten sollen und wo Normen verändert oder neu gesetzt werden sollen, vom Handeln je spezifischer Organisationen und Instanzen abhängig. Millionen von Menschen mit den unterschiedlichsten Verpflichtungen, Kenntnissen, Fähigkeiten, Aufgaben und Meinungen können sich hierüber nicht wie überschaubare Gemeinschaften unmittelbar verständigen und gemeinsam handeln. Auch die Erfüllung dieser Aufgaben ist von materiellen Belohnungen derjenigen, die sie erfüllen, abhängig. Polizisten, Richter, Verwaltungsbeamte, Politiker usw. „produzieren" ihre Leistungen für die Gesellschaft nicht allein, weil sie davon überzeugt sind, sondern auch weil sie dafür entlohnt werden. Wären ihre Leistungen aber durch Angebot und Nachfrage bestimmt, dann gäbe es keine kollektiven Güter und keine allgemeinverbindlichen Normen und keinen Schutz gleicher Rechte. Ein Bildungsangebot gäbe es z. B. nur für diejenigen, die bereit und in der Lage wären, dafür zu bezahlen. Diejenige Gruppe, die über das meiste Geld verfügt, hätte die größte Chance, ihre und der anderen Rechte zu definieren und durch Privatarmeen zu sichern.

Während also autonome und überschaubare Gruppen die Aufgaben der Versorgung mit individuellen und kollektiven Gütern, der Normsetzung und der Normsicherung durch unmittelbares Zusammenwirken ihrer Mitglieder und wechselnde Mittel der Einflußnahme, die an ein solches Zusammenwirken gebunden sind, lösen können, ist in großen und heterogenen sozialen Einheiten ein unmittelbares gemeinsames Handeln und damit auch die Verwendung der daran gebundenen Mittel der Einflußnahme unmöglich. Die Lösung dieser Aufgaben erfordert eine komplexe arbeitsteilige Organisation und generalisierte, d. h. von spezifischen Zwecken und sozialen Beziehungen unabhängige Mittel der Einflußnahme. Das am weitesten entwickelte arbeitsteilige System ist die moderne Marktwirtschaft; Geld ist das vielseitigste und am meisten generalisierte Mittel der Einflußnahme. Die Aufgaben der Normsetzung, der Normsicherung und der Versorgung mit kollektiven Gütern lassen sich aber durch marktwirtschaftliche Mechanismen und durch das Geld als wichtigstes Mittel der Einflußnahme nicht lösen. Sie fordern zentrale Instanzen mit der Kompetenz zu verbindlichen, d. h. auch gegen Widerstand durchsetzbaren Entscheidungen.

Mit der hier gebotenen Vereinfachung läßt sich die Frage nach den Möglichkeiten der Einflußnahme in einem System mit zentralen Entscheidungsinstanzen zunächst sozial differenzieren. Zu fragen ist dann, wie das Entscheidungshandeln der Entscheidungsinstanzen, wie das Handeln der von Entscheidungen Betroffenen und das Handeln derer, die Entscheidungen ausführen, beeinflußt werden können. Wiederholt wurde versucht, die Antwort auf die wichtigeren ersten beiden Fragen durch eine in Analogie zum Geld entwickelte Interpretation von Macht zu finden[101].

Wie viele Analogien eröffnet auch diese neue Einsichten. Sie zeigt vor allem, daß Macht — unabhängig von Machtmitteln wie dem Besitz wichtiger Güter oder der Verfügung über „Erzwingungsstäbe", also über Militär und Polizei und deren Verwendung — als symbolisches Medium wirksam werden kann. So verleihen die Wähler durch den Wahlakt und die Anerkennung des Mehrheitsprinzips der aus der Wahl hervorgehenden Regierung die Macht, über einen bestimmten Zeitraum bindende Entscheidungen zu treffen. Die regelmäßige Wiederkehr von Wahlen gibt ihnen die Möglichkeit, der Regierung die Macht auch wieder zu entziehen. Gegen die Annahme, es gäbe ein ähnlich vielseitiges und wirksames funktionales Äquivalent für Geld, mit dem sich zentrale Entscheidungsinstanzen beeinflussen und/oder Entscheidungen durchsetzen lassen, sprechen indessen schon die alltäglichen politischen Nachrichten. Nach aller Erfahrung gibt es kein Machtmittel, mit dem nicht versucht wurde oder versucht wird, die Entscheidungen zentraler Instanzen zu beeinflussen, und kein Mittel, mit dem diese nicht versucht haben oder versuchen, ihre Entscheidungen durchzusetzen. Solange sich Mittel durch den Zweck heiligen lassen, ist im Prinzip jedes Mittel recht. Allein die Erfolgserwartungen geben dann den Ausschlag für die Wahl der Mittel, mit denen Einfluß genommen wird: für die mannigfachen Formen der Anwendung physischer Gewalt, für psychische Erpressung, materielle Bestechung und Belohnung, Informationen oder Lüge, Appelle, Überzeugungen usw. Aber auch dort, wo die Wahl der Mittel durch geltende Normen und die sie absichernden Sanktionen eingeschränkt ist, bleibt das Spektrum der Mittel groß. Es schließt z. B. in unserer Gesellschaft die Anwendung staatlich monopolisierter Mittel des physischen Zwangs und der Bestrafung ebenso ein wie die wohlfahrtsstaatliche „Belohnung" wechselnder Gruppen, den Tausch von Unterstützung gegen Rechte, die verschiedensten Prozesse mehr oder minder manipulativer Überzeugung durch ausgewählte Informationen oder den Appell an Überzeugungen.

Soziales Handeln läßt sich auf unterschiedliche Weise auslegen. Es kann durch die soziale Struktur, in der gehandelt wird, ebenso bestimmt werden wie durch Handlungsmodelle, unter denen in der Tradition unseres Denkens das Modell rationalen Handelns, nach dem für Ziele/Zwecke die geeigneten Mittel zu suchen sind, eine besondere Bedeutung gewonnen hat. Die meisten Versuche, politisches Handeln zu definieren, setzen daher bei

[101] Zu der zuerst von T. Parsons verfolgten Analogie von Geld und Macht vgl. jetzt R. Münch, Legitimität und politische Macht, Opladen 1976.

bestimmten Zielen/Zwecken und/oder Mitteln und/oder sozialen Strukturen an. Während das Verständnis der Politik in den wichtigsten Traditionen politisch-sozialen Denkens bei der Differenzierung politischer Verbände in Gruppen von herrschenden und beherrschten Personen ansetzt, wobei Herrschaft nicht beliebige Formen der Einflußnahme, sondern das normativ gerechtfertigte und anerkannte Recht der Herrschenden zu bindenden Entscheidungen und ihrer Durchsetzung meint, dominiert in der neueren politischen Didaktik ein Politikverständnis, das an allgemeinen Zielen wie Emanzipation oder Demokratisierung und darauf bezogenen Mitteln des Handelns orientiert ist. Emanzipation kann aber nun, wie dort richtig gesehen wird, ein Ziel des Handelns in den verschiedensten Lebensbereichen und sozialen Gebilden sein. Es vermag zum Verständnis des spezifisch Politischen daher ebensowenig beizutragen wie die Vielzahl der in Lernzielkatalogen aufgeführten Mittel politischen Handelns.

Auf Mittel sind nun freilich auch einflußreiche Definitionen von Politik, etwa Max Webers Definition des politischen Verbandes bezogen (Behrmann 1972, S. 18 ff.). Sie richtet sich primär auf die Beziehung zwischen Herrschenden und Beherrschten und die Notwendigkeit einer Sicherung von Herrschaft durch das extremste Mittel der Einflußnahme, durch den physischen Zwang. Dagegen macht Weber über die Einflußnahme auf Herrschaft nur vage Aussagen. Auch folgert er aus der Aufzählung einer Vielzahl konkreter Zwecke, die politische Verbände verfolgt haben, über Zwecke lasse sich Politik nicht definieren. Die hier aufgenommenen Überlegungen sprechen dagegen dafür, in modernen Gesellschaften die allgemeinsten Zwecke politischen Handelns in das Verständnis von Politik einzubeziehen und dann von Politik zu sprechen,

— wenn zumindest eine ausdifferenzierte Personengruppe oder Instanz in einem sozialen Verbund Entscheidungen treffen kann, die alle Mitglieder binden und deren Ausführung zumindest von einer zweiten Personengruppe oder Instanz kontrolliert wird.

— wenn die Ziele der Entscheidungen sich vor allem in der Setzung allgemeinverbindlicher Normen und der Bereitstellung kollektiver Güter zusammenfassen lassen,

— wenn das Handeln also auf diese Ziele und/oder auf den Erwerb von Positionen mit Entscheidungs- und Kontrollchancen und/oder auf die die Beziehungen zwischen Mitgliedern des sozialen Verbandes, die Entscheidungs- und Kontrollkompetenzen regelnde Ordnung gerichtet ist.

3.3.2 Politisches und soziales Handeln in der Didaktik

Wie andere Fragen in der politischen Pädagogik wäre die Frage, ob der politische Unterricht vor allem Wissen vermitteln, Einsichten eröffnen oder politisches Handeln einüben sollte, wohl weniger umstritten, wenn genauer geklärt würde, was damit jeweils gemeint ist. Schon das Prädikat politisch, das in der politischen Verhaltensforschung vor fast jeder Handlung oder Verhaltensweise steht, weist darauf hin, daß ein spezifisch politisches Handeln als solches kaum auszumachen ist. Offenheit und Unsicherheit des politischen Prozesses, die Vielzahl der zu regelnden Probleme und der konkurrierenden Interessen, die große Zahl der von wichtigen politischen Entscheidungen Betroffenen und das Maß der ideellen und/oder materiellen Betroffenheit stimulieren die unterschiedlichsten Handlungen, taktischen und strategischen Handlungsweisen, wie sie jenseits der

Politik auch überall dort beobachtet werden können, wo Menschen Menschen zu beeinflussen versuchen. Politisches Handeln ist daher zwar immer auch soziales Handeln. Gegenüber anderem sozialen Handeln ist es jedoch zumal in modernen Gesellschaften charakterisiert durch:

— eine verstärkte Tendenz zum Aufbau und zur Ausnutzung asymmetrischer Beziehungen, in denen A B stärker beeinflußt als B A,
— den hohen Anteil symbolbezogener Handlungen und verbaler Kommunikation,
— eine besonders starke Einbindung in kollektive Prozesse der Aggregierung oder Koordination einer Vielzahl individueller Handlungen,
— die damit zumeist verbundene öffentliche Darstellung des Handelns durch den Handelnden selbst oder durch Beobachter.

Diese Merkmale qualifizieren das Handeln aber noch nicht als politisches Handeln. Politisch wird es vielmehr erst dann, wenn dessen Sinn auf das politische System, verstanden als System von Positionen, Rollen, Institutionen, Organisationen und auf den politischen Prozeß, verstanden als Prozeß der kollektiv verbindlichen Entscheidungen im politischen System bezogen wird.
Bedingt ist dieser Sachverhalt durch die komplexe Sozialstruktur moderner Massengesellschaften. Je zahlreicher und vielfältiger die politisch zu regelnden Probleme werden und je größer die Zahl derer wird, die hiervon betroffen werden und an Politik partizipieren, desto wichtiger werden die Verlagerung des Handelns auf Information und Kommunikation, dessen Steuerung durch Symbole, arbeitsteilige Informationsprozesse, stark differenzierte Kommunikationssysteme sowie große, das Handeln der Bürger koordinierende und Interessen bündelnde Organisationen.

Da damit bei politischem Handeln jeweils der Bezug zu sozialen Strukturen jenseits der unmittelbaren Umwelt der Familie, der Schule, der Nachbarschaft, Jugendgruppe, des Betriebs und zu mit dieser Umwelt nur indirekt vermittelten Informations- und Kommunikationsprozessen hergestellt werden muß, ist die in der Literatur zur politischen Bildung häufige Gegenüberstellung zwischen handlungsorientiertem Unterricht und Wissensvermittlung, die Forderung nach Verbindung von politischer Aktion und politischem Lernen vordergründig. Politisches Handeln ist an den Erwerb von Kenntnissen und Einsichten gebunden, die allein im unmittelbaren Erfahrungsbereich nicht gewonnen werden können. Im Gegensatz zu vielen anderen Handlungsbereichen lassen sich Kenntniserwerb, Reflexion und Urteil nicht einmal abschließen und dann in wiederholbare praktische Handlungsvorgänge einbringen. Vielmehr ist politisches Handeln oft gleichbedeutend mit immer neuem Kenntniserwerb und nicht abschließbaren Reflexions- und Urteilsprozessen. Begründet ist der Vorrang von Wissensvermittlung, Reflexion und Urteil im politischen Unterricht daher nicht allein in der pädagogisch gebotenen Distanz zur politischen Aktion und der Objektivität des Unterrichts, sondern durch die Besonderheiten politischen Handelns selbst.
Dies wird nur dort nicht deutlich, wo ein zu eng oder zu weit gefaßtes Politikverständnis die Differenzierung der Gesellschaft und/oder die Vielfalt und die Vielzahl der politischen Aufgaben verdeckt. Typisch für ein zu eng gefaßtes Politikverständnis sind jene Konzeptionen, welche von einer dichotomischen Gesellschaftsstruktur, von einer Trennung der Gesellschaft in Herrschende und Beherrschte ausgehen. Hier hat Politik nur ein

Ziel: Die Aufhebung der Herrschaft. Damit fällt auch leicht, der politischen Bildung die Aufgabe der Aktion, d. h. entsprechender Mobilisierungs- und Solidarisierungsprozesse, zuzuweisen. Typisch für ein zu weit gefaßtes Politikverständnis sind jene Konzeptionen, in deren Zentrum allgemeine soziale Einsichten, Verhaltensweisen, Beziehungsmuster, Einstellungen stehen. Sie werden sowohl durch die Einbindung des politischen Unterrichts in einen allgemeineren Sozialkundeunterricht als auch durch Gesellschaftstheorien begünstigt, welche den Staat als „Gemeinschaft" der Bürger begreifen oder auf eine fortschreitende allgemeine Demokratisierung und Politisierung zielen. (Vgl. die Übersicht bei Hilligen 1975 S. 64 f.)

Da hier wie dort die Trennlinie zwischen sozialem und spezifisch politischem Handeln verwischt wird, läßt sich das Prinzip „learning by doing" leicht plausibel machen. Damit werden aber zwangsläufig nicht allein die zum politischen Handeln notwendigen Kenntnisse und die Orientierungen auf das politische System und politische Prozesse vernachlässigt. Zugleich wird auch die politische Orientierung fehlgeleitet: In der Partnerschafts- und Gemeinschaftspädagogik werden auf unmittelbare soziale Beziehungen gerichtete Einstellungen und Handlungsweisen auf gesellschaftliche Großorganisationen übertragen, in denen das Handeln unter anderen Bedingungen steht und anderen Maximen folgen muß. Im Programm einer „Politisierung des Alltags" werden politische Strukturen künstlich und funktionsfremd anderen sozialen Handlungsbereichen aufgepfropft und illusionäre Vorstellungen über den Zusammenhang von alltäglichem Handeln und Politik geweckt.

Versucht man, die solche illusionären Vorstellungen erzeugende Denkweise zu rekonstruieren, so stößt man auf einen merkwürdigen Widerspruch: Sie werden möglich durch die Verbindung eines von konkreten Handlungen und ihrem Sinn abstrahierten Handlungsverständnisses mit einer Sicht sozialer Strukturen, die abstraktere Bezüge vernachlässigt und den Blick auf konkrete soziale Beziehungen richtet.

Es bereitet den meisten Bürgern wenig Mühe, zwischen einer Fronleichnamsprozession und einer politischen Demonstration, der Versammlung eines Schützenvereins und einer Parteiversammlung, der Auseinandersetzung mit einem Finanzbeamten über den Steuerbescheid und der Auseinandersetzung mit einem Automechaniker über die Reparaturrechnung zu unterscheiden. In den je gegenübergestellten Situationen sind gleiche Fähigkeiten gefordert. Die Fähigkeit zu kraftvollem Singen und zum Marschieren ist für Fronleichnamsprozessionen und Demonstrationen z. B. ebenso wichtig wie bestimmte Artikulationsfähigkeiten, Einflußtechniken vor und hinter den Kulissen für Parteiversammlungen und Vereinsversammlungen. Die dort Handelnden wissen aber auch, daß sie sich in unterschiedlichen, nicht allein durch die Art des Handelns, sondern erst durch seinen Sinn abgrenzbaren sozialen Systemen befinden.

Wird dagegen in einer Handlungs- und Qualifikationsklassifikation wie teilweise in Programmen politischer Bildung vom Sinn des Handelns abstrahiert, so mag es scheinen, als komme es allein auf die Handlungsfähigkeiten und nicht auf den Sinn des Handelns an, den zu erfassen in komplexeren sozialen Systemen oft ungleich schwieriger ist als der Erwerb von Handlungsfähigkeiten. Freilich müssen auch diese erlernt werden, doch fördert, wer in der Schule dazu beiträgt, soziales mehr als politisches Lernen. Nicht zufällig sind politische Handlungen, auf die das Gleichheitsprinzip angewandt werden muß, relativ einfach, während ihr Sinngehalt, genau durchdacht, in höchst komplexe und kaum lösbare Probleme hineinführen kann. So muß, wer wählt, ein wenig lesen, aber nicht unbedingt schreiben können. (Trotz umfangreicher Aufklärung ist die Zahl derer, die dennoch Fehler machen und z. B. die Trennung von Erst- und Zweitstimmen nicht durchschauen, groß.) Ungleich komplizierter ist dagegen der Sinn dieses Handelns, gleichgültig, ob man nach seinen Motiven, der Wirkung oder der möglichen Rationalität fragt[102].

Nun können Fronleichnamsprozessionen auch politische Demonstrationen sein, Vereinsversammlungen von Schützenvereinen auch kommunalpolitische Auswirkungen haben, die überzogene Rechnung des Automechanikers zum Anlaß für die gesetzliche Verschärfung der Gewerbeaufsicht werden. Für totalitäre Systeme können sie Fremdkörper im total zu integrierenden Staat sein, weshalb dann Fronleichnamsprozessionen verboten, Schützenvereine in paramilitärische Kampfgruppen umgewandelt, Handwerksbetriebe verstaatlicht werden. Kurz: alles kann politisch relevant, politisiert und für Politik zum Problem werden. Wer hier nicht zu differenzieren vermag, produziert eine sich selbst erfüllende Prophezeiung. Weil alles politisch relevant werden kann, wird alles — wenn es nur noch oder primär unter diesem Aspekt gesehen wird — politisiert und damit zwangsläufig zum politischen Problem. Wird alles zum politischen Problem, so läßt sich der Problemdruck nur noch durch eine rigide politische Kontrolle aller Lebensbereiche abfangen.

Um so wichtiger ist daher die Trennung zwischen politischem, politisch relevantem und weder politischen noch politisch relevanten sozialem Handeln und eine Begrenzung der Politisierbarkeit aller Lebensbereiche. Die Frage, wie diese Forderung konkretisiert werden kann, wird uns später noch beschäftigen. Zunächst muß das zweite, Illusionen fördernde Element der angedeuteten Denkweise etwas genauer beschrieben werden.

Unser tägliches Leben ist weithin durch die Interaktion und die Kommunikation in rollenspezifischen sozialen Beziehungen bestimmt. Dabei nehmen wir uns wechselseitig nicht nur als Rollenträger, sondern selbst in anonymen Kontakten ein Stück weit in unserer Individualität wahr. Die Frisöse ist für uns nicht nur Frisöse, sondern z. B. eine hübsche und klatschsüchtige Blondine, der Straßenbahnfahrer ein witziger Kauz, der Polizist, der unsere Papiere kontrolliert, ein etwas hilfloses junges Bürschchen usw. Wir begegnen zudem nur Personen in Rollen, nicht Organisationen. Zwar wissen wir, daß z. B. das Handeln des Polizisten durch eine Großorganisation, durch ein hierarchisches System, durch zahlreiche festgelegte Regelungen bestimmt ist, doch bleibt dies alles für uns vage, reduziert sich auf das, was Polizisten, Verwaltungsbeamte, Zöllner in Distanz zu ihrer Rolle sagen, wenn wir ärgerlich werden: sie haben ihre Vorschriften und Vorgesetzten. Auch diejenigen, die die Gleichheit als höchstes Ziel betrachten, reagieren, wenn sie z. B. mit Normen der Straßenverkehrsordnung konfrontiert werden, zumeist mit sehr persönlichen Ausflüchten und mit einer Personalisierung der Interaktion, indem sie z. B. an die Großzügigkeit des Polizisten appellieren.

Mit anderen Worten: Moderne Organisationen sind in ihrer Komplexität nicht erlebbar. Wer an Bonn denkt, denkt an einige prominente Politiker und ihre ihn störenden oder faszinierenden persönlichen Eigenschaften, nicht aber an die 40 000 Beamten und Angestellten, die dort auch „Politik machen". Allgemeine, nicht eingelebte, individuell ausgestaltbare Normen sind uns zwar bekannt, doch sperren wir uns personalisierend ebenso gegen ihre Durchsetzung wie wir uns personalisierend über das Faktum einer durch kom-

---

102 Dies zeigt z. B. N. Luhmann, Legitimation durch Verfahren, Neuwied 1969.

plexe bürokratische Organisationen bestimmten Umwelt hinwegsetzen. So neigen wir auch dazu, Strukturen von Kleingruppen mit personalen Beziehungen auf diese Umwelt zu übertragen und entsprechende Vorstellungen von Demokratisierung, Politisierung und politischer Willensbildung zu entwickeln[103].

3.3.3 Demokratieverständnis und Herrschaft

Wer sich dabei auf Traditionen der klassischen Demokratietheorie beruft, ist, zumal wenn der dem radikaldemokratischen Traditionsstrang folgt, doppelt gefangen. Das, was Demokratie „eigentlich" sein sollte, rechtfertigt die Fehleinschätzung moderner Organisationen. Die in der neueren Didaktik, aber nicht nur dort vorherrschende Methode einer Kombination unterschiedlichster, in praktischer oder legitimierender Absicht knapp zusammengefaßter Wissensbestände zeigt auch hier wieder ihre Tücken. So werden aus Traditionen Denkfiguren und Annahmen übernommen, die nicht geistes- und sozialgeschichtlich problematisiert, sondern aktualisiert werden. Diese „Futurisierung der Vergangenheit"[104], in der traditionsgeleitete Vorstellungen ihre Evidenz nicht aus einer kritischen Analyse der Traditionen im Licht der Geistes- und Sozialgeschichte und der Gegenwart, sondern aus den Frustrationserlebnissen im Status quo gewinnen, charakterisiert viele, scheinbar auf Traditionen politischen Denkens aufruhende Aussagen der auf Demokratisierung und Emanzipation zielenden neueren Didaktik.

So wird in der Entgegensetzung von Selbst- und Fremdbestimmung, Mündigkeit und Unmündigkeit, Herrschaft und Emanzipation, Rationalität und Irrationalität, Anpassung und Widerstand die Denkweise der Aufklärung, die Entgegensetzung von Dunkelheit und Licht, Bösem und Gutem übernommen[105]. Unter dieser naheliegenden und geistesgeschichtlich weit über die Aufklärung hinausweisenden Denkhaltung muß ein gradualistisches Verständnis dieser Begriffe, müssen Zwischenlösungen zwangsläufig als bedenklich und unbefriedigend erscheinen. Ihre Dynamik durchschlägt die Versuche eines dialektischen Denkens ebenso wie denkbare „Synthesen" von Herrschaft und Emanzipation[106].

Sie werden nicht bedacht, weil der Emanzipationsbegriff an die die „klassische Demokratietheorie" leitende Annahme einer ursprünglichen Autonomie des Menschen gebunden ist. Die Autonomie des Individuums schien zumal Rousseau mit der Vergesellschaftung vereinbar durch dessen volle Teilhabe an der Autonomie des Volks, an der Volkssouveränität. Der Widerspruch zwischen dem Gedanken der ursprünglichen Autonomie des Menschen und einer durch die volle Teilhabe an der Volkssouveränität bestimmten Autonomie wird nur deshalb nicht sichtbar, weil die Möglichkeit eines vollen Konsens unterstellt wird[107].

---

[103] Damit verbunden ist das Problem des Verhältnisses von formeller und materieller Rationalität, das wie dargestellt, nun auch in den Programmen politischer Bildung manifest wird. Zur Behandlung dieses Problems im Blick auf Demokratie und Herrschaft vgl. vor allem: W. Schluchter, Aspekte bürokratischer Herrschaft, München 1972.

[104] Vgl. N. Luhmann, „Institutionalisierung — Funktion und Mechanismus im sozialen System der Gesellschaft", in: H. Schelsky (Hrsg.), a. a. O. (Anm. 32).

[105] Vgl. R. Koselleck, Kritik und Krise, Freiburg 1959, Frankfurt 1973.

[106] Vgl. hierzu: B. Willms, „Institutionen und Interesse. Elemente einer reinen Theorie der Politik", in: H. Schelsky (Hrsg.), a. a. O. (Anm. 32).

[107] Bei dieser gerafften Explikation der Problematik war mir ein Diskussionsbeitrag von M. Schmitz sehr hilfreich.

Dagegen spricht allerdings alle Erfahrung, denn in keiner Gesellschaft bestand je eine vollkommene Übereinstimmung. Man kann eine der Ursachen hierfür in den genetisch bedingten Unterschieden der geistigen und körperlichen Fähigkeiten und den daraus resultierenden unterschiedlichen Bedürfnissen suchen, doch griffe diese Erklärung zu kurz. Der Gedanke einer ursprünglichen Autonomie des Subjekts ist soweit richtig, als er auf die nur dem Menschen eigene Fähigkeit zur Reflexion verweist. Unsere Fähigkeit zur Reflexion ermöglicht, daß wir uns zu unseren Bedürfnissen verhalten. Auch die vitalen physischen Bedürfnisse sind nicht einfach gegeben und abzusättigen. Sie sind vielmehr immer kulturell überformt, reflektiv durch Ideen bestimmt. Ihre Befriedigung legt das Bedürfnis nicht still, sondern weist darüber hinaus, weckt das Bedürfnis nach anderen denkbaren Befriedigungsmöglichkeiten, läßt zusätzliche Bedürfnisse aufkommen. „Sein eigenes Bedürfnis ist also für den Menschen etwas, das er ‚hat', zu dem er sich verhält, in bezug worauf er Durchsetzungsstrategien und Befriedigungstaktiken entwickelt, auf das er also reflektiert. Kurz, das Bedürfnis des Menschen hat die Form des Interesses, und das Interesse ist als solches bereits eine Reflexionskategorie, die auf tierische Bedürfnisse nicht sinnvoll angewendet werden kann."[108]

Die Vorstellung, Herrschaft werde überflüssig, wenn die Knappheit der bedürfnisbefriedigenden Mittel überwunden sei, — ihre Notwendigkeit ergebe sich also aus dem Problem der Verteilung knapper Güter —, ist daher irreführend. Ihr liegt ein materialistisch verengter Bedürfnisbegriff zugrunde, der in den letzten Jahren nicht nur in Konzeptionen politischer Bildung verwandt wurde. Selbst wenn die Knappheit zu überwinden wäre, woran auf absehbare Zeit nicht zu denken ist, müßten wir uns weiterhin über die der freien Reflexion offene Bestimmung der Bedürfnisse als Interessen verständigen, zumal sich die meisten — und gerade die nicht-materiellen — Bedürfnisse erst im sozialen Zusammenwirken befriedigen lassen, über dessen Ordnung bekanntlich sehr unterschiedliche Vorstellungen vorhanden sind.

Bei so immer wahrscheinlichem Dissens sind Entscheidungsregeln[109] und bei einer sozialen Differenzierung, welche die unmittelbare wechselseitige Abstimmung nicht mehr erlaubt, kodifiziertes, in seiner Geltung anerkanntes Recht und „Herrschaft", d. h. Instanzen mit der mehr oder minder generalisierten Bevollmächtigung zu bindenden Entscheidungen und entsprechender Sanktionsgewalt notwendig. Die verbreitetste, aber nicht immer angemessene Entscheidungsregel in Demokratien ist das Mehrheitsprinzip. Es widerspricht, streng angewandt, sowohl der Verbindung zwischen der Autonomie und der Volkssouveränität und der unterstellten Möglichkeit eines allgemeinen Konsens als auch der Ausdifferenzierung von Herrschaft.

In der Tradition der auf den Vertragstheorien fußenden Demokratietheorie sind also höchst widersprüchliche, nicht miteinander zu vereinbarende Elemente enthalten. Der Gedanke einer ursprünglichen Autonomie der Subjekte läßt sich, wo er im Begriff der Selbstbestimmung oder der Emanzipation gegenwärtig ist, gegen jede Entscheidungsregel und gegen jedes System ausdifferenzierter politischer Institutionen und politischer Herrschaft, ja, gegen Gesellschaft schlechthin wenden. Das Mehrheitsprinzip als verallgemei-

---

[108] B. Willms, a. a. O., S. 53; Vgl. auch die Interpretation der Kulturtheorie Malinowskis durch H. Schelsky im selben Band. Die von hierher zu kritisierende Sicht der Bedürfnisse hat vor allem R. Schmiederer, 1971, S. 31, vertreten.

[109] Zur Frage der Entscheidungsregeln vgl. J. M. Buchanan und G. Tullock, The Calculus of Consent. Logical Foundations of Constitutional Democracy, Ann Arbor 1965 und die dort angegebene Literatur.

nerte Entscheidungsregel für Mitbestimmung macht jeden nicht-plebiszitären Entscheidungsprozeß zu einer demokratiefremden Einrichtung.

Ohne den Volkswillen als Verkörperung des Willens aller Bürger, ohne eine durch die volle Teilhabe an der Volkssouveränität bestimmte Autonomie der Subjekte wird nun auch der Dreiklang von Emanzipation, Selbst- und Mitbestimmung disharmonisch. Die von ihm geleitete Kritik geht ins Leere. Sie überfordert die Reflexionsfähigkeit des einzelnen. Zugleich relativiert sie mittels der Fiktion einer der ursprünglichen Autonomie nicht widersprechenden Vergesellschaftung jedwede Entscheidungsregel und Herrschaft und damit von Politik überhaupt, ohne über diese Vergesellschaftung nachvollziehbare Aussagen machen zu können.

Folgerichtig bleibt der Begriff der Herrschaft diffus. Da die volle Autonomie nirgendwo verwirklicht ist, scheinen Zwang und Herrschaft allgegenwärtig. Die Unterschiede zwischen Macht und Herrschaft, Formen der Ausübung von Herrschaft und ihrer Kontrolle, zwischen Machtausübung in unmittelbaren sozialen Beziehungen, in Organisationen und im Staat verschwimmen. Ebenso verlieren die Unterschiede zwischen den politischen Systemen an Bedeutung. Die für alle komplexeren Gesellschaften zentrale Frage, wie Entscheidungsregeln institutionalisiert und zur Lösung politischer Probleme fähige Entscheidungsinstanzen ausdifferenziert werden können[110], gerät aus dem Blick.

So bleibt auch das Ziel des Abbaus von Herrschaft, zumindest „überflüssiger Herrschaft" vage. Orientieren wir uns nicht an der Vorstellung einer möglichen völligen Selbstbestimmung, sondern an der gesellschaftlichen Differenzierung und der damit notwendigen Koordination und Steuerung kollektiven Handelns, am Ausmaß des Dissens und am Pluralismus der Interessen, an den von Organisationen und politischen Instanzen erwarteten Leistungen, so läßt sich jedenfalls nur mit erheblichen Anstrengungen und kaum zweifelsfrei ermitteln, welche Herrschaft „überflüssig" ist.

Die Mehrzahl der Menschen in unserer Gesellschaft ist Bürger 1. einer Kommune, 2. eines Bundeslandes, 3. der Bundesrepublik, befindet sich 4. in einer Ausbildungsinstitution oder einem Betrieb, ist 5. Mitglied einer Familie, privater Vereinigungen und Gemeinschaften und 6. vielleicht noch Mitglied eines größeren politischen, kirchlichen usw. Verbandes. In den meisten Kommunen, Ausbildungsinstitutionen, Betrieben und Verbänden schließen deren Größe und innere Differenzierung eine Willensbildung durch gleiche und unmittelbare Beteiligung aller Mitglieder aus. Sie bedürfen ausdifferenzierter Leitungsinstanzen mit Entscheidungskompetenzen. Deren Rekrutierung kann mehr oder minder demokratisch sein, doch ändert dies — gemessen an der geforderten Chance zur Mitbestimmung in allen Bereichen — an der Tatsache und am Charakter von „Herrschaft" schon deshalb wenig, weil bereits die für Information, Urteilsbildung und Einflußnahme erforderliche Zeit allenfalls eine sachgerechte Mitbestimmung in einem der fünf Bereiche jenseits der privaten Sphäre erlaubt. Zwar verfügt in dieser Gesellschaft ein nennenswerter Anteil der Bürger über einen nur geringen oder keinen Einfluß, wird also beherrscht. Umgekehrt läßt sich jedoch nicht wie in den meisten vormodernen Gesellschaften oder autoritären Regimen eine Gruppe der Herrschenden ausmachen. Entscheidungskompetenzen und Anweisungsbefugnisse sind weithin, wenn auch nicht ausschließlich auf einzelne Sachbereiche eingegrenzt und nicht an Personen, sondern an Positionen und Rollen gebunden. Die so „Herrschenden" sind in anderen Bereichen und Rollen daher auch immer Beherrschte.

---

[110] Vgl. F. Scharpf, Demokratietheorie zwischen Utopie und Anpassung, Konstanz 1970.

Auch die mit den Begriffen Macht und Herrschaft zumeist verbundenen Kausalvorstellungen treffen die Wirklichkeit oft nicht mehr. Macht und Herrschaft lassen sich durch das Handeln in einer sozialen Beziehung kennzeichnen, in der B etwas Bestimmtes tut, was er seinerseits nicht tun würde, weil A dieses Handeln gebietet, erzwingt, Macht über ihn hat, ihn beherrscht. In arbeitsteiligen Handlungsketten mit spezialisierten Handelnden kann A dagegen oft nur die Prämissen für das Handeln von B setzen, der hiervon nicht absehen kann, aber über einen mehr oder minder großen Spielraum ihrer Verarbeitung und des eigenen Handelns verfügt. Vom Begriff der Macht und Herrschaft her gesehen, ist dieser Wandel außerordentlich bedeutsam[111]. Gemessen an einem strengen Begriff der Selbstbestimmung erscheint das Handeln von B dagegen weithin fremdbestimmt.

Dieser Wandel von personaler zu bürokratischer Herrschaft berührt auch die herkömmlichen Vorstellungen von Öffentlichkeit und Toleranz. Das Prinzip der Öffentlichkeit wird von der Erwartung getragen, in öffentlichen, für die Teilnahme der Bürger offenen, so kontrollierbaren und deshalb vernünftigen Diskussionen werde sich letztlich das beste Argument durchsetzen[112]. Wo dies angesichts unterschiedlicher Interessen und Zielvorstellungen nicht möglich scheint, wo zugleich fundamentale Werte nicht verletzt werden, gebietet das Toleranzgebot die Suche nach dem Kompromiß zwischen den konfligierenden Parteien. Beide Prinzipien können dort das Handeln leiten, wo die alternativen Argumente überschaubar, jedermann einsichtig sind und von Parteien vertreten werden, die Kompromisse aushandeln können. Wird die Zahl der Argumente, der Theorien, Überzeugungen, Sachaussagen, Realitätsdeutungen und Wertungen aber so groß, daß sie vom einzelnen nicht mehr überschaut und voneinander abgehoben werden können, wird der Entscheidungsprozeß arbeitsteilig so differenziert, daß sich sein Ergebnis nicht mehr in der Differenz zwischen anfänglichen Forderungen und endlichem Kompromiß konfligierender Gruppen darstellen läßt, so versagen die gängigen Vorstellungen vom politischen Prozeß in der Demokratie.

Wer Begriffe wie Mit- und Selbstbestimmung allzu rasch gleichsetzt und nur auf Handlungsziel, Handeln und Handlungserfolg, nicht aber auf die soziale Struktur bezieht, in der gehandelt wird, wird auch dort, wo eine Vielzahl von Gruppen auf eine Vielzahl an einer Entscheidung beteiligter Instanzen Einfluß nehmen kann, das Gefühl haben, ohnmächtig und einflußlos zu sein. In einer differenzierten Gesellschaft sind die politischen Erwartungen in der Regel ebenso unterschiedlich wie die Sprachen, in denen sie formuliert werden, und die Perspektiven, unter denen geurteilt wird. Je mehr Gruppen und Instanzen an einem Entscheidungsprozeß beteiligt sind, je umfangreicher und spezifischer die Erwartungen einer Gruppe sind, je mehr sie ausformuliert wurden, desto geringer wird die Wahrscheinlichkeit, daß die Entscheidungen den Erwartungen entsprechen. Werden Themen, bei denen wie z. B. beim Thema politische Bildung niemand als inkompetent aus der öffentlichen Diskussion ausgeschlossen werden kann, zum Gegen-

[111] Diesen Wandel betont in seinen zahlreichen Arbeiten zur politischen Soziologie vor allem N. Luhmann. Vgl. auch: W. Schluchter, a. a. O. (Anm. 103). Es wäre schon viel gewonnen, wenn das Bemühen um eine Klärung der Begriffe Herrschaft, Macht, Einfluß, Autorität in Soziologie und Politikwissenschaft zur Kenntnis genommen würde. Vgl. als einen der neuesten — sprachanalytischen — Versuche: D. V. J. Bell, Power, Influence and Authority, An Essay in Political Linguistics, New York 1975 sowie — mit Beiträgen aus der Sicht der politischen Ökonomie — B. Barry, Power and Political Theory, London 1976.

[112] Vgl. J. Habermas, Strukturwandel, a. a. O. (Anm. 49).

stand öffentlicher Meinungsbildung, so ist damit zu rechnen, daß sich kein allgemeiner Konsens erzielen läßt. Zu unterschiedlich sind die politischen Überzeugungen, die pädagogischen Auffassungen, die Interessen, die möglichen Bezüge zu wissenschaftlichen Theorien und die Perspektiven, unter denen Pädagogen, Fachwissenschaftler, Verwaltungsbeamte, Eltern, Lehrer, Schüler und Politiker den Entscheidungsprozeß und dessen Ziele betrachten. Fehlen anerkannte Kriterien für die Differenzierung von Kompetenzen und Mitspracherechten, glauben alle Beteiligten überall mitsprechen zu können, so werden zwangsläufig alle überfordert und enttäuscht. Naturgemäß folgen die Beteiligten den Gesichtspunkten ihrer Fachwissenschaft, ihrer didaktischen Konzeption, ihrer wissenschaftstheoretischen oder politischen Überzeugung, ihrer praktischen Erfahrungen etc. und sind auch bei bestem Willen zumeist nicht in der Lage, sich mit allen anderen Positionen in der sachlich gebotenen Gründlichkeit auseinanderzusetzen. Um so leichter können Didaktiker Fachwissenschaftlern mangelnde Vertrautheit mit der Didaktik, Fachwissenschaftler Didaktikern fachwissenschaftliche Ignoranz, Eltern Pädagogen einen Eingriff in ihre Rechte, Pädagogen Eltern ihre Borniertheit, Politiker Kommissionsmitgliedern mangelnde politische Sensibilität, Kommissionsmitglieder Politikern Opportunismus, Regierungsparteien der Opposition Manipulation, die Opposition den Regierungsparteien verharmlosende Verschleierung vorwerfen.

3.3.3.1 Politische Partizipation und Demokratisierung

Die Geschichte der Konzeptionen politischer Bildung in der Bundesrepublik ließe sich als Geschichte der in ihnen enthaltenen Vorstellungen von den Bedingungen, Möglichkeiten und Zielsetzungen politischer Partizipation schreiben. In ihnen konzentrieren und verschränken sich die jeweils zugrundegelegten Aussagen über Individuum, Gesellschaft und Politik. Abstrahiert man von den Veränderungen des Vokabulars und dem Wechsel der theoretischen Bezüge, so ist eine erstaunliche Kontinuität der Forderung nach einer zu mehr Selbst- und Mitbestimmung beitragenden politischen Bildung festzustellen. Sie wurde nur zweimal für eine je recht kurze Phase deutlich relativiert: zum ersten Mal durch die noch stark von der geisteswissenschaftlichen Pädagogik beeinflußte Kritik der Partnerschaftsidee, zum zweitenmal durch die von Politologen vorgetragene Kritik an der Idee der Mündigkeit. (Sontheimer 1963 in: Schneider 1975 Bd. 1) Gegen alle darin enthaltenen Einwände hat sich die Idee der Demokratie als einer sozialen Ordnung, die sich durch die Mitbestimmung der Bürger verwirklicht und in der sich die Bürger durch Mitbestimmung verwirklichen, d. h. selbst bestimmen, behauptet.
So sind die Ergebnisse empirischer Untersuchungen politischer Einstellungen und politischen Verhaltens in der Didaktik politischer Bildung vor allem dann aufmerksam registriert worden, wenn sie zu zeigen schienen, daß sich Bürger und Schüler zu wenig für Politik interessieren, „antidemokratisch“ eingestellt, oft über wichtige politische Vorgänge und Zusammenhänge kaum informiert waren und wenig an politischen Prozessen partizipierten. Zugrunde liegen diesen Interpretationen nun freilich nicht Zeitvergleiche oder Vergleiche mit anderen Gesellschaften. Nach allen vorliegenden Untersuchungen kann keine Rede davon sein, daß das politische Interesse und die politische Beteiligung hierzulande abgenommen hätten oder daß, verglichen mit ähnlichen Gesellschaften, die Bürger politisch besonders desinteressiert, wenig informiert, der Demokratie entfremdet seien und sich wenig beteiligten. Vielmehr läßt sich in den zweieinhalb Jahrzehnten seit 1949 ein zunehmendes Interesse und eine steigende Beteiligung gerade

auch dort, wo sie wie im Bereich der Bürgerinitiativen etwa im Vergleich zu den USA recht gering war, beobachten. Wo immer in neueren Untersuchungen politische Partizipation, politisches Interesse, Informationsstand und demokratische Einstellungen miteinander verglichen werden, schneidet die Bundesrepublik gut ab. Die häufigen Klagen über die „Entpolitisierung" und den „Privatismus" der Bürger stützen sich denn auch nicht auf systematische empirische Untersuchungen, sondern auf das Ideal einer sich selbst verwaltenden Bürgerschaft[113].

Während auf die Ursachen der Differenz zwischen Ideal und Wirklichkeit nur wenige Gedanken verwendet werden, finden jede Entwicklung und jedes Konzept, die eine Steigerung politischer Partizipation oder ihrer Wirkungen verheißen, allseitiges pädagogisches Interesse. Gibt man sich damit nicht zufrieden, so gerät man in ein offenes und schwer überschaubares Feld[114]. Es ist offen, weil sich ein Optimum der Partizipation quantitativ kaum bestimmen läßt. Eine weitere Zunahme der Partizipation gefährdet als solche nicht schon das „System" oder die Effizienz der Politik. Die empirischen Daten erlauben aber auch nicht den Schluß auf „Entpolitisierung" und „Privatismus". Das Feld ist unüberschaubar, weil das Problem der Partizipation nicht nur, wie es aus pädagogischer Perspektive scheinen mag, ein Problem der Einstellungen, Kenntnisse, Urteils- und Handlungsfähigkeiten, sondern immer auch ein strukturelles und institutionelles Problem ist. Nachdem einige Jahre lang nicht nur naive Gemüter von der Rätedemokratie als einer Alternative zur fortschreitenden „Bürokratisierung" im westlichen Mehrparteiensystem wie im sozialistischen Einparteiensystem und ähnlichen Utopien geträumt haben, ist mittlerweile wieder eine nüchterne Diskussion möglich. In ihr setzt sich die Erkenntnis durch, daß sich die Strukturen westlicher Gesellschaften zumal in den letzten Jahrzehnten noch ungleich stärker gewandelt haben als die sozialistischer Staaten und mit den Mitteln überkommener „Theorien", sei's der klassischen Demokratietheorien, sei's der Marxschen Theorie, nicht mehr hinreichend analysiert werden können.

Die meisten Bürger befinden sich heute im Gegensatz zu den Generationen vor ihnen dort, wo sie wohnen, lernen, arbeiten, konsumieren, nicht mehr in überschaubaren sozialen Gebilden, sondern in unüberschaubaren großen Organisationen. Deren Wandel läßt sich grob durch die Begriffe der Rationalisierung und der Konzentration kennzeichnen. In Wirtschaft, Verwaltung, Parteien, Verbänden, Kommunen und im Schulwesen hat die Zahl der Organisationseinheiten abgenommen. Die verbleibenden Einheiten sind größer geworden und haben sich intern stärker differenziert. Zudem sind die Ausbildung des Personals, Arbeitsverfahren und technische Hilfsmittel im Blick auf eine zunehmende Steigerung der je spezifischen Leistungen fortschreitend rationalisiert worden. Nach Größe, interner Differenzierung und Spezialisierung der Tätigkeiten wie des Personals sind diese Organisationen nicht mehr nach dem Modell einer demokratisch-genossenschaftlichen Willensbildung mit allgemeiner und gleicher Beteiligung der Organisationsmitglieder oder dem Modell einer Hierarchie, in der die Entscheidungen von einer Spitze ausgehen und auf den verschiedenen Stufen nur ausgeführt werden, steuerbar.

[113] Vgl. J. Mirow, „Entpolitisierung oder Integration", in: Zeitschrift für Politik 23, 1/1976; d. Verf., Politische Einstellungen und Verhaltensweisen Jugendlicher, a. a. O. (Anm. 80), sowie „Familie und Öffentlichkeit", in: H. Braun, U. Leitner, Problem Familie — Familienprobleme, Frankfurt 1976.

[114] Vgl. d. Verf., „Bedingungen politischer Partizipation und die Grenzen politischer Bildung", in: P. Ackermann (Hrsg.), Politische Sozialisation, Opladen 1974, und als neuere, dort noch nicht berücksichtigte Studie: R. Dahl und E. R. Tufte, Size and Democracy, Stanford 1973.

Die mühsame, langwierige und zumeist auf einem geringen Informationsniveau verharrende innerparteiliche Willensbildung und die vor allem auf der Kommunalebene erkennbare geringe Leistung der Parteien hat z. B. eine bei einem Vergleich von Organisationen leicht erkennbare Ursache: eine genossenschaftlich-demokratische Willensbildung in wenig differenzierten Ortsvereinen oder Parteitagen auf höherer Ebene vermag nur punktuell Bezüge zu einer stark differenzierten Umwelt herzustellen, in der die wichtigsten Leistungen von jeweils spezialisierten Instanzen und Organisationseinheiten erbracht werden[115].

Die empirische Partizipationsforschung ist, soweit sie auf individuelle Einstellungen und Formen der politischen Beteiligung zielt, diesen Gegebenheiten bislang ebensowenig gerecht geworden wie die Überlegungen in der Didaktik der politischen Bildung, die auf Demokratisierung und eine Steigerung der individuellen Beteiligung gerichtet sind. So untersucht die empirische Partizipationsforschung, was Individuen oder Gruppen mit welcher intendierten oder erkennbaren Wirkung getan haben. Sie bedient sich oft eines mechanischen Modells, in dem eine bestimmte Kraft eine bestimmbare Wirkung auslöst. Sozial differenzierte Kommunikationssysteme, in denen Problemdefinition, Initiative, Entscheidungsvorbereitung, Entscheidung und Implementation voneinander getrennt, oft spezialisierten Organisationen und Instanzen zugewiesen sind, zwischen denen vielfache und wechselseitige Kommunikations- und Informationsprozesse ablaufen, sind so nicht mehr zu erfassen. Ebenso stützt sich die politische Bildung häufig noch auf die Vorstellung eines Bürgers, der „sich" informiert, „seine" Meinung bildet und dann versuchen soll, sie als politisch partizipierender Bürger durchzusetzen. Damit muß dann entweder eine Beteiligung an allen Phasen des politischen Prozesses und in allen Organisationen und Instanzen vorausgesetzt oder unterstellt werden, die meisten Organisationen und Instanzen könnten und müßten sich auf die Ausführung des Willens der Bürger beschränken.

Bezieht man dieses Partizipationsverständnis auf den politischen Unterricht, so führt es zwangsläufig zu völlig überzogenen Anforderungen an die individuelle Urteilsfähigkeit, den individuellen Kenntniserwerb und die Handlungsbereitschaft. Es gibt kaum einen Lehrplan, kaum eine Rahmenrichtlinie und kaum Schulbücher in der Bundesrepublik, die hierfür nicht den Beweis liefern. Zugleich läßt sich bei allen seit der Jugendbewegung und der Reformpädagogik entwickelten Varianten eines „learning by doing", also einer Partizipation der Schüler an Entscheidungsprozessen in der Klasse und der Schule, eine Überschätzung ihrer Möglichkeiten und Wirkungen beobachten, weil die strukturellen Unterschiede zwischen den bis zu den neueren Konzentrationsprozessen zumeist noch überschaubaren Gruppen in Schulen und hochdifferenzierten, großen wirtschaftlichen oder bürokratischen Organisationen ebenso wie die Unterschiede zwischen pädagogischem und politischem, sozialem und politischem Handeln zu wenig berücksichtigt wurden.

Dies kann vom bislang argumentativ differenziertesten Versuch, das Programm einer um Mitbestimmung zentrierten politischen Bildung zu begründen, Hartmut von Hentigs „Wiederherstellung der Politik", so nicht behauptet werden. Von Hentig geht vielmehr davon aus, daß

— „die Fülle der Dinge, Mittel, Funktionen, Beziehungen Komplexität erzeugt: Wir überschauen unsere Welt nicht mehr.

[115] Vgl. N. Lämmert, Lokale Organisationsstrukturen innerparteilicher Willensbildung, Bonn 1976, und die dort verarbeitete organisationssoziologische Literatur.

— die progressive Arbeitsteiligkeit, mit der die Fülle allein gehandhabt werden kann, eine hochgradige Interdependenz erzeugt: wir verfügen über unsere Welt nicht mehr.
— die Rationalität, mit der allein die Arbeitsteiligkeit organisiert werden kann, ein hohes Maß an Abstraktheit erzeugt: wir erleben unsere Welt nicht mehr." (von Hentig 1973 S. 127)

Seine Hoffnung, Politik, verstanden als „gemeinsame bewegliche Regelung gemeinsamer Angelegenheiten", lasse sich auch in einer so bestimmten Welt wiederherstellen, enthält ein gerüttelt Maß Skepsis, in das er freilich viele gegen das Programm der Demokratisierung in den letzten Jahren vorgetragene Einwände nicht hineinnimmt und nicht hineinnehmen muß, weil er sich von vornherein bescheidet. Selbstbestimmung und Mitbestimmung werden auf die noch halbwegs überschaubaren sozialen Gebilde und Lebensbereiche und auf die Lösung der Probleme, die sich dort stellen, konzentriert. Solche Bereiche sind die Gemeinde oder Teilgemeinde, die Schule und wohl auch — die Erläuterungen der allgemeineren Überlegungen sind durchweg auf die Schule bezogen — der Arbeitsplatz. Hier scheint die Trennung zwischen privater und öffentlicher Sphäre noch aufhebbar. In der Teilautonomie dieser Bereiche und ihrer auf flexiblem persönlichem Zusammenwirken, entsprechenden Verfahren, Gruppen- und Kommunikationsstrukturen beruhenden Demokratisierung sind für v. Hentig Bedingungen für „Kooperation, Kommunikation, Kritik und Kreativität" gegeben, die sowohl auf den privaten wie auf den übergreifenden öffentlichen Bereich zurückwirken. Sie können verhindern,

— daß die „große Politik" zu einem unüberschaubaren und nicht mehr faßbaren, fremden Geschehen wird, weil sie im „Kleinen" nicht mehr erfahren werden kann,
— daß der Bezug zur „großen Politik" nur noch über Machtkämpfe um partikulare Interessen oder den Wunsch nach dem starken Staat hergestellt wird,

weil im „Kleinen" die Notwendigkeit gemeinsamer Regelungen, des Ausgleichs, der Hilfe usw. nicht mehr erlebt, die Umwelt nur noch als fremd und bedrohlich wahrgenommen wird. Zugleich sind in diesen Bereichen noch Chancen der Selbstverwirklichung enthalten, die an Tugenden des sozialen Zusammenlebens gebunden bleibt und sich nicht auf die Beliebigkeit der künstlichen Selbsterfahrung in der Pluralität privater Freizeitsphären reduziert.

Von Hentigs Überlegungen sind insofern bemerkenswert, als sie ähnlich wie Habermas' Hegelpreisrede eine Diskussion durch die Umformulierung der sie auslösenden Problemdefinition abzuschließen versuchen. Während Habermas das durch den Begriff der politischen Beteiligung, durch Restriktionen von Demokratisierung und Politisierung definierte politische Problem in ein Problem der Kultur, der Kommunikation, des Lernens, der Identität umdeutet, verlagert von Hentig die Probleme der Selbstbestimmung, der Mitbestimmung und der Emanzipation von der Ebene des Staates und der Gesamtgesellschaft auf die Ebene noch überschaubarer Sozialgebilde an der Nahtstelle zwischen privatem und öffentlichem Bereich. Damit werden — wie sich leicht nachweisen ließe —, sowohl die Bedeutung dieser Begriffe als auch die damit verknüpften politischen Strategien verändert.
Immer noch erhofft aber von Hentig von den Sozialwissenschaften mehr Beistand, als diese ihm geben können. Soziologisch muß gefragt werden, ob der Dynamik der gesellschaftlichen Entwicklung nicht eine Eigenlogik innewohnt, die stärker ist als die hier

entwickelte Konzeption einer Gegensteuerung, also des Versuchs einer Rekonstruktion der Polis und des homo politicus unter gewandelten gesellschaftlichen Bedingungen[116].
Wo mehr und gleiche Mitbestimmungschancen gefordert werden, erscheint, abgeleitet aus der aristotelischen Bestimmung des Menschen als eines sozialen Wesens, Partizipation oft als ein primäres Bedürfnis, nicht als ein Mittel zu wie immer gearteten Zwecken, sondern als Zweck an sich[117]. Dieser anthropologischen Begründung der Forderung nach allgemeiner Partizipation wird häufig eine historisch-soziologische, auf die „gesellschaftlichen Widersprüche" bezogene angefügt. Die sie tragende Denkfigur leitet den wohl einflußreichsten Gedanken der Marxschen Kapitalismustheorie. Folgt man der Interpretation von Jürgen Habermas, so hat Marx mit der „genialen Untersuchung des Doppelcharakters der Ware das Tauschverhältnis, und damit den Steuerungsmechanismus des Marktes, als ein Reflexionsverhältnis konstruiert, um den gesamten kapitalistischen Wirtschaftsprozeß nicht nur unter Steuerungsgesichtspunkten funktionalistisch zu erklären, sondern zugleich als Klassenantagonismus, d. h. als eine entzweite sittliche Totalität verständlich machen zu können. Forschungsstrategisch hat die Werttheorie den Sinn, die Abbildung von Problemen der Systemintegration auf die Ebene der Sozialintegration zu gestatten." In Marx' Worten: Die Individuen „produzieren in und für die Gesellschaft, als gesellschaftliche, aber zugleich erscheint dies als bloßes Mittel, ihre Individualität zu vergegenständlichen. Da sie weder subsumiert sind unter ein naturwüchsiges Gemeinwesen, noch andererseits als bewußt Gemeinschaftliche das Gemeinwesen unter sich subsumieren, muß es ihnen als den unabhängigen Subjekten gegenüber als ein ebenfalls unabhängiges, äußerliches, zufälliges Sachliches ihnen gegenüber existieren. Es ist dies eben die Bedingung dafür, daß sie als unabhängige Privatpersonen zugleich in einem gesellschaftlichen Zusammenhang stehen." (Habermas 1974 S. 81 f.)
Der so konstruierte „Widerspruch zwischen Kapital und Arbeit"[118] ist als Widerspruch an zwei Voraussetzungen gebunden: Er ist nicht denkbar ohne die aristotelische Bestimmung des Menschen als eines sozialen und rationalen Wesens. Sie ist in „naturwüchsigen Gemeinwesen", d. h. in überschaubaren, wenig differenzierten, traditionsgeleiteten Gesellschaften insofern erfüllt, als das Individuum über die gesamte Kultur der Gesellschaft, ihr Wissen, ihre Arbeitstechniken, ihre Mythen und Glaubensvorstellungen verfügen und in seinem Leben die gesamte Sozialstruktur, alle gesellschaftlichen Positionen durchlaufen kann. Der sich in modernen Gesellschaften radikalisierende „Grundwiderspruch" ist dagegen, wie Marx richtig sah, dadurch gekennzeichnet, daß mit zunehmender Arbeitsteilung die Interdependenzen zunehmen, aber nicht mehr überschaubar, bewußt erfaßbar und steuerbar sind, weil die Komplexität der Gesellschaft die individuelle Rationalität weit übersteigt. Die spezifisch moderne Individualität ist mit anderen Worten eine spezifische, höchst widersprüchliche Sozialität. Als eine sich frei wähnende Individualität ist sie solange trügerisch, solange sie sich ihrer sozialen und historischen Bedingtheit nicht bewußt ist.

---

[116] Vgl. W. Schluchter, a. a. O. (Anm. 103), S. 301 ff.
[117] Diese Auffassung wird vertreten von: J. Habermas, Zum Begriff der politischen Beteiligung, a. a. O. (Anm. 49); F. Naschold, Organisation und Demokratie, Stuttgart 1968; G. Zimpel, Der beschäftigte Mensch, München 1970; dies. Selbstbestimmung oder Akklamation, Stuttgart 1972. Zu welch unterschiedlichen Konsequenzen der Rekurs auf Aristoteles angesichts einer völlig veränderten Sozialstruktur führen kann, verrät im Vergleich dazu der anthropologische Ansatz in der Didaktik Sutors.
[118] Vgl. dazu: W. Becker, Die Achillesferse des Marxismus. Der Widerspruch zwischen Kapital und Arbeit, Hamburg 1974.

Der Widerspruch zwischen der scheinbar privaten Existenz und dem Gemeinwesen als einem „unabhängigen, äußerlichen, zufälligen Sachlichen“ wird nun allerdings sozial erst real, wenn er als Widerspruch bewußt, d. h. wenn Individualität und Sozialität im Licht einer normativen Deutung gesehen werden, die den Menschen als bewußt gemeinschaftliches Wesen begreift, das das Gemeinschaftliche unter sich subsumieren soll. Sie fügt sich erst in die Dialektik von These, Antithese und Synthese, wenn diese Subsumption nicht nur als wünschenswert bewußt wird, sondern möglich scheint.

Hartmut von Hentigs Überlegungen sollen hier nicht einer Schule, politischen Richtung oder Ideologie zugeschlagen werden, wenn behauptet wird, was unabhängig von den unterschiedlichen Konkretisierungen und politischen Zielsetzungen von den meisten älteren und neueren Konzeptionen politischer Bildung behauptet werden kann: sie folgen der hier im Blick auf Marx explizierten Denkweise. So schreibt Hartmut von Hentig: „Die Aristotelische Definition des Menschen lautet richtig übersetzt: Der Mensch ist ein Wesen, das in der Polis lebt. Dort muß er Politik treiben, wie er arbeiten, essen, schlafen, sich erholen muß. In unseren gesellschaftlichen Gebilden muß er das nicht nur nicht, er kann es nicht, und weil er es nicht kann und in seinem Leben nie gekonnt hat, will er es auch nicht.“ (a. a. O. S. 202) „Man kann sagen, daß die Befreiung von Angst und Not, von Herrschaft und Fremdbestimmung, von Arbeit und Mühsal, von Rücksicht und Verantwortung, die wir im Prozeß unserer Geschichte geleistet zu haben meinten, nun in neuer Form in der technischen Zivilisation wiederholt werden muß. Statt Arbeit wird es Diskussion, statt Angst und Not Planung, statt Herrschaft den Zwang zur Mitbestimmung geben. Es wird gerade das in der Freizeit nicht geben, was der frühe Liberalismus für die eigentliche Form bürgerlicher Freiheit hielt: die Freiheit von der Politik. Damals hieß das: die Freiheit, ein Mensch außerhalb des absolutistischen Staatsgebildes zu sein; heute hieße das: ein Mensch — außerhalb der praktischen — politischen, sozialen, wirtschaftlichen — Interdependenz zu sein. Das ist, wie man sieht, eine Illusion.“ (a. a. O. S. 92)

Zweifellos, dies ist eine Illusion. Sie zu enthüllen, mag richtig sein, erlaubt aber nicht, eine normative Deutung des menschlichen Wesens als eines sozialen und rationalen Wesens so in die desillusionierende Realanalyse einzuschieben, daß der Anschein erweckt wird, der Mensch wolle und könne eigentlich, was er nach dieser Deutung soll: sich die moderne Welt als rationaler homo politicus in Selbst- und Mitbestimmung untertan machen. Normativ wird diese Deutung in dem Maße, in dem unter der Vielzahl der Möglichkeiten der — mit Max Weber gesprochen — „Vergemeinschaftung und Vergesellschaftung“ in modernen Gesellschaften eine als dem Wesen des Menschen gemäß ausgezeichnet wird.

Dazu gehört für von Hentig nicht die weithin von Berufspolitikern, Funktionären, politischen Beamten betriebene Politik. Sie ist nicht in seinem Sinne beweglich, weil sie u. a. durch eine Vielzahl kodifizierter Regelungen eingeschränkt ist. Gegenstand dieser Politik sind für von Hentig nicht die gemeinsamen, sondern die allgemeinen Angelegenheiten. Damit ist richtig gesehen, daß Politiker, Verbandsfunktionäre, politische Beamte das, was sie täglich bearbeiten und verhandeln müssen, nicht bearbeiten und verhandeln, weil sie darin immer ihre und gemeinsame Angelegenheiten sehen. Gewerkschaftsfunktionäre sind keine Arbeiter, Kultusbeamte keine Lehrer, Landwirtschaftsminister nicht notwendig Bauern und wenn sie's waren, muß befürchtet werden, daß sie politische Ressorts „kolonialisieren“, also die allgemeinen Angelegenheiten zugunsten partikularer Interessen aus dem Auge verlieren. Zum Handeln sind sie durch Amtspflichten, Macht, Prestige, Einkommen, Karriereinteressen und vielleicht auch durch Werte und Normen motiviert. Da Politik ohne Berufspolitiker, Verbandsfunktionäre, politische Beamte, was von Hentig nicht bestreitet, in einer modernen Gesellschaft nicht mehr denkbar ist, wird sie zu einer unter anderen spezialisierten Tätigkeiten, was freilich nicht heißt, Politik könne und müsse nichts anderes als eine spezialisierte Tätigkeit sein.

In einer arbeitsteiligen, leidlich funktionierenden Wohlfahrtsgesellschaft treibt der Bürger indessen nicht nur deswegen wenig oder keine Politik, weil er dies nicht kann, weil er also dazu nicht fähig oder weil ihm dies nicht möglich ist. Es lassen sich durchaus rationale Gründe dafür nennen, daß, solange das Diskutieren nicht ein Teil der spezifischen Arbeitstätigkeit ist, am Arbeitsplatz weiterhin vor allem gearbeitet und nicht diskutiert wird. Auch Didaktiker der politischen Bildung dürfte befremden, wenn in die Kosten ihrer Autoreparatur die an diesem Tag für eine Betriebsversammlung verwendeten Arbeitsstunden eingerechnet würden. Wenn Bürger in der Freizeit nicht Politik treiben, sondern lieber schwarz arbeiten, ihren Blumengarten pflegen, in der Eckkneipe Bierchen trinken, Rudolf Schock zuhören oder Bayern München zuschauen, so ist dies noch kein Indiz für Entpolitisierung und Privatismus. In vielen Fällen wäre es wenig rational, sich politisch zu engagieren und zu organisieren, denn die Kosten für Organisation, Information, Verständigung, Konsensbildung sind bei geringer sozialer und kultureller Homogenität hoch, der Ertrag ist oft unsicher und gering[119]. Wo soll das Motiv für politische Aktivität liegen, solange der Bürger damit rechnen kann, daß er auf andere wichtige oder angenehme Tätigkeiten nicht verzichten muß, weil er aufgrund der Parteienkonkurrenz, der Verbandseinflüsse, der Arbeit von Verbandsfunktionären, Gremien, Politiker öffentliche Güter — Schulen, Rechtssicherheit, Krankengeld, Straßen, Freizeitanlagen usw. — erwarten kann? Wer will den großen, durch Arbeit, Familie und mancherlei öffentliche Engagements außerhalb oder an der Peripherie der Politik beanspruchten Gruppen der Bevölkerung ernsthaft abverlangen, was das Pathos der Demokratisierungs-, Mitbestimmungs- und Selbstbestimmungsforderungen verlangt, wenn es nicht leer bleiben soll?

Gewiß mangelt es in den politischen Einstellungen der Bürger nicht an Zeichen geringen Urteilsvermögens, mangelnder Aufgeschlossenheit, ideologischer Befangenheiten. Auch ist niemand gezwungen, das typische Alltagsverhalten auch der politisch interessierten Bürger als Norm zu akzeptieren. Mit einem gesellschaftskritischen Räsonnement, dessen Maximen sich zu Lernzielen verfestigen, bevor die Thesen der Kritik der möglichen Prüfung unterworfen und angedeutete Alternativen genauer bedacht wurden, ist jedoch wenig gewonnen. Was von Hentig und andere zu noch verwehrten, zu wenig genutzten und bestehenden Möglichkeiten der Mitbestimmung sagen, ist sinnvoll, nützlich oder zumindest bedenkenswert und verdiente daher, von gefährlichen Illusionen befreit zu werden, wie sie im Anspruch auf „Wiederherstellung der Politik“ oder in der Ablehnung der gerade mit einer realistisch verstandenen Demokratisierung einhergehenden Politik des schrittweisen Wandels, des Stückwerks enthalten sind[120]. (Schörken in Schörken 1974 S. 142; Holtmann 1975 a S. 89 f.)

[119] Vgl. D. Fürst, Entscheidungsprozesse, a. a. O. (Anm. 99), S. 210 ff., 251 ff. und die dort diskutierte Literatur.

[120] Holtmann präsentiert aus schwer erfindlichen Gründen ein Zerrbild der modernen Wissenschaftsentwicklung und der Position Poppers, was ihm nur gelingt, weil er die umfangreiche einschlägige Literatur, vgl. u. a. W. Schluchter, Wertfreiheit und Verantwortungsethik, Tübingen

Wenn

— wir in weiten Bereichen und in mehr oder minder formalen Rollen als Mitglieder von Großorganisationen agieren und/oder von ihnen abhängig sind,
— die „gemeinsamen Angelegenheiten" nicht allein durch die Entscheidungen zentraler Instanzen und die bürokratische Ausführung von Programmen geregelt und bewältigt werden können,
— unsere Lebenschancen und die Regelung „allgemeiner Angelegenheiten" aber in hohem Maße von rationalisierten, konzentrierten Organisationen und zentralen Entscheidungsinstanzen abhängig sind,
— kein sozialer Verband mehr autark und souverän, jedes soziale Gebilde auf bestimmte Funktionen eingeschränkt ist,

dann

— gibt es auch unabhängig vom „Wesen der Demokratie" und der Frage, ob das Bedürfnis nach Mitbestimmung ein primäres, sich dauerhaft und allgemein manifestierendes Bedürfnis ist, gute Gründe für die Eröffnung oder Sicherung vielfältiger Chancen der Mitbestimmung, der Mitsprache oder anderer Formen der Einflußnahme,
— kann Politik aber nicht hierüber „wieder hergestellt werden", weil wir in unseren allgemeinen Angelegenheiten auf ein ausdifferenziertes politisches System mit der Möglichkeit einer nicht ständig an „die Gesellschaft" rückzukoppelnden Problemverarbeitung angewiesen sind und weil unsere gemeinsamen Angelegenheiten Angelegenheiten in den verschiedensten sozialen Bereichen sind, denen wir nicht gleichermaßen unsere Aufmerksamkeit widmen können,
— kann gegenüber der Forderung nach wirksamerer Interessenartikulation durch Mitbestimmung oder nach mehr Teilautonomie und darin möglicher Selbstbestimmung die Frage nach der Chance von Regelungen allgemeiner Angelegenheiten durch sachgerechte und weitsichtige Entscheidungen zentraler Instanzen nicht an den Rand geschoben werden, läßt sich doch nicht übersehen, daß neben zahlreichen anderen Bedingungen auch die Machtsteigerung von Teilgruppen und die Teilautonomie gesellschaftlicher Bereiche zu Restriktionen einer rationalen Politik werden können,
— läßt sich das spannungsreiche Verhältnis von Selbstbestimmung, Mitbestimmung und fortdauernder „Fremdbestimmung" — sei's durch Mehrheiten oder Entscheidungsinstanzen, deren Beeinflussung und Kontrolle wir wegen der Knappheit der Zeit für Information, Organisation und Kommunikation anderen überlassen müssen — nicht in einer wie immer gearteten Vergesellschaftung auf der Ebene der Staatsgesellschaft oder sich selbst regulierender Subsysteme und Gruppen auflösen[121].

Zwangsläufig spannungsreich ist dieses Verhältnis, weil 1. die Integration des Individuums in formelle, sach- und leistungsbezogene Organisationen einerseits und in infor-

---

1971; Hans Albert, Konstruktion und Kritik, Hamburg 1972, übergeht. Schörken wäre zu fragen, wer definiert, ob die Reformen der kleinen Schritte „technologisch-zweckneutral" oder — wie er verlangt — „emanzipatorisch" sind und welchen Informationsgehalt die „demokratischen Ziele" für die Strategien zur Bewältigung praktisch-politischer Fragen haben.

[121] Zumal in der Argumentation zumeist erwartet wird, man könne die strukturellen Vorteile großer komplexer Gesellschaften mit den strukturellen Vorteilen homogenerer kleinerer Verbände durchweg kombinieren, was vielleicht punktuell, aber sicher dort nicht möglich ist, wo jeweils die zentralen Probleme liegen. Vgl. R. Dahl und E. Tufte, Size and Democracy, a. a. O. (Anm. 114), S. 13 ff.

melle, auf Konsum, Muße, Selbstdarstellung, Gefühlsbindungen, unmittelbare und nicht notwendig zweckgerichtete Kommunikation oder gemeinsame Reflexion bezogene Gruppen andererseits 2. die Integration dieser Gruppen und Organisationen in die Staatsgesellschaft und 3. deren Integration in eine sich entwickelnde Weltgesellschaft nur noch partiell möglich sind. Wir sind in diese Systeme nicht als Personen, sondern über Rollen oder nur über bestimmte Einstellungen, Normen, Interessen usw. einbezogen und können nur so an ihnen partizipieren.

Die These, die Trennung von Staat und Gesellschaft sei aufgehoben, wird daher leicht mißverstanden. Richtig ist, daß moderne Gesellschaften nur noch als Staatsgesellschaften eindeutig abgrenzbar, d. h. politisch definiert sind. Richtig ist auch, daß moderne totalitäre Ideologien einen alle Lebensbereiche umfassenden Erklärungs-, Deutungs- und Führungsanspruch enthalten, der mit Hilfe der modernen technischen und organisatorischen Hilfsmittel auch durchgesetzt werden kann. Richtig ist schließlich, daß mit der Positivierung des Rechts alle allgemein geltenden Normen politisch veränderbare Setzungen geworden sind, daß also — so betrachtet — nicht nur „alles mit allem", sondern alles mit Politik zusammenhängt. Kurzschlüssig aber ist es, aus der ersten und dritten Feststellung zu folgern, es gebe keine Freiheit mehr von der Politik, aber einen Zwang der Mitbestimmung. Dabei wird übersehen, daß es sinnvoll ist, der Politik sozial, sachlich und zeitlich Grenzen zu setzen.

3.3.3.2 Begrenzung der Politik

Didaktiker der politischen Bildung neigen wie andere Gruppen dazu, ihre Interessen als allgemeine Interessen zu behandeln und deshalb zu glauben, jeder müsse sich für Politik interessieren. Da ihnen dies ihr pädagogisches Handwerk erleichtern würde, ist dieser Glaube auch verständlich. Er läßt indessen außer acht, daß der Bürger in unserer Gesellschaft nicht gezwungen ist, sich politisch zu interessieren und politisch zu partizipieren. Er kann sich auf zahlreiche andere Gebiete konzentrieren, die ihm wichtiger und interessanter erscheinen als Politik. Gleichwohl bleibt natürlich auch der Bürger, der sich dem Autobasteln, der Erforschung der Bienen, der Rinderzucht, der Jazzmusik oder der Lektüre grüner Blätter verschrieben hat, von Politik mannigfach betroffen. Hieraus aber einen Zwang zu politischem Handeln abzuleiten, würde die realen Freiheiten erheblich einschränken. Wer dies fordert, sollte wissen, was er tut. Will man diese Freiheiten nicht einschränken, so stellt sich jedenfalls nicht die Frage, wie man alle Bürger politisch interessieren und zu politischer Partizipation motivieren oder gar zwingen kann. Vielmehr ist zu fragen, wie bei Wahrung der unterschiedlichen politischen und nicht-politischen Interessen im Blick auf die Artikulation unterschiedlicher Interessen, die Besetzung politischer Ämter und die Möglichkeiten der Selbstverwaltung in teilautonomen Bereichen genügend Bürger politisch interessiert und zu politischer Beteiligung motiviert werden können. Mit anderen Worten: sozial ist die Grenze des politischen Systems nicht durch allgemeine Betroffenheit, sondern durch — ein zu förderndes — freiwilliges Interesse und Engagement für Partizipation zu ziehen.

Ähnlich verhält es sich mit der sachlichen und zeitlichen Begrenzung von Politik. Jeder Sache kann eine politische Bedeutung beigelegt werden. Auch Pflastersteine werden politisch bedeutsam, wenn man sie herausreißt und gegen Polizisten schleudert. Es empfiehlt sich dann — wie nach dem Mai 1968 in Paris geschehen sein soll — Straßen und Trottoirs nicht zu pflastern, sondern zu asphaltieren. „Von der Nahrungsfürsorge bis zur Kunstprotektion hat es", worauf bereits Max Weber aufmerksam machte, „keinen Zweck gegeben, den politische Verbände nicht schon verfolgt hätten"[122]. Nun macht es aber einen großen Unterschied, ob Politik nur Rahmendaten setzt oder Programme bis ins Detail vorschreibt, ob Kunst und Wissenschaft z. B. durch unabhängige Kommissionen nach Sachkriterien protektioniert werden oder ob politisch bestimmt wird, was wie erforscht, gemalt, gefilmt, geschrieben werden soll. Die Rationalität demokratischer Entscheidungsprozesse ist wie die Rationalität gesetzlich-bürokratischer Konditionalprogrammierung, in der auf jede Frage ein Erlaß nach dem Schema, wenn A eintritt, ist B zu tun, erscheint, begrenzt. Davon vermittelt gerade das Bildungssystem eine reiche Anschauung. Politische Partizipation, die außer acht läßt, daß 1. die Kapazität aller bekannten Entscheidungsverfahren und Organisationsstrukturen, auch demokratisierter Organisationen begrenzt ist, daß 2. viele Handlungen und Handlungsbereiche durch politische Programme und Entscheidungen nicht oder nur partiell steuerbar sind, wird daher irrational. Politisierung, die auf mehr als auf eine Steigerung der Einflußchancen stark benachteiligter Gruppen — ein extremes Beispiel sind in unserer Gesellschaft Fürsorgeempfänger im Rentenalter — oder — wie die Überlegungen von Hentigs — auf die Erweiterung noch möglicher Selbstverwaltung zielt, steigert die ohnehin mächtige Tendenz des modernen Staates, Aufgaben an sich zu ziehen, die politisch-bürokratisch nicht effizient erfüllt werden können. Sie provoziert damit zwangsläufig die Wende zur Entpolitisierung. Es wäre rationaler, sogleich zu bedenken, wo die Notwendigkeit besteht, Güter als öffentliche Güter zu produzieren, Handeln durch Gesetzgebung zu normieren, hohe Kosten verursachende Bürokratien mit sozialpolitischen Subventionsprogrammen zu beschäftigen.

Schließlich ist im Blick auf die zeitliche Begrenzung von Politik festzustellen, daß politische Partizipation eine zentrale Schwierigkeit moderner Politik, die Schwierigkeit, Entscheidungen rechtzeitig und in nüchterner Voraussicht zu fällen, nicht aufhebt, sondern allem Anschein nach verstärkt. Die Kombination von Wahlturnus und Parteienkonkurrenz macht Politik revisionsfähig, aber auch kurzatmig. Durch Partizipation können Abstimmungsprozesse verlängert und Entscheidungsperspektiven noch stärker auf kurzfristige Interessen und/oder vage langfristige Globalerwartungen fixiert werden. Es mangelt nicht an Anhaltspunkten dafür, daß sich der Bürger mehr noch als der Politiker, wenn er nicht spezifische Sachkenntnis besitzt, aufgrund der zeitlich begrenzten Informationsmöglichkeit wahrscheinlich eng und kurzfristig und/oder global und langfristig orientiert.

In der global-langfristigen Orientierung ist seit der zweiten Hälfte der sechziger Jahre wieder eine spezifisch moderne Tendenz zur Vermischung zweier unterschiedlicher Problembezüge wirksam. Im Zentrum moderner Politik steht seit der Entwicklung der bürgerlichen Gesellschaft die Forderung nach sozialer Gleichheit. Zugleich sind alle modernen Gesellschaften in zunehmendem Maße mit Folgeproblemen ihrer technisch-wissenschaftlichen Entwicklung konfrontiert, die ohne eine auf sie bezogene zunehmende Lern- und Handlungsbereitschaft der Bürger nicht gelöst oder entschärft werden können. Ein Beispiel ist der Umweltschutz. Schließlich werden moderne Gesellschaften

---

[122] M. Weber, Wirtschaft und Gesellschaft, Köln 1964, Studienausgabe, S. 39 f.

[123] Zu diesen strukturellen Problemen vgl. unter anderer Perspektive C. Offe, Strukturprobleme des kapitalistischen Staates. Aufsätze zur politischen Soziologie, Frankfurt 1975[3]; F. Scharpf, Demokratietheorie, a. a. O. (Anm. 110).

mit fortschreitender Differenzierung und Säkularisierung sich selbst zum Problem, das mit den Fragen nach individueller und kollektiver Identität oder nach dem Verhältnis von technischer, auch sozialtechnischer Machbarkeit zur Sinnerfüllung — z. B. von Habermas — thematisiert wird. Moderne soziale Bewegungen, Gesellschaftstheorien und Ideologien sind immer dann in der Breite wirksam geworden, wenn sie an eines oder mehrere dieser oft nur diffus aber akut empfundenen Probleme anknüpfen konnten, wobei die Problemlagen oft übereinandergeschoben wurden, so daß es scheinen mochte, es handle sich nur um ein Problem und dessen Lösung sei dann auch die Lösung aller Probleme[124].

Dies gilt auch für die in den sechziger Jahren entstandene und oft allzu global als „Neue Linke" bezeichnete Bewegung. Wir können hier von der unter anderen Gesichtspunkten gebotenen Differenzierung absehen, weil sich in den Gruppen der neuen Linken eine ähnliche Problemvermischung beobachten läßt. Wiederholt wurde mit Verwunderung registriert, daß diejenigen den Abbau von Herrschaft forderten, die am ehesten die Chancen hatten, die Privilegien von Herrschaftspositionen zu genießen, daß diejenigen den Kampf gegen den Kapitalismus aufnahmen, Diskussion und mehr Chancen der Partizipation forderten, die mehr als andere von dem in einem gewinnorientierten Wirtschaftssystem erarbeiteten „Mehrwert" profitierten und mehr Chancen zur Diskussion und zur Partizipation hatten als andere. Auflösbar ist dieser Widerspruch dann, wenn man ihn aus einem leicht möglichen Fehler in der Problemthematisierung heraus interpretiert. Weil „Sinn" und „Identität" in der modernen Gesellschaft nicht mehr eindeutig und dauerhaft festzumachen sind, können alle Probleme und jede Problemlösungen verheißende Theorie oder Ideologie zum Träger von Sinn und Identifikationen werden. Theorien oder Ideologien sind dazu besonders geeignet, wenn sie zugleich auf Erklärung angelegt und zielgerichtet sind, wenn sie zugleich Rationalisierungen für Frustrationen anzubieten und Möglichkeiten ihrer Überwindung durch die Veränderung von Mensch, Gesellschaft oder Natur zu eröffnen scheinen. Da der Glaube an solche Möglichkeiten als innerweltlicher Glaube dem Risiko der Widerlegung durch wissenschaftliche Erkenntnis oder praktische Erfahrung ausgesetzt ist, werden unrealistische Hoffnungen und Verheißungen oft nur durch Immunisierung gegen solche Risiken glaubwürdig. Zu den häufig bewußt oder unbewußt eingesetzten Mitteln der Immunisierung gehört eine sachlich, zeitlich und sozial vage Bestimmung der Zielvorstellungen, die Bindung des Ziels an widersprüchliche, in ihrer Widersprüchlichkeit aber schwer erkennbare Voraussetzungen, die Vermehrung der Voraussetzungen bis zu einem Grad, der eine Kontrolle der einzelnen Bedingungen nicht mehr erlaubt.

Fast alle modernen Utopien haben, gleichgültig, ob sie vorwärts oder rückwärts gerichtet sind, eines gemeinsam: sie verheißen eine Lösung der Probleme moderner Gesellschaften in einer politisch hergestellten kollektiven Identität und der in ihr möglichen Sinnerfüllung. (Behrmann 1975 S. 97 f.; Berger u. a. 1973) Dieser Glaube geht viele Wege, die nicht allein durch die Philosophie und spekulative Sozialwissenschaften eröffnet und bezeichnet werden, obwohl sie zu den wichtigsten Trägern gehörten und gehören. Er kann daher auch auf unterschiedliche Weise begründet werden. Zu den wichtigsten, ihn gegen die Risiken der Widerlegung abschirmenden Begründungen zählen die auch für die Emanzipations- und Demokratisierungsprogrammatik der neueren Didaktik konstitutive

[124] Vgl. F. H. Tenbruck, „Die Glaubensgeschichte der Moderne", in: Zeitschrift für Politik, 1/1976.

Vorstellung, die fortschreitende wissenschaftliche Erkenntnis von Natur, Mensch und Gesellschaft könne so in Technik, Aufklärung und Politik umgesetzt werden, daß eine Annäherung an den Zustand völliger Freiheit und Selbstbestimmung möglich wird und die damit verbundene ambivalente Bestimmung des Menschen als eines sozialen und rationalen Wesens. In ihrer Ambivalenz zwischen allgemeiner Bestimmung des menschlichen Wesens und historischer, also partikularer Ausdeutung macht sie glauben, der Mensch könne werden, was er ist, unter modernen Bedingungen aber — noch — nicht sein kann. Dazu sind Bedeutungsverschiebungen notwendig, die diese Ambivalenz absichern, also Politik zugleich und ohne erkennbare Unterscheidung in einem sehr weiten und im geläufigen engen Sinne verstehen. Beispielhaft hierfür ist der Anspruch auf „Wiederherstellung der Politik" und die damit verbundene, zitierte Argumentationsweise.

Wer ihr folgt, läuft Gefahr, mit dem Kopf gegen die Wand, gar noch gegen eine selbst aufgerichtete, zu rennen. Sinn ist, fragt man nicht nach dem Sinn und Zweck einzelner Handlungen, Einrichtungen, Programme, sondern mit Didaktikern der politischen Bildung nach dem „guten" und das heißt doch wohl vor allem: sinnvollen Leben, nicht nur, worauf Jürgen Habermas hinweist, bürokratisch, sondern auch wissenschaftlich und politisch nicht herstellbar[125]. Wissenschaft kann Klarheit vermitteln und zur Lösung der mannigfachen Probleme moderner Gesellschaft beitragen, soweit sie technisch, auch sozialtechnisch lösbar sind. Politik kann mehr oder minder günstige, mehr oder minder bedrückende oder befreiende Rahmenbedingungen schaffen und soziale Ungleichheit verringern. Wer von Politik und Wissenschaft mehr erwartet, benötigt nicht nur ungleich mehr „Frustrationstoleranz", als ihm politischer Unterricht zu vermitteln vermag, sondern einen starken Glauben. Ihn zu verbreiten, kann so wenig Aufgabe politischen Unterrichts sein wie die Vermischung von Problemen und die Suggestion, eine politische und wissenschaftliche Aussagen vermengende Emanzipations-, Partizipations- und Demokratisierungsprogrammatik führe zur Selbstbestimmung. Mitbestimmung ist eines unter anderen wichtigen Mittel politischer Einflußnahme und sozialer Kooperation und sollte schon deshalb nicht zum wichtigsten Bezugspunkt politischer Bildung gemacht werden.

3.3.3.3 Minimalkonsens

Damit ist nun auch wieder die Frage nach dem Minimalkonsens berührt[126]. Die neuere Didaktik hat sich die Aufgabe gestellt, den Unterricht an rational begründbaren, überprüfbaren und konsensfähigen Zielen zu orientieren. Das ist ihr bislang nur teilweise gelungen und kann ihr auch nicht gelingen, weil das Problem des Minimalkonsens primär ein Problem der Gesellschaft und nicht der Wissenschaft ist. Auch im Blick auf dieses Problem kann Wissenschaft nur klärend helfen, indem sie das, was mit Konsens gemeint sein kann, systematisch entwickelt und nach Konsensbedingungen fragt.

Zunächst läßt sich feststellen, daß sich in allen modernen Gesellschaften das schon an

---

[125] Der Einwand, wir müßten deshalb ein anderes Verständnis von Wissenschaft und Politik entwickeln, trifft nicht, da — die Möglichkeit einer grundlegenden Veränderung des modernen Systems wissenschaftlicher Forschung und politisch-bürokratischer Steuerung einmal vorausgesetzt — niemand ernsthaft bereit sein dürfte, auf deren Leistungen zu verzichten, von denen wir auf Schritt und Tritt abhängig sind.

[126] Diese Frage ist in den letzten Jahren in das Zentrum der Diskussion gerückt. Vgl. u. a. Hilligen 1975 a, S. 172 ff.; Hilligen 1975 b; Gagel 1975; Schörken 1975 a, 1975 b; K. G. Fischer, Theorie und Praxis von Consensus und Dissensus, Hannover 1975, herausgegeben von der Niedersächsischen Landeszentrale für politische Bildung.

Beispielen verdeutlichte, nicht mehr unmittelbar handlungsrelevante und handlungsbestimmende Symbolsystem herausgebildet hat, dessen Symbole affektiv besetzt, also Träger von Identifikationen sind. Sie symbolisieren einen Zusammenhalt, der auf der Ebene konkreter, handlungsleitender Überzeugungen nicht mehr vorhanden und angesichts der hohen Differenzierung der Gesellschaft, des Pluralismus im privaten wie im öffentlichen Bereich auch kaum herstellbar ist. Gesellschaften, deren Geschichte wie die Geschichte Deutschlands sehr wechselhaft und von modernen totalitäten Bewegungen, die einen hohen „Symbolverbrauch" haben, bestimmt war, haben ein geringes Symbolreservoir und ein schwieriges Verhältnis zu Symbolen. Auch Didaktiker, die noch vor wenigen Jahren Konzeptionen politischer Bildung, die eine Identifikation mit solchen Symbolen befördern sollten, heftig kritisierten, heften sich allerdings mittlerweile Parteiaufkleber mit den Nationalfarben an ihr Auto.

Wichtiger als solche Symbole sind nun zweifellos verbale Symbole und ihr Gebrauch. Sie sind häufig durch merkwürdig asymmetrische Bezüge gekennzeichnet. Einerseits beziehen sie sich auf konkrete, negativ oder nicht mehr positiv bewertete Erfahrungen, andererseits auf eine sie überwindende, aber vergleichsweise unbestimmte Alternative. Typisch hierfür sind die Negation des „Kalten Krieges" durch die Friedenspolitik und die damit verbundenen recht vagen Vorstellungen von der Möglichkeit des Friedens oder die Negation bestimmter „sozialistischer Tendenzen" durch einen unbestimmten Freiheitsbegriff in der Wahlkampfparole „Freiheit statt Sozialismus". Der Emanzipationsbegriff fügt sich durchaus in dieses Muster, ist aber bislang nur die Leitidee einer intellektuellen Minderheit geblieben, die ihn wahrscheinlich deshalb nicht wirksam zu propagieren vermag, weil er zuviel negiert und zu wenig bekannte positive Assoziationen ermöglicht.

Insgesamt läßt sich nun beobachten, daß mit der Konkretisierung und rationalen Begründung allgemeiner Werte, mit der Interpretation von Symbolen zugleich der Dissens offenkundig wird, ja, sich oft verschärft. Der Versuch, „dem" Frieden auch durch Intensivierung der Friedensforschung, durch ein vertieftes Verständnis des Friedensbegriffs, durch die Analyse von Friedensbedingungen und Friedensstrategien näherzukommen, hat z. B. bislang vor allem Dissens über den Begriff des Friedens, Friedensbedingungen und Friedensstrategien gezeitigt[127]. Ähnliches wäre wohl zu erwarten, wenn man sich um eine genauere Klärung des Emanzipationsbegriffs bemühte. Das in allen neueren Didaktiken und Programmen politischer Bildung enthaltene Ziel der Rationalität ist nur deshalb noch wenig umstritten, weil der Begriff bislang noch kaum thematisiert wurde. Es ist daher höchst unwahrscheinlich, daß der in der Didaktik postulierte herrschaftsfreie Dialog zum Konsens führt. Er ermöglicht ein besseres wechselseitiges Verstehen und macht alternative Vorstellungen der argumentativen Prüfung zugänglich, ermöglicht den Konsens aber nur, wenn er im Vorhinein schon angelegt ist.

Die Unterschätzung des Dissens in den Vorarbeiten zu den neueren Richtlinien ist wahrscheinlich auch in einer Überschätzung von Konsenschancen begründet, die gleichsam in der „Natur der Sache" liegt. Soziales Handeln ist auf die Erwartbarkeit der Erwartungen anderer angewiesen[128]. Sie kann auf Erfahrung, in einer Gesellschaft, in der wir

---

[127] Vgl. u. a. die Beiträge in dem von M. Funke herausgegebenen Sammelband, Friedensforschung, Entscheidungshilfe gegen Gewalt, Schriftenreihe der Bundeszentrale für politische Bildung, Bonn 1975.

[128] Vgl. hierzu G. H. Mead, a. a. O.; T. Parsons, The Social System, New York 1951; ders., Zur Theorie sozialer Systeme, Opladen 1976; N. Luhmann, Soziologische Aufklärung 2, Opladen 1975, S. 9—71, vor allem S. 29 ff. und S. 55 ff.; ders., Institutionalisierung — Funktion und

ständig fremden Menschen begegnen oder in anonymen Zusammenhängen handeln, aber nicht nur hierauf gestützt werden. Wir müssen vielmehr auf der von G. H. Mead beschriebenen Grundlage der Entwicklung des Ich hypothetisch unterstellen, daß der — fremde[129] — andere so denkt oder handelt wie ich, oder annehmen, er denke und handle, wie „man" handelt. In beiden Fällen setzen wir Konsens voraus, Konsens zwischen mir und anderen im ersten Fall, Konsens in der Gesellschaft im zweiten.

Es mag durchaus sein, daß wir nicht so denken, wie „man" denkt, und nicht so handeln möchten, wie „man" handelt, werden dann aber den Ärger, den uns offenkundig abweichendes Denken oder Handeln einträgt, gegen die Anerkennung abwägen müssen, die wir finden, wenn wir den Erwartungen entsprechen. Wie solche generalisierten Erwartungserwartungen zustandekommen, ist weniger erkennbar als deren Funktion: sie schaffen einen Konsens auch dort, wo kein unmittelbares gemeinsames Erleben, dessen gemeinsame Interpretation oder — diese Möglichkeit einmal unterstellt — kein zum Konsens führender Diskurs möglich ist. Erkennbar ist auch, daß dieser Konsens sich auf riskante Weise stabilisiert und daß er oft überschätzt wird.

Wo immer Personen interagieren und kommunizieren, indem sie sich am „man", am generalisierten, anonymen Alter-Ego orientieren, ist auch damit zu rechnen, daß keiner der Beteiligten sich eigentlich so verhalten möchte, wie „man" sich verhält, dies aber dennoch tut, weil er den je anderen in der Rolle des „man" sieht. So löst die empirische Sozialforschung immer wieder ein Erstaunen aus, das sich als „Kinsey-Effekt" bezeichnen läßt. Wir stellen überrascht fest, daß unsere Erwartungserwartungen nicht zutreffen, daß, obwohl darüber ein hoher Konsens besteht, viele andere wie wir selbst außerhalb des Bereichs öffentlicher Kommunikation und Interaktion und sozialer Kontrolle manches denken und tun, was „man" nicht erwartet und was „man" nicht denkt oder tut. Solchen Erkenntnissen läßt sich leicht aufklärerische Wirkung zusprechen. Sie bleibt gleichwohl zwiespältig, sind wir doch weder in der Lage, alle Normen zu prüfen und gegebenenfalls andere Normen zu finden, noch läßt sich die Gesellschaft dergestalt in kleine und dauerhafte Gemeinschaften auflösen, daß wir auf generalisierte Erwartungserwartungen verzichten können. In einen solchen Zwiespalt gerät zwangsläufig auch eine Didaktik, in der zur Prüfung aller Normen und eines möglichen Scheinkonsens aufgefordert wird, in der aber zugleich eine Vielzahl von Erwartungserwartungen formuliert werden muß, deren „Konsensfähigkeit" ebenso riskant, wenn nicht riskanter ist als die vieler anderer Erwartungserwartungen.

Der Umfang des Konsens wird nicht zuletzt auch deshalb überschätzt, weil der Dissens bei der Vielzahl sachlich, zeitlich und sozial beschränkter, sachbestimmter Kontakte nicht offenkundig wird. Wer z. B. zum Metzger geht, interessiert sich in der Regel für die Qualität seiner Waren, nicht für seine politische Gesinnung, seine Lebensphilosophie oder sein Verhältnis zu Frau und Kindern. Dort, wo häufiger und dauerhafter kommuniziert wird, die sozialen Beziehungen nicht sachlich begrenzt sind, wird Dissens häufig durch die Ausblendung konfliktreicher Themen oder durch die Wahl von Gruppen mit ähnlichen Überzeugungen vermieden[130]. Oft entsteht der Eindruck eines geringen Dissens

---

Mechanismus im sozialen System der Gesellschaft", in: H. Schelsky (Hrsg.), Zur Theorie der Institutionen, a. a. O. (Anm. 32), S. 30 ff.

[129] Eine andere Konstellation ergibt sich natürlich, wenn der Fremde einer anderen Gesellschaft und Kultur zugerechnet wird. Vgl. G. Simmel, Soziologie, Berlin 1908, S. 509 ff.

[130] Vgl. hierzu L. Festinger, A Theory of cognitive Dissonance, Stanford 1968; M. Irle, Lehrbuch der Sozialpsychologie, Göttingen 1975.

auch deshalb, weil sich Einstellungen und/oder Kommunikation auf vage Allgemeinheiten beschränken. Jede einschlägige Meinungsbefragung zeigt z. B., daß verbreitete positive Einstellungen zur Mehrparteiendemokratie nicht gleichbedeutend mit „demokratischen" Einstellungen im Bereich der Grundrechte sind[131]. Wo damit gerechnet werden muß, daß Einstellungen mit verbreiteten — gar in wichtigen Bezugsgruppen verbreiteten — Erwartungserwartungen kollidieren, wird ein solcher allgemeiner Konsens zusätzlich bestärkt. Wähler vertreten etwa extreme Auffassungen häufiger, als der Stimmenanteil für extreme Parteien dies erkennen läßt, weil „man" — wofür eine Gruppen- oder Parteizugehörigkeit ein ungleich deutlicheres Indiz ist als einzelne Meinungen — kein Extremist ist. Wähler wählen in der Bundesrepublik Deutschland auch dann, wenn sie sich mit keiner Partei recht identifizieren und bezweifeln, daß sie mit ihrer Stimme etwas bewirken, allem Anschein nach, weil „man" wählt.

Auf die Prozesse, in denen sich solche Erwartungserwartungen verändern, haben Eliten, Meinungsführer und Massenmedien nicht den Einfluß, der ihnen häufig zugesprochen wird. Der Wechsel von Erwartungserwartungen ist vielmehr davon abhängig, daß das sie tragende Feld in der öffentlichen Meinung rissig wird, daß diejenigen, die sich in ihren Erwartungen mit dem identifizieren, was man erwartet, unsicher werden, zu zweifeln beginnen, während die anderen, die sich nur angepaßt haben, zu spüren beginnen, daß man sich dessen, was „man" erwartet, nicht mehr sicher sein kann. Man kauft dann plötzlich keine „Käfer" mehr, trägt wieder weitere Hosen und längere Röcke. Man glaubt nicht mehr an den unaufhaltsamen Fortschritt, erkennt, daß „man" im Stillen schon längst an der Möglichkeit der Wiedervereinigung zweifelte oder daß man sich als Pädagoge nicht mehr unbedingt auf Partnerschaft, Mündigkeit, Emanzipation oder ähnliche Leitideen verpflichten muß, wenn man gehört werden will. Zwar muß damit gerechnet werden, daß böswillige Gemüter in der Vergangenheit kramen und dem Publikum mitteilen, daß der Pädagoge X im Jahre . . . doch etwas ganz anderes geschrieben, der Politiker Y doch etwas ganz anderes gesagt hat, doch mangelt es dann nicht an Rationalisierungen des Sinneswandels durch neue Erkenntnisse, Einsichten, Wandel der Verhältnisse usw.

Der Konsens auf der Ebene der Erwartungserwartungen gründet also nicht in verinnerlichten Einstellungen. Die Sozialisationsforschung hat sich wahrscheinlich durch die Sozialisationstheorie erheblich irreführen lassen, wo sie Einstellungen sogleich als verinnerlichte Einstellungen interpretierte. Erwartungserwartungen sind zumeist nicht psychisch, sondern sozial abgestützt. Sie basieren — funktional betrachtet — auf einer ungleich flexibleren Kombination von kognitiven, affektiven und normativen Orientierungen. Im Gegensatz zu verinnerlichten Einstellungen sind sie nicht vom unmittelbaren Erleben und von einer hohen Identifikation mit Bezugspersonen wie Vater oder Mutter abhängig. Sie fordern kognitives Lernen, entlasten den Lernenden aber auch. Er muß wissen, was man erwartet, ist dann aber auch nicht mehr genötigt, sich ernsthaft mit denkbaren anderen Erwartungen auseinanderzusetzen. Affektiv werden Erwartungserwartungen durch leicht generalisierbare Motive, durch das selbstverständliche Akzept dessen, was „man" denkt und tut, und durch die Furcht vor Mißbilligung abgestützt. Normativ ermöglichen sie auch Orientierungen gegenüber Bereichen, die völlig außerhalb

---

[131] Die „klassische" Untersuchung zu diesem Thema ist H. McClosky, „Consensus and Ideology in American Politics", in: American Political Science Review 58, June 1964; die immer noch aufschlußreichste deutsche Untersuchung: M. Kaase, Demokratische Einstellungen, a. a. O., (Anm. 3).

des eigenen Lebensbereiches liegen. Soziologisch gesehen, bedeutet dies, daß der Minimalkonsens nicht mehr von schwierigen und langwierigen Sozialisationsprozessen in primären Gruppen, von einer starken Integration der Familie in die Gesellschaft, von in Gesellschaft und Familie ähnlichen Autoritätsstrukturen, Überzeugungen usw. abhängig ist[132], daß Lernprozesse in die Öffentlichkeit verlagert werden können. Zugleich sind Erwartungserwartungen leichter veränderbar. Sie sind nicht durch Verinnerlichung blockiert. Wer sie aufgibt oder wechselt, riskiert nicht seine Identität. Strategien sozialer Veränderung werden möglich — nicht im Sinne einer rationalen, Ziel und Mittel exakt programmierenden Planung, aber im Durchgang durch Stadien von sozialen Lernprozessen. Öffentliche Meinung ist zwar nicht das Ergebnis rationaler Diskurse, aber ein Medium, in dem Erwartungserwartungen bestätigt, wiederholt, auf konkrete Phänomene angewandt werden. Öffentlichkeit ist auch ein Testmarkt für kognitive Problematisierungen, Themen- und Perspektivenwechsel, für mögliche Veränderungen von Erwartungserwartungen.

Didaktiker sind als Wissenschaftler hingegen eher als die breite Öffentlichkeit zur systematischen Problematisierung geneigt. Da ihre Problemlösungen aus den beschriebenen Gründen immer auch politisch-normative Elemente enthalten, ist der unter Didaktikern erreichbare Konsens, solange er nur der Minimalkonsens einer Bezugsgruppe der Sachverständigen ist, politisch noch keineswegs konsensfähig. Wer dennoch erwartet, ein unter Didaktikern hergestellter Minimalkonsens müsse allgemein akzeptiert werden, übersieht nicht nur die Trennlinien zwischen Wissenschaft und Politik, sondern auch, daß sich in einem solchen Konsens die Ergebnisse rationaler wissenschaftlicher Diskussion mit daraus allein nicht ableitbaren Erwartungserwartungen mischen.

Seitdem der Konfliktbegriff zu einer Schlüsselkategorie in der Didaktik der politischen Bildung wurde, ist umstritten, ob sich politische Bildung primär am Konsens oder am Konflikt orientieren sollte. Neue Argumente sind in dieser Diskussion seit geraumer Zeit nicht mehr vorgebracht worden. Sie wird weithin durch die Pluralismustheorie[133], verschiedene Varianten sozialistischer Theorie und J. Habermas' Überlegungen zum herrschaftsfreien Diskurs bestimmt. Obwohl die beiden zuletzt genannten Theorien Konsenstheorien sind — sozialistische Theorien haben eine Veränderung der Gesellschaft zum Gegenstand, deren Ziele im Vorhinein als konsensfähige Ziele festgelegt sind, Habermas bemüht sich um ein Verfahren, mit dessen Hilfe ein vernünftiger allgemeiner Konsens hergestellt werden kann —, während die Pluralismustheorie eine Theorie des regulierten Konflikts ist, betonen Didaktiker, die der Pluralismustheorie folgen, in der Diskussion um die politische Bildung durchweg den Konsens, die Konsenstheoretiker hingegen den Konflikt. Diese merkwürdige Verkehrung der Fronten ist leicht zu erklären: die Konsenstheorien fordern weitreichende gesellschaftliche Veränderungen, bei einer erwartbaren Beharrungstendenz mehr oder minder großer Teile der Gesellschaft also zunächst einmal verschärfte Konflikte. Die Pluralismustheorie hingegen unterstellt, daß in der Zielsetzung und in der Form des Austrags, sachlich, sozial und zeitlich moderierte Konflikte — wenn denn ein stetiger Wille großer Teile der Bevölkerung zu weitreichenden Veränderungen

[132] Vgl. C. Behrmann, Familie und Öffentlichkeit, a. a. O.
[133] Vgl. dazu die umfangreiche Literaturübersicht bei D. Oberndörfer, „Volksherrschaft — zur normativen Prämisse der Demokratietheorie", in: a. a. O. und als neuere dort noch nicht berücksichtigte wichtige Veröffentlichungen; A. Schwan, 1976 und Th. Lowi, The End of Liberalism: Policy and the Crisis of Public Authority, New York 1969; ders., The Politics of Disorder, New York 1971.

vorhanden sein sollte — diese längerfristig auch herbeiführen, daß die bei verschärften Konflikten wahrscheinlichen Gefährdungen der Offenheit gesellschaftlicher Entwicklungen, der Freiheit der Bürger und des inneren Friedens aber vermieden werden können.
In den letzten Jahren mehren sich nun die Versuche, für die politische Bildung einen „Minimalkonsens" zu formulieren. Dabei sind mehrere kaum überwindbare Schwierigkeiten aufgetreten:

— Sobald der Bereich allgemein gehaltener Werte überschritten wird, entsteht Dissens[134].
— Werden die Anforderungen an die rationale Rechtfertigung des Minimalkonsens so hoch angesetzt wie in der neueren Didaktik, so können sie allem Anschein nach nicht erfüllt werden[135].
— Werden die Anforderungen an die demokratische Legitimation so hoch angesetzt wie in der neueren Didaktik und Curriculumtheorie, so lassen sie sich ebenfalls praktisch nicht einlösen[136].
— Mithin bleibt der je postulierte Minimalkonsens eine Sammlung inhaltlich und sozial — d. h. durch Verweise auf Überzeugungen sich politisch artikulierender Gruppen, Programme politischer Verbände, Entscheidungen politischer Instanzen, des Bundesverfassungsgerichts u. ä. — begründeter Maximen eines Didaktikers oder einer Gruppe von Didaktikern.

Daraus könnte gefolgert werden, der Minimalkonsens existiere nicht und es sei in einer kulturell und sozial inhomogenen Gesellschaft auch ein hoffnungsloses Unterfangen, ihn herzustellen. Für eine solche Folgerung sprechen die Daten empirischer Untersuchungen, nach denen in allen modernen Gesellschaften, in denen Meinungen und Überzeugungen frei geäußert werden können, ein Konsens außerordentlich selten ist. Entgegen einer vorherrschenden Fragestellung in den Sozialwissenschaften wären mithin nicht so sehr Dissens und Konflikte, sondern der Konsens zu erklären, vor allem aber zu untersuchen, ob — wie in der Regel unterstellt — der Konsens die wichtigste Bedingung für die Stabilität einer Gesellschaft, ihrer politischen Ordnung und ihre Integration ist. Dies ist angesichts vieler Daten wie der durchweg normativen Verwendung des zudem wenig geklärten Konsensbegriffs zu bezweifeln. Sollten sich die Zweifel erhärten, so wäre auch den Konsenstheorien der Boden einer denkbaren Verwirklichung entzogen[137].
Die Verbindung der sinnvollen didaktischen Forderung nach einem besser durchdachten, auf kontrollierbare Ziele bezogenen und im Inhalt wissenschaftlicher Prüfung stand-

---

[134] Vgl. hierzu die Diskussionen um die Konsensfähigkeit beanspruchenden NRW-Richtlinien, W. Hilligens „normative Optionen" und das Konzept der Gruppe Grosser, Hättich, Oberreuter, Sutor.
[135] Man vergleiche z. B. die „Begründungen" der Leitideen, Lernziele und normativen Optionen bei Gagel, in: Schörken 1974, S. 29 f. und die außerordentlich dürftigen Aussagen über den Lernzielkatalog der NRW-Richtlinien bei Menne, a. a. O., S. 197 ff.; das Sammelsurium von Begründungen unterschiedlichster Herkunft bei Hilligen 1975, S. 172 ff., und den Zusammenhang zwischen den sehr allgemeinen philosophisch-anthropologischen sowie politikwissenschaftlichen Erörterungen und den Lernzielen bei Sutor 1971.
[136] Der Hinweis mag genügen, daß bislang alle Richtlinien nach zumeist nicht sehr intensiven Anhörungsverfahren von Ministern erlassen wurden. Die Skepsis Schörkens (1975 b) gegen die immerhin denkbare Legitimation durch Parlamente, die zur Verteidigung des wissenschaftlich-didaktischen Sachverstands aufruft, überrascht insofern, als Parlamente über ungleich wichtigere Fragen entscheiden und die Beanspruchung des Sachverstands in politisch zu entscheidenden Fragen ansonsten oft als technokratisch oder verschleiernd gewertet wird.
[137] Diese Auffassung vertritt N. Luhmann, vgl. Anm. 32.

haltenden Curricula mit der staatlichen Lehrplanung ist — so gesehen — wahrscheinlich eine Fehlentwicklung, die mehr Probleme geschaffen als gelöst hat. Mit ihr haben sich Didaktik und staatliche Instanzen nicht nur unerfüllbaren Konsens- und Rechtfertigungsanforderungen unterworfen. Zugleich würde bei konsequenter Durchsetzung der Ziel- und Themenkataloge die Freiheit des Lehrens und Lernens in einem auf Offenheit angewiesenen Fach wie dem politisch-sozialkundlichen Unterricht nicht vergrößert, sondern eingeschränkt.

Der Rahmen, in dem er sich bewegen muß, ist durch die geltenden Gesetze — Verfassung, Schulgesetze und Elternrecht — vorgegeben. Die Forderung nach Gleichheit der Bildungschancen mag zudem für die Festlegung wichtiger Themenfolgen sprechen. Alles, was darüber hinausgeht, ist mit einer freien Gesellschaft schwerlich zu vereinbaren. Der erforderliche Minimalkonsens läßt sich damit knapp bestimmen: Er besteht aus der Beachtung der geltenden Gesetze und der Verfahren ihrer Änderung und in der Bereitschaft, Konflikte friedlich und unter Achtung der je anderen Auffassungen auszutragen. Über alle anderen Fragen, Auffassungen, Ziele kann Dissens bestehen. Er mag als störend und beschwerlich empfunden werden, den Willensbildungsprozeß und den Fortschritt hemmen, gefährdet aber nicht die Fähigkeit der Mitglieder einer Gesellschaft, zusammen zu handeln und gemeinsame oder partikulare Ziele in den Grenzen des je Möglichen zu erreichen. Wo immer dagegen die Beachtung von Normen, d. h. in modernen Gesellschaften immer auch des kodifizierten Rechts, dem subjektiven Belieben anheim gestellt und die Verfolgung von Zielen dem friedlichen Austrag von Konflikten übergeordnet werden, wird auch der Bürgerkrieg latent[138].

---

[138] An Merkmalen eines latenten Bürgerkriegs mangelte es im Streit um die politische Bildung nicht. Dazu gehören: die Verbreitung von Freund-Feind-Stereotypen wie fortschrittlich-demokratische Kräfte, Herrschende, Reaktionäre, Systemveränderer usw.; ein in der Geschichte der Bundesrepublik Deutschland bislang beispielloser Versuch, alle politischen und gesellschaftlichen Organisationen für oder gegen die neuen Programme zu mobilisieren und bislang wenig organisierte Gruppen wie Eltern und Hochschullehrer in Kampforganisationen zu sammeln; eine mit der Aufforderung zur allgemeinen Ideologiekritik beginnende und im Radikalenerlaß institutionalisierte doppelte Kommunikation, bei der jede Aussage und Handlung auf vermutete Motive des gesellschaftsverändernden Machterwerbs oder der Verteidigung von Privilegien bezogen wird; die Tendenz zu einer Polarisierung, bei der alle Stimmen, die sich nicht eindeutig dem pro oder contra zuordnen lassen, zur Parteinahme gedrängt oder je nach Verhalten den „nützlichen Idioten" für die eine oder andere Seite zugerechnet werden; die Reduzierung der persönlichen Identität auf politische Gesinnungen. Die Art der Kommunikation, die dadurch bestimmt wird, läßt sich kaum besser als durch Fragmente in der Diskussion des Hessenforums illustrieren (Kogon, a. a. O., Anm. 51, S. 51, 87 ff.). „Was Sie hier gezeichnet haben, habe ich heute vormittag ähnlich in der Zeitung „Deutsche Zeitung / Christ und Welt" gelesen, daß es sich nämlich hier um so etwas wie eine politische Verschwörung handele, die auf irgendeine Weise unsere Verfassungswirklichkeit, unsere freiheitlichen Rechte unterwandern wolle. Darüber können wir eigentlich nur in der Form der gegenseitigen Beschuldigungen und Unterstellungen reden" (v. Hentig). „Die eigentliche Frage, die sich stellt, und die uns sicher noch einige Monate beschäftigen wird, ist jedoch, ob die Revision (der Richtlinien G. B.) zugunsten einer dem Geist unseres Grundgesetzes treuen Pluralismus wirklich und ausreichend ist oder ob es nur eine verbale Taktik ist, hinter der der alte Adam der Erstfassung unverkennbar hervorsieht" (Nipperdey). „Wenn ich zynisch oder polemisch wäre, aber ich bin es nicht und spiele auch nicht damit wie der Herr Kultusminister" (Franz). „Das nimmt jetzt den Charakter einer puren Kampfveranstaltung an, wir können genausogut mit Knüppeln aufeinander losgehen." „Es hat keinen Sinn, es ist unmöglich, sich auch nur zu verstehen, geschweige denn, sich zu verständigen" (Kogon).

Die für den „Minimalkonsens" bedeutsame Entscheidung ist, wie diese Entwicklungen erhellen mögen, keine Entscheidung zur Frage, welche Theorien und Zielvorstellungen „wahrheitsfähig" und daher zur Grundlage politischer Bildung gemacht werden sollten. Zu entscheiden ist vielmehr, ob politische Bildung zum Medium der Durchsetzung einer wie auch immer gearteten, noch nicht realisierten Idee von der Natur des Menschen, von Gesellschaft und Demokratie gemacht werden

Wie häufig in der neueren Didaktik sind bei der Behandlung des Minimalkonsens allgemein politische, bildungspolitische und pädagogische Fragen ineins gesetzt worden. Die pädagogische Frage, ob und wie politischer Unterricht dazu beitragen kann, daß der Heranwachsende ein relativ konsistentes, wert- und handlungsbezogenes Orientierungswissen zu erwerben vermag, ist indessen von der politischen Frage nach Inhalt, Möglichkeit und Notwendigkeit eines allgemeinen Minimalkonsens zu trennen. Was als Antwort auf die politische Frage gesagt werden kann, reicht für die Aufgabe der Pädagogik nicht aus. Die normative pädagogische — und pädagogisch zu verantwortende — Option fordert mehr und anderes als der politische Konsens und/oder gesellschaftliche Erwartungserwartungen.

3.4 Folgerungen für eine Didaktik des politischen Unterrichts

Man wird Mühe haben, ein Unterrichtsfach zu finden, zu dem seit Bestehen der Bundesrepublik Deutschland so viel geschrieben und gesagt wurde wie zum sozialkundlich-politischen Unterricht. Dennoch wird kein anderes Fach in den Stundentafeln so wenig berücksichtigt, an vielen Schulen so sehr vernachlässigt und so nachlässig unterrichtet[139]. Viele Lehrer, Eltern und auch Schüler haben zu diesem Fach ein ambivalentes Verhältnis. Daß der Schulunterricht an der politischen und sozialen Wirklichkeit nicht vorbeigehen dürfe, wird allgemein gefordert, ja, wo immer soziale und politische Probleme auftreten, die in einem Zusammenhang mit Denk- und Verhaltensweisen der Jugendlichen oder der erwachsenen Bürger stehen, kann damit gerechnet werden, daß an Erziehung und Schule appelliert wird, zur Lösung dieser Probleme beizutragen oder sie gar herbeizuführen. Als — im strengen Sinne des Wortes verstanden — politischer Unterricht setzt sich der Unterricht indessen rasch dem Vorwurf aus, in ihm werde unsachlich gearbeitet, indoktriniert, statt objektiver Kenntnisse Weltanschauung vermittelt. Ein um Sachlichkeit bemühter, d. h. auch sozialwissenschaftlich orientierter Unterricht löst dagegen ein verständliches Befremden aus.

Es ist verständlich, weil sich der Gegenstand dieses Unterrichts nicht wie der Gegenstand der meisten Fächer der Unterscheidung zwischen Nahem und Fernem, Bekanntem und Unbekanntem oder Richtigem und Falschem zuordnen läßt. In ihm wird zunächst das scheinbar Nahe und Bekannte dargestellt. Es wird indessen, je stärker sich der Unterricht wissenschaftlich orientiert, verfremdet[140]. Das vermeintlich Bekannte erscheint fremd,

---

oder ob sie sich primär an der realen Möglichkeit eines auch politisch geregelten Zusammenlebens orientieren soll, wie sie von Edmund Burke knapp charakterisiert wurde: „Alle Regierung und natürlich jeder menschliche Gewinn und jede Freude, jede Tugend und jede kluge Handlung ist in Kompromiß und Austausch gegründet. Wir balancieren Schwierigkeiten; wir geben und nehmen; wir verzichten auf Rechte, um uns anderer zu erfreuen und wir ziehen es eher vor, zufriedene Bürger als kluge Wortstreiter zu sein." Zitiert und übersetzt nach A. M. Bickel, The Morality of Consent, New Haven, London 1975, S. 19.

[139] Daß dieser Befund älterer empirischer Untersuchungen nicht überholt ist, belegen: Kaase, a. a. O., Anm. 3, S. 245, wonach 31% der Schüler und Jugendlichen und 10% der Studenten in keinem Schulfach über politische Probleme unterrichtet wurden und 44% der Schüler und Jugendlichen sowie 18% der Studenten in keinem Schulfach Gelegenheit hatten, über Politik zu diskutieren. In der 1974 durchgeführten Jugenduntersuchung der Adenauer-Stiftung, a. a. O., erklärten 63,7% der Befragten (N = 1192), sie hätten über unseren Staat in der Schule wenig oder gar nichts gelernt, wobei keine schicht- und schulstufenspezifischen Variationen erkennbar sind. Nach Aussagen von 42,4% wurde nur gelegentlich über aktuelle politische Ereignisse im Unterricht gesprochen, nach Aussagen von 35,4 der Befragten selten oder nie.

[140] Dieser Begriff wird hier im Sinne Brechts verwandt, dessen Wirkungsästhetik auf das hier

das Nahe fern. Zudem fehlen im Unterschied zu den meisten anderen Fächern eindeutige Kriterien, die erlauben, zwischen richtig und falsch zu unterscheiden. Je mehr sich der Unterricht auf Politik, d. h. auf die „res gerendae", auf das politische Handeln, auf seine Möglichkeiten und Risiken, auf die wertbezogenen Alternativen und auf die Ungewißheit des Ausgangs bezieht, desto mehr fordert er ein Denken, das in den meisten anderen Fächern nicht geschult wird. Die Didaktik dieses Fachs ist daher vor besonders schwierige Aufgaben gestellt, die dann sichtbar werden, wenn man sich mit den modernen Sozialwissenschaften aus dem Feld der Scheingewißheiten des sozialen und politischen Alltagsbewußtseins herausbegibt. Ob wir dies tun sollten oder gar müssen, ist zu entscheiden. Doch ist zu bezweifeln, ob wir in dieser Entscheidung noch frei sind. Sozialwissenschaften sind in alle Bereiche des Denkens, Wissens und Glaubens eingedrungen. Sie sind an den Gelenkstellen von Schule und Gesellschaft institutionalisiert. Die wichtigste Aufgabe der neueren Didaktik ist daher nicht mehr die Beantwortung der Frage, wie dem Schüler „Kunde" vom Sozialen und Politischen zu geben sei, sondern die Klärung des Verhältnisses von Wissenschaft und Unterricht für Schüler, die weder Wissenschaftler sind, noch in der Regel Wissenschaftler werden können oder wollen. Wir meinen, diese Aufgabe könne nicht zuletzt durch die engere Verbindung von historischem und sozialkundlich-politischem Unterricht eher als auf den bislang beschrittenen Wegen bewältigt werden. Um zu verdeutlichen, wo wir von ihnen abweichen, sollen abschließend vor dem Hintergrund der bislang angestellten Überlegungen und der in ihnen enthaltenen Kritik an der neueren Didaktik 1. die Differenz im didaktischen Ansatz, 2. die hier getroffenen Entscheidungen, 3. die daraus abgeleitete Konzeption für die Unterrichtseinheiten in den Grundzügen erläutert werden.

3.4.1 Die Differenz im didaktischen Ansatz

Bezugspunkt der folgenden schematischen Übersicht ist der Lehrer, weil er allgemein nicht als einziger, aber als wichtigster „Steuerungsfaktor" des Unterrichts betrachtet wird. Lehrer und Schüler befinden sich in einem „sozialen System" Schulklasse, das von den Wechselbeziehungen zwischen dem Lehrer X und den Schülern A, B, C, ..., den Beziehungen zwischen den Schülern und von den unterschiedlichen Umwelten (A′, B′, C′, ... X′), aus denen Schüler und Lehrer kommen, beeinflußt ist. Jeder Unterricht hat selbst dann, wenn in ihm nur Wissen vermittelt wird, immer auch zum Ziel, dem Schüler Einsichten, Kenntnisse und Fähigkeiten zu vermitteln, mit deren Hilfe er lernen kann, sich in seiner Umwelt selbständig zurechtzufinden und sie in zunehmender Einsicht in übergreifende geistige, sachliche und soziale Zusammenhänge zu überschreiten. Solange Schüler und Lehrer in einer ähnlichen, traditional bestimmten und weithin als selbstverständlich akzeptierten Umwelt leben, kann sich der Lehrer hiernach richten. Seitdem dies nicht mehr möglich ist, weil die Umwelt sich ständig wandelt und nicht mehr unmittelbar überschaubar ist, hat die Didaktik immer mehr an Bedeutung gewonnen. Da Inhalt und Ziel des Unterrichts nicht mehr selbstverständlich und konkret vorgegeben sind und sich in einer sozial stark differenzierten, raschen Wandlungen unterworfenen Gesellschaft auch nicht mehr eindeutig zeitlich sozial und sachlich festlegen lassen, müssen sie immer wieder neu bestimmt werden. So gerät die Didaktik im Feld des verfügbaren,

angedeutete Problem bezogen ist. Vgl. H. Turk, Literaturtheorie I, Göttingen 1976, S. 85 ff. und die dort angegebene Literatur.

d. h. zumeist wissenschaftlich ermittelten Wissens fast zwangsläufig in einen Prozeß eines fortschreitenden „Hinterfragens".

Die nächstliegenden Bezugspunkte sind eine allgemeine Anthropologie und eine allgemeine Gesellschaftstheorie. Zwischen beiden besteht ein für uns in der Tradition der europäischen Philosophie vorgegebener Zusammenhang. Dennoch ist es nicht unwichtig, ob die Anthropologie oder die Gesellschaftstheorie zum wichtigsten Bezugspunkt wird[141]. Die in Anthropologie und Gesellschaftstheorie enthaltenen normativen Elemente und die Allgemeinheit anthropologischer und gesellschaftstheoretischer Aussagen verweisen die Didaktik einerseits auf die Ideologiekritik, die ihre Angriffsflächen auch in den traditionalen Gesellschafts- und Menschenbildern findet, andererseits auf die empirische Forschung. Da sich Gesellschaftstheorie/Anthropologie, Ideologiekritik und Empirie im modernen Wissenschaftssystem nicht mehr schlüssig zusammenfügen lassen, sondern sich ständig relativieren, gerät die Didaktik damit aber zugleich in Gefahr, den so gesuchten Grund unter den Füßen sogleich wieder zu verlieren. Will sie ihr nicht durch Dogmatisierung entkommen, so wird sie fast zwangsläufig in zwei Richtungen, in die Richtung extremer, universalenzyklopädischer Forschungsprogramme und des utopischen Glaubens, mit mehr Forschung gelinge die Synthese, oder in Richtung der Wissenschaftstheorie als vermeintlich letztem und sicherem Bezugspunkt gedrängt.

Damit entfernt sie sich gewollt oder ungewollt von den Schülern, deren Umwelt und den Lehrern, denn selbst diese können dem von der Didaktik so beschrittenen Weg allenfalls ein Stück weit folgen[142]. Daraus Konsequenzen zu ziehen, fällt deshalb schwer, weil es in einer Gesellschaft, in der wissenschaftliches und wissenschaftsorientiertes Wissen dominant geworden sind, naheliegt, den Anspruch auf Mündigkeit und Gleichheit durch die allgemeine Verfügbarkeit dieses Wissens zu füllen. Jede Vereinfachung der Unterrichtsinhalte und jede Bescheidung in der Formulierung der Lernziele und Qualifikationen kann dann nur als Zugeständnis auf Zeit konzediert werden. Letztlich bleibt — man verfolge die Anforderungen von Alters- zu Alters-, von Schul- zu Schulstufe — der wissenschaftlich allseitig versierte Bürger das Leitbild des Unterrichts.

Überforderungen in einer Richtung provozieren häufig extrem entgegengesetzte Forderungen. Daher kann wohl damit gerechnet werden, daß die in politischen Diskussionen schon anklingende Forderung nach einer nur auf traditionale Identifikationen gerichteten Heimat- und Sozialkunde stärker wird. Ein Vergleich der täglichen politischen Nachrichten mit dem Inhalt älterer einschlägiger Lehrbücher macht freilich rasch deutlich, daß aus der dort gewählten Sichtweise alltägliche Erfahrungen in unserer heutigen Gesellschaft und die durch Massenmedien vermittelten Informationen nicht mehr zu beurteilen sind. Es wäre fatal, wenn sich das legitime Bedürfnis nach Entlastung und Geborgenheit so auswirkte.

Sachlich ernster zu nehmen ist der Ausweg, der mit dem Begriff des „schülerzentrierten Unterrichts" angezeigt wird. (Schmiederer 1975)[142a]. Obwohl das damit bezeichnete Pro-

---

[141] Vgl. dazu vor allem H. Roth, a. a. O., (Anm. 14).

[142] Gerade die mannigfachen Versuche einer engeren Verbindung von Wissenschaft, Ausbildung und Praxis — i. S. der Berufspraxis — zeigen allem Anschein nach, daß entweder der wissenschaftliche oder der praktische Anspruch merklich reduziert werden muß. Das Problem ist wahrscheinlich nicht durch Integration, sondern nur durch Differenzierung und eine übergreifende Kommunikation mit institutionalisierten Spannungen zu lösen.

[142a] Die folgenden Einwände gelten nicht für R. Schmiederers neueste Veröffentlichung — Politische Bildung im Interesse der Schüler, Nieders. Landeszentrale für Politische Bildung, Hannover 1977 —, die hier nicht mehr berücksichtigt werden konnte.

gramm erst in Umrissen sichtbar ist, bleibt zu bedenken, daß die meisten Programme politischer Bildung einen ähnlichen Anspruch erhoben haben und so sowohl die Schwierigkeiten der Motivation als auch das Problem der sozialen und politischen „Fremdbestimmung" überwinden wollten, praktisch dann aber immer wieder an diesen Schwierigkeiten und diesem Problem scheiterten. Genauer betrachtet ist ein schülerzentrierter Unterricht, wenn er denn politischer Unterricht sein soll, nicht möglich: „Der" Schüler ist ein Abstraktum, das darüber hinwegtäuscht, daß die Schüler sehr unterschiedlich interessiert, motiviert, begabt usw. sind. Angesichts der beschriebenen Differenzierung und Komplexität der Gesellschaft muß der Unterricht den Schüler zudem über seine Umwelt und seinen Erfahrungsbereich hinausführen und ihm seine Umwelt und seinen Erfahrungsbereich unter ihm nicht vertrauten Perspektiven anders und neu erschließen.

Die Didaktik kommt in einer heterogenen und schwer überschaubaren Gesellschaft wie der unseren gar nicht umhin, sich auf den Schüler und den Lehrer in der Form einer Typisierung, die auch normative Elemente enthält, zu beziehen. Fragwürdig ist weniger dieser Vorgang als das, was den Typus jeweils bestimmt — etwa die beschriebenen Konstrukte des homo sociologicus und des mündigen homo politicus — und sein Stellenwert in der Didaktik wie in Unterrichtsmaterialien. Werden die (im Schema I mit Großbuchstaben gekennzeichneten) Typisierungen nicht immer wieder in Relation zu konkreten, am Unterrichtsgeschehen beteiligten Personen gebracht, so produziert die Didaktik Fiktionen, die allerdings so wirksam sein können, daß sich Lehrer und Schüler in ihnen wahrzunehmen beginnen.

Das Schema II soll weitere Unterschiede der hier vertretenen Konzeptionen gegenüber der neueren Didaktik verdeutlichen:

1. Wir betrachten die Didaktik nicht als eine unter anderen Wissenschaften, sondern die allgemeine Didaktik als Teil der Erziehungswissenschaft, die Fachdidaktik als Teil der Fachwissenschaft. Wissenschaft ist heute ein arbeitsteiliges Kommunikationssystem. Auch der einzelne Wissenschaftler muß darauf vertrauen, daß die Theorien, Theorieelemente, Forschungsergebnisse, die er von anderen übernimmt, schon mehrfach, durch Wissenschaftstheorie, Methodologie, Nachbarwissenschaften, konkurrierende Schulen überprüft sind. Im ausufernden und unübersichtlich gewordenen modernen Wissenschaftssystem ist dies allemal riskant. Die vorhandenen Risiken werden indessen in einem Maße gesteigert, das kaum noch Vertrauen erlaubt, wenn eine Didaktik sich von den nächstgelegenen Fachwissenschaften löst und sich um die wissenschaftliche Prämie der Innovation bemüht, indem sie noch kaum diskutierte Theorien und Forschungsergebnisse in Handlungsanleitungen umsetzt.

Nun mag eingewandt werden, daß der sozialkundlich-politische Unterricht und mit ihm die Fachdidaktik im Gegensatz zum historischen Unterricht nicht einer Fachwissenschaft zugeordnet werden könne. Das ist soweit richtig, als z. B. bei der Behandlung der Verfassung oder wirtschaftlicher Fragen Wirtschaftswissenschaftler und Verfassungsrechtler kompetenter sind, die Sachlichkeit der Darstellung in einem Lehrbuch oder anderen Unterrichtsmaterialien zu beurteilen als Politologen oder Soziologen. Hinter dem Einwand verbergen sich indessen nicht selten weniger sachliche Ansprüche. So würden sich einige ideologische Tendenzen in neueren Didaktiken und Unterrichtsmaterialien gegen die Kritik von Fachwissenschaftlern nur schwer verteidigen lassen. Hinter dem weit gefaßten Anspruch einzelner Didaktiker steht zudem allem Anschein nach der Glaube, die Wirk-

Schema I

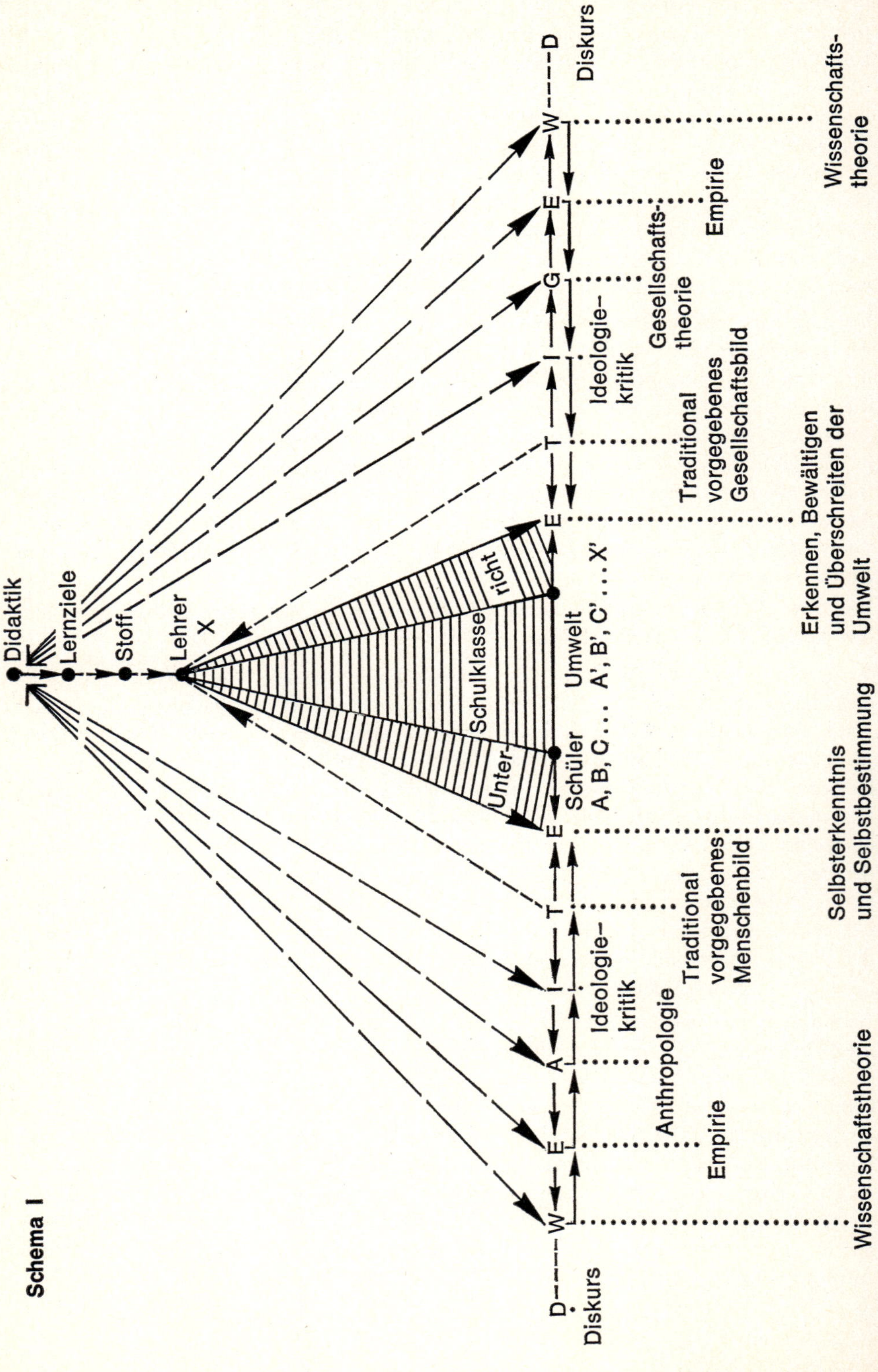
Didaktik
Lernziele
Stoff
Lehrer
X
Schulklasse
Unter-
richt
Schüler
A, B, C . . .
Umwelt
A', B', C' . . . X'
D
Diskurs
W
E
A
I
T
E
T
I
G
E
W
D
Diskurs
Wissenschaftstheorie
Empirie
Anthropologie
Ideologie-
kritik
Traditional
vorgegebenes
Menschenbild
Selbsterkenntnis
und Selbstbestimmung
Erkennen, Bewältigen
und Überschreiten der
Umwelt
Traditional
vorgegebenes
Gesellschaftsbild
Ideologie-
kritik
Gesellschafts-
theorie
Empirie
Wissenschafts-
theorie

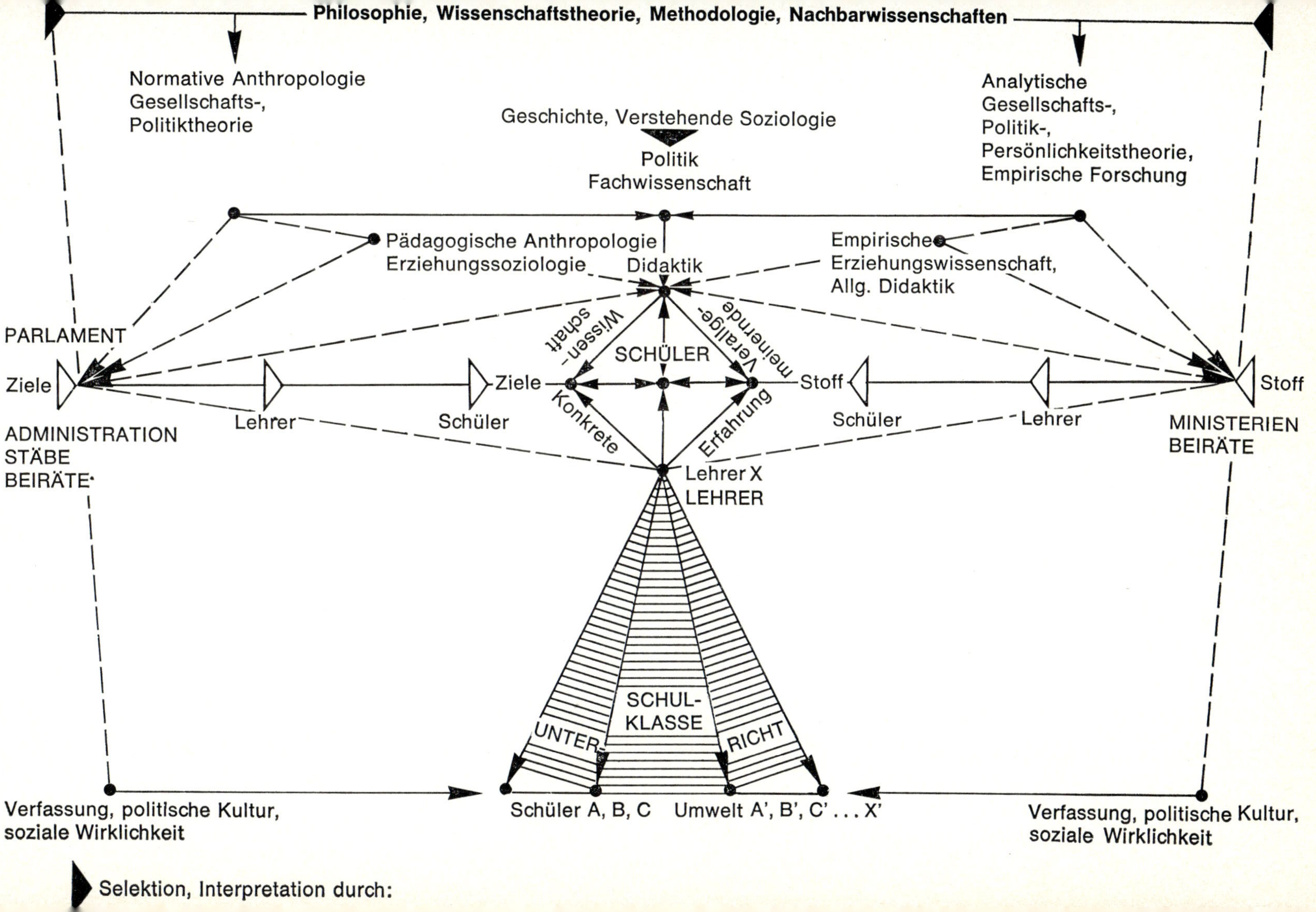
Philosophie, Wissenschaftstheorie, Methodologie, Nachbarwissenschaften
Normative Anthropologie
Gesellschafts-,
Politiktheorie
Geschichte, Verstehende Soziologie
Politik
Fachwissenschaft
Analytische
Gesellschafts-,
Politik-,
Persönlichkeitstheorie,
Empirische Forschung
Pädagogische Anthropologie
Erziehungssoziologie
Didaktik
Empirische
Erziehungswissenschaft,
Allg. Didaktik
PARLAMENT
Ziele
ADMINISTRATION
STÄBE
BEIRÄTE
Lehrer
Schüler
Ziele
Wissen-
schaft
SCHÜLER
Verallge-
meinernde
Konkrete
Erfahrung
Stoff
Schüler
Lehrer
Stoff
MINISTERIEN
BEIRÄTE
Lehrer X
LEHRER
SCHUL-
KLASSE
UNTER-
RICHT
Schüler A, B, C
Umwelt A', B', C' . . . X'
Verfassung, politische Kultur,
soziale Wirklichkeit
Verfassung, politische Kultur,
soziale Wirklichkeit
Selektion, Interpretation durch:

lichkeit könne letztlich doch in toto erkannt werden, wenn es gelinge, alle Perspektiven und alle einschlägigen Fachwissenschaften in den Unterricht zu integrieren. So kann aber — sieht man einmal von erkenntnistheoretischer Naivität dieser Erwartung ab — nur ein oberflächliches Gemenge aus ein wenig Soziologie, Ethnologie, Psychologie, Ökonomie, Psychoanalyse, empirischer Sozialforschung, analytischer Soziologie, kritischer Theorie, gesellschaftskritischer Publizistik usw. entstehen. Je mehr diesem Gemenge hinzugefügt wird, desto chaotischer und undurchschaubarer muß die Welt erscheinen, wenn das gesamte so zusammengemischte Wissen nicht immer wieder in das gleiche simple Deutungsschema gepreßt wird. Der Rückgriff auf solche Deutungsmuster drängt sich um so eher auf, je heterogener die in einen Lehrplan aufgenommenen Wissensbestände werden, je größer also die „kognitiven Dissonanzen“ sind. Der „Grenznutzen“ ist, in der Sprache der Ökonomie gesprochen, bei solchen Versuchen einer „Maximierung“ der Wissensvermittlung rasch erreicht. Wir plädieren daher im Blick auf die nicht voll zu vereinbarenden Ziele der Wissensvermittlung und der Ordnung, Deutung — so man will, „Strukturierung“ des Wissens — für eine „Optimierung“. Sie fordert eine Entscheidung für eine oder einige wenige leitende Betrachtungsweisen[143].

2. Da wir die Didaktik nicht als eine Instanz betrachten, die bei der Setzung allgemeiner Ziele des politischen Unterrichts allein eine besondere Kompetenz beanspruchen kann, haben wir nicht die Absicht, die Unterrichtseinheiten an ein geschlossenes und von uns vorgegebenes System von Lernzielen zu binden. Das uns angemessen erscheinende Verfahren ist in der schematischen Darstellung verdeutlicht. Wenn über Normen — auch Lernziele sind Normen — Dissens entsteht, der Konflikt auslöst, so sind die Parlamente die Instanzen, die zu bindenden Entscheidungen legitimiert sind und die Aufgaben haben, im Rahmen der Verfassung einen Minimalkonsens zu suchen. Dabei ist die Klärung von Werten und Normen, Widersprüchen, Alternativen, Begründungen und denkbaren Folgen einer Normentscheidung durch die Wissenschaft ebenso wichtig wie die Beratung des Parlaments durch Elternbeiräte, Verbandsvertreter und Verwaltung. Wünschenswert erscheint auch eine Rahmenentscheidung über die Inhalte, mit der Ministerien und Beiräte beauftragt werden könnten.

Lernziele und Stoffpläne sollten aber so gefaßt sein, daß sie die angesichts der Unterschiede in der Zusammensetzung der Klassen und ihrer je besonderen „Gruppendynamik“ aber auch zugunsten einer gewissen „Lernfreiheit“ gebotenen Möglichkeiten der Auswahl und Ausgestaltung offenlassen. Auch hier orientieren wir uns wieder am Modell eines „Systems“, in das Möglichkeiten der Selektion von Vorgaben eingebaut sind. Lernziele sind als durch bindende Entscheidung vorgegebene allgemeine und vom Lehrer im Blick auf die Klasse und die Unterrichtsgegenstände konkretisierte Ziele Lehrziele, die erst dadurch zu Lernzielen werden, daß sie der Schüler akzeptiert und sich auf einige der vorgegebenen Lehrziele konzentriert. Fachwissenschaften, Didaktik, Parlament, Ministerien, Beiräte, Lehrer und Schüler werden daher hier als Instanzen betrachtet, die unter je spezifischen Voraussetzungen und Zielsetzungen die Wahl zwischen Vorgaben treffen, sie modifizieren, ergänzen und ausgestalten.

---

[143] Vor diese Entscheidung sahen sich bereits die Klassiker der Soziologie gestellt. Vgl. G. Simmel, Das Problem der Soziologie, a. a. O., Anm. 129; M. Weber, Gesammelte Aufsätze zur Wissenschaftslehre, a. a. O., Anm. 13, S. 161 ff., S. 245 ff., S. 607 ff. Die Pluralität der denkbaren Betrachtungsweisen fordert zugleich eine Entscheidung für einen Entscheidungsspielraum der Unterrichtenden.

3.4.2 Entscheidungen

Die „normative Kraft des Faktischen" setzt sich zwar oft auch in eher theoretischen Überlegungen durch, doch sind wir prinzipiell frei, uns den Gegebenheiten entsprechend oder „kontrafaktisch" zu verhalten. Auch die in der Didaktik immer wieder beobachtbare Ableitung von Zielen aus kaum veränderbaren Gegebenheiten setzt eine Entscheidung für die realistische Orientierung der Schüler voraus. Der Versuch einer Überprüfung wichtiger Annahmen in der neueren Didaktik, ihrer Bezüge zu sozialwissenschaftlichen Theorien und zur empirischen Forschung kann daher nicht unmittelbar in einem Rahmenprogramm für den Unterricht und Unterrichtseinheiten münden. Die dazu notwendigen Folgerungen enthalten ein über die Analyse und die Kritik hinausgehendes Moment der Entscheidung und Wertung.

Es ist nun freilich im gegebenen Rahmen nicht möglich, die angestellten Überlegungen unter diesem Aspekt noch einmal aufzunehmen. Eine auf Stichworte reduzierte Übersicht mag andeuten, zwischen welchen Alternativen wir uns bewegen und welche Prinzipien oder sachlichen Annahmen im Blick auf die Programmatik der Unterrichtseinheiten akzeptiert (+), nicht akzeptiert (—) oder ohne Wertung vorausgesetzt (×) werden. Für die hier getroffenen Entscheidungen lassen sich einige wenige Wertprämissen, jedoch nicht *eine* übergreifende Leitidee angeben. Ein Unterrichtsprogramm, das dem Schüler zunächst und vor allem helfen soll, seine soziale und politische Umwelt kennenzulernen, sich in ihr als „Betroffener" und in über sie hinausweisenden normativen Bezügen als Handelnder besser zu verstehen, läßt sich schwer auf eine Leitformel bringen. Wo sich solche Leitformeln durchsetzen, werden sie rasch zu Leerformeln.

Die neuere Didaktik ist hier als Teil einer politisch-intellektuellen Bewegung interpretiert worden, die mit neuen Begriffen die alte Hoffnung auf eine mögliche Integration all dessen, was durch die horizontale und vertikale soziale Differenzierung, durch das wissenschaftlich-analytische Denken und durch die moderne Technik getrennt und funktionalisiert wurde, wiederbelebt hat. Sie findet ihren zeitgemäßen Ausdruck im Versuch, Politik, Wissenschaft und Erziehung auf Emanzipation zu beziehen und einen Handlungszusammenhang herzustellen, in dem Politik, Erkenntnis und Aufklärung, Bildung und Erziehung zu austauschbaren Bestimmungsmomenten *einer* sozialen und individuellen Bewegung werden. In einer völlig anders gearteten und so nicht transformierbaren oder gar aufhebbaren Wirklichkeit muß dieser Versuch scheitern. Das Programm dieser Didaktik wird daher notwendig widersprüchlich. Was wissenschaftlich zusammengedacht werden sollte, verselbständigt sich mit der Annäherung an die sozialwissenschaftliche Forschung in ein Puzzle von Einzelerkenntnissen und Theoriefragmenten, dessen hintersinnige Spielidee noch nicht durchschaut ist: es läßt sich nicht zusammenfügen. Die Bewegung, die die Realität erst durchsichtig und dem aufgeklärten Bürger verfügbar machen wollte, blieb — wenige Ereignisse genügten, dies sichtbar zu machen — moralisierend, sozialtherapeutisch-pädagogisierend oder resignativ dahinter zurück. Ob unter den Voraussetzungen dieses Denkens ein produktives Umdenken möglich ist, bleibt abzuwarten.

Wenn Erziehung nicht in Politik, Politik nicht in Erziehung oder Wissenschaft, Unterricht und Erziehung nicht in der Vermittlung wissenschaftlichen Wissens, Wissenschaft nicht in kollektiver Aufklärung aufgehen, wenn Politik, Wissenschaft und öffentliche Erziehung teilweise voneinander getrennte soziale „Systeme" mit spezifischen Funktionen,

	Wissenschaft	Politik	Pädagogik
Ziel/Interessen	— fixiertes Erkenntnisinteresse und Ableitung aus zwingend vorgegebenem politischen und sozialen Interesse + Wissenschaftsfreiheit, Wissenschaftlicher Pluralismus; regulativer Minimalkonsens über Logik, methodische Standards	— ideologische Dogmatisierung allgemeiner Interessen + bürgerliche Freiheiten, Grundrechte, weltanschaulicher Pluralismus; regulativer Minimalkonsens über den Kern der Verfassung und das Prinzip der Rechtsstaatlichkeit	— geschlossene und konkretisierte Lernzielkataloge + offene und ausgestaltbare Lernziele auf der Grundlage des Minimalkonsens + pädagogische, politische und wissenschaftliche Verantwortung des einzelnen Lehrers
Thema	— Globale Gesellschaftstheorien — reifizierte Geschichtsphilosophie und Anthropologie + konkurrierende systematische Theorieansätze + Geschichtsphilosophie und Anthropologie als Bezugspunkt der Reflexion	— wissenschaftliche Bestimmungen der Ziele von Politik, volonté générale, Zukunftsgesellschaft als Endziel aller Politik × schrittweiser Wandel (incremental change, piecemeal engineering, muddling through) + Versuche einer diskursiven Ermittlung allgemeiner und längerfristiger Interessen; Versuche einer Relativierung organisations- und konfliktfähiger Interessen zugunsten benachteiligter Gruppen	— Ableitung allgemeinverbindlicher Bildungs- und Erziehungsprogramme aus globalen Gesellschaftstheorien, Anthropologie und Geschichtsphilosophie — anthropologische und geschichtsphilosophische Bestimmungen des Emanzipationsbegriffs — Orientierung der Erziehungsziele an „wahren Bedürfnissen", oder an der totalen Aufhebung der Entfremdung × Orientierung an den Gegebenheiten und der Aktualität + Weltoffenheit, Geschichtlichkeit und Sozialität; Orientierung an Menschenrechten und praktischen Möglichkeiten der Verbesserung von Lebenschancen + Versuche einer systematischen Begründung sach- und personbezogener Erziehungs- und Bildungsziele in anthropologischem und historisch-philosophischem Bezug
Wissenschaftliche Erkenntnis	× praktisch orientierte, angewandte Politikwissenschaft, policy science × Sozialwissenschaft als Gesetzeswissenschaft	— Privilegierung von Instanzen der Gesellschaftskritik, Dogmatisierung von Kritik und ihren Bezugspunkten — Aufhebung der Trennung von Wissenschaft und Politik	— Kritik als Hauptziel der politischen Bildung — unmittelbare Bindung des Unterrichts an wissenschaftliche Methoden, Forschungsrichtungen, Theorien, wissenschaftliche Aussagen

	Wissenschaft	Politik	Pädagogik
	+ systematische wertbezogene Analyse	+ Berücksichtigung des Sachverstandes; politische Entscheidung im Bewußtsein ihrer politischen Voraussetzungen und ihrer Risiken	+ Verbindung von „Erkennen“ (Systematisierende Betrachtung), „Beurteilen“ (Kritik-, Sach- und Werturteil) und „Handeln“ (Behandlung praktischer Möglichkeiten, Erwägung ihrer Folgen und Nebenfolgen)
Rationalität	— Wissenschaft als einziges kognitives System mit dem Anspruch auf Rationalität + Bestimmungen des Verhältnisses von Wissenschaft und anderen kognitiven Systemen (Alltagsbewußtsein, Religion, Kunst, Literatur usw.). Bestimmung der spezifischen Rationalität	— Aufhebung der Trennung von Wissenschaft und Politik + Modelle beschränkter Rationalität sozialen und individuellen Handelns, Bezeichnung der Grenzen politischer Rationalität	— sozialkundlich-politischer Unterricht als popularisierter sozialwissenschaftlicher Unterricht + Versuche der Orientierung des Unterrichts an Wissenschaft und Rationalität unter Berücksichtigung des Alltagswissens, historischer und literarischer Zeugnisse, Glaubensüberzeugungen + Einsicht in die Grenzen wissenschaftlicher, individueller und kollektiver Rationalität
Betrachtungsweise	— Dominanz synchron-generalisierender Betrachtungsweisen gegenüber der diachron-individualisierenden — Konzentration auf unbewußte gesellschaftliche und psychologische Ursachen des Handelns + Verbindung von synchron-generalisierender und diachron-individualisierender Betrachtungsweise sowie von Einsichten in das „Unbewußte“, gesetzmäßiger Ursachen („causes“) und Verstehen des Handelns aus Gründen, Zielen, Zwecken — („reasons“)		— individual- und sozialtherapeutische Manipulation durch den Unterricht, einseitiger Ansatz bei Kollektiven, undifferenzierte Behandlung von Klasse, Staat, Nation usw. als handelnden Subjekten × Wissensvermittlung und Aufbau kognitiver Erwartungshaltungen + Einsicht in nicht-bewußte Handlungsbedingungen und rationales Verstehen des Handelns durch Einsicht in seine Gründe + Orientierung an individuellem Handeln, Identität und Identifikationen

	Wissenschaft	Politik	Pädagogik
Anthropologie Bedürfnisse	— „materialistische“ oder „idealistische“ Anthropologie — Theorien unveränderlicher Bedürfnisse und monokausale Ableitungen von Institutionen aus spezifischen Bedürfnissen und Interessen + Behandlung der Institution auf der Grundlage einer „ideellen“ Überformung primärer Bedürfnisse, ihrer kulturellen und historischen Variabilität der Entwicklung der Institutionen, des Bedürfniswandels und der Offenheit des sozialen Wandels	— Reduktion gesellschaftlicher Konflikte auf fixe Bedürfnisse und Interessenantagonismus — Utopien mit dem Endziel einer vollkommenen Bedürfnisbefriedigung — Politisierung aller Institutionen + offene Gesellschaft, institutioneller Pluralismus, strukturelle Mannigfaltigkeit + Beschränkung der Politik auf die Behandlung von Problemen, die nur politisch zu bewältigen sind, und Rahmenentscheidungen	— materialistisch verkürzte Bedeutung von Bedürfnissen und Interessen — idealistisch überhöhte Bestimmungen des menschlichen Wesens + Einsicht in die kulturelle und historische Variabilität von Bedürfnissen und Interessen, in Prozesse einer nicht vorhersehbaren Bedürfnis-Interessenverlagerung und in die vielfachen Verschränkungen von Bedürfnissen und Institutionen + Einsicht in die Funktion und die Bedeutung politischer, politisch-relevanter und nicht politischer Institutionen und des Rechts + Einsicht in den Prozeß der sozialen Definition von Bedürfnissen und Interessen + Einsicht in die Leistung von Politik und ihre Grenzen
Anthropologie Bürgerrolle	— Kurzschlüssige Normativierung der aristotelischen Bestimmungen des Menschen — homo sociologicus, homo politicus, homo oeconomicus + differenzierte Sozialanthropologie mit historischer Konkretisierung, sozialwissenschaftlichem und normativem (Identität) Bezug	— Aufhebung der Rollentrennung von Bürger und Privatperson + Sicherung von persönlichen Freiräumen durch Begrenzung der Politik und Konkretisierung der Bürger- und Menschenrechte	— Aufhebung der Trennung von politischem, nichtpolitischem und politisch-relevantem Handeln und Lernen — Konzentration auf das aktuelle politische Geschehen, politische Erziehung als Fortsetzung oder unmittelbare Voraussetzung der Politik + Verknüpfung von sozialem und politischem Lernen mit zunehmender Verdeutlichung der Unterschiede zwischen primären Gruppen, gesellschaftlichen Organisationen und Staat + Orientierungen auf das Sach- und Werturteil unter Berücksichtigung der Handlungsbedingungen und Handlungsmöglichkeiten

	Wissenschaft	Politik	Pädagogik
Demokratie-verständnis Gleichheit			+ Einsicht in Bedingungen und Grenzen der Selbstbestimmung in verschiedenen sozialen Gebilden und Einsicht in die Möglichkeiten der Partizipation, ihre Funktionen, Kosten, Risiken, Grenzen
		— Gesellschaft als Verband gleicher autonomer Subjekte — Anspruch auf die mögliche volle Verwirklichung von Freiheit und Gleichheit — Identifikation von Selbst- und Mitbestimmung	
		— Ziel des völligen Abbaus von Herrschaft, weite Auslegungen des Widerstandsbegriff, Mißtrauen in Institutionen, Gesellschaft, Tradition und Sozialisation/Erziehung, ausschließliches Vertrauen auf rationale Verständigung — Demokratisierung als Hauptziel von Politik und politischem Handeln — plebiszitäre Demokratie	— Ziel der völligen Aufhebung der Ungleichheit von Lehrer und Schülern, Annahme einer möglichen Selbstbestimmung von Unterrichtsinhalten und Unterrichtszielen durch die Schüler — Priorität des Handelns
		× historische Priorität von Vergesellschaftung und Vergemeinschaftung gegenüber Individualisierung; Priorität der Sozialisation gegenüber Individualisierungs- und Reflexionsprozessen × Notwendigkeit von Herrschaft, zweckspezifischen Organisationen und formalisierten Institutionen in komplexen Gesellschaften × Widersprüche zwischen Freiheit und Gleichheitsforderungen, Selbst- und Mitbestimmung × Herkunfts-, Fach-, Leistungs-, Persönlichkeits- oder erfolgs-/zufallsbedingte soziale Ungleichheit	+ Ernstnehmen von Gruppenbindungen und gruppenspezifische Einstellungen + Verständigung über Unterrichtsanforderungen, unterschiedliche individuelle und gruppenspezifische Voraussetzungen, Interessen und Schwierigkeiten + Chancengleichheit

	Wissenschaft	Politik	Pädagogik
		+ Glaubens- und Meinungsfreiheit, weltanschauliche Neutralisierung des Staates + Gleichheit vor dem Gesetz, Gleichheit in der Wahrnehmung von Grundrechten, Erweiterung der Chancen für Selbstbestimmung und Mitbestimmung + Reduzierung sozialer Ungleichheit + Pluralistisch-repräsentative Demokratie	+ Verbindung von Sachautorität und Leistungs- und persönlichkeitsspezifische Differenzierung mit Elementen der Ungleichheit + fiktiv-reale Unterstellung der Gleichheit in Wertdiskussionen und in der Wahrhaftigkeit von Überzeugungen + dialektisches Verhältnis von Möglichkeit, Wirklichkeit und Handeln

Zeichenerklärung: — = negative Wertung + = positive Wertung × = neutrale Berücksichtigung

Organisationsformen und Sinnkriterien sind, führt jeder Versuch, ihr spannungsreiches Verhältnis integrativ aufzuheben, zwangsläufig zur Beschneidung ihrer je besonderen Aufgaben und Möglichkeiten und der je spezifischen Rationalität des Handelns. Als normative Konsequenz wird hier daher ein „Struktur- und Sinnpluralismus" im Sinne der Weberinterpretation Wolfgang Schluchters vertreten[144]. Er fordert eine auch sachlich-wissenschaftlich zu ermittelnde Abgrenzung von Politik, Wissenschaft und Erziehung und eine Antwort auf die Frage, wo und wieweit sich Erziehung an Politik und/oder Wissenschaft orientieren, wo über ähnliche, aber unterschiedlich auszulegende Prinzipien eine Korrespondenz hergestellt und wo für Unabhängigkeit plädiert werden sollte. Es war nicht möglich, diese Unterschiede in der voraufgehenden Übersicht zu markieren. Sie müßten aus den voraufgegangenen Überlegungen aber einsichtig sein.

3.4.3 Grundriß der didaktischen Konzeption

Politischer Unterricht kann nach aller Erfahrung weder bewirken, daß der Schüler die Schule als politisch mündiges Individuum verläßt, noch die „Voraussetzungen für eine kompetente, diskussionsfähige Öffentlichkeit" schaffen (Schörken in: Schörken 1974 S. 39). Dagegen sprechen nicht allein die notwendigen zeitlichen und sachlichen Beschränkungen des Unterrichts. Beide Ziele sind unter den Bedingungen komplexer Gesellschaften nicht einzulösen. Politische Bildung hätte mehr, als bei optimistischer Einschätzung ihrer Möglichkeiten zu erwarten ist, geleistet, wenn

- sie dazu beitragen könnte, daß die Heranwachsenden überhaupt sinnvolle Bezüge zu der die Privatsphäre und die ihnen unmittelbar zugänglichen Bereiche des Bildungssystems und/oder der Arbeitswelt übergreifenden res publica herzustellen vermögen,
- sie eine Einsicht in die für die Zukunft der Heranwachsenden wichtigsten politischen und sozialen Zusammenhänge und Probleme zu vermitteln vermöchte,
- sie der notwendigerweise raschen und oberflächlichen Information durch die Massenmedien eine intensivere Beschäftigung mit einzelnen Fragen entgegensetzen könnte, um zumindest für die Situationen, in denen ein Engagement gewünscht wird, naheliegt oder gefordert ist — z. B. bei der Entscheidung über Wehr- oder Ersatzdienst — ein Modell für eine gründlichere Information und Urteilsbildung, für das Nachdenken darüber vorzugeben,
- sie zur politischen Artikulation und zum politischen Dialog befähigte,
- sie verständlich machen könnte, daß politische Institutionen zwar nicht notwendig die individuelle Freiheit sichern, daß sie aber nur durch Institutionen gesichert werden kann und daß dies der wichtigste Zweck demokratischer Verfassungen ist[145].

Mit Wissensvermittlung und Institutionenkunde ist dies so wenig zu leisten wie mit einer

[144] Vgl. W. Schluchter, a. a. O., S. 301 ff. Schluchter argumentiert vom Wertbezug des okzidentalen Rationalitätsbegriffs her. Was er als „Strukturpluralismus" bezeichnet, ist indessen auch Bedingung der Freiheit und Teil des Freiheitsverständnisses, das sich in der Verfassungstradition der neuzeitlichen westlichen Demokratien herausgebildet hat.

[145] Diese allgemein gehaltenen Zielsetzungen sollen nur einige der hier für wichtig gehaltenen Vorsätze für den politischen Unterricht anzeigen. Sie ersetzen weder eine Lernzielsystematik noch erfüllen sie die an Lernziele gestellten Forderungen. Ähnliche Formulierungen in anderen neueren Veröffentlichungen lassen sich vielleicht als Ausdruck eines Unbehagens an Lernzielsystemen interpretieren, die nicht in einem engen Bezug zu Themen und Schulklasse entwickelt sind. Jedenfalls erscheint es uns sinnvoller, die Lernziele an die Unterrichtseinheit zu binden und nur allgemeinere Zielsetzungen dieser Art vorzugeben.

sozialkritischen Sozialkunde, die ihre eigene Berechtigung hat. Auch läßt sich nicht — wie dies immer noch häufig geschieht — erwarten, der Schüler sei schon durch Erfahrungen zu Fragen und zum Nachdenken disponiert oder von Politik subjektiv so betroffen, daß er ein spontanes Interesse entwickelt. Allgemeinere gesellschaftliche Bedingungen seines Lebens und der Politik werden von Schülern wie von vielen Erwachsenen zumeist nur als Randbedingungen wahrgenommen. Selbst dort, wo die Neugier erwacht, trägt sie oft nicht weit, wenn spürbar wird, daß die Fragen Nachdenken und gründlichere Beschäftigung mit nicht unmittelbar vertrauten Zusammenhängen fordern.

Die Orientierung am Schüler sollte also von der Erwartung, damit sei schon das Desinteresse am sozialkundlich-politischen Unterricht überwindbar, getrennt werden. Viel wäre schon gewonnen, wenn die Didaktik in der Wendung zum Schüler die Widersprüche, die sich aus der Summierung und Überlagerung wissenschaftlicher, politischer und pädagogischer Ansprüche ergeben, aufzulösen vermöchte, denkbare Alternativen einer Orientierung auf Politik entwickelte, die vom Schüler nachvollzogen oder eigenständig hergestellt werden können, und im Blick darauf zu einer realistischeren Systematik und Methodik beitrüge.

Lernziele sind ein wichtiges Mittel für ein bewußteres Handeln des Lehrers, Kategoriensysteme eine wichtige Hilfe für systematische Vorüberlegungen. Niemand denkt indessen im Alltag in Kategoriensystemen und der Bürger, der die Qualifikationen vorliegender Richtlinien und die aus ihnen abgeleiteten Lernziele erfüllt, muß noch gefunden werden. Es wäre kurzsichtig, wollte man auf solche wichtige Hilfsmittel der neueren Didaktik verzichten. Zumindest ebenso wichtig aber ist die Frage, wie der Schüler seine Wahrnehmung ordnet, wie er denkt und was er zu verstehen vermag. Zu ihrer Klärung haben Didaktik und Sozialisationsforschung noch wenig beigetragen. Schon die Alltagserfahrung in der Schule muß gegenüber allen Systematisierungen der Inhalte und der sie erschließenden Perspektiven, soweit sie mit Hilfe der Wissenschaft gewonnen wurden, skeptisch stimmen. Dies gilt nicht nur für die fachwissenschaftliche Systematik, sondern auch für die didaktischen Systematisierungen. Freilich wird man auch aus den spontanen Interessen der Schüler nicht zu einer sinnvollen Ordnung gelangen, da der Unterricht mehr vorwegnehmen muß, als der Schüler in der Regel antizipiert.

Selbst die Kombination von Situationen und Qualifikationen ergibt, zumindest nach den Ergebnissen der darauf verwandten Bemühungen, noch keine angemessene Systematik, weil die Situationen zu vielfältig und ihre Zusammenhänge schwer überschaubar sind. Das zwingt dann dazu, die Qualifikationen zu generalisieren, sehr hoch anzusetzen und durch analytische wissenschaftliche Systematisierungen zu ergänzen[146]. Ein schlüssigerer systematischer Zusammenhang, auf den der vieldeutige Begriff der Situation verweist, läßt sich herstellen, wenn man typische Biographien verfolgt und versucht, die Themen so aufzubauen, wie sie in das Blickfeld des Heranwachsenden geraten. Im ehrwürdigen Modell der konzentrischen Kreise war ähnliches angelegt. Das räumlich, sozial oder zeitlich Nahe ist heute jedoch oft sehr fern, während Fernliegendes nahegerückt wird, was allerdings nicht bedeutet, es könne dem Schüler auch immer ernsthaft nahegebracht werden. Für die Annahme, daß sich das Bewußtsein — zweifellos mit mannigfachen fragmentarischen Einschüssen unterschiedlichster Herkunft — biographisch über den eigenen Lebensweg und den wichtiger Bezugspersonen strukturiert, sprechen

[146] Vgl. NRW-Richtlinien Politik und die Qualifikationen in: Curriculum Mainzer Studienstufe Rheinland-Pfalz.

viele Indizien (Berger u. a. 1973). Darin sind Möglichkeiten einer exemplarischen Erschließung allgemeinerer Zusammenhänge angelegt, die allerdings durch die in modernen Biographien typischen Sprünge in der inneren Entwicklung und durch den raschen Wechsel zwischen heterogenen sozialen Umwelten eingeschränkt werden.
Wenn der Unterricht nicht wichtige Fragen und Themen wie Probleme der Entwicklungsländer oder des Ost-Westverhältnisses, kurz: alle Fragen, die nicht im Erfahrungsbereich und Erwartungsfeld der Schüler liegen, außer acht lassen soll, muß er diesen Bereich überschreiten, so, wie er das Nahe und scheinbar Vertraute auch immer ein Stück weit verfremden und Zukünftiges, was den Schüler noch nicht notwendig unmittelbar bewegt, obwohl es vor ihm steht — wie z. B. die Probleme des Berufseintritts —, vorwegnehmen muß. Diese Schwierigkeiten lassen sich in einem auf wenige Stunden und Schuljahre begrenzten Unterricht allenfalls ein Stück weit mindern, wenn man sich für einen mehr intensiven als extensiven, einen mehr auf Verstehen als auf systematische Beschreibung und Erklärung, einen mehr personal als strukturell orientierten Unterricht entscheidet.

Damit soll nun nicht der seit geraumer Zeit kritisierten Personalisierung geschichtlich-politischer Phänomene das Wort geredet werden. Läßt man sich die Sachprobleme nicht durch Begriffe und ihre Wertungen verstellen, so dürfte soviel unbestritten sein: Geschichte und Politik sind immer auch durch die „Persönlichkeit" derer bestimmt, die wichtige Positionen einnehmen oder durch ihr Denken Überzeugungen und Handeln der Zeitgenossen und Nachkommen beeinflussen. Gegen die entwicklungspsychologischen Hypothesen, nach denen Kinder zumal in der Zeit der Grundschule soziale Zusammenhänge personalisierend deuten und wahrnehmen, und die entsprechenden Forschungsergebnisse läßt sich wohl manches einwenden[147]. Offenkundig ist aber, daß solche Deutungsmuster überall dort aufzufinden sind, wo Menschen soziales und politisches Geschehen zu verstehen versuchen. Werden sie aus der Wissenschaft verdrängt, so dringen sie hinterrücks und unkontrolliert wieder ein oder prägen das in informeller Kommunikation gewonnene Vorverständnis.
Freilich arbeiten die modernen Sozialwissenschaften wie auch Psychologie und Psychoanalyse unter einer anderen Perspektive. Sie zielen auf die dem Handelnden zumeist nicht bewußten Randbedingungen des Handelns, auf das Unbewußte, Latente, auf allgemeine Gesetzmäßigkeiten und Korrelationen zwischen aggregierten Daten. Mit der Übernahme dieser Perspektive in den sozialkundlich-politischen Unterricht wird der Blick des Schülers indessen auf das Latente, Unbewußte und Unpersönliche gerichtet, bevor er sich selbst als Handelnder und als Person zu verstehen gelernt hat. Er soll z. B. Rollendistanz üben, obwohl ungewiß ist, ob er sich als Person schon bewußt wahrzunehmen vermag. Unser Plädoyer für den Vorrang eines handlungs- und personbezogenen Verstehens, soviel muß schon aus den Überlegungen zum Geschichtsunterricht gefolgert werden, wäre mißverstanden, wenn daraus geschlossen würde, Geschichte sollte wieder auf das Handeln großer Männer und das Verständnis von Politik auf eine personalisierende Sichtweise reduziert werden. Vieles, was heute mit quantitativen Daten, Kollektivbegriffen u. ä. erfaßt wird, läßt sich aber auch personbezogen darstellen. Geschichte und verstehende Soziologie haben — wie die Kulturanthropologie — eine lange Tradition in dieser Darstellung auch dort entwickelt, wo handelnde Gruppen, Kollektive, ja ganze Gesellschaften analysiert wurden. Einer solchen „handlungstheoretischen" Dar-

[147] Vgl. die Arbeiten v. J. Piaget sowie L. Kohlberg, Zur kognitiven Entwicklung des Kindes, Frankfurt 1974; R. Döbert u. a.; Entwicklung des Ichs, Köln 1977.

stellung sind allerdings in modernen Gesellschaften Grenzen gesetzt[148]. Es wäre eine wichtige, hier aber noch nicht zu leistende Arbeit, zu ermitteln, ob und wo sie im Unterricht überschritten werden müßten und wie sie überschritten werden können.

Die gängige Unterscheidung zwischen Intension und Extension eines Begriffs steht mit dieser personbezogenen Sichtweise im Zusammenhang. Zumal in der Soziologie herrscht eine Vorliebe für extensive Begriffe wie Rolle, Sozialisation, sozialer Wandel usw. Ihre rasche Verbreitung ist in einer kaum überschaubaren Gesellschaft verständlich. Sie fassen vieles zusammen und sind daher ökonomisch. Ihre Ökonomie ist aber trügerisch. Wo solche allgemeinen und flächigen Begriffe die Realität ordnen, verliert sie an Bedeutung, wird subjektiv belanglos[149]. Die Orientierung am Schüler und seiner persönlichen Entwicklung ist für uns daher gleichbedeutend mit einer mehr intensiven als extensiven Betrachtungsweise. Auch hier plädieren wir freilich nicht für eine radikale Wende, sondern für eine deutliche Kurskorrektur.

Der Geschichtsunterricht könnte dazu in besonderem Maße beitragen, da in der deutschen Geschichtswissenschaft die mehr intensive als extensive, mehr auf personales Handeln als auf Strukturen bezogene Betrachtungsweise eine lange geistesgeschichtliche Tradition hat. Es wäre bedenklich, würden die darin enthaltenen Möglichkeiten nur deswegen verschüttet, weil die bekannten und zumal in der neueren Forschung korrigierten Verengungen dieser Betrachtungsweise zu einer Kritik dieser Tradition führten.

Der hier unternommene Versuch einer engen Kooperation von Geschichts- und sozialkundlich-politischem Unterricht wäre jedoch mißverstanden, würde man ihn nur auf pädagogische Motive zurückführen. Er ist, wie im Beitrag zum Geschichtsunterricht schon dargelegt wurde, zugleich sachlich begründet. Nicht nur neuere Unterrichtsrichtlinien, sondern auch die didaktische Literatur zum sozialkundlich-politischen Unterricht zwingen nun freilich zu dem Schluß, daß es der Didaktik des sozialkundlich politischen Unterrichts im Unterschied zu der Geschichtsdidaktik schwerfällt, den Beitrag des Geschichtsunterrichts zur politischen Bildung zu begründen. Er wird in der Didaktik des sozialkundlich-politischen Unterrichts durchaus anerkannt. Allgemeine Thesen wie: „die Fähigkeit zur rationalen Beurteilung gegenwärtiger gesellschaftlicher Verhältnisse bedarf der Einsicht in die historischen Bedingungen für die Entstehung dieser Verhältnisse" (HRR S. 21); „die Möglichkeiten und Grenzen von Politik sind immer durch die geschichtlich gewordene und historisch verstehbare Situation bestimmt (Sutor 1971 S. 100); „Politischer Unterricht ist ohne historisches Verständnis der politisch-gesellschaftlichen Probleme nicht denkbar. Die historische Perspektive verhindert, das Bestehende als ‚natürlich' und unabänderlich anzusehen" (NRW-Richtlinien I. Fassung S. 6) verraten jedoch eine Unsicherheit, die in den entsprechenden Programmen sozialkundlich-politischer Bildung offenkundig wird. Entweder fehlt der historische Bezug völlig oder die Geschichte gerät an den Rand, respektive in ein Feld, das zu bestellen anderen überlassen wird.

Die Formeln, mit denen der wechselseitige Bezug von Geschichts- und sozialkundlich-politischem Unterricht, von Politik und Geschichte postuliert wird, verdecken denn auch zumeist nur die wichtigsten Unterschiede und Probleme. Ebenso wie von Geschichte

[148] Die Darstellungsfunktionen des handlungstheoretischen Paradigmas und ihre Grenzen hat unlängst J. Habermas herauszuarbeiten versucht: Vgl. J. Habermas, „Zum Thema: Geschichte und Evolution", in: Geschichte und Gesellschaft, 2, 3/1976.

[149] Diesen möglichen Folgen einer sprachlichen Rationalisierung gebührt mehr Aufmerksamkeit, als ihnen in der Didaktik bislang zuteil wurde.

im modernen Sinne erst gesprochen werden kann, seitdem es eine entsprechende Geschichtsschreibung gibt, ist das, was wir unter Gesellschaft verstehen, durch gesellschaftswissenschaftliche Analysen vermittelt. Historie und Sozialwissenschaften schaffen insofern erst die geschichtliche und soziale Wirklichkeit, weil wir nicht nur Geschichte allenfalls im mehr oder minder engen Zeitraum der miterlebten Zeitgeschichte unmittelbar wahrzunehmen vermögen. Gerade komplexe Gesellschaften sind nicht mehr unmittelbar übersehbar, werden also erst durch die sozialwissenschaftliche Analyse erfaßbare Wirklichkeit. Während die Gewinnung mehr oder minder handlungswirksamen Tatsachen- und Deutungswissens über anders kaum zugängliche Phänomene zu den Gemeinsamkeiten von Geschichtswissenschaft und Sozialwissenschaften gehört, machen diese die beschriebene und analysierte Wirklichkeit in ganz anderer Weise als jene verfügbar. Sie öffnen sie dem zweckgerichteten politischen, wirtschaftlichen, verwaltenden, pädagogischen Zugriff und stellen hierfür sozialtechnisch auswertbares oder ausgewertetes Wissen bereit. Im Rahmen darauf gerichteter Forschung oder Wissensvermittlung interessiert Geschichte allenfalls als ein Geschehen, das auf zu beachtende oder steuerbare Regelmäßigkeiten befragt werden kann oder in der angesprochenen Weise die Einsicht in die Veränderbarkeit sozialer Verhältnisse eröffnen soll[150].

Zwischen der geschichtlichen Erfahrung der Veränderung, der oft unerwarteten Wendungen des Geschehens und dem modernen auf gesteuerte, zweckgerichtete, kalkulierbare Veränderbarkeit gerichteten Bewußtsein besteht nun eine entscheidende Differenz. Der mit einer Wirtschaftskrise konfrontierte Wirtschaftspolitiker, die durch die öffentliche Kritik an Gesamtschulen irritierte Schulbehörde, die Truppenführer, die ihre Armee „schlagkräftiger“ machen wollen, werden wohl kaum historische Arbeiten zu Rate ziehen. Vielmehr werden sie von Volkswirtschaftlern, Bildungssoziologen, Organisationssoziologen usw. Gutachten einholen. Wenn in zahlreichen wichtigen sozialwissenschaftlichen Theorien oder Analysen gegenwärtiger Gesellschaften Geschichte allenfalls auf eine Ansammlung vormoderner Strukturtypen oder auf in die Zukunft gewendete Traditionselemente reduziert wird, so zeigt dies zunächst, was unabhängig von allgemeinen Postulaten oder ideologischen Färbungen auch in neueren Programmen sozialkundlich-politischer Bildung zu beobachten ist: Geschichtsunterricht und sozialkundlich-politischer Unterricht, Historie und Sozialwissenschaften stehen keineswegs notwendig in einem wechselseitigen Bezug. Ob er hergestellt werden kann und hergestellt werden sollte, ist vermittels der Fragen zu entscheiden, durch die sich der Unterricht leiten läßt. Lautet die Frage: Was soll geschehen? und wird sie als politische Frage gestellt[151], so können politisch-sozialkundlicher und Geschichtsunterricht darauf nur eine Antwort geben, wenn sie vorab auf ein bestimmtes Wert- und Normsystem verpflichtet wurden, das sie dann nur noch zu legitimieren haben. Die Frage, wie das, was geschehen soll, geschehen kann, schließt dann unmittelbar an und führt aus der Zeitgeschichte sogleich in die Sozialwissenschaften, in die soziologisch sozialpsychologische Selbstaufklärung der Handelnden

[150] Deshalb war die Haltung der Autoren der hessischen Rahmenrichtlinien wie der NRW-Richtlinien-Politik zur Geschichte durchaus folgerichtig, während deren unter dem Druck der Kritik erfolgte Veränderung, die z. B. in der Streichung der zitierten These in den NRW Richtlinien, 2. Fassung, zum Ausdruck kommt, in eine leerformelhafte Unbestimmtheit führt.

[151] So Sutor 1971, S. 101, ähnlich NRW-Richtlinien-Politik, I. und II. Fassung, wo die politische „Dimension der Aufgabe“ hervorgehoben wird. Hier wie dort ist der Bezug des didaktischen Ansatzes zu Handeln und Reflexion nicht befriedigend geklärt, weshalb auch unklar bleibt, welchen historischen und sozialwissenschaftlichen Betrachtungsweisen der Unterricht folgen sollte, auf welches Wissen über Vergangenheit und/oder Gegenwart die Fragen zielen.

und in den Bereich der sozialwissenschaftlichen Daten und politisch-sozialtechnischer Empfehlungen[152].

In einer Welt, die nicht zuletzt deshalb, weil wir so viel über sie wissen, unverständlich geworden ist, ist es für jeden, für den Heranwachsenden zumal, schwieriger denn je geworden, sich selbst in seiner Zeit und seiner Gesellschaft zu verstehen. Normen und Werte bleiben äußerlich, abstrakt und letztlich beliebig wie das, was die Sozialwissenschaften als Wissen über Möglichkeiten und Methoden der Veränderung bereitstellen, wenn den genannten Fragen diese Einsichten nicht vorausgehen. Erst in der Frage, wie wir uns in unserer Zeit, unserer Gesellschaft, unserer Welt verstehen können, finden geschichtlicher und sozialkundlich-politischer Unterricht, historisches und sozialkundliches Orientierungs- und Deutungswissen ihren gemeinsamen Bezugspunkt. Wo sie bedacht wird, haben Historie und Sozialwissenschaften eine je eigene, aber keine ausschließliche Kompetenz. Hier sind sie unmittelbar aufeinander verwiesen.

Deshalb hat auch das Problem der fachspezifischen Methoden nur eine untergeordnete Bedeutung. Im Beitrag zum Geschichtsunterricht wurde schon dargelegt, daß die noch häufig anzutreffende Unterscheidung zwischen einer diachronen, auf Personen gerichteten, individuierenden und einer synchronen, auf Strukturen gerichteten, generalisierenden Betrachtungsweise, zwischen narrativer und analytisch-deskriptiver Darstellung als Unterscheidung zwischen Geschichtswissenschaft und Sozialwissenschaften nicht mehr angemessen ist und die Möglichkeiten des Geschichtsunterrichts unnötig verengt. Die dort genannten „Zugriffe" auf die Themen verbleiben indessen vorwiegend in der Logik einer diachronen Betrachtungsweise, denn erst durch sie konstituiert sich Geschichte. Gesellschaft im modernen Verständnis bildete sich dagegen erst dort heraus, wo sie sich von der „Vorgeschichte" distanzierte und sich auf die Zukunft hin selbst entwarf. Auch dies ist ein geschichtliches Datum und — wie wir nunmehr wissen — ein höchst problematischer Vorgang, hinter den wir aber, selbst wenn wir dies wollten, nicht mehr zurückgehen können. Gesellschaft ist als moderne Gesellschaft der Geschichte immer voraus. Sie begreift sich und handelt aus sich, aus der Gegenwärtigkeit ihrer Probleme, ihrer sozialen Systeme und ihrer zukünftigen Möglichkeiten. Ohne Einsicht in die Geschichte vermag sie sich aber nicht zu verstehen, gehen die Maßstäbe für das, was ist und sein könnte, verloren. Geschichte und Sozialwissenschaften sind also zugleich ineinander verschränkt und in einem spannungsreichen Verhältnis geschieden.

Wieviel sich davon im Unterricht widerspiegeln, wieviel davon wahrgenommen werden kann, muß hier offen bleiben. Festzuhalten aber ist, daß ein integriertes Fach nach aller Erfahrung einer Systematik unterworfen wird, in der diese Spannung vorschnell zugunsten je aktuell erscheinender Probleme aufgelöst wird. Die Trennung hingegen hat eine Verselbständigung zur Folge, die keine gemeinsamen Fragen mehr aufkommen läßt. Das Programm von Geschichte/Politik wurde daher aus zunächst unabhängig voneinander entworfenen Teilcurricula entwickelt, die auf ihre Korrespondenzen befragt und soweit möglich aufeinander bezogen wurden. Der Systematik der historischen „Zugriffe"

---

[152] Vgl. dazu und zur Orientierung des Unterrichts am Anspruch der Sozialwissenschaften allgemein: M. Weber, „Wissenschaft als Beruf", in: Gesammelte Aufsätze zur Wissenschaftslehre, a. a. O.; F. H. Tenbruck, „Über Kultur im Zeitalter der Sozialwissenschaften", in: Saeculum XIV, 1/1963; H. Schelsky, „Der Mensch in der Wissenschaftlichen Zivilisation", in: ders., Auf der Suche nach Wirklichkeit, Düsseldorf 1965; J. Habermas, Technik und Wissenschaft als „Ideologie"? Frankfurt 1968. Die hier angestrebte Verbindung von Geschichte und sozialkundlich-politischem Unterricht stützt sich auf die Folgerungen, die Weber und Tenbruck ziehen.

steht daher auch eine andere, auf diachrone Bezüge abgestellte Differenzierung der sozialkundlich-politischen Unterrichtseinheiten gegenüber. Ihre Systematik kann und will nicht mehr sein als eines unter mehreren denkbaren Hilfsmitteln, als einer unter mehreren möglichen Versuchen, zwischen Methoden der Annäherung zu unterscheiden. Sie folgt der hier vorgenommenen Trennung zwischen einer mehr intensiven, auf Personen und ihr Handeln bezogenen und einer mehr extensiven, auf die Umstände des Handelns und übergreifende Zusammenhänge bezogenen Betrachtungsweise einerseits, einer erwartbaren, auch angestrebten subjektiven Betroffenheit und einer häufig nicht unmittelbar wahrgenommenen objektiven Betroffenheit andererseits. Aus der Kombination dieser Kriterien ergeben sich vier Typen, die als Fallbeispiel, Erkundung, systematische Analyse und aktuelles Ereignis bezeichnet werden.

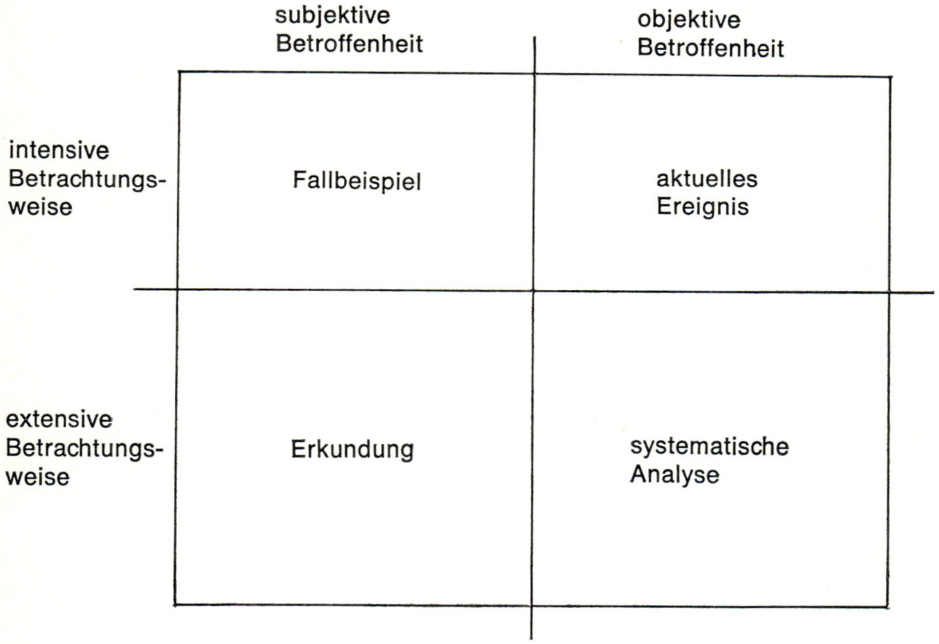

Diese Unterscheidung kann und soll nicht rigide gehandhabt werden. Die einzelne Unterrichtseinheit wird daher in der Regel Elemente verschiedener Typen enthalten. Indessen sollen jeweils nicht mehr als zwei der genannten strukturierenden Prinzipien der Einheit ihre spezifische Gestalt geben. Angestrebt wird damit eine Konzentration des Blicks, eine Schärfung der Wahrnehmungsfähigkeiten für spezifische Zugänge und Sachdimensionen:

1. Fallbeispiel. In der Vielzahl der heute verfügbaren Daten scheinen die persönlich-individuellen Probleme, auf die quantitative Aussagen verweisen, oft nur vage durch. Was z. B. bei der Behandlung sozialpolitischer Probleme die Zahl von 1,2 Millionen Rentnerhaushalten mit einem Einkommen unter 600 DM besagt, läßt sich erst am Einzel-

fall verdeutlichen und nachvollziehen. Ob das Einzelbeispiel aussagekräftig und verallgemeinerbar ist, kann zwar wiederum erst anhand allgemeinerer Kriterien und Kenntnisse entschieden werden. Im zeitlich beschränkten Rahmen des Unterrichts können aber beide Aspekte häufig nicht mit der gebotenen Gründlichkeit ausgeleuchtet werden. Auch sind ihre Differenzierung und Verbindung häufig nicht einfach, was dafür spricht, Wahrnehmungsfähigkeiten in einer begrenzten, d. h. auf das Fallbeispiel konzentrierten Betrachtungsweise einzuüben.

2. Erkundung: Die „Privatisierung“ der Sphäre, in der das Kind und der Jugendliche aufwachsen, und die Abschottung der Schule von der Umwelt, lassen viele Zusammenhänge und Phänomene, die „vor der Tür liegen“, nicht in das Blickfeld der Heranwachsenden treten. Die Arbeitswelt ihrer Eltern ist ihnen oft ebenso fern wie das kommunalpolitische Geschehen und seine unmittelbar wahrnehmbaren Folgen. Sie — wie das gelegentlich versucht wird — Kinderscharen zur Besichtigung freizugeben, trägt in der Regel wenig ein. Vielmehr sind hier Formen der „teilnehmenden Beobachtung“ durch einzelne oder kleine Gruppen, der vom abfragbaren Alltagswissen anderer und sichtbaren Phänomenen ausgehenden „empirischen Sozialforschung“ durch die Schüler gemeint.

3. Aktuelles Ereignis: Daß in den sozialkundlich-politischen Unterricht das aktuelle Geschehen stärker als in anderen Unterrichtsfächern einbezogen werden sollte, wird seit geraumer Zeit allerorten gefordert, daß er nicht allein in der Aktualität verharren, das Geschehen durch Kategorien, Einsichten usw. aufschließen sollte, zugleich betont. Was aber ist aktuell? Ist damit die Bedeutsamkeit einer Sache, einer Erkenntnis, eines historischen Dokuments für Gegenwart und Zukunft, ein gegenwärtiges Geschehen oder das Interesse der Öffentlichkeit an einem Problem, einem Vorgang, einem Thema gemeint? Und wer definiert Aktualität — der Lehrplan, der Lehrer, die Schüler? Werden diese Fragen vermengt, so wird der Begriff zur Leerformel.

Die Schüler, die wir heute unterrichten, werden — hieran ist immer wieder zu erinnern — noch ein Menschenalter lang von Politik betroffen sein und politisch handeln. Die aktuellen Fragen sind gewiß nicht immer die Fragen, die sie auch morgen und übermorgen noch beschäftigen werden. Auch kann häufig nicht vorausgesetzt werden, daß die Schüler als aktuell wahrnehmen, was Massenmedien und die Minderheit der politisch stark interessierten Bürger zum aktuellen Thema machen. Bei diesem Unterrichtstyp ist an die Bedeutsamkeit der Unterrichtsinhalte für Gegenwart und Zukunft wie an das je gegenwärtige politische Geschehen und seine Thematisierung gedacht. Es wird nicht schon deshalb im Unterricht behandelt, weil allgemein eine größere Bedeutung des Aktuellen für das Verständnis von Politik und Gesellschaft und/oder eine höhere Motivation der Schüler unterstellt werden. „Ereignisse“, bestimmte Abläufe im gegenwärtigen Geschehen zu verfolgen, scheint vielmehr vor allem dann gerechtfertigt und geboten, wo den Ereignissen eine dauerhafte Bedeutung zugesprochen werden kann und wo der politische Prozeß mit seinen Unwägbarkeiten, Entscheidungsproblemen, Gesetzmäßigkeiten ebenso unmittelbar mitvollzogen werden kann wie das Wechselspiel von politisch Handelnden und Öffentlichkeit. Deshalb wird auch nur eine objektive Betroffenheit vorausgesetzt und die Intensivierung des Verständnisses politischer Vorgänge beabsichtigt.

Unterrichtseinheiten dieses Typs entziehen sich einer längerfristigen curricularen Programmierung. Ihre Themen bleiben hier daher offen. Allerdings kehren wichtige Ereignisse wie Wahlen oder Tarifverhandlungen regelmäßig wieder. In darauf bezogenen Unterrichtseinheiten kann das wichtige Vorwissen aufgearbeitet und ein Modell für den Unterrichtsablauf vorgegeben werden.

4. Systematische Darstellung: In einer Welt, in der wir mit Informationen überschüttet werden, bedürfen wir mehr denn je der Fähigkeit, Informationen auszuwählen, zu bewerten und zu ordnen. Die Verlegenheit, in die die Didaktik angesichts dieser Aufgabe immer wieder gerät, ist offenkundig. Solange sie am Ziel der vollen Mündigkeit festhält, ist die Aufgabe nicht einmal in Ansätzen zu lösen, da wir individuell in der Regel nicht mehr in der Lage sind, Informationen sachkundig zu verarbeiten und zu systematisieren. Wir sind vielmehr auf die Ergebnisse der Arbeit jener angewiesen, die hierfür und hierauf spezialisiert sind. Aus den Ergebnissen Folgerungen zu ziehen, sie zu beurteilen und zu werten, das eigene Verhalten zu verändern, politische Maßnahmen zu fordern, zu billigen, ihnen Widerstand entgegenzusetzen, das eigene Urteil zu verantworten — all dies kann aber individuell und in Prozessen öffentlicher Meinungsbildung mitgeleistet werden und muß individuell mitgeleistet werden, wenn Politik nicht auf Gewalt oder die Besinnungslosigkeit der von Politik betroffenen Bürger gestützt werden soll. Die notwendige systematische Darstellung zielt daher nicht auf das utopische Ziel einer Einübung von Fähigkeiten, die diese systematische Darstellung als Vorgabe letztendlich überflüssig machen, weil der Schüler sich danach auf dem Niveau des professionalisierten Experten befindet. Sie soll Zusammenhänge ordnend erschließen, zugleich die Fähigkeiten, systematische Darstellungen zu verstehen, einüben und die Prozesse der Urteilsbildung anstoßen, die nicht der Logik der Sache unterworfen, sondern nur von den Bürgern vollzogen werden können.

Hier haben dann wichtige Kategorien, Einsichten und normative Optionen ihren Ort. Die Kategorien, an denen keine Darstellung von Gesellschaft und Politik vorbeigehen kann, müssen hier nicht wiederholt werden. Sie werden in mehreren neueren Didaktiken genannt und umschrieben, auf sie bezogen sich auch die Überlegungen zum Verhältnis von politischer Bildung, Wissenschaft und Politik in den Hauptteilen dieses Beitrags, wo zugleich auch die für die hier vertretene Konzeption wichtigen Einsichten genannt wurden.

Wir knüpfen schließlich an die Versuche, einen „politischen Minimalkonsens“ für die politische Bildung zu formulieren (Hilligen 1975 S. 172; Grosser u. a. 1976), und an andere wichtige Überlegungen zum Problem der Wertorientierung in unserer Gesellschaft an (Schwan 1976), wenn wir statt der Leitidee Emanzipation vier Wertbezüge hervorheben, und sie mit den Begriffen personale Solidarität, Freiheit, Sicherheit und rationales Verstehen umschreiben. Sie liegen im Feld eines wünschenswerten „Minimalkonsens“, weil sich zeigen läßt, daß ein dagegen gerichtetes Handeln zwangsläufig Konflikte auslöst, denen die Tendenz zur Zerstörung jeder politischen Vergesellschaftung innewohnt, in der die Menschenrechte eine reale Chance haben, geachtet und verwirklicht zu werden.

Personale Solidarität tritt hier an die Stelle, die häufig das Ideal der Gleichheit einnimmt, weil eine durch Zwang hergestellte Gleichheit nicht nur eine radikale Ungleichheit zur Bedingung hat, sondern auch deshalb, weil eine nicht aus personaler Solidarität erwachsende Gleichheit im konkreten sozialen Zusammenleben nicht real werden kann. Personale Solidarität meint mit anderen Worten, was als die Haltung des emphatisch

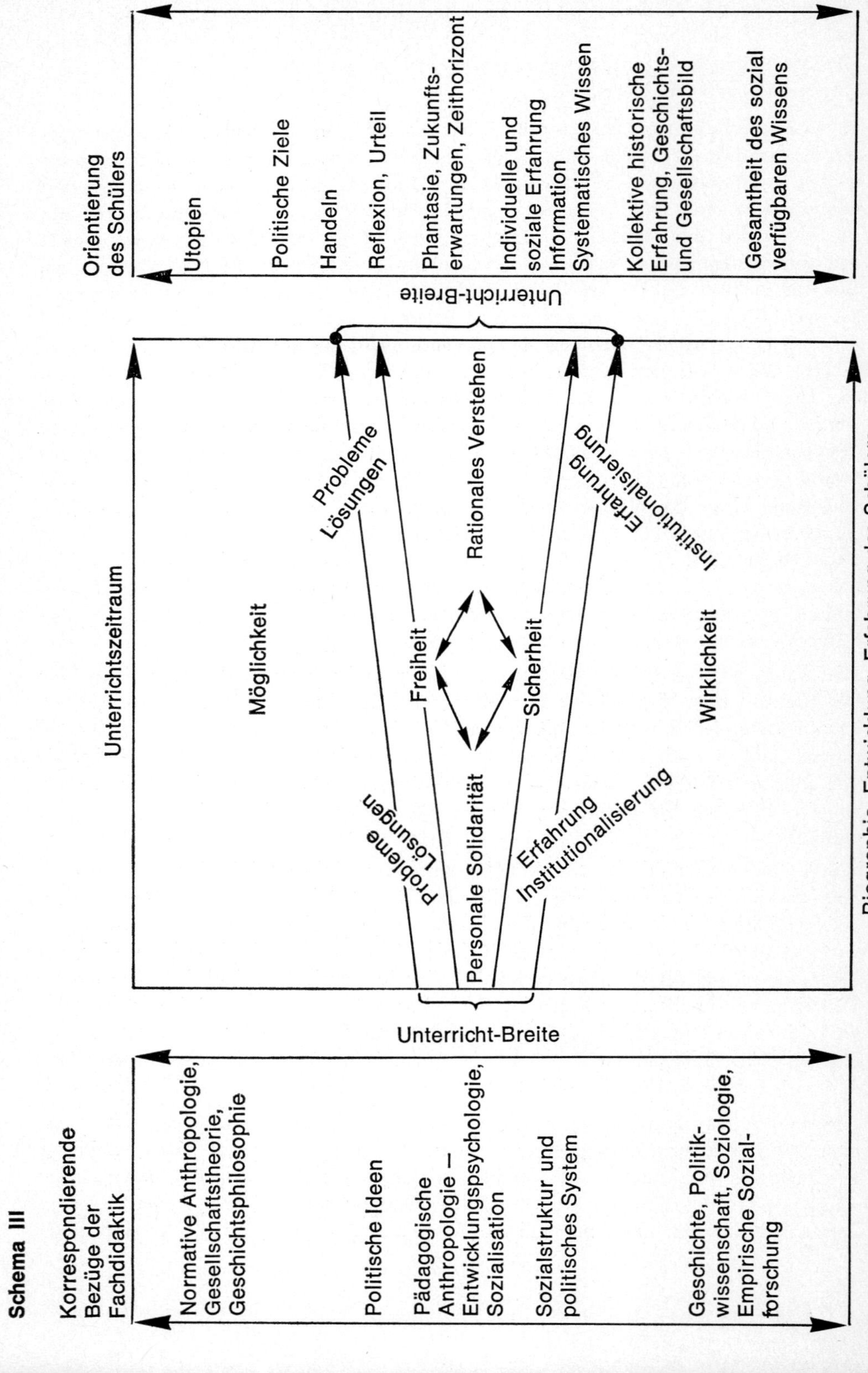
Schema III
Korrespondierende Bezüge der Fachdidaktik
Normative Anthropologie, Gesellschaftstheorie, Geschichtsphilosophie
Politische Ideen
Pädagogische Anthropologie – Entwicklungspsychologie, Sozialisation
Sozialstruktur und politisches System
Geschichte, Politikwissenschaft, Soziologie, Empirische Sozialforschung
Unterricht-Breite
Unterrichtszeitraum
Möglichkeit
Probleme Lösungen
Personale Solidarität
Erfahrung Institutionalisierung
Freiheit
Sicherheit
Rationales Verstehen
Wirklichkeit
Biographie, Entwicklung, Erfahrung des Schülers
Unterricht-Breite
Orientierung des Schülers
Utopien
Politische Ziele
Handeln
Reflexion, Urteil
Phantasie, Zukunftserwartungen, Zeithorizont
Individuelle und soziale Erfahrung
Information
Systematisches Wissen
Kollektive historische Erfahrung, Geschichts- und Gesellschaftsbild
Gesamtheit des sozial verfügbaren Wissens

teilnehmenden und reflektiert urteilenden subjektiv betroffenen Betrachters, der durch seine Betroffenheit auch zum Handeln motiviert wird, charakterisiert wurde. Sie ist also auch mit rationalem Verstehen verbunden, zielt aber auf mehr. Rationales Verstehen ist dagegen nicht nur auf Personen oder Personengruppen, sondern auch auf übergreifenden Institutionen, Verfahren im politischen Prozeß und soziale Strukturen gerichtet. Die Anforderungen an rationales Verstehen sind die Anforderungen einer komplexen Gesellschaft und einer verwissenschaftlichten Zivilisation, die eine um Klarheit bemühte Weise der Verständigung und des Denkens verlangen.

Mit rationalem Verstehen ist also eine Denkhaltung, eine durch sie geleitete Weise des Denkens und Argumentierens bezeichnet. Ebenso soll mit dem Begriff der personalen Solidarität eine Grundhaltung im sozialen Verhältnis gekennzeichnet werden, die auf der Einsicht in die gemeinsame conditio humana gründet. Rationales Verstehen und personale Solidarität betonen gegenüber den hier auch möglichen Begriffen der Gleichheit und der Rationalität Handeln und Haltung der Person. Sie sind konkreter als die zuletzt genannten Begriffe und zugleich realistischer, denn unsere individuelle und die soziale Rationalität sind begrenzt und nach aller Erfahrung und nüchternen Überlegung ist die „Überwindung" sozialer Ungleichheit selbst um den Preis der Freiheit in komplexen Gesellschaften nicht möglich.

Gleichheit ist auch ein Teil dessen, was hier mit Sicherheit gemeint ist, wozu die Rechtssicherheit und im demokratischen Rechtsstaat auch die Gleichheit vor dem Gesetz, die soziale Sicherung als Sicherung eines Minimums an Lebenschancen und „Lebensqualität" so wie die Sicherung des Friedens gehören. Ohne diese Sicherheiten ist Freiheit als äußere Freiheit, als „Spielraum für Alternativen" zumindest in modernen Gesellschaften nicht möglich. Personale Solidarität und rationales Verstehen verweisen vor allem auf individuelle Haltungen und Handlungen des Heranwachsenden, Freiheit und Sicherheit primär auf Institutionen und soziale Einrichtungen. Sie bedingen sich — freilich selten in unmittelbar wahrnehmbarer Weise — wechselseitig.

Auf die Gefahr hin, daß dieses Konzept schlüssiger erscheint als es — wie die Konkretion in den Unterrichtseinheiten zeigen wird — ist, soll zumindest die Möglichkeit angedeutet werden, diese vier Wertbezüge mit dem Prozeß der Identitätsfindung zu verbinden. Dabei wird unterstellt, daß personale Solidarität früher möglich ist und geübt werden kann als rationales Verstehen. Freiheit und Sicherheit könnten also zunächst stärker unter der Perspektive der personalen Solidarität, später stärker unter der Perspektive des rationalen Verstehens erfaßt werden.

Dieser entwicklungs- und kognitionspsychologischen Zuordnung entspricht eine fortschreitende Ausweitung des im Unterricht erfaßten Bereichs der Realität und der Möglichkeiten, der Komplexität des aufgenommenen Wissens und der dazu behandelten Fragen, die abschließend im Schema III verdeutlicht werden sollen. Damit ist ein letzter Aspekt angezeigt. Wie erwähnt, läßt sich ein allgemeiner Konsens statt über Werte oder den didaktisch-methodischen Zugang auch über politische und soziale Probleme suchen. Eine Annäherung an einen solchen Konsens ist allerdings kaum möglich, wenn politische Bildung mit Politik identifiziert wird. Er läßt sich auch nicht gewinnen, wenn die realen Chancen der Lösung oder Bewältigung der Probleme ebenso überspielt werden wie die jeweils denkbaren unterschiedlichen Sach- und Werturteile. Lösung oder Bewältigung von Problemen fordern häufig ein wissenschaftliches Spezialwissen, das zu vermitteln nicht Aufgabe des politischen Unterrichts sein kann. Sein Ort ist vielmehr der Schnittpunkt von Analyse, Entwurf und Handeln, der Punkt also, an dem Möglichkeiten, Risiken, Kosten und Nutzen nachvollziehbar dargestellt und abgewogen werden können, wo nach den Rückwirkungen auf die persönliche Existenz und das soziale Zusammenleben gefragt werden kann. Dessen Gestaltung verweist auf die vor allem Wissen über das Denk- und Machbare zu vermittelnden Erfahrungen der Möglichkeiten relativ dauerhafter, Freiheit gewährender und Gewalt mindernder Vergesellschaftung. Werden sie angesichts des Denk- und scheinbar Machbaren geringgeschätzt, so wird Politik — dessen können wir im letzten Drittel dieses Jahrhunderts wohl gewiß sein — mit nicht mehr verantwortbaren Risiken belastet. Eine Didaktik, die zugleich praktisch wirksam werden will, kann in den Grenzen dessen, was sie bislang empirisch und theoretisch zu erschließen vermochte, diese Risiken nicht tragen.

4. Vorschlag eines Curriculums für den historisch-politischen Unterricht der Orientierungsstufe und der Sekundarstufe I

4.1 Erläuterung des Vorschlags

Seit den ersten Bemühungen um die Einführung eines politischen Unterrichts an den Schulen wurden Geschichts- und sozialkundlich-politischer Unterricht immer wieder in einem Konkurrenzverhältnis gesehen. Die angesichts des breiten Gegenstandsfeldes beider Fächer schmal beschnittene Zeit für den Unterricht hat dazu zumindest ebenso beigetragen wie die didaktischen, wissenschaftstheoretischen, weltanschaulichen und kulturpolitischen Differenzen, die sich mit oft zweifelhafter Berechtigung in die Kontroversen um das Verhältnis von Geschichts- und sozialkundlich-politischem Unterricht hineinschoben. Wie künstlich die dabei konstruierten Gegensätze oft waren, zeigen die zahlreichen Berührungspunkte der Fächer in ausgewogenen Lehrplänen wie die neuerliche Öffnung der Geschichtswissenschaft gegenüber den Sozialwissenschaften und das intensivere Interesse der Sozialwissenschaften an der Geschichte. Alle Versuche, scharfe Trennlinien zwischen Geschichts- und sozialkundlich-politischem Unterricht zu ziehen, werden weder der Sache noch den langen Traditionen wissenschaftlicher Forschung gerecht, in denen sich sozialwissenschaftliche und historische Perspektiven immer wieder ergänzten. Stundenplanung ist dagegen in der Regel ein Nullsummenspiel: was ein Fach gewinnt, geht dem anderen verloren. Diese Regel gilt für das Verhältnis von sozialkundlich-politischem und Geschichtsunterricht aber nur, wenn übersehen wird, daß der sozialkundlich-politische Unterricht, wie gerade auch die den Geschichtsunterricht am stärksten beschneidenden Richtlinien erkennen ließen, noch stärker auf historische Bezüge verwiesen ist als der Geschichtsunterricht auf die Gegenwart, auf Gesellschaft und Politik. Im begrenzten Rahmen der Stundentafeln können Geschichts- und sozialkundlich-politischer Unterricht durch eine enge Kooperation daher nur gewinnen. Diese — nicht eine Integration — wird hier angestrebt. Wie wir in anderen Abschnitten dieses Bandes näher begründet haben, differieren trotz mannigfacher Überschneidungen nicht nur die historischen und sozialwissenschaftlichen Forschungsmethoden und Forschungsperspektiven. Es gibt zahlreiche Anhaltspunkte für die Annahme, daß auch im Alltagsbewußtsein zwischen der historischen und der sozialen, gesellschaftlichen und/oder politischen Dimension unterschieden wird.

Auch eine intensive Kooperation zwischen Geschichts- und sozialkundlich-politischem Unterricht mindert allenfalls die Probleme der Themenwahl. Da — wie gleichfalls schon genauer dargelegt wurde — Lernziele und didaktische Konstruktionen immer auch auf spezifische Inhalte bezogen sind und bezogen werden müssen, da kein brauchbares Curriculum nur mit dem einen Bein — der Lernziele, einer Grundstruktur o. ä. — zu laufen vermag, lassen sich die Schwierigkeiten der Definition und der Auswahl von Inhalten nicht umgehen oder überspringen. Eine allseits befriedigende Lösung ist kaum denkbar. Der hier vorgelegte Vorschlag orientiert sich an einer Kombination der in den didaktischen Beiträgen entwickelten Kriterien, soll aber nicht suggerieren, Themenauswahl und Themenfolge gingen zwingend aus dieser Kombination hervor. Die Kriterien seien hier noch einmal kurz skizziert. Gefragt wurde:

— nach der Bedeutung der Themen für das Verständnis unserer geschichtlichen, kulturellen, sozialen und politischen Traditionen, der Gegenwart und für die Handlungsorientierung in der Gegenwart;
— nach den Beziehungen zwischen Geschichte und der Gegenwart, wie sie sich dem Schüler in seiner unmittelbaren Umwelt, in der Differenzierung unserer Gesellschaft, ihren weltweiten Verpflichtungen, in ihren Konflikten und Problemen darstellt;
— nach Perspektiven, unter denen Geschichte und Gegenwart in ihrer Vielgestaltigkeit und Widersprüchlichkeit zugänglich werden, deren Wechsel aber zugleich die Relativität jedes Zugriffs wie der dem Schüler je unmittelbar vorausgegebenen Erfahrungen und kulturellen Voraussetzungen einsichtig machen soll;
— nach Inhalten, welche die Unterschiede zwischen der Gegenwart und voraufgehenden Geschichtsepochen auch dadurch markieren, daß sie schwerlich in wechselseitiger Betrachtung durch Geschichts- und sozialkundlich-politischen Unterricht behandelt werden können;
— nach der Themenstruktur der Lehrpläne, dem zeitlichen Rahmen des Unterrichts;
— nach dem Alter der Schüler, ihren erwartbaren Interessen, ihrem Verständnis der behandelten Zusammenhänge;
— nach den Aufgaben und Problemen, vor die sie als Bürger dieser Gesellschaft gestellt sein werden, in der Entwicklung ihrer individuellen Identität wie in den Rollen in Beruf, Öffentlichkeit und Privatsphäre.

Das Curriculum ist als ein „offenes“ Curriculum zu betrachten, da mit den je zentralen Themen nicht nur unterschiedliche und z. T. auswechselbare Unterthemen verbunden werden können; alternative Möglichkeiten sollen auch für deren Behandlung in der Entwicklung der Unterrichtssequenzen wie in der Arbeit im Unterricht offengehalten werden. Darüber werden die vorgelegten Hefte näher informieren.

4.1.1 Zum Umfang des Unterrichts

Der folgende Vorschlag geht davon aus, daß für den Geschichtsunterricht und den Politischen Unterricht zusammen im Durchschnitt 3 Wochenstunden zur Verfügung stehen — unabhängig davon, unter welchen Bezeichnungen dieser Unterricht jeweils in den Bundesländern geführt wird. Ein diesen Zeitraum unterschreitendes Stundenmaß würde die curriculare Planung eines modernen Unterrichts illusorisch machen und notwendig zurücklenken zum Frontalunterricht und dürftiger Information.

Nach dieser Annahme steht bei ca. 40 Schulwochen im Jahr ein Raum von ca. 120 Stunden zur Verfügung. Auf diesen Raum werden die vorgeschlagenen Unterrichtseinheiten verteilt; die ungefähre Stundenzahl ist jedesmal angegeben. Die Einheiten selbst sind so angelegt, daß entweder Fundamenta von Addita unterschieden oder Arbeitsteile von Informationsteilen abgesetzt werden; so wird eine unterschiedlich breite Anlage des Unterrichts ermöglicht.

Diese Annahmen beziehen sich auf das Optimum der Sekundarstufe I, auf Gymnasien, Realschulen und Hauptschulen mit 10 Klassen. Da ein Curriculumvorschlag aber nicht die Grenzen mißachten darf, die die Verhältnisse an vielen achtjährigen Hauptschulen noch ziehen, wird neben den Optimalvorschlag ein Minimalvorschlag gestellt, der auf eine achtjährige Hauptschule, allerdings bei gleicher Wochenstundenzahl, bezogen ist. Er folgt dem gleichen Prinzip der Anlage, fügt sich durch Kürzungen und Zusammenziehungen der geringeren Unterrichtszeit.

4.1.2 Themen des Geschichtsunterrichts

Hier kann zurückverwiesen werden auf die grundsätzlichen Ausführungen zu Auswahl und Anordnung der Themen. (vgl. 2.3.4.1, S. 97 ff.) Die Sequenzen wurden als Leit- oder Mittelpunktthemen begründet, um die herum sich die anderen Thementypen in freierer Anordnung und mit unterschiedlichen Auswahlmöglichkeiten gruppieren. Hier sollen diese Grundsätze nun konkretisiert und zu einem zusammenhängenden Themenaufbau entwickelt werden.

4.1.2.1 Orientierungsstufe

Für die Orientierungsstufe werden zwei Leitthemen vorgeschlagen, die in ihrer strukturierenden Bedeutung den Sequenzen für die Sekundarstufe I entsprechen. Sie selbst stehen allerdings nicht in einem sequentiellen Zusammenhang; die vorgeschlagene Reihenfolge, die Aufteilung auf die Klassen 5 und 6, ergibt sich nicht aus einem genetischen, sondern eher aus einem sachlichen und psychologischen Zusammenhang. Das erste Thema — „Die Stadt — lokal-regionalgeschichtlicher Längsschnitt" — steht zum zweiten Thema — „Athen/Rom: Polis und Metropole" — in einem Spannungs- und Ergänzungsverhältnis. Der eigenen Umwelt in ihrer geschichtlichen Entwicklung und dem Wandel ihrer Funktionalität wird ein ähnliches und doch ganz anderes Gegenbild gegenübergestellt. Das Bekannte soll damit am Fremden, aber doch prinzipiell Ähnlichen deutlich werden, das Fremde in Eigenart und Vergleichbarkeit mit dem Bekannten in den eigenen Horizont rücken. Auf diese Weise soll ein propädeutischer Einstieg in die „Geschichtlichkeit" gewonnen werden, der den Zusammenhang von Vergangenheit, Gegenwart und Zukunft als historische Grundfigur am Exempel der Stadt aufschließt. Wahrnehmung und Deutung sichtbarer Überreste, mitzuerlebende Veränderungen und Planungen im eigenen Lebensraum, sekundäre Erfahrung bedeutender Beispiele hochorganisierten menschlichen Zusammenlebens aus der Antike geben im Zusammenhang die Möglichkeit, dieses Ziel zu erreichen. Die Zusammenstellung versucht die beiden empirisch zu bestätigenden Grundsätze, daß man vom Bekannten zum Unbekannten, vom Nahen zum Fernen schreiten solle — daß andererseits gerade das Unbekannte, Ferne einen Motivations- und Lernanreiz ausstrahle, miteinander zu verbinden.

Der Einwand, daß hier auf die „Metropolen" abgestellt sei und dieses Curriculum insbesondere Schülern, die in geschichtsträchtigen Großstädten leben, zugute kommt, muß hingenommen werden. Er ist mehr theoretischer Natur angesichts der politischen Bedeutung der Metropolen; in einer Zeit, in der gewaltige Landstriche urbanisiert werden, hat er untergeordnete Bedeutung. In einer Unterrichtseinheit des Thementyps 2 — das Verhältnis von Stadt und Land in der Geschichte — kann diese Frage in einer späteren Klasse selbst thematisiertt werden.

Das praktische Problem besteht darin, daß für das Thema „Stadt" jeweils auf die konkrete Umwelt bezogene Unterrichtsreihen bereitstehen müssen, eine solche Vielzahl aber nicht im Rahmen dieses Werkes erscheinen kann. Es werden hier nur einige Beispiele

vorgelegt werden können, die es aber erleichtern, entweder selbst ein ähnliches Modell für den eigenen Raum zu erstellen oder auf vorhandenes Material zurückzugreifen.
Die diesen Leitthemen zugeordneten Unterrichtseinheiten des Thementyps 2 und 3 haben entweder Kontrast- oder Fortführungs- und Ergänzungscharakter. Kontrastthemen sind: „Die potamischen Hochkulturen" (Beispiel: Ägypten) und „Lebensformen der Ur- und Frühgeschichte", insofern sie vorstädtische Lebensformen repräsentieren. Auch diese beiden Themen lassen sich wiederum in Beziehung setzen, wenn die urgeschichtlichen Lebensformen an heimischen Beispielen erörtert werden können.
Die Unterrichtsreihe „Technik — Verkehr — Lebensweise" kann mit dem Thema „Stadt" verbunden werden, soll aber vor allem an anschaulichen und interessierenden Beispielen das Phänomen „Entwicklung" zeigen, das auf diesem Gebiet sowohl in ihren Stagnations- wie Beschleunigungsphasen sowie in ihrer Funktionalität besonders deutlich zu veranschaulichen ist.
In einem engen Zusammenhang mit dem Thema „Athen-Rom" stehen die drei übrigen vorgeschlagenen Unterrichtseinheiten: sie verbinden einerseits den Unterricht über antike Verhältnisse mit dem näheren Lebensraum und leiten über zur skizzenhaften Repräsentation der mittelalterlichen Grundlagen Europas; zum andern versucht das Längsschnittthema, einsetzend bei der Völkerwanderung, die Kolonisationen, Eroberungen und Entdeckungen als spezifisch geschichtliche Formen großer Veränderungen an einigen Beispielen bis in die Neuzeit zu erarbeiten.

4.1.2.2 Sekundarstufe I

Dieser Einsatz des Geschichtsunterrichts i. e. S. in der Orientierungsstufe legt einen Grund für den Unterricht in der Sekundarstufe I.
Hier sind zunächst die Sequenzen stichwortartig zu skizzieren:

Klasse 7/8

1. Sequenz: Industrielle Revolution und Industrialisierung
   Der Beginn des Industrialisierungsprozesses. (Industrielle Revolution in England, ihre Anfänge auf dem Kontinent; ihre Bedeutung für die Entwicklung der Weltwirtschaft, die Wechselwirkung zwischen Sozialstruktur, Aufbau des kapitalistischen Wirtschaftssystems, technisch wissenschaftlichem Fortschritt und politischem Wandel. Zeitraum: ca. 1770 bis 1850).
2. Sequenz: Politische Revolutionen
   Demokratische Revolutionen und bürokratische Reformen. Die Entstehung des modernen bürgerlichen National- und Verfassungsstaates (die politische Auswirkung der Entstehung neuer sozialer Klassen und Interessengruppen sowie neuer politischer Theorien; Entstehung und Entwicklung von Parteien, Parlamenten, Bürokratien; Durchsetzung des Verwaltungs- und Verfassungsstaates, der Menschen- und Bürgerrechte; Parlamentarisierungs- und Demokratisierungstendenzen sowie die Widerstände. Zeitraum 1776 bis ca. 1875).

Klasse 9/10

3. Sequenz: Das Zeitalter des Imperialismus
   Die Industrienationen im Zeitalter des Imperialismus (Wandel des kapitalistischen Wirtschaftssystems; Anfänge des organisierten Kapitalismus; Ausdehnung der Kolo-

nialisierung und „Informal Empire"; imperialistische Rechtfertigungsideologien und Imperialismuskritik; Entwicklung der internationalen Beziehungen; das innerstaatliche und gesellschaftliche Spannungsfeld: Die Auseinandersetzung um Demokratisierung und Parlamentarisierung der Verfassungsstaaten; Arbeiterbewegung und Staat; Entstehung und Ausbreitung nichtliberaler Alternativkonzeptionen. Zeitraum: 1875 bis 1918).

4. Sequenz: Politische Grundspannungen und -systeme im 20. Jahrhundert
   Kommunistische Revolution und Faschistische Systeme; die Entwicklung der liberalen Demokratie zum demokratischen Sozialstaat (Entstehung und Geschichte der Sowjetunion von Lenin bis Stalin; innenpolitische und gesellschaftliche Probleme der Weimarer Republik; die Entstehung faschistischer Bewegungen in Europa; die Neuregelung der internationalen Beziehungen nach 1918; der Zusammenhang von Wirtschaft und Politik in der Zwischenkriegszeit: Die Weltwirtschaftskrise; der New Deal in den USA; die chinesischen Revolutionen und die Hegemonie Japans im Fernen Osten; die nationalsozialistische Herrschaft in Deutschland und der Zweite Weltkrieg. Zeitraum 1917 bis 1945).

5. Sequenz: Probleme der Zeitgeschichte an ausgewählten Beispielen
   Zeitgeschichtliche Fragen an einzelnen Beispielen (die Entstehung zweier deutscher Staaten/Systemvergleich Bundesrepublik Deutschland — DDR; das System der internationalen Politik seit 1945; Friedenssicherung und Teilkriege; Hegemonieansprüche und Aufstände, das Konzept der Weltrevolution und die Koexistenz; Entkolonialisierung und Dritte Welt; Veränderungen der Verhaltensweise und Erwartungsstruktur in den Industriegesellschaften: „Emanzipation und Partizipation" im gesellschaftlichen Bereich. Zeitraum ab 1945).

Diese Stichworte sind nur als allgemeine Hinweise zu verstehen. Sie werden durch Unterrichtseinheiten ausgeführt, die durch Kombination von fundamentalen und additiven Teilen und durch unterschiedliches Material variable Schwerpunktsetzung erlauben, aber dennoch das Thema insgesamt abdecken. Nur die Sequenz 5 wird anders konzipiert: hier sollen einzelne Beispiele weiter ausgeführt werden und exemplarisch stehen können, während andere als Zusatzangebot zu verstehen sind. Die Anlage dieser Sequenz entspricht damit der Anlage der Unterrichtseinheiten des Politikunterrichts; ein Unterrichtsbeispiel wird zum Leitthema, dem sich Nebenthemen zuordnen. (s. u. S. 228 f.)
Vom Stundendeputat des historischen Unterrichts wird man etwa die Hälfte, also ca. 30 Stunden je Schuljahr, für die Sequenzen in Anspruch nehmen müssen. Um diesen kontinuierlichen Aufbau des Geschichtsunterrichtes, der mit zunehmendem Fortschreiten Rückgriffe und Verbindungen zu vorhergegangenen Sequenzen ermöglicht und verlangt, können sich die drei anderen Unterrichtstypen in sehr viel freierer Weise und Auswahl gruppieren.
Das retrospektive Vorgehen (Thementyp 2) ist weitgehend vom konkreten Anlaß und vom Interesse der Lerngruppe abhängig. Es ist am ehesten als ein Integrationsthema historisch-politischen Unterrichts anzulegen und muß an geeigneten Abschnitten in den Unterricht der Sequenzen eingeschoben werden können, wenn die politische Aktualität es als günstig erscheinen läßt. (Interessenkonzentration, Arbeitsmaterial in Zeitungen und anderen Medien)
In den Klassen 9/10 kann es sich aufs engste mit den Themen der Sequenz verbinden.

Wenigstens drei solcher in Projektform anzulegender Thementypen sollten mit den Schülern erarbeitet werden.
Der Thementyp 3 (epochenübergreifender Längsschnitt) und der Thementyp 4 (epochenspezifischer Querschnitt) sollten vornehmlich ältere historische Epochen thematisieren, um das Übergewicht der Neueren Geschichte nicht als Verkürzung der historischen Perspektive wirken zu lassen.
Der Thementyp 3 läßt sich immer dann mit den Sequenzen verbinden, wenn ein im Unterricht behandelter Gegenstand besonderes Interesse erregt; es wird zur Motivation eines historischen Längsschnittes. So kann die erste Sequenz z. B. Anlaß geben, das Verhältnis von Stadt und Land in der Geschichte längsschnittartig an Beispielen aus verschiedenen Epochen bis in die Gegenwart zu erarbeiten. Die vierte Sequenz kann die soziale Schichtung und die Organisation politischer Partizipation in verschiedenen Systemen zum Anlaß nehmen, das Thema „Armut in der Geschichte“ unter dem Aspekt unterschiedlichen Rechts und gestufter politischer wie wirtschaftlicher Abhängigkeiten zu behandeln; dabei läßt sich von der Antike her ein Profil unterschiedlicher Formen und Wertungen der Armut entwickeln. Diese Themen lassen alle eine Kombination mit einem entsprechenden Thema des politischen Unterrichts zu.
Der Thementyp 4 hat insbesondere Kontrastcharakter. Es ist zu empfehlen, diesen Typ mit Strukturuntersuchungen der Sequenzen zu verbinden. So bietet es sich an, in Ergänzung zur Industrialisierungssequenz einen strukturierenden Querschnitt der sozialen und wirtschaftlichen Bedingungen des späten Mittelalters oder der frühen Neuzeit zu erarbeiten.
Legt man ihn als Situationsanalyse an — „Das Jahr 1917“ — so eignet er sich besonders für ein arbeitsteiliges, projekthaftes Vorgehen, das zu Facharbeiten der Abschlußklassen führen kann.
Die vorgeschlagenen Themen des Typs 2—4 werden hier nicht im einzelnen skizziert; ein Beispiel der Themenzuordnung ist in der Übersicht (4.1.4) aufgestellt. Auch in diesem Vorschlag wird versucht, Zusammenhänge zwischen den verschiedenen Thementypen 2—4 in der Thematik der Sequenzen entweder zu vertiefen, indem sie eine Frage besonders herausgreifen und längsschnittartig verfolgen, oder informativ zu untermauern, indem sie in Querschnitten Voraussetzungen aus der Geschichte seit dem späten 18. Jahrhundert in den Unterricht bringen.
In den einzelnen Unterrichtseinheiten wird jeweils der vorgeschlagene curriculare Ort bezeichnet und begründet, so daß im Laufe der nächsten Jahre neben der hier vorgeschlagenen Kombination von Unterrichtsthemen alternative Auswahlmöglichkeiten vorliegen und ausgewiesen werden.

4.1.3 Themen des Politikunterrichts

Für den Politikunterricht werden für jede Klassenstufe Leitthemen bezeichnet, die selbst noch keine Unterrichtseinheiten sind; diese Leitthemen werden vielmehr in unterschiedlichen Zugriffen methodisch und inhaltlich durch einzelne Unterrichtseinheiten aufbereitet, von denen je nach Wahl eine (oder auch zwei) intensiver bearbeitet werden sollten: diese Einheiten werden dann zu den exemplarischen Unterrichtseinheiten, denen sich die anderen als Nebenthemen zuordnen.
Als unterschiedliche Thementypen werden angeboten: die Erkundung, die systematische

Analyse oder der Vergleich, die Fallstudie und die Bearbeitung eines aktuellen Problems. Zur Auswahl und Abfolge der Leitthemen sind folgende Erwägungen entscheidend gewesen:

Wie im Beitrag zur Didaktik des politischen Unterrichts dargelegt wurde, hat eine mißverstandene Kritik allzu einfacher entwicklungspsychologischer Vorstellungen die ebenso vergröberte und unhaltbare Annahme befördert, Schüler könnten bei entsprechender didaktischer Aufbereitung auch komplizierte soziale Zusammenhänge schon früh erfassen. Wir gehen im Gegensatz dazu davon aus, daß Schülern auf der Orientierungsstufe die Erfassung räumlicher Ordnung, ungleich mehr aber noch die Erfassung komplexer sozialer Strukturen und langfristiger Ursache-Folge-Zusammenhänge sozialen Handelns Schwierigkeiten bereitet. Das erste Leitthema ist daher auf die dem Schüler unmittelbar vertraute lokale Umwelt bezogen. Dabei kann heute wohl in der Regel erwartet werden, daß diese lokale Umwelt zwar vergleichsweise hoch differenziert, daß jedoch die moderne Gesellschaft in ihrer Differenzierung, in der Trennung der Handlungs- und Leistungsbereiche für den Schüler bereits eine vertraute Gegebenheit ist. Zwischen einigen dieser Bereiche (Wohnung, Schule, Verkaufszentren usw.) bewegt sich der Schüler selbst, andere vermag er über Eltern, Verwandte und Bekannte zu erschließen, einige werden aber am Rande oder außerhalb seines Blickfelds liegen. Die Unterrichtseinheiten sollen den Einblick in diese Bereiche eröffnen oder vertiefen, ihre Zusammenhänge, die aus der funktionsspezifischen Differenzierung folgenden individuellen und kollektiven Probleme, Erfordernisse in der Infrastruktur, der Versorgung, der Information, der Verwaltung und der Politik sichtbar machen. Als Methode bietet sich hierbei vor allem die Erkundung an, deren Verarbeitung durch systematische Analysen und dort, wo Probleme und Handlungsmöglichkeiten durchdacht werden sollen, durch Fallbeispiele zu ergänzen ist.

Das zweite Leitthema — soziokulturelle Unterschiede und soziale Ungleichheit — schließt insofern unmittelbar an das erste an, als soziokulturelle Unterschiede und soziale Ungleichheit paradigmatisch in einem Rahmen dargestellt werden sollen, welcher dem Schüler erlaubt, Beziehungen zu seiner unmittelbaren Umwelt herzustellen. Fallstudien stehen daher im Zentrum. Ihnen werden systematische Hinweise und Vorgänge für mögliche Erkundungen zugeordnet. Die Unterrichtseinheiten sollen in einem dem Schüler vertrauten Bezugsrahmen ähnlich wie die zugeordneten historischen Einheiten durch eine scharfe Kontrastierung den Schüler mit anderen Lebensbedingungen vertraut und ihm so auch die Besonderheit seiner Lebensbedingungen sichtbar machen. Dabei wird einiges, was in den historischen Einheiten im Blick auf andere Zeiten dargestellt wurde, nun auch in der zumal in Entwicklungsländern extremen Gleichzeitigkeit des Ungleichzeitigen dargestellt werden. Zu problematisieren ist vor allem die kulturelle Vielfalt als Bedingung für eine Vielfalt von Lebens- und Erfahrungsmöglichkeiten aber auch für die Bildung kollektiver Feindschaften, also auch die Bedeutung von ethnozentrischen Vorurteilen. Beispielen für soziokulturelle Unterschiede sollen Beispiele für soziale Ungleichheit zur Seite gestellt werden, wobei durch die Wahl von Beispielen aus Entwicklungsländern wiederum eine schärfere Kontrastierung angestrebt wird. Der Schüler soll so lernen, einen Bezug zu ihm zunächst fernen Gesellschaften und Menschen herzustellen und beginnen, die Bedeutung zunehmender weltweiter Verflechtungen auch für sich und sein Handeln, sogleich aus der Kontrasterfahrung heraus aber auch soziokulturelle Unterschiede und soziale Ungleichheit in seiner Umwelt schärfer wahrzunehmen.

Daran kann in der folgenden Klasse unmittelbar das Leitthema Wirtschaftssysteme und wirtschaftlicher Wandel anschließen. Jedes Unterrichtsprogramm für die siebte und achte Klasse muß indessen in Rechnung stellen, daß die Behandlung dieses und anderer wichtiger Themen im Rahmen der in den Stundentafeln ausgewiesenen Zeit unmöglich ist. Die schon angesprochene Vernachlässigung des Unterrichts an den Haupt- mehr aber noch an den Berufsschulen zwingt zu einer Auswahl, die — wie immer sie ausfallen mag — unbefriedigend bleibt. Dies gilt auch für ein Minimalprogramm, das sich auf die wichtigsten wirtschaftlichen, innenpolitischen Fragen und die Stellung der Bundesrepublik Deutschland in dem das internationale System bestimmenden Zusammenhänge bezieht. Wie dargelegt, zeigen fast alle empirischen Jugenduntersuchungen an, daß ein intensiveres politisches Interesse bei Jugendlichen erst in einem Alter in Erscheinung tritt, in dem sie die Hauptschule bereits verlassen haben. Der Unterricht ist also mit zusätzlichen Schwierigkeiten belastet. Sie zwingen den Unterrichtenden, für den Unterricht eine Perspektive zu wählen, die auch der Schüler einnehmen kann. Man mag sie als eine auf Lebenssituationen oder — wie hier — auf Rollen bezogene Perspektive bezeichnen. Damit kann Ähnliches gemeint und erfaßt sein. Wer dieser Perspektive folgt, läuft allerdings, wie Themenpläne und Inhaltsverzeichnisse in Lehrbüchern zeigen, Gefahr, zumal bei der Vielfalt der denkbaren Lebenssituationen die heterogensten Situationen zueinander zu ordnen und in die Trivialität des den Schülern schon Vertrauten zu verfallen. Diese Gefahr soll hier durch die Wahl einer biographischen Systematik, wie sie im didaktischen Teil beschrieben wurde, vermieden werden.

Ihre Linie beginnt in der unmittelbaren Umwelt, berührt dort punktuell die Politik, und führt sodann in den Bereich der Wirtschaft. In ihr nimmt der Schüler bereits eine Rolle — die Rolle des Konsumenten — ein. Zugleich ist er zumindest ein wenig über die Berufstätigkeit seiner Eltern, Verwandter, Bekannter informiert und hat eigene, wenn auch häufig unrealistische und vage Berufsvorstellungen. Die Betrachtung der Wirtschaft aus der Perspektive des Konsumenten und des Berufstätigen steht daher am Anfang dieses Themas. Ein solcher Unterricht könnte ein Unterricht in weithin nur pragmatischer, handlungsorientierender Absicht sein. Obwohl sich dafür zumal unter den erwartbaren zeitlichen Beschränkungen des Unterrichts gute Argumente beibringen ließen, soll hier unter solchen „Rollenperspektiven" versucht werden, den Blick auf übergreifende Zusammenhänge und Bedingungen zu richten. Eine von Unterrichtseinheit zu Unterrichtseinheit stärkere Konzentration des Blicks auf diese Zusammenhänge ermöglicht vielleicht eine fortschreitende Aneignung der Fähigkeiten, die auch bereits bei einem vorläufigen und vereinfachten Verständnis übergreifender Zusammenhänge erforderlich sind. Mit den größten Schwierigkeiten muß bei der Behandlung der Zusammenhänge von Vermögensverteilung, Vermögensbildung, Gewinn, Investitionsentscheidungen und staatlicher Wirtschaftspolitik gerechnet werden. Sie sind den Schwierigkeiten bei der Behandlung des politischen Systems vergleichbar, weil auch hier der Bürger durch die Bürgerrolle nur wenig involviert ist. Hier kann indessen durch die Themenwahl ein stärkeres Interesse geweckt werden, wobei Fallbeispiele im Vordergrund stehen sollen, die eine Einsicht in den politischen Prozeß und das Gefüge der politischen Organisationen und Institutionen eröffnen, während im Bereich der Wirtschaft Erkundung und systematische Analyse einen höheren Stellenwert haben.

Muß der Unterricht auf die Klassen 7 und 8 beschränkt bleiben, so bleibt keine andere Wahl als eine Straffung der Einzelthemen und deren Ergänzung um Vergleiche mit den

sozialistischen Staaten Osteuropas, um Verweise auf die europäische Integration und Probleme der Entwicklungsländer im wirtschaftlichen, wirtschafts-politischen wie im politischen Themenbereich. Die Unterrichtseinheiten werden solche Ergänzungen enthalten. Unberücksichtigt bliebe dann das wichtige Thema der Friedens- und Rüstungspolitik, das daher am Beginn der Themenfolge für die Klassen 9 und 10 steht, also auch noch an das Ende der achten Klasse herübergenommen werden kann. Es markiert zumindest für die männlichen Schüler zugleich eine weitere biographische Station: die Entscheidung über Wehr- oder Zivildienst. Die Behandlung dieses Themas soll zugleich als ein Fallbeispiel für den politischen Entscheidungsprozeß und für die Grundrechtsproblematik stehen. In der Beschäftigung mit diesem Beispiel soll das, was in den vorausgehenden Klassen schon behandelt wurde, intensiviert werden. Das Schwergewicht des Themenplans liegt im Systemvergleich und im Bereich der „Weltgesellschaft" oder des „internationalen Systems". Diese Themen gebieten, was der Entwicklungsstand der Schüler auch möglich machen sollte: den Vorrang der systematischen Analyse.
Keinen systematischen Ort im Themenplan haben aktuelle Themen, worunter solche Themen gemeint sind, bei deren Behandlung ein unmittelbarer Bezug zwischen dem Thema und dem aktuellen politischen Geschehen hergestellt werden kann. So legt zum Beispiel die regelmäßige Wiederkehr von Tarifkonflikten und Tarifverhandlungen nahe, die Behandlung dieses Themas mit der Beobachtung einer Tarifverhandlung zu verbinden. Ähnliches gilt für Wahlen und andere Themen.

4.1.3.1 Orientierungsstufe (Klasse 5/6)

I. Leitthema: Stadt-Gemeinde

Trennung der Lebensbereiche in der modernen Gesellschaft: Wohnung, Bildung, Produktion, Konsum, Verwaltung, Politik, Freizeit; Mittelpunkte des privaten und öffentlichen Lebens; Ursachen der Trennung; Folgen für den einzelnen: Rollentrennung und Mobilität, Vielfalt der Abhängigkeiten; allgemeine Folgen: Koordinations- und Integrationsprobleme; Infrastruktur, Kommunikations- und Versorgungswege, öffentlicher und privater Verkehr, Verkehrspolitik; Kommunale Instanzen, Funktionen von Verwaltung und politischen Gremien, Steuern und Haushalt; überlokale wirtschaftliche und politische Abhängigkeiten; Informationsprobleme: lokale und überlokale Medien, Abhängigkeit von Informationen, Konzentration, Brauchbarkeit der Informationen für den Bürger, Verbraucher, Unterhaltungskonsument.

II. Leitthema: Soziokulturelle Unterschiede und soziale Ungleichheit

Lebensbedingungen und Umwelt in Entwicklungsländern: kulturelle Unterschiede, Leben unter vormodernen Bedingungen; Folgen des Modernisierungsprozesses, Leben in modernen Zentren und in der Peripherie; die Vielfalt der Kulturen und ihre Ursachen; Prozesse und Bedingungen der kulturellen Angleichung: Gruppenbildung und Abgrenzung, Fremd- und Selbstbilder, Freundschaft und Feindschaft, Notwendigkeit und Bedingungen der Verständigung und des friedlichen Zusammenlebens: Ungleichheit, Armut und soziale Ungerechtigkeit; Wandel der Werte und der Bedürfnisse; unser Verhältnis zur dritten Welt; soziale Ungleichheit in der eigenen Gesellschaft: Unterschiede von Macht, Besitz, Einkommen, Bildung, Ansehen, Konsumchancen.

4.1.3.2 Sekundarstufe I

Klasse 7/8 Leitthemen

III. Leitthema: Wirtschaft, Wirtschaftssysteme und wirtschaftlicher Wandel

Konsum und Komsumgüter: Werbung, Abhängigkeit des Verbrauchers, Verbraucherpolitik, individuelle Haushaltshaltung, Kredite; die industrielle Produktionsweise, Wandlungen der Arbeitsbedingungen in Produktion: Handwerk, Agrarwirtschaft, Distribution, Verwaltung; was wird produziert? Wandlungen in der Wirtschafts- und Sozialstruktur: weltwirtschaftliche Verflechtungen, Export und Import, Arbeitsplatzsicherheit, Arbeitslosigkeit, Mobilität; Einflußnahme am Arbeitsplatz und im Unternehmen, Mitbestimmung und Gewerkschaften; das System der sozialen Sicherung; Besitz und Verfügung über Produktionsmittel; Probleme des Gewinns und der Investition: Vermögensverteilung, Vermögenspolitik.

IV. Leitthema: Politische Ordnung und politische Beteiligung

Möglichkeiten der Partizipation und Bürgerrechte: Was kann der Bürger als Wähler, Partei-, Verbandsmitglied, in Bürgerinitiativen erreichen? Wahlsystem, Struktur von Parteien und Verbänden, Interessenartikulation und Interessenkonflikte; Regierungssystem: Gewaltenteilung und Föderalismus, Bürokratie, Parlament und Regierung, Entscheidungsprozesse und Öffentlichkeit; die Problematik der Mehrheitsentscheidung, Begrenzungen politischer Herrschaft: Menschenrechte und Minderheitenschutz, Probleme des Pluralismus.

V. Leitthema: Rüstung und Friedenspolitik

Verteidigungssysteme und Rüstungspotentiale: Eskalation der Rüstung und Abschreckung, Schwierigkeiten der Rüstungsbegrenzung und Abrüstung; die Bedeutung wirtschaftlicher, kultureller und politischer Beziehungen.
Wehrdienst und Wehrdienstverweigerung: Kriterien und Probleme der Entscheidung, Alltag in der Bundeswehr und im Zivildienst; Rechtsentwicklung und Rechtssprechung in der Bundesrepublik Deutschland am Beispiel des Rechts auf Wehrdienstverweigerung: wichtige Stationen im Entscheidungsprozeß, Funktionen des Parlaments, der Öffentlichkeit und der Gerichte.

VI. Leitthema: Recht und Gerichte

Rechte des Jugendlichen und des Volljährigen; Normen, Normverstöße und Sanktionen; Ursachen abweichenden Verhaltens; strafbare Handlungen, Jugendstrafen und Gerichtsbarkeit; das System der Gerichte: Instanzenweg, die Funktion von Richtern, Staatsanwälten, Rechtsanwälten und Schöffen, Rechte des Angeklagten, Strafvollzug und Resozialisierung.

VII. Leitthema: Systemvergleich Bundesrepublik Deutschland — DDR

Rechte und Pflichten des Bürgers in der sozialistischen Gesellschaft; Unterschiede des Rechtsverhältnisses: Schüler und Jugendliche in der DDR und in der Bundesrepublik Deutschland; Bürgerrechte und politisches System; Marxismus, Leninismus, freiheitlicher Sozialismus und Kommunismus; unterschiedliche Funktionen der Parteien und Verbände. Wirtschaft und Wirtschaftspolitik, Markt und Plan. Die Einbindung der DDR in den Warschauer Pakt und in das Comecon.

VIII. Leitthema: Europa und die Dritte Welt

Auswirkungen des Kolonialismus; politische Revolutionen und Modernisierung; die Instabilität der politischen Systeme; Systemkonkurrenz und Weltpolitik; wirtschaftliche Verflechtung und Abhängigkeiten. Integrationsprozesse in Europa und in der Dritten Welt; internationale Organisationen und Abkommen.

4.1.4 Vorläufige Themenliste

4.1.4.1 Anordnung für Klasse 5—10 (Die ungefähre Stundenzahl steht in Klammern)

Klasse 5/6

Geschichte:

Thementyp 1 (Leitthemen)
Die Stadt — Lokal-regionalgeschichtlicher Längsschnitt (30)
Athen — Rom: Polis und Metropole (30)

Thementyp 4
Die frühen Hochkulturen (Beispiel: Ägypten) (10) — Lebensformen in der Ur- und Frühgeschichte (5)
Die Römer an Rhein und Donau (10)
Europa um 800 (10)

Thementyp 3
Technik und Verkehr: Entwicklung und moderne Probleme (10)
Völkerwanderungen/Entdeckungen/Kolonisationen (an ausgewählten Beispielen) (10)

Politik:

Leitthemen
Stadt — Gemeinde: Die sozialen Bereiche; Aufgaben und Abgrenzungen
Soziokulturelle Unterschiede und soziale Ungleichheit

Thementyp 1
Stadt — Gemeinde: die Trennung der sozialen Bereiche (24)
Verwaltung und Gemeinderat (10)
Wie werden wir informiert und wie können wir uns informieren? (12)

Thementyp 3
Infrastruktur — Verkehrspolitik (4)
Wie leben andere? Familien in (aus) Entwicklungsländern (8)
Andere Menschen — andere Sitten: Vorurteile (6)
Soziale Rollen und Schichten: soziale Ungleichheit in der unmittelbaren Umwelt (16)

Klasse 7/8

Geschichte:

Thementyp 1 (Sequenzen)
Industrielle Revolution und Industrialisierung (30)
Politische Revolutionen (30)

Thementyp 2
Der Islam: Die arabische Liga (6)

Thementyp 3

Religionsspaltungen und Religionskriege in der frühen Neuzeit (10)
Widerstandsrecht — Menschen- und Bürgerrechte in der geschichtlichen Entwicklung (5)
Kinderarbeit und Kinderschutz in Deutschland seit dem 18. Jahrhundert (10)
Von der Standes- zur Staatserziehung; die Erziehungsformen der bürgerlichen Gesellschaft und im nationalen Staat (5)

Thementyp 4

Politische, wirtschaftliche, kulturelle Lebensformen des Mittelalters — ausgewählte Beispiele (Deutschland im Jahr 1000 — Kaiser und Papst — Grundherrschaft / Lehnsrecht und Agrarverfassung — Handwerk und Handel / die mittelalterliche Stadt — Wirtschaftskräfte im Mittelalter am Beispiel der deutschen Hanse und einer süddeutschen Handelsgesellschaft — Klöster als soziale Zentren — Der „gemeine Mann" an der Wende vom Mittelalter zur Neuzeit in Recht, Wirtschaft und Gesellschaft)
(zwei Beispiele zu je fünf Stunden oder 1 Beispiel zu 10 Stunden)
Bundschuh und Deutscher Bauernkrieg
Absolutismus und Merkantilismus — politische Strukturen frühmoderner Staaten nach dem 30jährigen Krieg (8)

Politik:

Leitthemen
Wirtschaft, Wirtschaftssysteme und wirtschaftlicher Wandel
Politische Ordnung und politische Beteiligung

Thementyp 1

Freiheit und Abhängigkeit des Konsumenten (6)

Thementyp 2

Beruf und Berufswahl; Berufsstruktur und ihr Wandel (12)
Soziale Sicherung (8)
Vermögensverteilung und Vermögensbildung (8)
oder: Zusammenfassung „Kapitalismus" (20)
Parteien und Verbände (12)
Mehrheit und Minderheit: Entscheidungsregeln und Probleme des Pluralismus (6)

Thementyp 3

Mitbestimmung am Arbeitsplatz: Gewerkschaften und Arbeitgeber (6)
Politische Partizipation und Bürgerrechte (6)
Politischer Entscheidungsprozeß und Regierungssystem (16)

Klasse 9/10

Geschichte:

Thementyp 1 (Sequenzen)

Das Zeitalter des Imperialismus (20)
Politische Grundsysteme im 20. Jahrhundert: Krisen und Kriege (20)
Probleme der Zeitgeschichte an ausgewählten Beispielen (20)
z. B. Die Teilung Deutschlands und die Entstehung zweier deutscher Staaten

Thementyp 2
Revolutionen in der „3. Welt", z. B. Kuba/Chile, ein Vergleich (5)
„Grenzen". Ihre soziale und politische Bedeutung und Problematik. Ausgewählte, alternative Unterrichtsbeispiele (10)
Arbeitsteilung und Geschlechterrollen — Probleme der Frauenemanzipation (5)
Thementyp 3
Sozialer Wandel 1870—1970
„Armut" in der Geschichte; soziale Schichtung und politische Partizipation (5)
Friedensysteme und Kriegsformen (5)
Die deutsch-polnischen Beziehungen seit dem 18. Jahrhundert (6)
Thementyp 4
Das Imperium Romanum: Weltreiche in der Antike (10)
Eine außereuropäische Kultur: Das zeitgeschichtliche China (10)
Nationalstaat und Minderheiten: Die irische Frage (5)
Widerstandsrecht und Widerstandsformen in der Geschichte (5)

Politik:

Leitthemen
Rüstung und Friedenspolitik
Recht und Gerichte
Systemvergleich Bundesrepublik Deutschland — DDR
Europa und die dritte Welt
Thementyp 2
Rüstung und Alternativen zur Rüstungspolitik (8)
Normen und Sanktionen (4)
Bürgerrechte im politischen System der DDR (10)
Markt- und Planwirtschaft (10)
Rohstoffressourcen und Wirtschaftsentwicklung in den Entwicklungsländern / Entwicklungshilfe (8)
Integration und internationale Organisationen (10)
Thementyp 3
Wehrdienst und das Recht auf Wehrdienstverweigerung (6)
Gerichte und Rechtsprechung (8)
Straffälligkeit, Strafvollzug, Resozialisierung (4)
Schüler und Jugendliche in der DDR (4)
Modernisierung und politische Revolutionen in der 3. Welt (10)
Berlin: Rechtlicher, politischer, wirtschaftlicher, kultureller Status (8)

Die Behandlung aktueller Probleme kann in den Politikunterricht der Klassen 5—10 je nach Anlaß eingeschoben werden; sie sind darum nicht fest einer Klassenstufe zuzuordnen. Variabel einzusetzende Unterrichtseinheiten des Thementyps 4 wären z. B.:

Wahlen,
Tarifkonflikt,
Bürgerinitiativen,
bewaffnete Konflikte,
umstritte Gesetzesvorhaben

4.1.4.2 Variante der Themenanwendung für acht- oder neunklassige Schulen (Klasse 5 bis 8 bzw. 9)

Klasse 5/6

Geschichte:

wie in 4.1.4.1

Politik:

wie in 4.1.4.1

Klasse 7/8

Geschichte:

Es sind Unterrichtseinheiten mit insgesamt ca. 136 Stunden angeführt; die Hauptschulen, die 9 Klassen haben, könnten entweder die hier ineinandergeschobenen Sequenzen 1 und 2 sowie 3 und 4 wieder nach vollem Programm behandeln oder die Thementypen 2—4 in größerer Zahl einfügen.

Thementyp 1 (Sequenzen)

Industrialisierung und politische Revolutionen
Das Zeitalter des Imperialismus und die Entstehung der politischen Systeme des 10. Jahrhunderts
Probleme der Zeitgeschichte an ausgewählten Beispielen

Thementyp 2

Nationalstaat und Minderheiten (z. B. Die irische Frage)
Revolutionen in der 3. Welt, z. B. Kuba/Chile: ein Vergleich

Thementyp 3

Religionsspaltungen und Religionskriege in der Christenheit
Widerstandsrecht — Menschen und Bürgerrechte
Friedensysteme und Kriegsformen

Thementyp 4

Politische, wirtschaftliche, kulturelle Lebensformen des Mittelalters
Das Imperium Romanum
Eine außereuropäische Kultur: Das zeitgeschichtliche China

Politik:

Es sind Unterrichtseinheiten mit ca. 120 Stunden angeführt; neunklassige Hauptschulen können Themen aus dem vollen Programm, die hier nicht aufgenommen wurden, ergänzend behandeln.

Leitthemen

Wirtschaft, Wirtschaftssysteme und wirtschaftlicher Wandel
Politische Ordnung und politische Beteiligung
Recht und Gerichte

Systemvergleich Bundesrepublik Deutschland — DDR
Europa und die dritte Welt

Thementyp 1

Freiheit und Abhängigkeit des Konsumenten

Thementyp 2

Beruf und Berufswahl; Berufsstruktur und ihr Wandel
Parteien und Verbände
Mehrheit und Minderheit: Entscheidungsregeln und Probleme des Pluralismus
Bürgerrechte im politischen System der DDR
Markt- und Planwirtschaft
Rohstoffressourcen und Wirtschaftsentwicklung in den Entwicklungsländern

Thementyp 3

Mitbestimmung
Politische Partizipation und Bürgerrechte
Politischer Entscheidungsprozeß und Regierungssystem
Wehrdienst und das Recht auf Wehrdienstverweigerung
Gerichte und Rechtsprechung
Schüler und Jugendliche in der DDR
Modernisierung und politische Revolutionen

Thementyp 4

s. o. S. 235

4.1.5 Zur Verbindung zwischen den Themen

4.1.5.1 Thematische Verbindungsmöglichkeiten

Die Verbindungen zwischen den Unterrichtseinheiten ermöglichen unterschiedliche Kombinationen; sie sind für den Zusammenhang innerhalb der Gebiete der Geschichte und der Politik je für sich oben dargelegt worden; die Sequenzen als Leitthemen des historischen Unterrichts folgen der Entwicklung der modernen Welt; die Leitthemen des Politikunterrichts decken in einer prinzipiellen Systematik die wichtigsten Bereiche politischer, wirtschaftlicher, sozialer Umwelt des Schülers i. w. S. ab. Den Sequenzen des Geschichtsunterrichts und den Leitthemen des politischen Unterrichts sind die Nebenthemen sei es inhaltlich, sei es methodisch zuzuordnen. Diese Zuordnung, wie sie in der graphischen Übersicht beispielhaft verdeutlicht wird, bleibt variabel und ergänzbar. So kann der Lehrer nach der größten vermuteten Motivation der Schüler die Themen miteinander kombinieren und zuordnen, so daß sich entweder ein Ergänzungsthema aus dem Leitthema ergibt oder jenes einen Einstieg in dieses darstellt. Es ist auch möglich, ein begrenzteres Ergänzungsthema in die Behandlung eines Leitthemas einzuschieben.
Von großer Bedeutung sind die Verbindungen zwischen den Themen des geschichtlichen und denen des politischen Unterrichts. Das Curriculum ist so angelegt, daß sich die historischen Leitthemen mit den Leitthemen des Politikunterrichts eng berühren und verzahnen.

Aus den Sequenzen des historischen Unterrichts lassen sich die systematischen Fragen der entsprechenden Thematik des politischen Unterrichts gewinnen; umgekehrt können aus den Leitthemen des Politikunterrichts die historischen Sequenzen entwickelt werden. Die Unterabschnitte der historischen und der politischen Unterrichtseinheiten lassen sich ineinanderschieben, so daß die politischen und die geschichtlichen Themen auch im Unterrichtsverlauf einander durchdringen. Entsprechende Hinweise markieren in den Unterrichtseinheiten solche Möglichkeiten. Die Ergänzungsthemen stehen über die Leitthemen miteinander in Verbindung; so wird ein Zusammenhang von historischem und politischem Unterricht in mittelbarer Weise hergestellt. Sie können aber auch unmittelbar aufeinander bezogen werden; darüber hinaus sind Einheiten vorgesehen, die historischen und politischen Unterricht direkt integrieren.

Eine breite Auswahlmöglichkeit innerhalb der Ergänzungsthemen soll Variabilität des Unterrichts ermöglichen. Es ist vorgesehen, nach den hier zunächst genannten Themen ein weiteres Angebot für die einzelnen Klassenstufen zu entwickeln.

4.1.5.2 Beziehung des Lernzielgefüges

In der Einleitung wurde darauf hingewiesen, daß das Kooperationsverhältnis zwischen historischem und politischem Unterricht sich nicht in seinen thematischen Verbindungen erschöpft (s. o. 1.3, S. 21). Die hier vorgeschlagene Themenkombination halten wir für möglich und sinnvoll; sie kann nicht zwingend sein. Andere inhaltliche Verbindungen sind angesichts der vielfältigen Zusammenhänge historischen und politischen Lebens denkbar und legitimierbar. Die thematischen Verknüpfungen entspringen unterrichtspragmatischen Notwendigkeiten, sind in einem anderen Begründungszusammenhang zu verstehen als die stringenteren Verbindungen, welche sich aus den Lernzielkriterien, den Zielkategorien des historischen und politischen Unterrichts ergeben.

Anders als die thematischen Verbindungen sind diese jedoch nicht in einem knappen Aufriß darzulegen, weil die konkreten Lernziele vom Gegenstand abhängig sind und also nur in der jeweiligen Unterrichtsreihe in ausführlicher Beschreibung formulierbar werden. Aber auf einer allgemeineren Ebene zeigen die Begründungen des didaktischen Zielgefüges den alle Themen verbindenden lernzieltheoretischen Ansatz: Wurde dem Geschichtsunterricht die Verschränkung von *Analyse, Sachurteil und Wertung* als Lernzielkriterien zugewiesen (s. o. S. 81 ff.), so entwickelte der Ansatz des Politikunterrichts als Zielkategorien personale Solidarität, Freiheit und Sicherheit, rationales Verstehen und siedelte den Politikunterricht zwischen *Analyse, Entwurf, Handeln* an (s. o. S. 220 ff.). Die historischen wie die politischen Unterrichtseinheiten folgen ungeachtet ihrer engeren oder weiteren thematischen Verknüpfung diesen Lernzielkriterien.

Es ist nun leicht zu sehen, wie diese miteinander in Beziehung stehen:

— Was im Zielansatz des Politischen Unterrichts unter dem Begriff „rationales Verstehen" zusammengefaßt wird, entspricht im historischen Unterricht den aufgefächerten Kriterien von Analyse und Sachurteil;

— während der Geschichtsunterricht unter dem Lernzielkriterium Wertung und Stellungnahme eine Mehrzahl von begründbaren Wertungspräferenzen zuläßt und ihre Ergreifung und Abwägung gleichsam probierend einübt, setzt der Politikunterricht mit den Wertbegriffen Freiheit und Sicherheit klare konsensfähige Präferenzen. In diesem Bereich der wertenden Lernziele entsteht dadurch eine Spannung zwischen entschiedenen Wertoptionen einerseits und distanzierteren Wertungsmöglichkeiten andererseits;

— im Begriff der personalen Solidarität erschließt der Politikunterricht eine Zieldimension, der sich der Geschichtsunterricht zwar in der Form der „Stellungnahme" aufgrund von Analyse, Sachurteil und Wertung nähern kann, die er aber nicht bis in die Handlungssphäre selbst vorantreibt. Dem Prozeß der politischen Entscheidung und Parteinahme liefert er mit seinen Zielkategorien nicht eine direkte, als „wissenschaftlich" ausgebbare Legitimation, sondern vielmehr einen Hintergrund von Kenntnis, Urteil und Bewertung, der das Bewußtsein der Bindung an historische wie politische Solidaritäten, Traditionsverhaftungen und Interessengemeinsamkeiten reflektiert. Indem so Identität bewußt gemacht wird, bleiben zugleich andere Solidaritätspräferenzen begreifbar, tolerierbar, argumentiver Auseinandersetzung zugänglich. Auch auf dieser Ebene stehen die Lernzieldimensionen des Politikunterrichts wie des Geschichtsunterrichts also in engem Zusammenhang und zugleich in einer Spannung zwischen Engagement und Distanz.

Diese abstrakte Skizzierung des Lernzielzusammenhanges zwischen Geschichtsunterricht und Politikunterricht muß einerseits in den Unterrichtseinheiten bis auf die Ebene konkreter Lernziele herab inhaltlich realisiert werden; das ist zweifellos schwierig und hat Versuchscharakter; andererseits hat die konsequente Einübung in das Denken an Hand der ausgewiesenen Lernzielkategorien auch unabhängig von der thematischen Verzahnung einen über die Dauer des Unterrichts hinweg didaktische Verbindung stiftenden Effekt, der den Zusammenhang zwischen historischem und politischem Denken vielleicht nachhaltiger und transferfähiger begründet als inhaltliche Parallelen zwischen den Unterrichtseinheiten[1].

---

[1] Damit ist der Untertitel dieses Bandes: Grundlegung eines *kooperativen Unterrichts* am Ende der Darlegungen deutlich festgelegt: Gemeint ist die Kooperation zwischen den verwandten und doch eigenständigen Zugriffen auf Welt- und Selbstverständnis, wie sie Geschichtsunterricht und Politikunterricht darstellen. Die ganz andere Art der „Kooperation" im Unterricht — zwischen Schüler und Lehrer — wie sie etwa R. Ulshöfer konzipiert hat („Kooperativer Unterricht", Stuttgart 1971), ist vom Titel nicht gemeint, aber als Verfahren des Unterrichts im subjektiven Kommunikationsprozeß durchaus intendiert (s. o. S. 104 ff. 2.3.5) und in den Unterrichtsmodellen mitbedacht.

4.2 Graphische Übersicht über das Curriculum des historisch-politischen Unterrichts für die Sekundarstufe I

4.2.1 Zur graphischen Übersicht

Die folgenden Skizzen zeigen die Anordnung und Zuordnung der Unterrichtseinheiten für die Orientierungsstufe (5/6), die Klassen 7/8 und die Klassen 9/10 in einem idealtypischen Plan. Dabei tritt die „Achse" des Unterrichts — historische Sequenzen und politische Leitthemen — sehr deutlich hervor. Die hier gezeichnete Reihenfolge der Anordnung ist nur ein Vorschlag; es ließe sich genauso berechtigt mit den politischen Leitthemen beginnen — aber die Abwechslung zwischen historischen und politischen Themen bzw. ihre Verbindung empfiehlt sich auch vom Unterrichtsablauf her einzuhalten; denn die unterschiedlichen Möglichkeiten der Koordinierung von historischen und politischen Unterrichtseinheiten lassen sich am ehesten über die historischen Sequenzen und die exemplarischen Unterrichtseinheiten in den politischen Leitthemen herstellen. Die Überschneidungen sollen dies symbolisieren. Die Ziffern in den Symbolen kennzeichnen die vorgeschlagene Reihenfolge der Zuordnung der Ergänzungsthemen zu den Leitthemen.
Die Verbindungslinien zwischen den Themen zeigen zunächst die Beziehungen innerhalb des historischen und des politischen Sektors des Unterrichts selbst, die sich schon vom Thema her ergeben. Aber die Linien, die jeweils entweder zu den Sequenzen oder zu den Leitthemen laufen, zeigen zugleich, daß die Nebenthemen über die Hauptthemen auch miteinander in indirektem Zusammenhang stehen können. Natürlich können die Verbindungslinien nur einige Möglichkeiten unterrichtlicher Zuordnung andeuten und anzeigen, wie am ehesten eine curriculare Abfolge des Unterrichts zu organisieren ist. Der Lehrer wird zwischen diesen Möglichkeiten nach eigener Entscheidung auswählen oder auch andere Kombinationen erproben.
Die Zuordnung der Ergänzungsthemen zu den Leitthemen ist nur ein Beispiel für die Möglichkeiten der Kombination und ein Hinweis auf die vorrangig entwickelten Unterrichtsmodelle, es können mehr oder — wahrscheinlich — weniger Ergänzungsthemen mit den Leitthemen kombiniert werden.

4.2.2

KLASSE 5/6

Geschichte	Politik
1. Leitthema: Die Stadt: Entstehung und Veränderung. (Lokal-regionalgesch. Längsschnitt) **Ergänzungsthemen:** 1.1. Lebensformen der Ur- und Frühgeschichte 1.2. Die potamischen Hochkulturen (Beispiel: Ägypten) 1.3. Die technische Entwicklung des Verkehrs (Verkehrsmittel, Handelsgüter und -wege) **2. Leitthema:** Athen und Rom: Polis und Metropole **Ergänzungsthemen:** 2.1. Die Römer an Rhein und Donau 2.2. Völkerwanderungen/Entdeckungen/Kolonisation 2.3. Europa um 800	**1. Leitthema:** Stadt-Gemeinde: Die sozialen Bereiche; Aufgaben und Abgrenzungen **Unterthemen:** 1.1. Verwaltung und Gemeinderat 1.2. Wie werden wir informiert – wie können wir uns informieren? 1.3. Kommunale Infrastruktur am Beispiel der Verkehrspolitik **2. Leitthema:** Soziokulturelle Unterschiede und soziale Ungleichheit **Unterthemen:** 2.1. Wie leben andere? Familien in (aus) Entwicklungsländern 2.2. Andere Menschen – andere Sitten: Vorurteile 2.3. Soziale Rollen und Schichten: soziale Ungleichheit in der unmittelbaren Umwelt
Zeichenerklärung: Thementyp I Leitthema (Sequenz) Thementyp II (Historische Analyse eines aktuellen Problems – Fallanalyse) Thementyp III (Thematischer Längsschnitt) Thementyp IV (Epochenspezifischer Querschnitt)	Leitthema Thementyp I (Erkundung) Thementyp II (System, Analyse, Vergleich) Thementyp III (Fallstudie) Thementyp IV (Aktuelles politisches Problem)

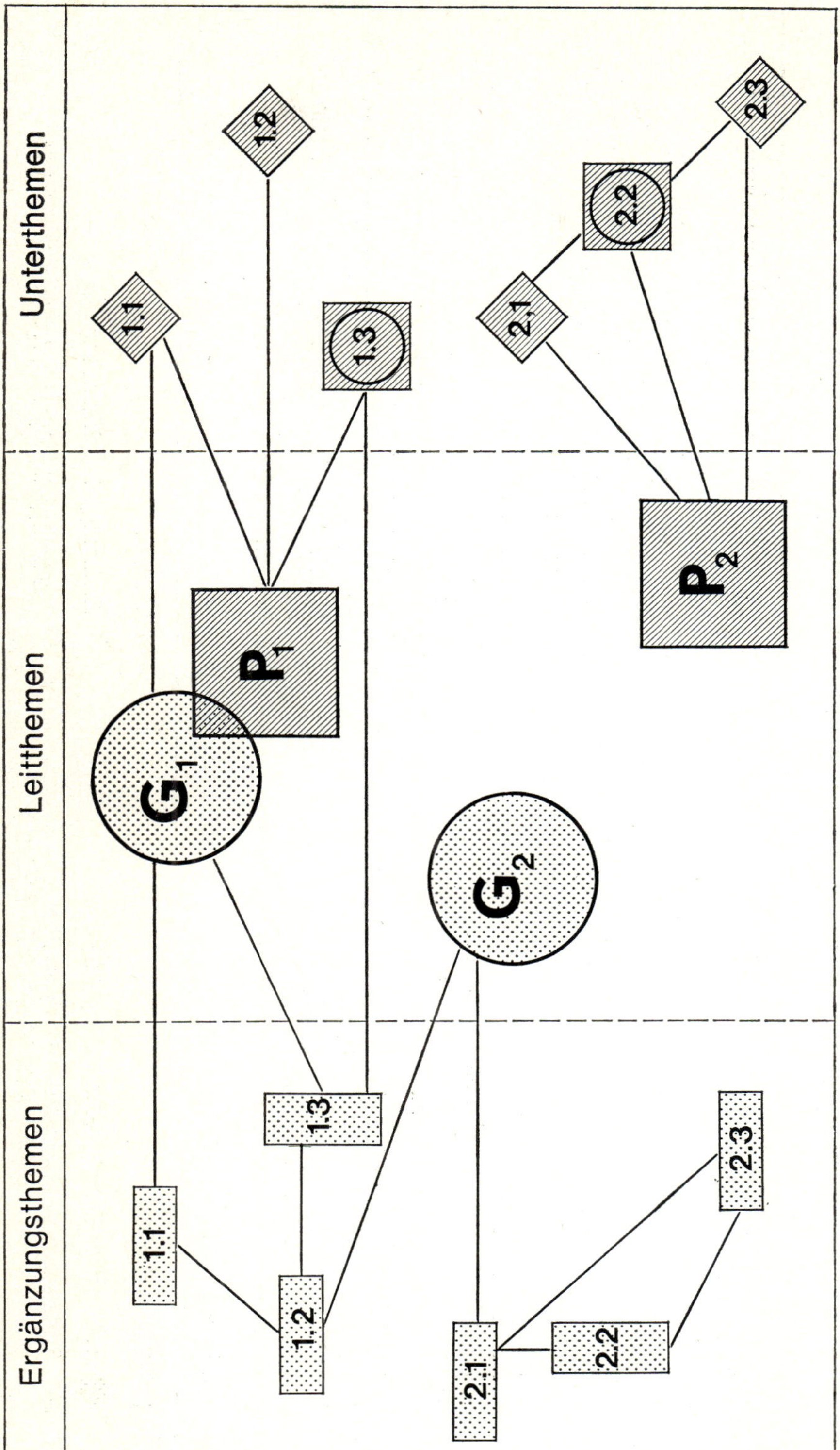
Ergänzungsthemen
Leitthemen
Unterthemen
1.1
1.2
1.3
G1
P1
1.1
1.2
1.3
2.1
2.2
2.3
G2
P2
2.1
2.2
2.3

4.2.3

KLASSE 7/8

Geschichte	Politik
1. Leitthema: Industrielle Revolution und Industrialisierung (ca. 1770—1850) **Ergänzungsthemen:** 1.1. Pol., wirtsch., kult. Lebensformen des Mittelalters an ausgewählten Beispielen: Klosterkultur, Lehnsrecht und Mil.-Verfassung; Grundherrschaft und Bauerntum; Handwerk und Handel; Kirche und weltliche Gewalt 1.2. Religionsspaltungen und Religionskriege in der frühen Neuzeit 1.3. Bundschuh und Deutscher Bauernkrieg 1.4. Kinderarbeit und Kinderschutz in Deutschland seit dem späten 18. Jahrhundert 1.5. Der Islam: Die Arabische Liga **2. Leitthema:** Pol. Revolutionen (1776—1875) **Ergänzungsthemen:** 2.1. Merkantilismus und Absolutismus 2.2. Widerstandsrechte: Die Menschenrechte in der Entwicklung 2.3. Von der Standes- zur Staatserziehung	**1. Leitthema:** Wirtschaftssystem und wirtschaftlicher Wandel **Unterthemen:** 1.1. Der Konsument: Abhängigkeit und Freiheit 1.2. Soziale Sicherung 1.3. Vermögensverteilung und Vermögensbildung 1.4. Mitbestimmung am Arbeitsplatz: Gewerkschaften und Arbeitgeber 1.5. Der „Kapitalismus" **2. Leitthema:** Politische Ordnung und politische Beteiligung **Unterthemen:** 2.1. Bürgerrechte und politische Partizipation 2.2. Parteien und Verbände 2.3. Politischer Entscheidungsprozeß und Regierungssystem 2.4. Mehrheit und Minderheit: Entscheidungsregeln und -probleme des Pluralismus 2.5. Wahlen
Zeichenerklärung: Thementyp I Leitthema (Sequenz) Thementyp II (Historische Analyse eines aktuellen Problems – Fallanalyse) Thementyp III (Thematischer Längsschnitt) Thementyp IV (Epochenspezifischer Querschnitt)	Leitthema Thementyp I (Erkundung) Thementyp II (System, Analyse, Vergleich) Thementyp III (Fallstudie) Thementyp IV (Aktuelles politisches Problem)

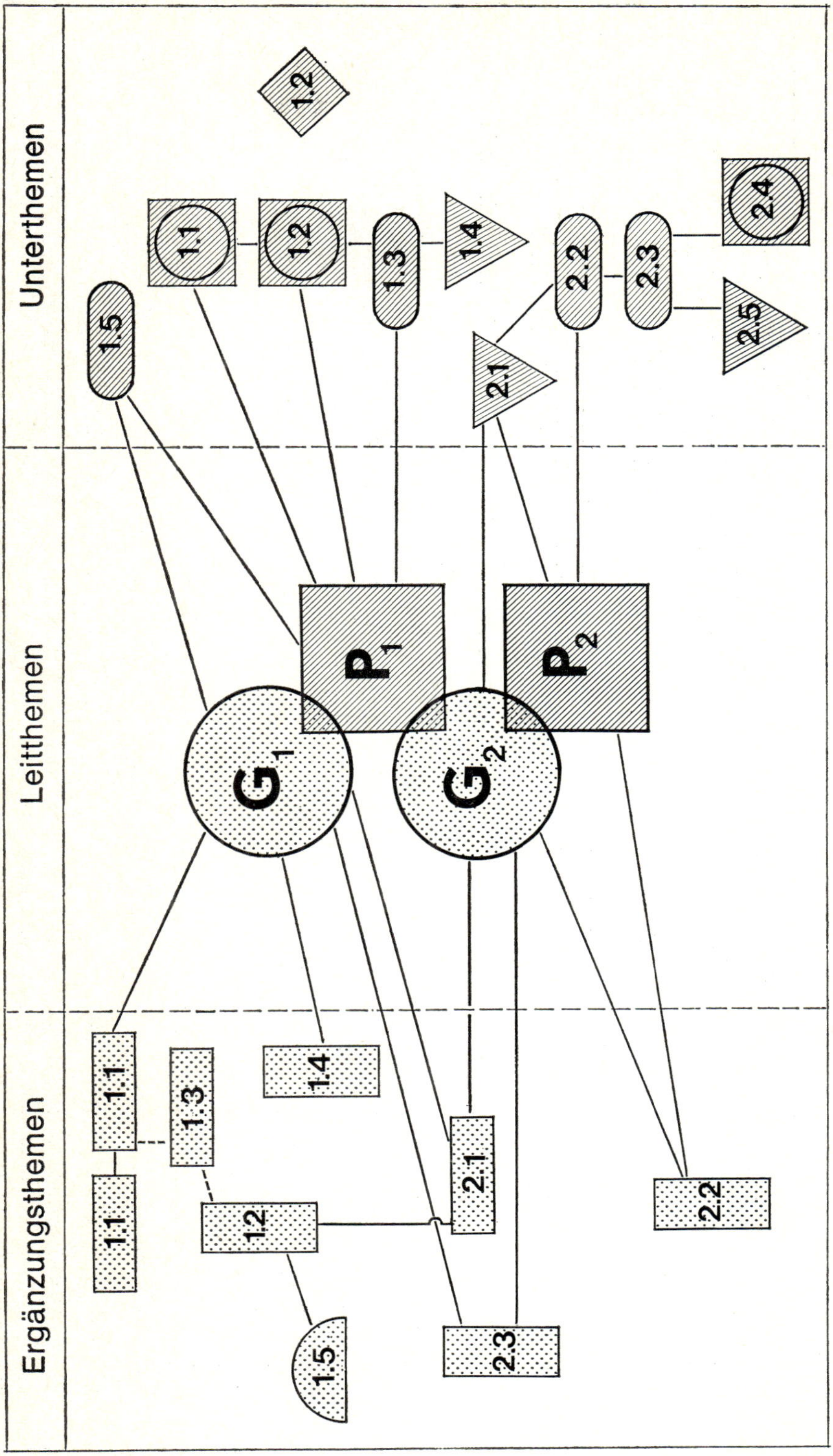
Unterthemen
Leitthemen
Ergänzungsthemen
1.2
1.1
1.2
1.3
1.4
1.5
2.2
2.3
2.4
2.5
2.1
P1
P2
G1
G2
1.1
1.1
1.3
1.4
1.2
2.1
2.2
1.5
2.3

4.2.4

KLASSE 9/10

Geschichte	Politik
1. Leitthema: Das Zeitalter des Imperialismus (1875—1918) **Ergänzungsthemen:** 1.1. Das Imperium Romanum: Weltreiche in der Antike 1.2. Kolonisation und Dekolonisation: Das Beispiel Indien 1.3. Friedenssysteme und Kriegsformen 1.4. „Armut" in der Geschichte: soziale Schichtung und politische Partizipation **2. Leitthema:** Pol. Grundsysteme im 20. Jahrhundert: Krisen und Kriege 1917–1945 **Ergänzungsthemen:** 2.1. Sozialer Wandel 1870–1970 2.2. Arbeitsteilung und Geschlechterrollen-Probleme der Frauenemanzipation 2.3. Die deutsch-polnischen Beziehungen seit dem 18. Jahrhundert. **3. Leitthema:** Probleme der Zeitgeschichte an ausgewählten Beispielen (z. B.: Die Teilung Deutschlands und die Entstehung zweier deutscher Staaten) **Ergänzungsthemen:** 3.1. Nationalstaat und Minderheiten (z. B.: Die irische Frage) 3.2. Revolutionen in der 3. Welt (z. B.: Kuba/Chile, ein Vergleich) 3.3. Das moderne China (China seit 1948) 3.4. Grenzen in der Geschichte	**1. Leitthema:** Rüstung und Friedenspolitik **Unterthemen:** 1.1. Integration und internationale Organisationen 1.2. Wehrdienst und Recht auf Wehrdienstverweigerung 1.3. Rüstung und Alternativen zur Rüstungspolitik **2. Leitthema:** Recht und Gerichte **Unterthemen:** 2.1. Straffälligkeit, Strafvollzug, Resozialisierung 2.2. Normen und Sanktionen **3. Leitthema:** Europa und die Dritte Welt **Unterthemen:** 3.1. Modernisierung und politische Revolutionen in der Dritten Welt 3.2. Entwicklungshilfe 3.3. Rohstoffreserven und Wirtschaftsentwicklung in den Entwicklungsländern 3.4. Rüstung und Alternativen zur Rüstungspolitik **4. Leitthema:** Systemvergleich BRD – DDR **Unterthemen:** 4.1. Schüler und Jugendliche in der DDR 4.2. Marktwirtschaft – Planwirtschaft 4.3. Berlin: Rechtlicher, politischer, wirtschaftlicher, kultureller Status
Zeichenerklärung: Thementyp I Leitthema (Sequenz) Thementyp II (Historische Analyse eines aktuellen Problems – Fallanalyse) Thementyp III (Thematischer Längsschnitt) Thementyp IV (Epochenspezifischer Querschnitt)	Leitthema Thementyp I (Erkundung) Thementyp II (System, Analyse, Vergleich) Thementyp III (Fallstudie) Thementyp IV (Aktuelles politisches Problem)

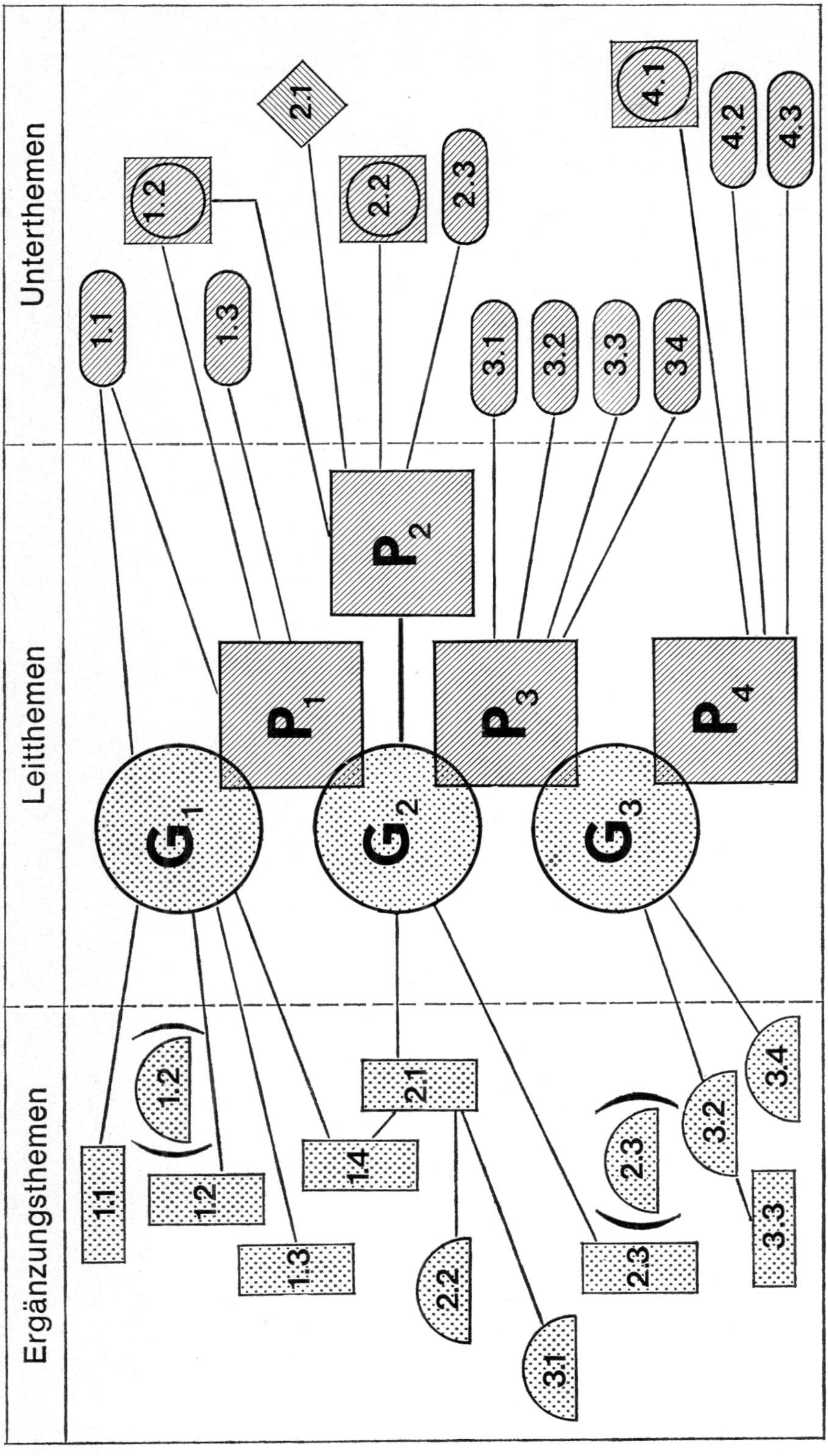
Ergänzungsthemen
Leitthemen
Unterthemen
G1
G2
G3
P1
P2
P3
P4
1.1
1.2
1.3
1.4
2.1
2.2
2.3
3.1
3.2
3.3
3.4
4.1
4.2
4.3

5. Literaturverzeichnis

(Ausgewählte Kurzbibliographie)

5.1 Theorie und Didaktik der Geschichte

Ackermann, P. (Hrsg.): Curriculumrevision im sozialwissenschaftlichen Bereich der Schule. Beiträge und Materialien zur Diskussion in der Bundesrepublik. (= Anmerkungen und Argumente, Bd. 6), Stuttgart 1973

Baumgartner, A. M.: Kontinuität und Geschichte, Zur Kritik und Metakritik der historischen Vernunft, Frankfurt 1972

Beeck, K.-H.: Das Prinzip Konfrontation im Geschichtsunterricht, in: J. de Marées (Hrsg.), 1972, S. 36 ff.

Bergmann, K. / Preisler, V. / Wischniowski, D.: Geschichtsunterricht — Relikt oder Notwendigkeit, in: Das Argument, Sonderband 70, Berlin 1972, S. 195—217

Bergmann, K.: Personalisierung im Geschichtsunterricht — Erziehung zur Demokratie?, Stuttgart 1972

Bergmann, K. / Pandel, H.-J.: Geschichte und Zukunft, Didaktische Reflexionen über veröffentlichtes Geschichtsbewußtsein, FAT 3018, Frankfurt 1975

Böhning, P. (Hrsg.): Geschichte und Sozialwissenschaften, 6. Sonderheft der Neuen Sammlung, Göttingen 1972, S. 12—17

Bolscho, D. / Dieckmann, J.: Gesellschaftswissenschaftlicher Unterricht, Didaktische Grundrisse, Bad Heilbrunn 1975

Borries, B. v.: Lernziele und Testaufgaben für den Geschichtsunterricht, dargestellt an der Behandlung der Römischen Republik in der 7. Klasse (= Anmerkungen und Argumente zur historischen und politischen Bildung, Bd. 8), Stuttgart 1974[2] (1973[1])

Conze, W. (Hrsg.): Theorie der Geschichtswissenschaft und Praxis des Geschichtsunterrichts, Stuttgart 1972

Conze, W.: Die Strukturgeschichte des technisch-industriellen Zeitalters als Aufgabe für Forschung und Unterricht, Köln/Opladen 1967

Faber, K.-G.: Theorie der Geschichtswissenschaft, München 1971

Faulenbach, B. (Hrsg.): Geschichtswissenschaft in Deutschland, München 1974

Fina, K.: Geschichtsdidaktik und Auswahlproblematik. Vom Sinn des Exemplarischen im Geschichtsunterricht, München 1973

Fina, K.: Geschichtsmethodik. Die Praxis des Lehrens und Lernens, München 1973

Fina, K.: Vom Sinn historischer Bildung. Eine Ortsbestimmung des Geschichtsunterrichts, München 1970

Filser, K. (Hrsg.): Theorie und Praxis des Geschichtsunterrichts, Bad Heilbrunn 1974

Fischer, F.: Aufgaben und Methode der Geschichtswissenschaft, in: J. Schenkewitz (Hrsg.), Geschichtsschreibung. Epochen, Methoden, Gestalten, Düsseldorf 1968, S. 7 bis 28

Fischer, K. G. / Rohlfes, J. / Roloff, E. A. / Süssmuth, H.: Welchen Beitrag kann der Geschichtsunterricht zur politischen Bildung leisten?, in: Aus Politik und Zeitgeschichte, B 30/1972

Fischer, K. G. / Rohlfes, J. / Roloff, E. A. / Süssmuth, H. (Hrsg.): Historisch-politischer Unterricht. Planung und Organisation (= Anmerkungen und Argumente zur historischen und politischen Bildung, hrsg. v. F. J. Lucas, Bd. 7.1), Stuttgart 1973 (1974[2])

Fischer, K. G. / Rohlfes, J. / Roloff, E. A. / Süssmuth, H. (Hrsg.): Historisch-politischer Unterricht. Medien, Stuttgart 1973

Fischer, K. G. / Rohlfes, J. / Roloff, E. A. / Süssmuth, H. (Hrsg.): Geschichtsunterricht ohne Zukunft? Zum Diskussionsstand der Geschichtsdidaktik in der Bundesrepublik Deutschland. Bd. 1.1: Zur psychologischen, lerntheoretischen Grundlegung. Bd. 1.2: Zur Geschichtsdidaktik im Spannungsfeld der Curriculumrevision, Stuttgart 1974[2] (1972[1])

Friedeberg, L. v. / Hübner, P.: Das Geschichtsbild der Jugend, Überblick zur wissenschaftlichen Jugendkunde, Bd. 7, München 1964

Fürnrohr, W. / Kirchhoff, H. G. (Hrsg.): Ansätze empirischer Forschung im Bereich der Geschichtsdidaktik (= Anmerkungen und Argumente, Bd. 15), Stuttgart 1976

Fürnrohr, W. (Hrsg.): Geschichtsdidaktik und Curriculumentwicklung, Beiträge zur Neugestaltung von Unterricht und Studium, Bd. 1: Fachdidaktische Studien 11, München 1974

Geschichtsdidaktik. Probleme, Projekte, Perspektiven. Hg. v. K. Bergmann, W. Boldt, A. Kuhn, J. Rüsen, G. Schneider, L. Steinbach, Düsseldorf 1976 f.

Giesecke, H.: Thesen zum Geschichtsunterricht, in: Neue Sammlung, 14, 1974, S. 53—67

Glöckel, H.: Geschichtsunterricht, Bad Heilbrunn 1973

Groh, D.: Kritische Geschichtswissenschaft in emanzipatorischer Absicht, Überlegungen zur Geschichtswissenschaft als Sozialwissenschaft, Stuttgart 1973 (Urban TB Reihe 80, Nr. 846)

Hoffacker, H. / Hildebrandt, K.: Bestandsaufnahme Geschichtsunterricht. Programmatik, Materialien, Perspektiven, Stuttgart 1973

Huhn, J.: Politische Geschichtsdidaktik. Untersuchungen über politische Implikationen der Geschichtsdidaktik in der Weimarer Republik und in der Bundesrepublik, Skripten Bd. 3, Kronberg 1975

Jäckel, E. / Weymar, E. (Hrsg.): Die Funktion der Geschichte in unserer Zeit = Festschrift für Karl Dietrich Erdmann, Stuttgart 1975

Jeismann, K.-E.: Historischer und politischer Unterricht. Bedingungen und Möglichkeiten curricularer und praktischer Koordination. In: R. Schörken (Hrsg.): Zur Zusammenarbeit von Geschichts- und Politikunterricht (= Anmerkungen und Argumente zur historischen und politischen Bildung), Stuttgart 1978

Kocka, J. (Hrsg.): Theorien in der Praxis des Historikers = Geschichte und Gesellschaft, Sonderheft 3, Göttingen 1977

Kocka, J.: Theorie in der Sozial- und Wirtschaftsgeschichte. Vorschläge zur historischen Schichtungsanalyse, in: Geschichte und Gesellschaft 1, 1975, S. 9 ff.

Kocka, J.: Theorien in der Sozial- und Gesellschaftsgeschichte, in: Geschichte und Gesellschaft 1, 1975, 1, S. 9—42

Kosellek, R. / Mommsen, W. / Rüsen, J. (Hrsg.): Objektivität und Parteilichkeit in der Geschichtswissenschaft, Beiträge zur Historik Bd. I, dtv WR 4281, München 1977

Koselleck, R. / Stempel, W.-D. (Hrsg.): Geschichte, Ereignis und Erzählung, München 1973

Kosthorst, E. (Hrsg.): Geschichtswissenschaft: Didaktik — Forschung — Theorie, VR 7430, Göttingen 1977

Krahl, I. / Quandt, S.: Guernica. Überlegungen, Vorschläge und Materialien zum fächerübergreifenden Unterricht, Schriftenreihe zur Geschichte und politische Bildung, Düsseldorf 1973

Kuhn, A.: Einführung in die Didaktik der Geschichte, München 1974

Ludz, P. C. (Hrsg.): Soziologie und Sozialgeschichte (= Sonderheft 16 der Kölner Zeitschrift für Soziologie und Sozialgeschichte), Opladen 1973

Maek-Gerard, E. / Cobert, J. / Muhlack, U. / Zitzlaf, D.: Zur Rolle der Geschichte in der Gesellschaftslehre: Das Beispiel der hessischen Rahmenrichtlinien, Stuttgart 1974

Manzmann, A.: Die Vorüberlegungen zu einer Didaktik der Sozialhistorie — Dimensionierung des Faches Geschichte, in: Blankertz, H. (Hrsg.), Fachdidaktische Curriculumforschung — Strukturansätze für Geschichte, Deutsch, Biologie (= Neue pädagogische Bemühungen, 57), Essen 1973, S. 28—99

Marées, J. de (Hrsg.): Geschichte und Geschichtsunterricht. Bemühungen um zeitgenössische Wege zum Geschichtsunterricht. Wolfgang Schlegel zum sechzigsten Geburtstag, München 1972

Marienfeld, W.: Geschichte im Lehrbuch der Hauptschule (= Anmerkungen und Argumente, Bd. 3), Stuttgart 1972

Mayer, U. / Pandel, H. J.: Kategorien der Geschichtsdidaktik und Praxis der Unterrichtsanalyse. Zur empirischen Untersuchung fachspezifischer Kommunikation im historisch-politischen Unterricht (= Anmerkungen und Argumente zur historischen und politischen Bildung, Bd. 13), Stuttgart 1976

Mielitz, R. (Hrsg.): Das Lehren der Geschichte. Methoden des Geschichtsunterrichts in Schule und Universität, Göttingen 1969

Mommsen, W. J.: Die Geschichtswissenschaft jenseits des Historismus, Düsseldorf 1971

Müller, H.: Zur Effektivität des Geschichtsunterrichts. Schülerverhalten und allgemeiner Lernerfolg durch Gruppenunterricht (= Anmerkungen und Argumente, Bd. 4), Stuttgart 1972

Oelmüller, W. (Hrsg.): Wozu noch Geschichte? München 1976

Quandt, S. / Hug, W.: Fachspezifische und fächerübergreifende Curricula und Curriculumprojekte: Geschichte, in: K. Frey (Hrsg.): Curriculum Handbuch, Bd. III, München 1975, S. 420—430

Reichert, E.: Der Geschichtsunterricht in der Reform. Ein Beitrag zur Didaktik der historischen Unterweisung. Kastellaun 1976

Rohlfes, J.: Umrisse einer Didaktik der Geschichte, Göttingen 1971, 1974³, 1976⁴

Rohlfes, J. / Jeismann, K.-E. (Hrsg.): Geschichtsunterricht. Inhalte und Ziele. Arbeitsergebnisse zweier Kommissionen, Beiheft zur GWU, Stuttgart 1974, S. 8 ff.

Rürup, R.: Historische Sozialwissenschaft, Beiträge zur Einführung in die Forschungspraxis, VR 1431, Göttingen 1977

Rüsen, J.: Für eine erneuerte Historik, Studien zur Theorie der Geschichtswissenschaft, Kultur und Gesellschaft, Stuttgart-Bad Cannstatt 1976

Rüsen, J. (Hrsg.): Historische Objektivität, Aufsätze zur Geschichtstheorie, Göttingen 1975

Schallenberger, H.: Untersuchungen zum Geschichtsbild der Wilhelminischen Ära und der Weimarer Zeit. Eine vergleichende Schulbuchanalyse aus der Zeit von 1888 bis 1933, Ratingen 1964
Schieder, Th.: Geschichte als Wissenschaft, München 1965
Schulz-Hageleit, P.: Wie lehrt man Geschichte heute? Vorschläge und Materialien für ein umstrittenes Fach. 2. (verb., erw.) Auflage, Heidelberg 1977, 1973[1]
Stumpf, P. / Kirchhoff, H. G. (Hrsg.): Ansätze empirischer Forschung im Bereich der Geschichtsdidaktik (= Anmerkungen und Argumente, Bd. 15), Stuttgart 1976
Süssmuth, H. (Hrsg.): Geschichtsunterricht ohne Zukunft? Zum Diskussionsstand der Geschichtsdidaktik in der Bundesrepublik Deutschland (= Anmerkungen und Argumente, Bde. 1.1 u. 1.2), Stuttgart 1972
Süssmuth, H. (Hrsg.): Historisch-politischer Unterricht — Planung und Organisation, Medien (= Anmerkungen und Argumentation, Bde. 7.1 u. 7.2), Stuttgart 1973
Süssmuth, H.: Lernziele und Curriculumelemente eines Geschichtsunterrichts nach strukturierendem Verfahren, in: Bundeszentrale für politische Bildung (Hrsg.), Lernziele und Stoffauswahl im politischen Unterricht (= Schriftenreihe der BpB, Heft 93), Bonn 1972, S. 37—83
Sywottek, A.: Geschichtswissenschaft in der Legitimationskrise (= Archiv für Sozialgeschichte, Beiheft 1), Bonn-Bad Godesberg 1974

Timmermann, J. (Hrsg.): Geschichtsdidaktik und Curriculumentwicklung, Bd. 2: Analysen der Situation in Schule und Hochschule. Mit Einführung in Schule und Unterrichtspraxis, München 1975

Wehler, H.-U. (Hrsg.): Geschichte und Soziologie, Köln 1972
Weymar, E.: Das Selbstverständnis der Deutschen, Ein Bericht über den Geist des Geschichtsunterrichts der höheren Schulen im 19. Jahrhundert, Stuttgart 1961
Wehler, H. U.: Modernisierungstheorie und Geschichte, VR 1407, Göttingen 1975
Wiesemüller, G.: Unbewältigte Vergangenheit — unbewältigte Gegenwart, Stuttgart 1972
Wittram, R.: Das Interesse an der Geschichte, 2. Aufl., Göttingen 1963

5.2 Zur Didaktik des sozialkundlich-politischen Unterrichts und ihren soziologischen, sozialisationstheoretischen, politikwissenschaftlichen und wissenschaftstheoretischen Bezügen

Ackermann, P. (Hrsg.): Politische Sozialisation, Opladen 1974
Adelson, J. u. O'Neill, R. P.: The Growth of Political Ideas in Adolescence: The Sense of Community, in: Journal of Personality and Social Psychology 4/1966
Albert, H. u. Topitsch, E. (Hrsg.): Werturteilsstreit, Darmstadt 1971
Allerbeck, K. R. u. Rosenmayr, L.: Aufstand der Jugend, München 1971
ders., Soziologie radikaler Studentenbewegungen, München 1975

Barry, B.: Power and Political Theory, London 1976
Beck, L. W.: The Actor and the Spectator, New Haven 1975
Behrmann, G. C.: Soziales System und politische Sozialisation, Stuttgart 1972[1], 1975[2]
Bell, D., Die postindustrielle Gesellschaft, Frankfurt 1975
Bergsträsser, A., Politik in Wissenschaft und Bildung. Schriften und Reden, Freiburg 1961
Bertram, H.: Probleme einer soziostrukturell orientierten Sozialisationsforschung, in: Zeitschrift für Soziologie, 5/1976
Benn, S. I. u. *Mortimore, G. W.:* Rationality and the Social Sciences, London 1976
Berger, P. L. / Berger, B. / Kellner, H.: Das Unbehagen an der Modernität, Frankfurt, New York 1973
Betzen, K. u. *Nipkow, K. E. (Hrsg.):* Der Lehrer in Schule und Gesellschaft, München 1971
Blankertz, H.: Theorien und Modelle der Didaktik, München 1972[6]
Bubner, R.: Handlung, Sprache und Vernunft, Grundbegriffe praktischer Philosophie, Frankfurt 1976

Claussen, B. (Hrsg.): Materialien zur politischen Sozialisation, München 1976

Dahrendorf, R.: Homo Sociologicus, Köln, Opladen 1959
ders.: Soziale Klassen und Klassenkonflikt in der Industriellen Gesellschaft, Stuttgart 1957
ders.: Gesellschaft und Freiheit, München 1961
Dieckmann, W. Th.: Sprache und Politik. Einführung in die Pragmatik und Semantik der politischen Sprache, Heidelberg 1969

Fischer, K. G.: Überlegungen zur Didaktik des politischen Unterrichts, Göttingen 1972
ders.: Theorie und Praxis von Consensus und Dissensus, Hannover 1975

Fischer, K. G.: Wie ist Theoriebildung für die politische Bildung möglich?, in: ders. (Hrsg.), Zum aktuellen Stand der Theorie und Didaktik der politischen Bildung, Stuttgart 1975

Gehlen, A.: Der Mensch. Seine Natur und seine Stellung in der Welt, Frankfurt 1962[7]

Gagel, W.: Können Richtlinien für den Politik-Unterricht konsensfähig sein?, in: W. Gagel, R. Schörken, Zwischen Politik und Wissenschaft. Politikunterricht in der öffentlichen Diskussion, Opladen 1975

Giesecke, H.: Über die Grenzen einer Fachdidaktik, „Politik"-Überlegungen zu Wolfgang Hilligens Didaktik des politischen Unterrichts[2], in: Gegenwartskunde 1/76

Giesecke, H. u. a.: Politische Aktion und politisches Lernen, München 1970

Giesecke, H.: Didaktik der politischen Bildung, München 1972

ders.: Plädoyer für eine praktische und praktikable politische Didaktik, in: K. G. Fischer, Zum aktuellen Stand

Giesen, B. u. Schmid, M.: Theorie, Handeln und Geschichte. Erklärungsprobleme in den Sozialwissenschaften, Hamburg 1975

Gloy, K.: Bernstein und die Folgen — zur Rezeption der soziolinguistischen Defizithypothese, in: Walter, H. (Hrsg.), Sozialisationsforschung, 3 Bde., Stuttgart 1974

Gutjahr-Löser, P. u. Knütter, H. H.: Der Streit um die politische Bildung. Was man von Staat und Gesellschaft wissen und verstehen sollte, München, Wien 1975

Habermas, J.: Strukturwandel der Öffentlichkeit, Neuwied 1962

Habermas, J.: Legitimationsprobleme im Spätkapitalismus, Frankfurt 1973

Habermas, J. u. Luhmann, N.: Theorie der Gesellschaft oder Sozialtechnologie. Was leistet die Systemforschung? Frankfurt 1971

ders.: Können komplexe Gesellschaften eine vernünftige Identität ausbilden? in: ders. und D. Henrich, Zwei Reden, Frankfurt 1974

Hentig, H. von: Die Wiederherstellung der Politik, Cuernavaca revisited, Stuttgart, München 1973

ders.: Kritik an der Kritik und an den Richtlinien für den politischen Unterricht in Nordrhein-Westfalen, in: W. Gagel u. R. Schörken, Zwischen Politik und Wissenschaft

Hesse, H. A. u. Manz, W.: Einführung in die Curriculumforschung, Stuttgart 1972

Hilligen, W.: Gieseckes neue Methodik. Anmerkungen zum Verhältnis von Methodik im politischen Unterricht, in: Gegenwartskunde 1/76

Hilligen, W.: Zur Didaktik des politischen Unterrichts I, Wissenschaftliche Voraussetzungen — Didaktische Konzeption — Praxisbezug, Opladen 1975

ders.: Zur Didaktik des politischen Unterrichts II, Schriften 1950—1975, Opladen 1976

Holtmann, A. (Hrsg.): Das sozialwissenschaftliche Curriculum in der Schule. Neue Forschungen und Inhalte, Opladen 1972

Holtmann, A.: Sozialisation, Lernen und Theoriebildung. Überlegungen zu einer sozialisationstheoretischen politisch-historischen Didaktik, in: Historischer Unterricht im Lernfeld Politik, Schriftenreihe der Bundeszentrale für Politische Bildung, Heft 96, Bonn 1973

Holtmann, A.: Thesen zu einem Versuch, politisches Lernen sozialisationstheoretisch zu begründen, wissenschaftstheoretisch zu legitimieren und methodologisch zu organisieren, oder: Politische Didaktik als dialektischhistorische Theorie politischen Lernens, in: K. G. Fischer, Zum aktuellen Stand

ders.: Systemtheorie und dialektisch-historische Theorie. Gesichtspunkte zur politisch-didaktischen Diskussion, in: Politische Didaktik, Probeheft, Stuttgart 1975

Hornung, K.: Etappen politischer Pädagogik in Deutschland, Schriftenreihe der Bundeszentrale für politische Bidlung, Heft 60, Bonn 1962

Hurrelmann, K. (Hrsg.): Sozialisation und Lebenslauf, Reinbek 1976

Hüser, K. / Beckers, W. / Küpper, F.: Politische Bildung im zwanzigsten Jahrhundert, Neuwied 1976

Inglehart, Ronald: The Silent Revolution in Europe: Intergenerational Change in Post-Industrial Societies, in: American Political Science Review 65 (1971)

Jäger, W.: Öffentlichkeit und Parlamentarismus. Eine Kritik an Jürgen Habermas, Stuttgart 1973

Jennings, K. u. Niemi, R.: The Political Character of Adolescence, Princeton 1974

Kaase, Max: Demokratische Einstellungen in der Bundesrepublik Deutschland, in: R. Wildenmann (Hrsg.), Sozialwissenschaftliches Jahrbuch für Politik, Bd. 2, München 1971

Klages, H.: Die unruhige Gesellschaft, Untersuchungen über Grenzen und Probleme sozialer Stabilität, München 1975

Köhler, G.: Wem soll die Schule nützen? Rahmenrichtlinien und neue Lehrpläne: Soziales Lernen im Konflikt, Frankfurt 1974

Koselleck, R.: Emanzipation, in: Brunner, O. / Conze, W. / Koselleck, R., Geschichtliche Grundbegriffe, Bd. 2, Stuttgart 1975

Krappmann, L. / Oevermann, U. / Kreppner, K.: Was kommt nach der schichtspezifischen Sozialisationsforschung?, in: M. R. Lepsius (Hrsg.), Zwischenbilanz der Soziologie. Verhandlungen des 17. Deutschen Soziologentages, Stuttgart 1976

Kultusministerium Rheinland-Pfalz, Entwurf zum Curriculum Gemeinschaftskunde — Grundkurs, in: Entwürfe der Curricula für die Mainzer Studienstufe, Mainz 1973

Der Kultusminister des Landes Nordrhein-Westfalen, Richtlinien für den Politikunterricht, Düsseldorf 1973 (NRW-Richtlinien Politik, 1. Fassung)

ders.: Richtlinien für den Politikunterricht, Düsseldorf 1974 (NRW-Richtlinien Politik, 2. Fassung)

Der Hessische Kultusminister, Rahmenrichtlinien für die Sekundarstufe I, Gesellschaftslehre, Frankfurt 1973

Litt, T.: Die politische Selbsterziehung des Deutschen Volkes, Schriftenreihe der Bundeszentrale für Heimatdienst, Heft 1, Bonn 1957[3]

Luhmann, N.: Soziologische Aufklärung 1, Opladen 1970

Luhmann, N.: Normen in soziologischer Perspektive, in: Soziale Welt 20, 1969

ders.: Soziologische Aufklärung 2, Opladen 1975

Mannheim, K.: Das Problem der Generationen, in: Kölner Vierteljahreshefte für Soziologie 7 (1928/29)

Marcuse, H.: Der Eindimensionale Mensch, Neuwied 1967[2]

Marx, K.: Die Frühschriften, herausgegeben von K. Landshut, Stuttgart 1968

Maurer, R. K.: Emanzipation. Zur Philosophie eines Zeitbegriffs, in: Zeitschrift für Politik 23, 4/1976

Mead, G. H.: Mind, Self and Society, Chicago 1934

Merelmann, R.: The Adolescence of Political Socialization, in: Sociology of Education 45, 1972

Morrisett, I. u. Stevens, W. W. (Hrsg.): Social Science in the Schools. A Search for Ratioale, New York 1971

Naschold, E.: Organisation und Demokratie, Stuttgart 1968

Oberndörfer, D. u. Jäger, W. (Hrsg.): Die neue Elite. Eine Kritik der kritischen Demokratietheorie, Freiburg 1975

Offe, C.: Strukturprobleme des kapitalistischen Staates. Aufsätze zur politischen Soziologie, Frankfurt 1975[3]

Redaktion „betrifft: erziehung" (Hrsg.): Politische Bildung, politische Sozialisation, Weinheim, Basel 1973

Renshon, S. A. (Hrsg.): Handbook of Political Sozialization Research, New York 1977

Rokeach, M.: The Nature of Human Values, New York, London 1973

Roloff, E. A.: Erziehung zur Politik, eine Einführung in die politische Didaktik, Band 1, Sozialwissenschaftliche Grundlagen, Göttingen 1972

ders.: Politische Didaktik — Didaktik der Politik, in: K. G. Fischer, Zum aktuellen Stand

Roth, H.: Pädagogische Anthropologie, Berlin 1966

Schäfer, K. H. / Schaller, K.: Kritische Erziehung und kommunikative Didaktik, Heidelberg 1973[2]

Scharpf, F.: Demokratietheorie zwischen Utopie und Anpassung, Konstanz 1970

Schelsky, H. (Hrsg.): Zur Theorie der Institution, Düsseldorf 1970

Schluchter, W.: Aspekte bürokratischer Herrschaft, München 1972

Schmiederer, R.: Zwischen Affirmation und Reformismus. Politische Bildung in Westdeutschland seit 1945, Frankfurt 1972

Schmiederer, R.: Zur Kritik der politischen Bildung. Ein Beitrag zur Soziologie und Didaktik des politischen Unterrichts, Frankfurt 1971

ders.: Entwicklung und Probleme der Didaktik des politischen Unterrichts, in: K. G. Fischer, Zum aktuellen Stand

Schneider, H.: Politische Bildung in der Schule, Darmstadt 1975, 2 Bde.

Schörken, R. (Hrsg.): Curriculum „Politik", Von der Curriculumtheorie zur Unterrichtspraxis, Opladen 1974

ders.: Zur Tauglichkeit von Identitätskonzepten für die politische Bildung, in: W. Gagel und R. Schörken, Zwischen Politik und Wissenschaft

ders.: Curriculumlegitimation — ein ungelöstes Problem, Erfahrungen mit der öffentlichen Diskussion um den Politikunterricht, in: W. Gagel u. R. Schörken, Zwischen Politik und Wissenschaft

ders.: Die öffentliche Auseinandersetzung um neue Lehrpläne für politische Bildung und das Konsensusproblem, in: K. G. Fischer, Zum aktuellen Stand

Schwan, A.: Wahrheit — Pluralität — Freiheit, Hamburg 1976

Stegmüller, W.: Probleme und Resultate der Wissenschaftstheorie und Analytische Philosophie, Bd. I: Wissenschaftliche Erklärung und Begründung, Studienausgabe Teil 3, Berlin 1969

Spranger, E.: Gedanken zur staatsbürgerlichen Erziehung, Schriftenreihe der Bundeszentrale für Heimatdienst, Heft 26, Bonn 1967

Stuke, H.: Aufklärung, in: Brunner, O. / Conze, W. / Koselleck, R., Geschichtliche Grundbegriffe, Bd. 1, Stuttgart 1972

Sutor, B.: Didaktik des politischen Unterrichts, Paderborn 1971

ders.: Das Menschenbild des Grundgesetzes — Minimalkonsens politischer Bildung, in: Fischer, K. G., Zum aktuellen Stand

Tenbruck, F. H.: Zur Kritik der planenden Vernunft, Frankfurt 1971

Tenbruck, Fr. H.: Jugend und Gesellschaft, Freiburg 1961

Tenbruck, F. H.: Kritik der planenden Vernunft, Freiburg 1972

ders.: Der Fortschritt der Wissenschaft als Trivialisierungsprozeß, in: Kölner Zeitschrift für Soziologie und Sozialpsychologie, Sonderheft Wissenschaftssoziologie, Opladen 1976

Turk, H.: Wirkungsästhetik. Theorie und Interpretation der literarischen Wirkung, München 1976

Wallraven, K.: Der unmündige Bürger, Ideologien und Illusionen politischer Pädagogik, München 1976

Weber, M.: Wirtschaft und Gesellschaft, Köln 1964

Weber, M.: Die „Objektivität" sozialwissenschaftlicher und sozialpolitischer Erkenntnis; Wissenschaft als Beruf, in: ders., Wissenschaftslehre, Tübingen 1968³

Weniger, E.: Politische Bildung und staatsbürgerliche Erziehung, Würzburg 1954

Willms, B.: Kritik und Politik. Jürgen Habermas oder das politische Defizit der politischen Theorie, Frankfurt 1973

Wright, G. H. von: Explanation and Understanding, Ithaca 1971

Wulf, C.: Das politisch-sozialwissenschaftliche Curriculum, München 1973

Zängle, M.: Einführung in die politische Sozialisationsforschung, Paderborn 1978

Zenke, K. G.: Zur Kritik der politischen Bildung und Erziehung im Lichte der politischen Sozialisationsforschung, in: Die deutsche Schule 12/1972

Zimpel, G.: Der beschäftigte Mensch, München 1970

dies.: Selbstbestimmung oder Akklamation, Stuttgart 1972